W0190251

WEGE DURCH JAHRMILLIONEN

Bernd Lammerer

Wege durch Jahrmillionen

Geologische Wanderungen zwischen Brenner und Gardasee

Verlag J. Berg

I
Theoretische Grundlagen

II
Exkursionen

III
Anhang

Abbildung gegenüber der Titelseite:
Der Gardasee aus 273 Kilometern Höhe, aufgenommen vom sowjetischen Forschungssatelliten Sojus am 4. August 1986 um 11.41 MEZ. Der hochauflösende Spezialfilm ist nur im grünen Spektralbereich (größte Eindringtiefe in Wasser) und im rot-infraroten Bereich (höchste Transparenz der Atmosphäre) empfindlich, weshalb sich keine natürlichen Farben ergeben. Durch spezielle Filterung wurde versucht, naturnähere Farben zu erzeugen. (Vgl. die Satellitenaufnahme auf S. 200/201, die in den Originalfarben wiedergegeben ist.)
Links im Bild der Idrosee in dem geraden, durch einen großen Bruch vorgezeichneten Judikariental; rechts das Etschtal zwischen Rovereto und Verona (rechts unten). Im See erkennt man an seinem Südostende unter Wasser sogar Sandbänke und Moränenwälle der Rückzugsstadien des eiszeitlichen Gardaseegletschers.

Rechts: Die westlichen Dolomiten, aus der Luft aufgenommen.
Vorn der mächtige Sellastock, dahinter Langkofel und Schlern – vor etwa 250 Millionen Jahren begannen diese Bergmassive als Saumriffe um vulkanische Inseln, die sich im Gebiet des heutigen Fleims- und Fassatals (ganz links im Bild) erhoben. Im Hintergrund die vergletscherten Gipfel der Ortlergruppe und der Ötztaler Alpen.

Zu diesem Buch

Die Beschäftigung mit Mineralien, den „Blumen" der Gesteine bzw. des Bergbaus, wie diese in Rumänien sinnigerweise genannt werden („Flori de Mina"), führt unweigerlich zur Frage nach deren Ursprung. Doch die heimatbezogene Suche nach den Zusammenhängen ist beschwerlich: Zwar gibt es eine Fülle von Forschungsergebnissen, die Mosaiksteinchen gleich – zumeist in wissenschaftlichen Abhandlungen enthalten – in Hochschulen lagern, aber eine zusammenfassende geologische Geschichte und Übersicht, das „Gemälde", das auch dem interessierten Mineralien- und Naturfreund ohne geologische Ausbildung Grundlagen vermitteln könnte, fehlte bislang.

Von der diesem Wunsch und Streben zugrundeliegenden Begeisterung angesteckt, nahm sich Herr Dr. Dr. habil. Bernd Lammerer unseres Anliegens an. Die damit verbundenen Treffen und gemeinsamen Exkursionen waren mir persönlich ein Geschenk, und ich hoffe, daß das vorliegende spannende Werk dazu beiträgt, die Erkenntnisse und die Beziehung zu unserer Mutter Heimat und Erde zu erweitern und zu vertiefen.

Für den hiermit geleisteten Beitrag danken wir Herrn Dr. Lammerer herzlich, ebenso dem Landesrat für Unterricht und Kultur, Dr. Bruno Hosp, der durch seine großzügige Förderung die Herausgabe dieses Werkes wesentlich unterstützt hat.

Meran, im Herbst 1989

Kurt Folie
(Club der Mineralienfreunde Meran)

Dank

Das Buch geht auf eine Anregung von Kurt Folie (Meran) zurück, und ohne seinen sanften Druck und seine vielfältige Mithilfe wäre es nicht zustande gekommen. Damit ich mich nicht in zu große geologische Tiefen versteige, habe ich das Manuskript oder Teile davon Tatjana-Daniela Mai (München und Oxford), Prof. Dr. Hans-Ulrich Schmincke (Bochum) sowie den Nichtgeologen Brigitte Folie (Meran), Dr. Manfred Höck (Weilheim), Dr. Klaus Striegler (Griesheim), Dr. Hermann Terzer (Bozen) und Chlodwig Würdig (Wilzhofen) vorgelegt. Sie haben mich immer wieder auf festen Boden zurückgeholt. Zu einem unvergessenen Höhenflug über die Südalpen hat mir dagegen Jakob Tappeiner verholfen, der mir zudem reichlich Bildmaterial zur Verfügung stellte und viel zum Gelingen beigetragen hat.

Herr Prof. Dr. Rainer Brandner (Universität Innsbruck) ließ mich an einer sehr lehrreichen Exkursion am Geologensteig von Seis teilhaben, Prof. Dr. Gerd Huckenholz und Prof. Dr. Lutz Masch (beide Universität München) im Gebiet von Predazzo und Monzoni sowie Kurt Folie und Volkmar Mair im Suldental.

Frau Sonja Seidl fertigte mit großem Einsatz die beiliegenden Karten „Pfitschtal–Pfunders" und „Adamello" sowie die Skizzen und Graphiken an.

Prof. Dr. Rolf-Jürgen Behm (Universität München) stellte mir eines seiner aufregenden Tunnelelektronenmikroskop-Bilder zur Verfügung und Dr. Bernardo Cesare (Universität Padua) das nicht weniger spektakuläre Abbild eines der kuriosesten Fossilien der Erde – des Tridentinosaurus. Prof. Dr. Dietrich Herm, Prof. Dr. Walter Jung und Dr. Gerhard Schairer, Dr. Irmin Fruth und Dr. Rudolf Scherreiks (alle Universität und Staatssammlung München), Don T. Stolcis (Ziano), Schropeck (Meran) sowie das Grödner Heimatmuseum öffneten die Sammlungsschränke.

Einblick in unpublizierte seismische Daten aus dem südalpinen Untergrund gewährte mir Dr. Dietrich Roeder (Anschutz Company, Denver). Der Servizio Geologico d'Italia genehmigte die auszugsweise Reproduktion der geologischen Karten, das Amt für Landesraumordnungsplanung der Autonomen Provinz Bozen–Südtirol stellte die Filme für die Orthokarten zur Verfügung.

Allen Genannten und vielen Ungenannten danke ich ganz herzlich.

München und Weilheim im Herbst 1989

Bernd Lammerer

Vorwort

Die Region zwischen Brenner und Gardasee ist ein einzigartiges geologisches Lehrbuch. Doch nur wenige vermögen es, in seinen aufgeschlagenen steinernen Seiten zu lesen. Dieses Buch will dem Leser zeigen, wie die Buchstaben und Zeichen im Fels zu entschlüsseln sind, damit er die Sprache der Steine und ihrer Strukturen versteht. Vieles davon läßt sich auch auf andere Gebiete übertragen und wird helfen, überall auf der Welt Gesteine und Landschaften mit kundigeren Augen und damit auch mit mehr Freude zu betrachten.

Im ersten Teil bringt es das notwendige Grundwissen einer modernen Geologie und gibt in Teil II eine Einführung in das jeweilige Exkursionsgebiet. Dabei werden Vorschläge für klassische und weniger bekannte geologische Bergwanderungen oder Fahrten unterbreitet. Ganz besonders soll der Leser zu eigenen Beobachtungen und Fragestellungen angeregt und sein Verständnis für die Naturlandschaft gefördert werden, in der und von der wir alle leben.

Weil es für den an der Natur Interessierten immer wieder ein spannendes Abenteuer sein wird, auch eigene Forschungsausflüge in die nahe und fernere Umgebung seiner Heimat, seines Urlaubsortes oder der Gegend zu unternehmen, die er zum Zwecke des Sammelns von Mineralen, Gesteinen oder Fossilien aufsucht, sind geologische Karten beigefügt. Sie werden eine wertvolle Hilfe sein, um solche Unternehmungen erfolgreich durchführen zu können.

Ältere Geologiebücher haben meist mit detaillierten Klassifikationen von Gesteinen den Leser abgeschreckt oder ihm Lokalbezeichnungen und Namen zugemutet, unter denen sich kaum jemand etwas vorstellen konnte. Der Grund war, daß sich selbst der Fachmann auf unsicherem Boden fühlte, wenn er über die Ursachen geologischer Ereignisse berichten oder vergangenen Lebensraum rekonstruieren sollte.

Inzwischen hat sich die Situation aber gründlich gewandelt. Die Geowissenschaften haben sich in den vergangenen drei Jahrzehnten stürmisch entwickelt.

Die Theorie der Plattentektonik (wir werden noch darauf zu sprechen kommen) und die weltweiten, international koordinierten Forschungsprogramme zur Erkundung der Ozeane und Kontinente haben sich als außerordentlich fruchtbar erwiesen. Hinzu kommen die verbesserten technischen und experimentellen Möglichkeiten: Zehntausende von Bohrungen nach Erdöl, Erdgas, Erzen, Grundwasser oder für Forschungszwecke dringen weltweit jedes Jahr in den Untergrund (bis in Tiefen von mehr als 13 km, wie auf der Kola-Halbinsel).

Erdbebenwellen, welche die Erde durchdringen, werden von zahlreichen Forschungsstationen gemessen und zentral ausgewertet. Sie lassen wie auf einem Röntgenschirm die innersten Strukturen unseres Planeten erkennen. Satelliten senden detailscharfe Bilder der gesamten Erdoberfläche, mit deren Hilfe der Geologe großregionale Strukturen mit einem Blick erfaßt, für die vorher monatelange Geländearbeit notwendig war.

Im Labor werden Druck- und Temperaturbedingungen nachgeahmt, wie sie in tiefsten Erdschichten herrschen, Elektronen-Mikrosonden analysieren winzigste Mineralkörner, und Massenspektrometer trennen sogar einzelne Atome und Isotope und erlauben eine zuverlässige Aussage über das Gesteinsalter. Nicht zuletzt haben moderne Großrechenanlagen die Möglichkeit eröffnet, die ungemein komplexen Zusammenhänge in der Geologie rechnerisch zu simulieren und auszuwerten.

Deshalb braucht heute ein Geologiebuch nicht mehr hinter schwer verständlichen Fachausdrücken sein mangelndes Grundlagenwissen zu verstecken, sondern kann aus einer Überfülle an Erkenntnissen schöpfen und ein lebendiges Bild der vergangenen Jahrmillionen entwerfen – dies ist das Ziel des vorliegenden Buches.

Und noch etwas: Der Mensch ist inzwischen ein geologisch wirksamer Faktor geworden, der das Gleichgewicht in Luft, Wasser und Boden verändert – meist zu deren Ungunsten. Unsere Erde ist schutzbedürftig geworden.

Angesichts der Spuren der eiszeitlichen Vergletscherung können wir ermessen, welch gewaltige Veränderungen im Klima möglich sind, und daß es somit keine übertriebene Mahnung ist, wenn die Klimaforscher vor zuviel Ausstoß an Abgasen warnen, die gravierend in den atmosphärischen Haushalt eingreifen. Vielleicht überlegt sich auch ein Landwirt, der den relativ dünnen Humus pflügt, der sich seit der letzten Vereisung vor 15 000 Jahren gebildet hat, daß es wiederum Jahrtausende dauern wird, bis ein durch übermäßigen Kunstdünger- und Pestizideintrag zerstörter Boden sich regenerieren kann. Ähnliches gilt für das Grundwasser, das sich erst in Jahrzehnten oder Jahrhunderten erneuert.

Durch die Beschäftigung mit der Evolution wird vielleicht klar, daß wir mit den Pflanzen und Tieren eine Jahrmilliarden lange gemeinsame Geschichte haben, und daß wir uns beispielsweise von den übrigen Säugetieren nur relativ gering unterscheiden. Angesichts der Gefahr, bis zur Jahrtausendwende zwanzig Prozent der irdischen Arten ausgerottet zu haben (*Global 2000*), erscheint es notwendig, künftig verantwortungsvoller zu denken.

Gehen Sie also hinaus in die Natur, in die schönen Südalpen, und genießen Sie bewußt, aber auch nachdenklich, woran die Erde eine halbe Milliarde Jahre lang gestaltet hat.

I
Theoretische Grundlagen

1. Erster Kontakt mit den Gesteinen. Eine Einführung

Unternehmen wir zu Beginn eine schnelle gedankliche Orientierungsfahrt auf der Autobahn von Verona zum Brenner, um uns einen ersten Überblick über die Region zu verschaffen, die uns im Folgenden beschäftigen wird:

Aus den weiten dunstigen Niederungen der Poebene tauchen wenige Kilometer nördlich von Verona aus dem tonig-sandigen Untergrund die ersten grauweißen Kalkgesteine auf. Sie markieren den Beginn der Südalpen. (Woher kommen sie? Sind die Alpen auch unter der Poebene verborgen?) Wir sehen eine horizontale oder leicht schrägliegende Gliederung der Gesteine, die durch wechselnden Bewuchs oder auch nur als feine Linie gekennzeichnet ist: die Schichtung. Regelmäßig alle paar Dezimeter oder Meter erscheint eine solche Schichtfuge, so daß das ganze Gesteinspaket tatsächlich an ein überdimensionales Buch mit verschieden dicken Seiten erinnert (Abb. 1.1).

Verfolgen wir eine bestimmte dieser Schichten, so sehen wir, daß sie höher und höher ansteigt, Bergrücken und Gipfel bildet, wo sie schließlich endet, oder, wie der Geologe sagt, „in die Luft ausstreicht". Der Gedanke

Abb. 1.1: Die Westflanke des Etschtales bei Sabbionara, nördlich von Avio mit dem Bosco Grande (1511 m). Dickbankige, unbewachsene und Steilstufen bildende Kalksteinbänke wechseln sich mit leichter verwitterbaren, dünnplattigen und bewachsenen Kalken ab. Sie zeichnen deutlich die bei der Ablagerung am Meeresgrund entstandene Schichtung nach. Diese Kalksteine aus der Lias-Zeit liegen über Hauptdolomit, der gleichmäßiger geschichtet und bewachsen die untere Berghälfte bildet.

14

drängt sich auf, daß die Berge nur die Reste einer einstmals ganz durchgehenden Gesteinsplatte sind.

Jede dieser Schichten hat ihre eigene Geschichte, und ein Meter Gestein kann in tausend oder einer Million Jahren entstanden sein – oder auch in nur ein paar Sekunden!

Die Zeit ihrer Bildung liegt für menschliche Maßstäbe weit zurück: Die ältesten und deshalb in dem Schichtstapel zuunterst gelegenen Kalkschichten stammen aus der erdgeschichtlichen Periode der Trias, die vor 225 Millionen Jahren begann und 30 Millionen Jahre lang dauerte. Ihnen liegen graue und rote Schichten des Jura (195 bis 135 Ma; „Ma" ist die international gebräuchliche Abkürzung für „Millionen Jahre"), der Kreide (135 bis 65 Ma) und schließlich als Oberstes Gesteine des Alttertiärs (65 bis 30 Ma) auf.

Vor Rovereto liegen rechter Hand riesige Kalkblöcke ungeordnet am Hangfuß, deren Absturz aus größerer Höhe bereits Dante Alighieri zu einem Vers in seinem „Inferno" inspirierte. Bald danach sehen wir zwischen den hellgrauen Kalken dünnplattige rote Gesteine auftauchen: den als Terrassen- und Naturbaustein vielverwendeten „Ammonitico rosso" aus dem Jura.

Noch vor Trient erstaunt uns eine markante muldenförmige Verbiegung der Kalkschichten, an deren tiefster Stelle das Val di Cei mündet. (Besteht ein Zusammenhang zwischen geologischen Strukturen und dem Verlauf der Täler und Berge?)

Um Trient herum werden die Falten im Gestein noch enger und auffälliger, doch schon wenig nördlicher ist davon nichts mehr zu sehen. Dafür ist die Schichtung jetzt nicht mehr so deutlich. Mächtige Gesteinspakete stapeln sich übereinander, was den Bergen, wie der Paganella zur Linken, ein klobiges Aussehen verleiht: Wir sind jetzt tiefer in die Formation der Trias eingedrungen und nähern uns ihrer unteren Grenze.

Schließlich schlägt die Farbe der Gesteine in ein kräftiges Rot um, das uns bis weit hinter Bozen begleiten wird. Es stammt von Sandsteinen her und vor allem von dem markanten Bozner Quarzporphyr, einem vulkanischen Gestein aus der Zeit des Perm vor 300 bis 225 Ma, der uns in ganz Europa als Mauer-, Pflaster- und Zierstein begegnet. Dem Porphyr fehlt die horizontale Schichtung, dafür erkennen wir eine ausgeprägte, senkrecht stehende Klüftung, als wenn er aus lauter aufrecht stehenden, kantigen Säulen zusammengesetzt wäre (Abb. 1.2).

Bei Atzwang durchschneidet die Autobahn stark zersetzte und mürbe, gelbe und ockerfarbene Partien. Heiße Quellen und vulkanische Dämpfe haben vor einer Vier-

Abb. 1.2: Bozner Quarzporphyr bei Auer. Bei der schnellen Abkühlung des mit fast 1000 $^{\circ}$C an die Oberfläche gedrungenen Vulkangesteins kam es zu Spannungen, welche die senkrecht stehenden Klüfte verursachten, die heute den Abbau zu Platten und Pflastersteinen sehr erleichtern.

telmilliarde Jahren das Gestein hier durchströmt und umgewandelt.

Bei Waidbruck haben wir die Basis der Porphyrserie erreicht. Die Gesteine erscheinen ab jetzt eintönig grauschwarz. Sie zerfallen in dünnplattige, glänzende Scherben, und die Formen der Hänge und Berge in diesem „Quarzphyllit" sind flacher als bisher und rundlich. Markante Gipfel und kühne Zacken fehlen hier.

Das Alter des Quarzphyllites birgt eine Überraschung: Er entstammt der Formation des Ordoviziums (500 bis 450 Ma) und ist damit wesentlich älter als der Quarzporphyr. 150 Millionen Jahre Erdgeschichte sind einfach nicht dokumentiert!

Und noch etwas fällt auf: Obwohl der Quarzphyllit ein wenig wie ein toniges Sedimentgestein aussieht, ist der seidige Glanz auf den Flächen etwas Neues. Er stammt von Glimmern, die unter erhöhter Temperatur und Druck im Gestein gewachsen sind. Die Geologen sprechen von einem metamorphen Gestein. Alle Gesteine, die wir bisher durchfahren haben, waren nicht metamorph – und hier ändert sich dies merkwürdigerweise von einem Meter zum anderen! Wir ahnen bereits, daß dieser Wechsel ein bedeutsames geologisches Ereignis markiert.

Abb. 1.3: Die Pustertalstörung bei Mauls. Sie ist Teil des größten Bruchsystems in den Alpen. Der nördliche Teil (links im Bild) ist um mindestens 10 Kilometer gegenüber dem südlichen gehoben worden. Die Höhendifferenz wurde durch ständige, erhöhte Abtragung in dem aufsteigenden Gebiet wieder ausgeglichen. Noch dazu ist der Nord- gegenüber den Südteil um viele Kilometer (wahrscheinlich mehr als 100 Kilometer!) ostwärts, also vom Betrachter weg, verschoben worden. Deshalb finden sich zu beiden Seiten von Mauls völlig unterschiedliche Gesteine, die ganz anderen Ablagerungsräumen entstammen. Im Hintergrund altkristalline Gesteine mit der kleinen Granitintrusion der Rensenspitze im Zentrum. Links der Ortschaft Mauls Triasgesteine. Ganz rechts im Bild: Brixner Granit, kenntlich am schütteren Bewuchs.

Die Talverengung nördlich von Brixen wird wieder von einem anderen Gesteinstyp gebildet, dem hellgrauen, massigen und festen Brixner Granit. Ganz offensichtlich besteht auch in der Natur ein Zusammenhang zwischen Baumaterial und der Architektur einer Landschaft.

Der Brixner Granit ist ebenso alt wie der Bozner Quarzporphyr und hat praktisch die gleiche chemische Zusammensetzung. (Wieso sieht er dann so anders aus? Welche Verbindung besteht zwischen beiden?)

Bis hierher haben wir uns – in der Nomenklatur der Geologen – im Südalpin bewegt, doch ab einem markanten Graben knapp südlich von Mauls betreten wir eine andere geologische Welt: Der Graben ist Teil der „Pustertalstörung", die von Toblach über Bruneck und Vals nach Sterzing verläuft. Die gesamte Erdkruste ist hier durchgebrochen, und die beiden Bruchstücke haben sich um viele Kilometer gegeneinander verschoben (Abb. 1.3).

In den 20 km bis zum Brenner durchmessen wir in rascher Folge die restlichen großen strukturellen Einheiten der Alpen, die alle eine eigene geologische Geschich-te aufweisen: das als Decke überschobene Ostalpin (siehe unten), die ehemals ozeanischen Serien des Penninikums und den einstigen Südrand von Ureuropa, das Helvetikum, das wir aber nur im Hintergrund des Pfitschtales sehen.

Das Ostalpin begleitet uns östlich des Eisacktales bis zur Burg Sprechenstein am Ortseingang von Sterzing, während es westlich davon die gesamte Region bis zum Reschenpaß umfaßt und noch weit in die Schweiz hinein reicht. Graue oder dunkelgrüne, häufig rostbraun verwitternde Gneise und Amphibolite aus der Gruppe der metamorphen Gesteine herrschen hier vor und geben den Bergen ein düsteres Aussehen. Obenauf sitzen an den Tribulaunen und den Telfer Weißen bei Sterzing wieder die von den Südalpen her gewohnten Kalkspitzen. Die Gneise darunter sind viel älter, älter noch als der Quarzphyllit. Auch hier ist die merkwürdige Zeitlücke zwischen dem Deckgebirge aus Kalkstein und dem metamorphen Grundgebirge vorhanden.

Völlig überrascht waren die Geologen, als sich Anfang des Jahrhunderts herausstellte, daß die Kalkglimmerschiefer des Penninikums östlich des Brenners relativ

Abb. 1.4: Der Wolfendorn vom Pfitschtal aus. Eintönig graue Zentralgneise (300 Ma alt) werden von schwärzlichen und hellgrauen Gesteinen des Jura überlagert. Die in den Südalpen mehrere tausend Meter mächtigen Triasgesteine bilden hier nur ein ganz schmales gelbliches Band unterhalb der tieferen schwarzen Schicht (rechts oben am Grat schwach erkennbar).

jung waren. Sie wurden in der Zeit des Jura und der Kreide in einem tiefen Ozean abgelagert und sind im Gegensatz zu den Gesteinen der Südalpen später metamorph geworden. Da diese Kalkglimmerschiefer unter die viel älteren Gneise des Ostalpins eintauchen, zog vor nunmehr 80 Jahren der französische Geologe Paul Termier drei kühne Schlüsse:

1. die gesamte Ötztal-Stubai-Masse ist über die penninischen Einheiten hinweggeschoben worden;

2. die Überlagerung durch die mächtigen Gesteinsmassen erhöhte im Untergrund Druck und Temperatur und bedingte die Metamorphose, und

3. östlich des Brenners sind die Schichten des Ostalpins bereits abgetragen und die einst tiefliegenden penninischen Schichten wieder freigelegt.

Termier nannte die großflächig über fremden Untergrund geschobenen Gesteinskomplexe eine Decke und die durch Abtragung in diese Decke hineingefräste große Lücke, durch die man Einblick in den tieferen Untergrund erhält, ein geologisches Fenster.

Obwohl in den Westalpen ähnliche Schlüsse bereits viel früher gezogen worden waren, erschienen Termiers Thesen den meisten Ostalpengeologen viel zu gewagt. Es entbrannte darüber ein Jahrzehnte währender heftiger

Streit in der Fachwelt. Wir heutigen Geologen können nur seinen Scharfsinn bewundern und haben sowohl seine Ideen als auch die geprägten Ausdrücke voll akzeptiert.

Lassen Sie uns von Sterzing aus noch einen Seitenblick in Richtung Pfitschtal werfen, wo unter den penninischen Kalkglimmerschiefern die tiefsten Serien der Alpen zu sehen sind: Es sind eintönig graue Zillertaler Zentralgneise, gleich alt wie der Brixner Granit, aber mit einer eigenen metamorphen Gesteinshülle aus Trias-, Jura- und Kreidegesteinen. Sie haben weder mit Serien des Penninikums oder Ostalpins, noch mit denen der Südalpen eine Ähnlichkeit, sondern mit Berggruppen in der Schweiz (daher der Name Helvetikum), wie etwa dem Gotthardmassiv (Abb. 1.4).

Generationen von Alpengeologen haben zu enträtseln versucht, warum die verschiedenen Ablagerungsräume heute so eng benachbart oder übereinandergestapelt sind und wie sie vorher angeordnet waren. Immer noch gibt es viele offene Fragen. Wir glauben aber, daß wir die Geschichte der Alpen inzwischen wenigstens in den Grundzügen kennen. Um sie zu verstehen, müssen wir aber zunächst etwas tiefer in die Geowissenschaften eindringen.

2. Der Planet Erde

Vor fünf Milliarden Jahren begann die Geschichte des Sonnensystems mit einem gigantischen Spektakel: Ein großer Stern unserer Milchstraße hatte seinen gesamten Brennstoff verschwenderisch innerhalb von wenigen Millionen Jahren verbraucht. Nach und nach hat er durch Kernfusion aus Wasserstoff Helium erzeugt, aus diesem Kohlenstoff, dann Neon, Sauerstoff, Silizium und schließlich Eisen. Seine Temperatur war dabei im Inneren von 5 Millionen auf 400 Millionen Grad angestiegen. Der enorme Strahlungsdruck hielt den Gasball bis dahin im Gleichgewicht. Weil sich Eisen nicht mehr energiegewinnend zu noch schwereren Elementen umwandeln läßt, versiegte der Strahlungsdruck. Daraufhin stürzte der Stern in Sekundenbruchteilen in sich zusammen, heizte sich dabei auf mehrere hundert Milliarden Grad auf und strahlte in Tagen Energiemengen ab wie die Sonne in Milliarden Jahren. In diesem Zustand des Zusammenbruchs entstanden durch Kernreaktionen Elemente, die schwerer sind als Eisen, darunter die meisten radioaktiven Isotope.

Während dieser „Supernova" wurde ein Teil der Sternmasse ausgeschleudert. Diese mit schweren und radioaktiven Elementen angereicherte und Millionen Stundenkilometer schnelle Materie prallte auf einen interstellaren Wasserstoff-Gasnebel, vermischte sich mit diesem und komprimierte ihn. Einzelne Schwerezentren entstanden, die weitere Materie aus der Umgebung anzogen und sich unter Temperaturzunahme verdichteten.

Nach Überschreiten einer kritischen Temperatur von etwa 5 Millionen Grad setzte die Kernfusion und damit die eigene Energieerzeugung ein. Wasserstoff, das bei weitem häufigste Element im Weltall, begann sich in Helium umzuwandeln, neue Sterne der zweiten Generation wurden geboren, darunter auch die Sonne.

Durch den Strahlungsdruck der Sonne wurden leichtflüchtige Gase wie Wasserstoff, Helium, Methan aus ihrer Nähe fortgeblasen und sammelten sich in den Außenräumen des Sonnensystems, wo sie zu den großen Planeten Jupiter, Saturn, Uranus und Neptun samt ihrer Monde sowie dem kleinen Doppelplaneten Pluto kondensierten. Noch weiter außerhalb formte sich eine große Wolke schmutziger Schneebälle aus Eis, Kohlenstoff und einer Reihe anderer Elemente und Verbindungen – die Kometen.

Nahe der Sonne blieben nur die zu festen Klumpen kondensierten schwerflüchtigen Elemente und Verbindungen übrig, die zu groß und zu schwer waren, um vom Lichtdruck der Sonne fortgeblasen zu werden. Wenn diese miteinander kollidierten, ballten sie sich zu immer größeren Körpern zusammen. Nach wenigen hundert Millionen Jahren hatten sich Merkur, Venus, Erde und Mond sowie Mars aus zahllosen solchen Klumpen geformt, und der sonnennahe Bereich wurde zunehmend von kleinen Körpern freigeräumt. Die heute auf die Erde fallenden Meteorite stammen noch aus dieser Urzeit des Sonnensystems und zeigen, daß der Prozeß des Planetenwachstums fortdauert, wenngleich extrem verlangsamt.

Die Entstehungsgeschichte erklärt, warum die Erde nicht die durchschnittliche chemische Zusammensetzung des Kosmos widerspiegelt, und auch, warum die im Weltall häufigsten leichten Elemente Wasserstoff und Helium nur in geringen Mengen vorhanden, die schweren Elemente dafür stark angereichert sind.

Wie alle inneren Planeten heizte sich die Erde durch die Aufprallenergie der ständig einfallenden, teils viele Kilometer großen Meteoriten, durch die zunehmende Verdichtung und den Zerfall radioaktiver Substanzen auf. Eisen und Nickel fingen an zu schmelzen und strömten im Erdkern zusammen.

Die Magnesiumsilikate, Verbindungen mit hohen Schmelzpunkten, konzentrierten sich im Mantel, die leichteren Schmelzen von Kalium-, Natrium-, Calcium- und Aluminiumsilikaten drangen nach oben und bildeten die frühe Erdkruste: Die Erde sonderte sich in einzelne Schalen, sie differenzierte (Abb. 2.1).

Der Erdkern

Die innersten 1500 km des Erdkerns sind trotz einer Temperatur von über 4000 °C fest. Der ungeheure Druck verhindert das Aufschmelzen (nur Wassereis kann bei Druckerhöhung schmelzen, bei fast allen anderen Stoffen ist es umgekehrt!). Erst im äußeren Erdkern ist der Druck

Abb. 2.1: Querschnitt durch die Erde entlang dem 10. Längengrad und 35–65° nördlicher Breite. Planetare Differentiation hat schon während ihrer Entstehung zu einem Schalenbau der Erde geführt. Der feste innere und der flüssige äußere Kern bestehen aus Nickel-Eisen. Sie machen zusammen mit dem festen Unteren Mantel (grobes Punktraster), der aus Hochdrucksilikaten besteht, die Hauptmasse der Erde aus. Im Oberen Erdmantel (weiß) verringert sich die Dichte der Magnesium-Silikate oberhalb etwa 400 Kilometern Tiefe (Doppellinie); der nachlassende Druck läßt jetzt lockerer strukturierte Verbindungen zu. Schwarz gezeichnet ist die Asthenosphäre, eine teilweise geschmolzene Schicht innerhalb des Oberen Erdmantels, die für die leichte Beweglichkeit der festen Lithosphäre darüber verantwortlich ist. Die Erdkruste, der uns vertraute oberste Bereich der Lithosphäre, ist als verdickte schwarze Linie kenntlich.

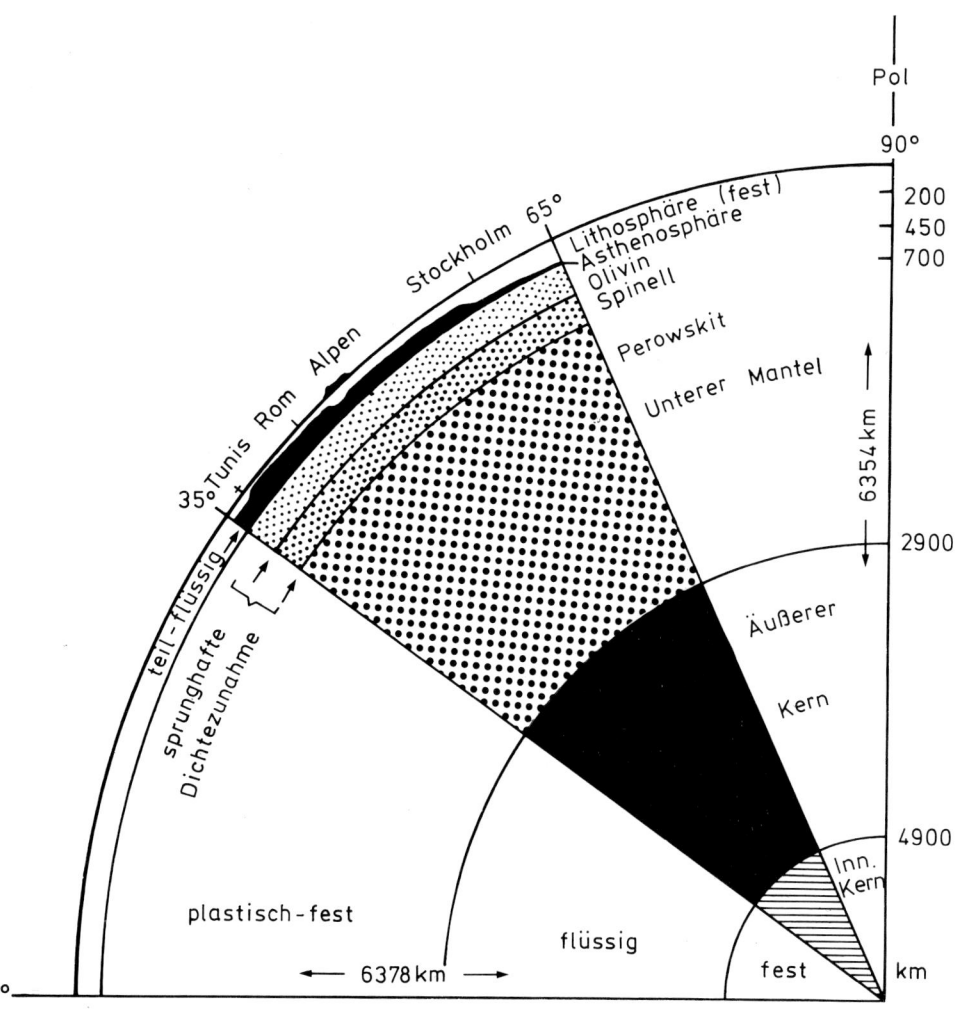

soweit gesunken, daß das Nickeleisen geschmolzen vorliegt.

Dieses Nickeleisen, ein metallischer Leiter, ist in ständiger Bewegung. Es ist, als würden riesige Mengen elektrischen Stromes fließen, die dadurch das irdische Magnetfeld erzeugen (die Einzelheiten sind noch nicht ganz eindeutig erforscht). Da aber die Strömungen durch die Erdrotation beeinflußt sind, bleiben die Pole des Magnetfeldes praktischerweise immer in der Nähe der Drehachse der Erde, liegen also immer nahe dem Nord- und Südpol, haben aber eine gewisse Bewegungsfreiheit in deren Nähe, denn das Magnetfeld verschiebt sich langsam, aber ständig. Auf den amtlichen topographischen Karten (herausgegeben vom Istituto Geografico Militare, Firenze) ist der Winkel zwischen Magnetisch Nord und Geographisch Nord (Deklination) und die Geschwindigkit seiner Änderung meistens eingetragen.

Aus noch nicht geklärter Ursache geraten in unregelmäßigen Abständen von einigen hunderttausend oder

Millionen Jahren die Massenströme im Erdkern in Unordnung. Das Magnetfeld wird schwächer (wie gegenwärtig) und kann sich sogar umdrehen und magnetisch Nord und Süd vertauschen. Die Orientierung der magnetischen Feldrichtung wird unter günstigen Umständen in einem Gestein bei dessen Bildung festgehalten und eingefroren, so daß sie auch nach Jahrmillionen noch gemessen werden kann. Kühlt beispielsweise Basaltlava ab, so kristallisiert u. a. Titanomagnetit aus, der bei Unterschreiten einer kritischen Temperatur (Curie-Temperatur) ferromagnetische Eigenschaften annimmt. Dabei wird ihm das gerade herrschende Magnetfeld aufgeprägt, und es bleibt darin eingefroren, solange der Kristall nicht wieder über 570 °C erhitzt oder wesentlich stärkeren Magnetfeldern ausgesetzt wird.

Das Studium der magnetischen Orientierung im Gestein ist zu einem äußerst wichtigen Hilfsmittel in der Geologie geworden. Beispielsweise zeigt die in alttertiären Basalten „eingefrorene" magnetische Nordrichtung in Italien um 50° weiter nach Westen als im Europa nördlich der Alpen. Man schließt daraus, daß sich Italien seit damals um diesen Betrag gegen den Uhrzeigersinn gedreht hat. Dadurch wurde die Adria kleiner, und das Tyrrhenische und Ligurische Meer sind entstanden.

Ein weiteres diagnostisches Hilfsmittel ist die Neigung der magnetischen Feldlinien (Inklination), denn diese nimmt mit der geographischen Breite eines Ortes zu. In Trias- und Juragesteinen ist die Neigung sehr flach, in solchen des Tertiär steiler. Es ist darin also eine Verschiebung aus der Gegend des Äquators nach Norden dokumentiert.

Erdmantel, Asthenosphäre und Lithosphäre

Den größten Teil des Erdvolumens, nämlich 80 %, nimmt der Erdmantel ein. Der Untere Mantel (700–2900 km) ist recht homogen aus Hochdruckverbindungen von Silizium, Magnesium, Aluminium und Eisen mit Sauerstoff zusammengesetzt. Die Atome sind durch den ungeheueren Druck zu dichtesten Kugelpackungen zusammengepreßt.

Wichtiger für uns ist aber der Obere Mantel, denn dieser ist verantwortlich für das geodynamische Geschehen in der Erdkruste.

Bestehend aus magnesiumreichen Gesteinen wie Peridotit oder Harzburgit ist er, genau wie der Untere Mantel, fest – außer in dem Bereich zwischen 100 und 250 km: Nur in dieser relativ schmalen Zone ist die Temperatur mit ca. 1300 °C gerade so hoch, der Druck aber noch klein genug, daß Gesteinsschmelze vorhanden ist. Zwar sind es nur wenige Prozent, doch das genügt bereits, um die Festigkeitseigenschaften dieser Schicht drastisch zu reduzieren. Sie wird deshalb Asthenosphäre (griechisch: asthenes = weich, schwach) genannt.

Die Schicht darüber, die Lithosphäre (griechisch: lithos = der Stein), die bis an die Erdoberfläche reicht, ist wieder mechanisch fest. Der untere Abschnitt der Lithosphäre ist noch Teil des Oberen Erdmantels und besteht aus dem gleichen Material wie die Asthenosphäre – nur eben nicht angeschmolzen.

Doch fest ist nicht gleich fest. Eis zerspringt, wenn man mit dem Hammer daraufschlägt, andererseits fließt es als Gletscher zu Tal, als sei es eine zähe Flüssigkeit. Ähnlich reagiert auch das Gestein der Unterkruste und des Erdmantels. Obwohl fest, ist es doch zu einer ganz

langsamen Kriechbewegung fähig – Zentimeter pro Jahr (Abb. 2.2).

Etwas heißeres und damit leichteres Material dringt aus dem Unteren Erdmantel oder von der Basis des Oberen Mantels in großen „Tropfen" (100–1000 km Durchmesser), sogenannten Plumes oder Manteldiapiren, nach oben. An Verschluckungszonen (Subduktionszonen) sinkt zum Ausgleich kaltes, schweres Mantelmaterial nach unten. So wird der tiefe Untergrund unter den Kontinenten und Ozeanen langsam, aber stetig umgewälzt.

Über den heißen, aufsteigenden Zonen des Erdmantels reicht die Asthenosphäre weit nach oben, die Lithosphäre ist dort dünner, und die Wärmeabgabe an die Erdkruste, der Wärmestrom, ist größer als im Durchschnitt. In Bohrungen oder Bergwerken nimmt dann die Temperatur mit der Tiefe nicht wie normal 30 °C pro Kilometer zu, sondern schneller.

Der gegenteilige Effekt tritt über den kalten, absteigenden Mantelströmungen und bei anomal dicker Lithosphäre auf, wo der Wärmestrom reduziert ist. So ist die Messung des irdischen Wärmestromes ein wichtiger Parameter geworden, um Aussagen über das Erdinnere zu treffen.

In Südtirol ist der Wärmestrom normal bis leicht reduziert, während er beispielsweise in der Toskana mit ihrer dünneren Lithosphäre zwei- bis dreimal so hoch ist (Abb. 2.3). Dies hat natürlich sehr gravierende Auswirkungen auf die tieferen Gesteinsschichten der Kruste, denn ob die Temperatur in 15 km Tiefe 450 °C oder 700 °C beträgt, entscheidet darüber, ob ein Glimmerschiefer aufschmilzt oder nicht. Beispielsweise wissen wir, daß unter dem Ostalpin die Temperatur vor 80–100 Ma schnell anstieg, weil sich zu der Zeit Minerale dort bildeten, die bei hoher Temperatur, aber nur bei geringem Druck wachsen.

Weil das Material des Erdmantels schwerer ist als das der Kruste, wird die Anziehungskraft an der Oberfläche umso größer sein, je näher der Mantel ist. Freilich, wir Menschen sind nicht so sensibel, dies zu registrieren, wohl aber die Gravimeter, die feinen Federwaagen der Geophysiker (Abb. 2.4).

Erdkruste

Der einzige uns direkt zugängliche Teil der Erdschalen ist der oberste Abschnitt der Lithosphäre, die Erdkruste. Eine scharfe Grenze trennt sie vom Oberen Mantel. Nach ihrem Entdecker, einem serbischen Geophysiker,

Abb. 2.2: Ein frisches Stück vom Oberen Erdmantel (Kimberlit, Südafrika) ist von einem explosiven Vulkan aus Tiefen von über hundert Kilometern an die Erdoberfläche geschleudert worden. Es besteht aus Olivin (hellgrün) und Ilmenit (ein Titan-Eisen-Oxid, schwarz). Die parallele Anordnung der Ilmenite beweist eine langsame Fließbewegung im Oberen Erdmantel.

wird sie Mohorovičić-Diskontinuität, oder kurz „Moho" genannt. Im Normalfall liegt sie unter Kontinenten etwa 30 km tief, unter Ozeanen aber nur etwa 5–10 km. Es ist eine physikalisch-chemische Grenze, denn die Gesteine der Kruste sind sowohl leichter als auch anders zusammengesetzt als die des Mantels.

Früher dachte man, daß in Gebirgen wegen der dort aufragenden Zusatzmassen die Anziehungskraft größer sei als im flachen Land. Zur Überraschung der ersten Ver-

messer war der Effekt jedoch viel kleiner als berechnet. Dies führte den englischen Astronomen AIRY im Jahre 1866 zu dem nach ihm benannten Modell der Isostasie: Er glaubte, daß Gebirge sich wie Eisberge verhalten – je höher sie aufragen, desto tiefer tauchen sie nach unten ein. Und diese nach unten ausgebeulte leichte Kruste, die einen Teil des Erdmantels verdrängt, bewirkt wieder eine Reduzierung des Schwereeffekts. Tatsächlich ist die Erdkruste unter Gebirgen dicker als normal: Unter Bozen liegt beispielsweise die Moho, also die Grenze Kruste/Mantel, in 50 km Tiefe und damit doppelt so tief wie unter Rom (Abb. 2.5).

Gesteine sind das Baumaterial, aus dem die Erdkruste gemacht ist. Hauptsächlich sind es drei Vorgänge, die zu ihrer Bildung führen und nach denen sie in sedimentäre, magmatische und metamorphe Gesteine eingeteilt werden. Alle diese Gesteinsgruppen sind uns schon auf unserer Orientierungsfahrt begegnet. Mit Variationen sind es die gleichen, die wir weltweit antreffen. Wer also die Gesteine Südtirols kennt, findet sich als Geologe auf der übrigen Welt schon ganz gut zurecht! Zunächst eine trockene Definition:

Element	Zeichen	Ordnungszahl	Häufigkeit
Sauerstoff	O	8	46%
Silizium	Si	14	28%
Aluminium	Al	13	8%
Eisen	Fe	26	6%
Magnesium	Mg	12	4%
Calcium	Ca	20	2,4%
Kalium	K	19	2,3%
Natrium	Na	11	2,1%
übrige			1,2%

TABELLE 1:
HÄUFIGKEIT DER ELEMENTE IN DER ERDKRUSTE

21

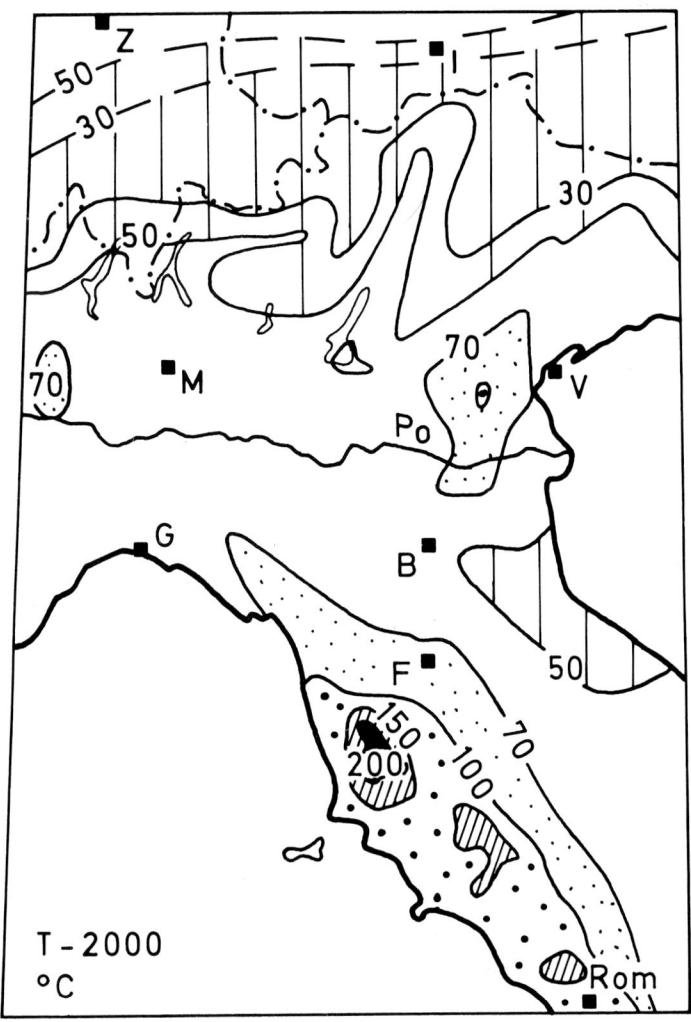

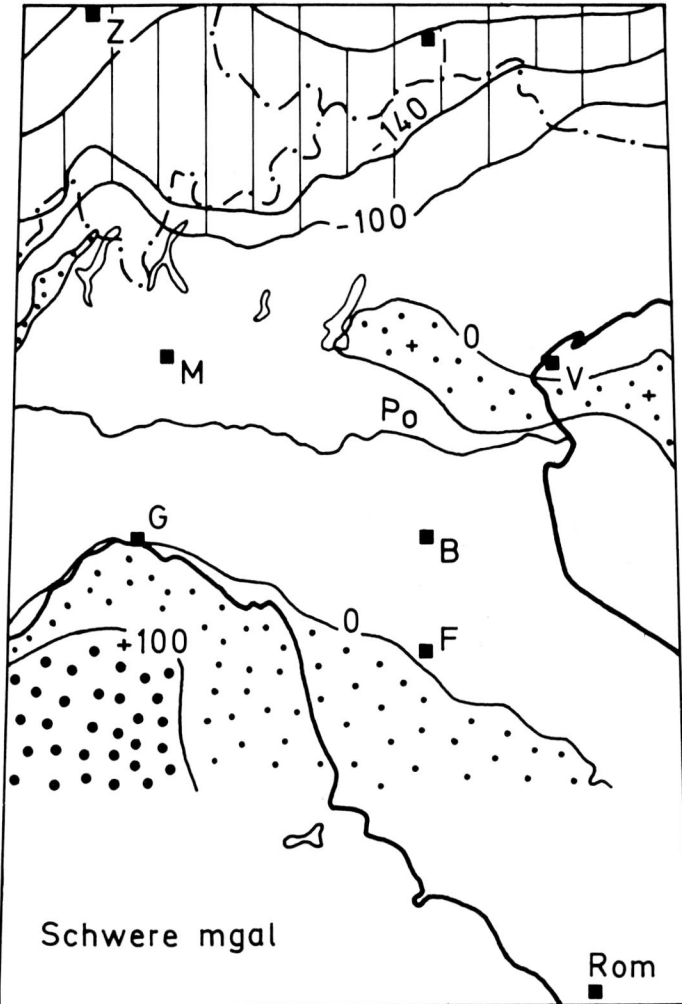

Abb. 2.3: Die Temperaturzunahme mit der Tiefe ist im zentralen Alpenraum wegen der anomal dicken Erdkruste vergleichsweise niedrig. In 2000 Meter Tiefe ist es dort nur 30 °C warm.
Bei Vicenza (90–100 °C) wirkt sich der junge Vulkanismus der Colli Euganei erhöhend aus. In den Geothermalgebieten der Toskana herrschen dagegen in gleicher Tiefe bereits 200 °C! Die höhere Temperatur parallel zum Etschtal zeichnet sich auch in der Struktur des Oberen Mantels ab und hängt mit Verschiebungen an der Judikarienlinie zusammen. In 5 Kilometern Tiefe ist es in Südtirol nur etwa 100 °C heiß, in der Toskana bis zu 350 °C.

Abb. 2.4: Die Erdanziehungskraft an der Oberfläche in Oberitalien. Sie ist, wie die Erdwärme, von der Entfernung bis zum Oberen Erdmantel abhängig und somit im Alpenraum geringer als anderswo. Nur an der Innenseite des Westalpenbogens und westlich des Gardasees ist die Schwerkraft größer als normal. Für Menschen sind die kleinen Unterschiede nicht spürbar, aber ein Mensch von 75 kg Gewicht würde am Brenner etwa 11 g weniger wiegen als am Gardasee. Dabei ist allerdings eine Höhenkorrektur angebracht, d. h. die Berge selbst sind weggerechnet (Bouguer-Schwere).

– *Magmatische Gesteine* erstarren aus einer Silikatschmelze, dem Magma. Bei Vulkaniten erstarrt das Magma an der Oberfläche (Beispiel: Quarzporphyr), bei Plutoniten (Pluto = griechischer Gott der Unterwelt) im Erdinneren (z. B. Granit);

– *Sedimentäre Gesteine* bilden sich an der Erdoberfläche durch Verwitterung anderer Gesteine, Umlagerung durch Wasser, Wind oder Gletscher und Ablagerung oder Ausfällung aus dem Wasser. Dies geschieht häufig mit Hilfe von Organismen, wie etwa beim Kalkstein;

– *Metamorphe Gesteine* entstehen aus beliebigen anderen Gesteinen durch mineralogische oder strukturelle Umwandlungen bei veränderten Temperaturen und Drücken, aber unter Beibehaltung des festen Zustandes (z. B. Marmor, Gneis, Glimmerschiefer).

Abb. 2.5: Die Grenze zwischen Erd-kruste und Oberem Erdmantel (Moho-rovičič-Diskontinuität, kurz „Moho") in einem Nord-Süd-Profil. Durch das Übereinanderschieben zweier konti-nentaler Krusten liegt die Moho unter Bozen fast doppelt so tief wie normal und ist vermutlich bereichsweise ver-doppelt.

1 = Ureuropäische Kruste; 2 = süd-alpine (urafrikanische) Kruste; 3 = fester Oberer Erdmantel (Lid); 4 = teilgeschmolzener Oberer Erdmantel (Asthenosphäre); 5 = Mohorovičič-Diskontinuität (Moho); 6 = Naht (Su-tur, Überschiebungsfläche) zwischen den kontinentalen Platten mit Bewe-gungspfeilen; Position im Untergrund hypothetisch (in Anlehnung an Giese, Nicolich *und* Reutter, *1982).*

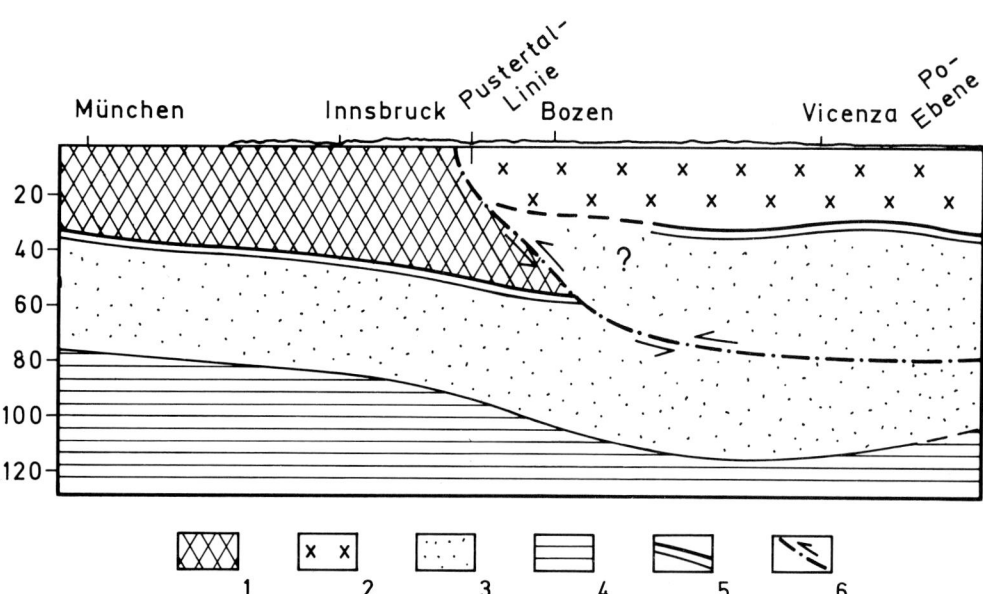

23

3. Die Minerale

Gesteine bestehen aus Mineralen. Mal ist nur eine einzige Mineralart beteiligt, wie beim reinen Marmor, der aus unzähligen Calcitkriställchen aufgebaut ist, meist aber mehrere, wie beim Granit, dessen Quarze, Feldspäte und Glimmer sich schon mit bloßem Auge unterscheiden lassen.

Minerale bestehen aus Atomen. Jeweils eine einzige Atomart ist in Schwefel, Gold oder Diamant enthalten, bei den meisten anderen sind es zwei oder mehr Atomarten (Abb. 3.1). Die chemische Formel für Quarz, SiO_2, bedeutet, daß jedes Siliziumatom mit genau zwei Sauerstoffatomen verbunden ist. Andere Formeln sind komplexer, wie die des Anorthits (eine Feldspatart): $CaAl_2Si_2O_6$; immer sind es ganzzahlige Verhältnisse (wir werden Ausnahmen davon kennenlernen) und fast immer sind Sauerstoff und Silizium beteiligt, die beiden häufigsten Elemente der Erdkruste.

Die ganzzahligen Verhältnisse der Atome geben einen Hinweis auf die innere Ordnung der Minerale. Im Gegensatz zu Glas, wo die Bausteine ungeordnet verteilt sind, finden sich die Atome in einem Kristall nach einem dreidimensionalen geometrischen Muster geordnet, dem Raumgitter. Jedes Atom hat darin seinen festgelegten Platz. So sind auch die weiteren Eigenschaften genau festgeschrieben: Härte, Spaltbarkeit, Lichtbrechung, Dichte, Wärmeleitfähigkeit, Schmelzpunkt, Löslichkeit, Glanz und viele andere. Am augenfälligsten drückt sich die innere Ordnung in der äußeren Form aus: Jede Kristallart ist von glatten Flächen begrenzt und hat, sofern sie frei kristallisieren konnte, ganz spezifische Formen, an denen sie erkennbar ist (Abb. 3.2).

Zwei Eigenschaften der sie aufbauenden Atome sind entscheidend für die Struktur der Kristalle: ihre elektrische Ladung und ihre Größe.

– Elektrische Ladung: Atome sind elektrisch neutral, denn die positiven Ladungen im Atomkern (Protonen) werden durch gleichviele negative Ladungen der Elektronenhüllen ausgeglichen. Doch geben manche leicht ein oder mehrere Elektronen aus ihrer äußersten

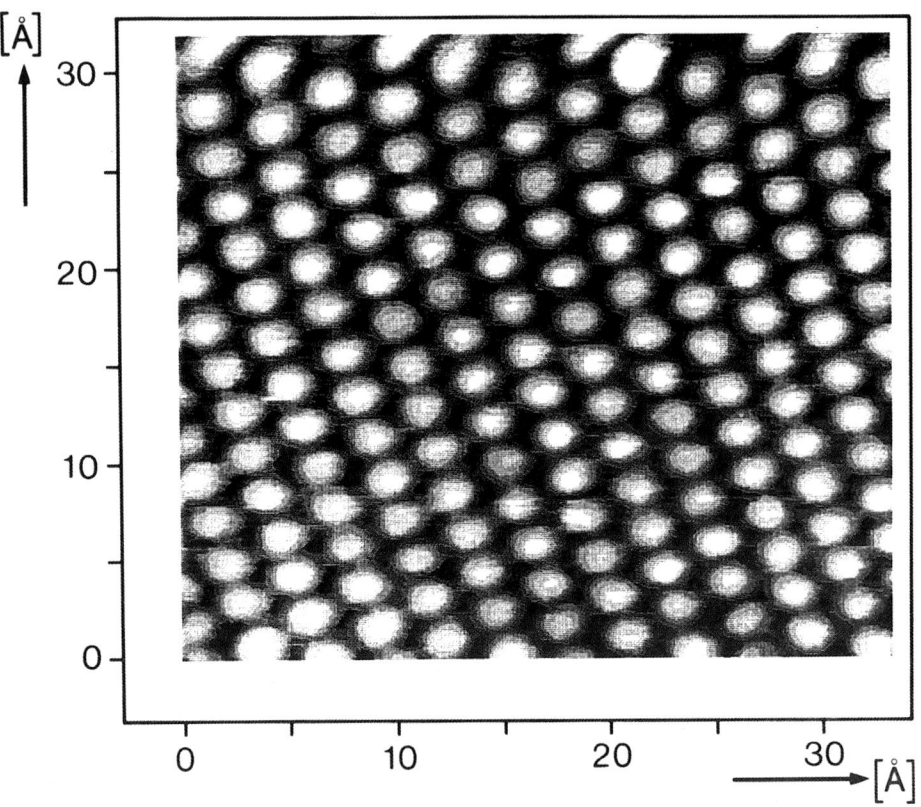

Abb. 3.1: Mit Hilfe modernster Technik ist es bereits gelungen, einzelne Atome sichtbar zu machen. Hier eine Raster-Tunnelmikroskop-Aufnahme, welche die regelmäßige Anordnung der Atome auf einer Aluminiumkristall-Oberfläche in 50-Millionen-facher Vergrößerung(!) zeigt. Die Aufnahme wurde freundlicherweise von Prof. Dr. R. J. Behm (Universität München) zur Verfügung gestellt.

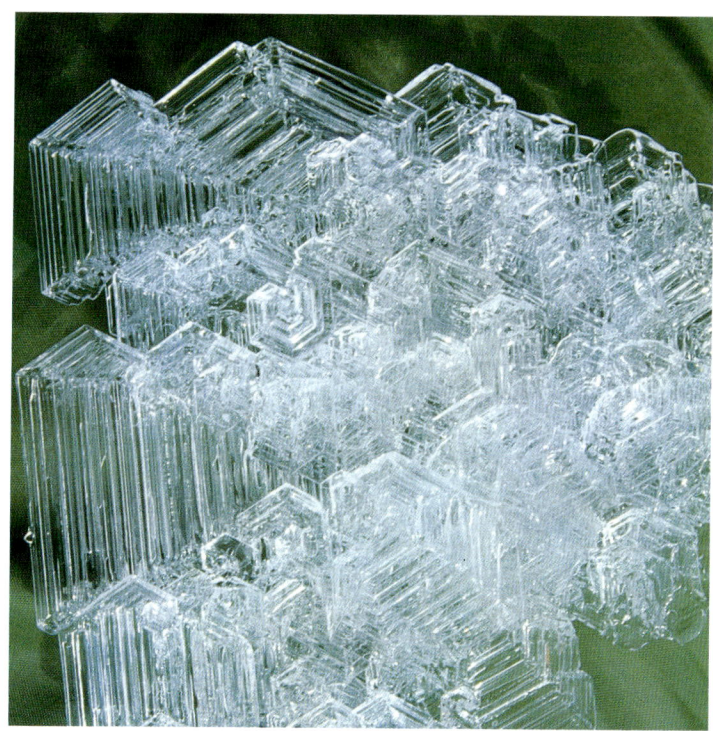

Abb. 3.2: Eis, das in einem alten Stollen an der Alpeiner Scharte (Tuxer Alpen) langsam zu handtellergroßen Kristallen gewachsen ist. Es zeigt die streng gesetzmäßige Anordnung der Kristallflächen.

Elektronenhülle ab, so daß sie einfach oder mehrfach positiv geladen werden: Das Atom wird zum Ion, im beschriebenen Fall zu einem positiv geladenen Kation. Natrium gibt z. B. ein Elektron ab (Na^+), Silizium aber vier (Si^{4+}), sie sind deshalb einfach bzw. vierfach positiv. Andere Atome nehmen diese Elektronen auf und erhalten dadurch einen negativen Ladungsüberschuß (Anionen), wie der zweifach negative Sauerstoff (O^{2-}).

Wie können sich Atome nun am günstigsten ordnen? Einfachstes Beispiel: das Steinsalz (NaCl), das aus je gleichviel Na^+- und Cl^--Ionen besteht. Da sich gleiche Ladungen abstoßen, entgegengesetzte aber anziehen, versucht jedes Natriumion sich nur mit Chloridionen zu umgeben und umgekehrt. In einer Ebene wären die Ionen am günstigsten in einem rechtwinkligen Gitternetz angeordnet, dessen Ecken abwechselnd mit Natrium und Chlor besetzt sind, weshalb wir genau gleichviel von beiden Elementen brauchen. In der räumlichen Anordnung müssen solche Ebenen nur um jeweils eine Atomlage versetzt übereinander gestapelt werden, damit auch hier immer entgegengesetzte Ladungen aufeinandertreffen. Auch die äußeren Flächen können nicht beliebig sein: Nur in Flächen, die parallel zu dem rechtwinkligen Gitter sind, herrscht Neutralität der Ladun-

gen, weshalb Steinsalzkristalle eine Würfelform aufweisen (Abb. 3.3).

Im Quarz müssen sich je zwei Sauerstoffatome mit einem Siliziumatom verbinden, um nach außen elektrisch neutral zu sein, doch werden die Elektronen nicht wirklich ausgetauscht, sondern gemeinsam benützt (homöopolare Bindung). Das gleiche passiert etwa beim Diamant, der nur aus Kohlenstoffatomen besteht, also gar nicht aus Ionenpaaren. Es würde aber zu weit führen, die verschiedenen Bindungstypen hier darzustellen. Hier muß auf die Lehrbücher der Chemie und Kristallographie verwiesen werden.

Ein kleines Experiment zur Kristallzüchtung

Kochen Sie ein halbes Kilogramm Salz in ca. 1 l Wasser, bis sich alles (oder fast alles) gelöst hat. Lassen Sie die Lösung so langsam wie möglich abkühlen (abdecken, mit Zeitungspapier umwickeln, ruhigstellen). Am Boden oder an einem frei hängenden Faden (der z. B. an einem Korken hängt) scheiden sich dann würfelige Salzkristalle ab. Noch schönere Ergebnisse erhalten Sie, wenn sie einen gut ausgebildeten Impfkristall, etwa von einem früheren Experiment, an einen Nylonfaden montieren.

Wenn sie zu schnell abkühlen, bilden sich spontan zu viele kleine Kristallkeime, die sich beim Wachsen gegenseitig behindern, und Sie erhalten ein Gefüge wie in einem Marmor, wo Sie die Eigengestalt der Minerale nicht mehr sehen. Auch können sich beim schnellen Wachstum Skelettkristalle bilden, die alles umwachsen, was ihnen im Wege steht, und auch feine Tröpfchen der Lösung einschließen – wodurch der Kristall milchig trübe wird (z. B. Milchquarz). Je langsamer er wächst, desto perfekter kann er seine Eigengestalt ausbilden, eine Tatsache, die jeder Mineraliensammler kennt: Kleine Bergkristalle sind oft klar und schön, findet man endlich einen besonders großen, dann ist er trübe und wenig schön – er ist zu schnell gewachsen!

Wir können noch ein zweites Experiment anschließen:

Nehmen Sie einen größeren der gezüchteten Salzkristalle heraus, setzen eine Messerschneide parallel zu einer Würfelfläche darauf und schlagen leicht mit einem Hämmerchen darauf. Der Kristall wird leicht und glatt in zwei Teile gespalten, er hat eine „sehr gute Spaltbarkeit parallel zu den Würfelflächen". Nun versuchen Sie, ihn diagonal zu spalten. Es wird Ihnen nicht gelingen, eine glatte Fläche zu erzeugen, und Sie brauchen viel mehr Kraft, um den Kristall zu zerteilen, denn in dieser Richtung müssen Sie positive und negative Ladungen trennen. Würden Sie sich die Fläche dann unter dem Mikroskop betrachten, könnten Sie sehen, daß sie aus lauter rechtwinkligen Flächenstufen zusammengesetzt ist, die wiederum dem Würfel parallel sind.

P. S. Natürlich können Sie Ihre Salzkristalle noch wie gewöhnliches Salz verwenden.

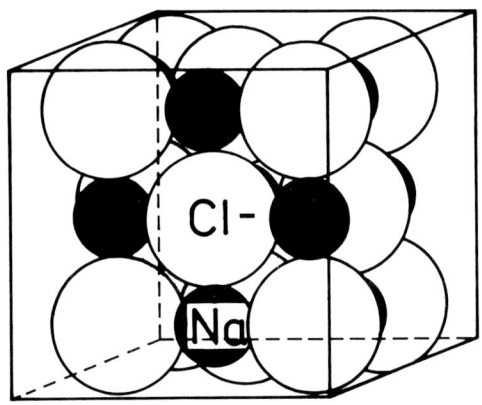

Abb. 3.3: Schematische Darstellung der Ionenanordnung in einem Steinsalzkristall.

– *Die Größenverhältnisse* der beteiligten Atom- oder Ionenarten sind ebenfalls von Bedeutung für die räumliche Anordnung im Kristallgitter. Da den Kationen ihre äußerste Elektronenhülle fehlt, weil sie die Elektronen abgegeben haben, sind sie kleiner als ungeladene Atome. Umgekehrt sind die Anionen mit ihrem Elektronenüberschuß größer (Abb 3.4).

Die meisten gesteinsbildenden Minerale sind Silikate und komplexer aufgebaut als Salz. Ein wenig Geometrie hilft, sie besser zu verstehen. Der Durchmesser des Sauerstoffs ist in Silikatkristallen dreimal so groß wie der des Siliziums. Wir vergegenwärtigen uns die Situation am besten mit vier Tennisbällen und einer dickeren Murmel von ca. 2 cm Durchmesser (oder Tischtennisbällen und einer Erbse), was etwa den wahren Größenverhältnissen entspricht. Wenn Sie die Tennisbälle (Sauerstoff) so dicht wie möglich packen wollen, dann legen Sie drei auf den Tisch, so daß sie sich berühren, und den vierten oben drauf. In der Mitte zwischen den vier Bällen ist eine Lücke, in die genau die Murmel hineinpaßt – das Silizium! Dieses hält, als wäre es mit Klebstoff beschmiert, die vier Sauerstoffatome fest um sich gefangen. Das Ganze

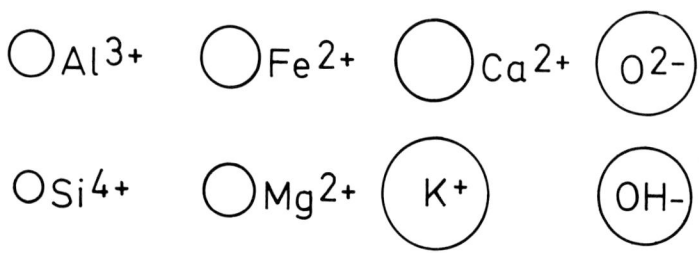

Abb. 3.4: Die Größenverhältnisse häufiger Ionen der gesteinsbildenden Minerale. Gleicher Maßstab wie Abb. 3.3.

sieht aus wie eine Pyramide, ein „Tetraeder", eben ein SiO_4-Tetraeder, der Grundbaustein aller Silikate. Jetzt denken Sie sich Ihre Tetraeder auf dem Tisch so klein, daß 4 Millionen von ihnen nebeneinander auf einen Millimeter passen, dann haben Sie eine Vorstellung von der wahren Größe!

Nebenbei: Sauerstoff ist mit etwa 50 % Gewicht das häufigste Element der Erdkruste. Wegen seiner Größe macht er aber 93 % ihres Volumens aus! Wir leben gewissermaßen auf einer dichtesten Kugelpackung von Sauerstoff, in deren Lücken alle anderen Elemente eingezwängt sind.

Der Tetraeder hat als Ganzes eine vierfach negative Ladung, denn die acht negativen Ladungen der vier Sauerstoffe werden durch die vier positiven Ladungen des Siliziums nur zur Hälfte ausgeglichen. Den Ladungsausgleich besorgen andere Kationen, durch welche die Tetraeder miteinander verknüpft werden. Beim Olivin ist es Magnesium (Mg^{2+}) oder Eisen (Fe^{2+}). Für ein Kristallgitter ist es ziemlich belanglos, welches von beiden es einbaut, weil sie etwa gleich groß sind und gleiche Ladung tragen. Je nachdem, wieviel von jedem gerade zur Verfügung steht (was temperaturabhängig ist), werden sie in beliebigem Verhältnis aufgenommen. So kommt es zur Bildung von Mischkristallen, in deren Formeln ungerade Zahlen erscheinen. Im allgemeinen schreibt man aber vereinfacht die sich vertretenden Ionen in eine Klammer. Für den Olivin etwa $(Mg, Fe)_2SiO_4$.

Weil beim Olivin die SiO_4-Tetraeder durch Fe und Mg voneinander isoliert sind, heißt die Struktur „Inselsilikat". Doch Sauerstoff ist nicht viermal so häufig wie Silizium. Wenn sich aus einer Basaltschmelze zuerst Olivin abscheidet, wird für den Rest der Sauerstoff knapp. Die Tetraeder vernetzen sich an den Ecken und teilen sich einen Sauerstoff. Dabei können sich drei Tetraeder zu Ringen verknüpfen (Ringsilikate wie Beryll, Smaragd), oder Tetraeder ordnen sich hintereinander in Ketten an (Pyroxene). Zwei Ketten verknüpfen sich zu Bändern (Amphibole) und beliebig viele zu Schichten (Schichtsilikate wie Glimmer und Tonminerale). Um diese Struktur nachzuvollziehen, müssen Sie Ihren ganzen Tisch mit Tennisbällen dichtest gepackt auslegen, jede Lücke mit einer Murmel füllen und anschließend mit einer weiteren Ballschicht abdecken. Zwei solche Doppellagen übereinander werden durch Kationen und Sauerstoff-Wasserstoff-Atome (OH-Gruppen) verbunden, doch ist diese Bindung viel schwächer als innerhalb der Schicht. Das ist der Grund, warum Glimmer so leicht in beliebig dünne Blättchen zu spalten sind.

Bei noch weiterem Mangel an Sauerstoff müssen sich die Tetraeder auch noch in der dritten Dimension zu Gerüstsilikaten miteinander verknüpfen, wie im Quarz und bei den Feldspäten. Allerdings wird hier, wie schon bei einigen anderen Mineralen, Silizium teilweise durch Aluminium ersetzt, das ähnlich groß ist, aber eine positive Ladung weniger hat. Dies muß dann im Gitter anderweitig ausgeglichen werden.

Weil die Feldspäte mit Abstand die häufigsten Minerale der Erdkruste sind, wollen wir noch ein wenig bei ihnen verweilen. Es gibt drei Grundtypen:

K Al Si$_3$ O$_8$ (Kalifeldspat = Orthoklas)

Na Al Si$_3$ O$_8$ (Natronfeldspat = Albit)

Ca Al$_2$ Si$_2$ O$_6$ (Calciumfeldspat = Anorthit).

Welche zwei von ihnen lassen sich miteinander mischen? Sie haben bestimmt falsch geraten. Die Ionengröße ist wichtiger als die Ladung, und da Ca^{++} und Na$^+$ fast gleich groß sind, das K$^+$ aber deutlich größer, sind bei niedrigen Temperaturen nur Albit und Anorthit miteinander mischbar. Sie bilden die Mischkristallgruppe der „Plagioklase".

Bei sehr hoher Temperatur, wenn die Kristallgitter aufgeweitet sind und die Atome heftig auf ihren Gitterplätzen hin und her zittern, werden alle Mineralgitter toleranter gegenüber dem Einbau anderer Substanzen. Kalifeldspat nimmt bei Temperaturen über 800 $^\circ$C bis zu einem gewissen Grad auch Natrium und Calcium auf und bildet die Hochtemperaturform des Sanidins. Wenn aber die Temperatur sinkt, wirft er die Fremdlinge wieder heraus und entmischt sich; der Plagioklas erscheint in schmalen, unregelmäßigen Streifen im Kalifeldspat (Perthit), die man gelegentlich schon mit freiem Auge oder der Lupe sehen kann. Das ist sehr praktisch, denn der Geologe kann dadurch Rückschlüsse auf die Entstehungstemperatur des Gesteines ziehen.

Bei den Feldspäten ist nur ein Teil der Sauerstoffe räumlich verknüpft und der Rest über die Kationen K, Na oder Ca. Beim Quarz hingegen hängen sämtliche SiO$_4$-Tetraeder allseitig miteinander zusammen, jeder Sauerstoff gehört gleichzeitig zwei Siliziumionen an – in Summe ergibt sich die Formel SiO$_2$. Da diese Bindung der SiO$_4$-Tetraeder am stabilsten ist, erklärt sich die enorme Widerstandsfähigkeit des Quarzes im Vergleich zu allen anderen Silikatmineralen; seine Bindung wird nicht durch irgendwelche sonstigen Kationen geschwächt. Man kann sogar sagen, daß die Widerstandsfähigkeit gegen Verwitterung durch diese zunehmende

Verkettung von den Inselsilikaten bis zu den Gerüstsilikaten ständig zunimmt.

Alle Eigenschaften der Kristalle sind auf ihre chemische Zusammensetzung, Bindungsart und Gitterstruktur zurückzuführen. Die äußere Form ist nur die auffälligste. Jeder Kristall zeigt eine gewisse Symmetrie der Form, welche die innere symmetrische Anordnung der Atome im Kristallgitter widerspiegelt, das heißt, zu jeder Kristall- oder Spaltfläche gibt es auch Flächen mit ganz spezieller Atomanordnung.

Sieben Kristallsysteme können nach der äußeren Symmetrie der Kristalle unterschieden werden. Die Atome zeigen noch komplexere Symmetrien (genau 230), die nur mit Hilfe der Beugungsmuster von Röntgenstrahlen, die man durch den Kristall schickt, erkannt werden können, die aber für die Vielfalt der Minerale eine Rolle spielen.

Am Anfang versucht man meistens, sich ein Mineral, ähnlich wie ein Gesicht, in seiner Ganzheit einzuprägen, wobei man intuitiv Farbe, Form, Glanz, Spaltbarkeit etc. erfaßt. Das ist für den Anfang wahrscheinlich auch die beste Methode, und ein ausgefuchster Mineralienkenner übertrifft mit seinen so erworbenen Kenntnissen manch studierten Mineralogen, dem man Polarisationsmikroskop und Röntgenapparatur weggenommen hat. Schauen Sie sich also anfangs fleißig in Sammlungen und auf Bildern Minerale an (Abb. 3.5–3.12), bis Sie ein bis zwei Dutzend von ihnen erkennen können.

Eine einfache Prüfung der Mineralhärte kann man durchführen, indem man mit Fingernagel, Messer, Geologenhammer etc. Minerale zu ritzen versucht. Die Mohssche Härteskala ist darauf aufgebaut, und jedes Mineral mit einer höheren Platzziffer ritzt alle mit niedrigerer Ziffer, wird aber selbst von diesen nicht beschädigt (Tabelle 2). Sie können also mit einem Feldspat

Härtestufe

1	Talk	leicht mit Fingernagel ritzbar
2	Gips	mit Fingernagel ritzbar
3	Kalkspat (Calcit)	mit Kupfermünze ritzbar
4	Flußspat (Fluorit)	mit Messer ritzbar
5	Apatit	mit Messer ritzbar
6	Feldspat	ritzt Glas und Stahl
7	Quarz	ritzt Glas und Stahl
8	Topas	ritzt Quarz
9	Korund	ritzt Topas
10	Diamant	ritzt alle natürlichen Stoffe

Tabelle 2: Mohssche Härteskala

Abb. 3.5: Plagioklas, das häufigste Mineral der Erdkruste, hier in einer Periklinstufe von Fassnacht bei Pfunders. Sammlung Schropeck, Meran; Größe der Stufe 12x12cm.

Abb. 3.6: Rosafarbener Kalifeldspat (Orthoklas) im Quarzporphyr.
Zwei Minerale sind gesetzmäßig miteinander verwachsen (sog. „Karlsbader Zwilling"). Sammlung Don T. Stolcis, Ziano.
Fundort Valfloriana, Bildausschnitt 6,3x8 cm.

Abb. 3.7: Grüne, stengelige Hornblenden (Aktinolith) sind für hochgradig metamorphe Gesteine typisch. Die Aktino-lithe sind in dem weißen Talk-schiefer bei Temperaturen von über 550 °C gewachsen.
Fundort Pfitscher Joch. Samm-lung Schropeck, Meran. Bild-ausschnitt 12x18 cm.

Abb. 3.8: Zu den Schichtsili-katen gehört der Hellglimmer Muskowit, der hier in die Kluft eingewachsen ist.
Fundort Lahneralm, Ahrntal. Sammlung Schropeck, Meran. Bildausschnitt 3 x 4 cm.

Abb. 3.9: Wegen seiner Reinheit und Härte ist der Quarz (Bergkristall) das bekannteste Mineral.
Fundort Windtal, Ahrntal; Sammlung E. Hofer, Marling; Größe der Stufe 5x7 cm.

Abb. 3.10: Dolomitkristalle können etwas Eisen in ihr Kristallgitter einbauen und sind deshalb oft bräunlich gefärbt. Typisch sind die leicht gekrümmten Kristallkanten. Die weißen Kristalle sind aufgewachsene Calcite.
Fundort Cipit, Seiser Alm; Sammlung Schropeck, Meran; Bildausschnitt 4x3,5 cm.

Abb. 3.11: Die Oberfläche von Granatkristallen wird von 12 Rautenflächen gebildet, wie hier in dem Eisen-Aluminium-Granat Almandin.
Fundort: Granatkogel, Passeiertal; Sammlung Schropeck, Meran; Größe 7x4 cm.

Abb. 3.12: Staurolith findet sich häufig in Kristallen, die sich gegenseitig gesetzmäßig durchkreuzen (Zwillinge).
Fundort Martelltal, Vinschgau; Sammlung Schropeck, Meran; Bildausschnitt 9x8 cm.

keinen Kratzer in eine noch so glatte Kristallfläche des Quarzes machen, wohl aber umgekehrt – und versuchen Sie ja nicht, die Härte des Quarzes an ihrem großen Wohnzimmerfenster zu demonstrieren! Für die „gehobenere" Kristallbestimmung gehört die Bestimmung der äußeren Kristallsymmetrie oder gar die chemische und Röntgenstruktur-Analyse dazu. Darauf kann hier nicht eingegangen werden. Interessenten seien auf die entsprechenden Bestimmungsbücher verwiesen.

In Tabelle 3 sind die häufigsten gesteinsbildenden Minerale angeführt, die hier kurz charakterisiert sein sollen:

Mineral	Häufigkeit in %
Feldspäte (Kalifeldspat, Plagioklas)	51
Amphibole (Hornblenden) und Pyroxene	16
Quarz	12
Glimmer (Biotit, Muskowit)	5
Tonminerale (einschl. Chlorit)	4,6
Olivin	3,0
Kalkspat, Dolomit	2,0
Magnetit, Titanomagnetit	1,5
alle übrigen Minerale zusammen	4,9

TABELLE 3: DIE HÄUFIGSTEN GESTEINSBILDENDEN MINERALE DER ERDKRUSTE

Die häufigen *Feldspäte* finden sich in praktisch allen magmatischen und metamorphen Gesteinen als deren Hauptbestandteil, untergeordnet auch in manchen Sandsteinen (meist als kleine, weiße, eckige Körner). Es sind meist weiß-undurchsichtige, tafelige oder leistenförmige Kristalle. Zwischen *Plagioklas* und *Orthoklas* (*Kalifeldspat*) kann man mit bloßem Auge nur selten unterscheiden. Möglich ist dies etwa, wenn man mit der Lupe bei günstiger Beleuchtung bei größeren Kristallen eine feine parallele Streifung erkennt, die durch engste Verwachsung von systematisch miteinander verwachsenen Kristallen (Zwillingen) herrührt und nur bei Plagioklasen (Abb. 3.5) vorkommt. Orthoklase (Abb. 3.6) sind manchmal bei Graniten rot oder grün gefärbt, während Plagioklas weiß bleibt, so daß man die Mengenverhältnisse abschätzen kann. Ansonsten muß man sich auf die Erfahrung stützen, daß dunkle, hornblende- oder biotitreiche Magmatite kaum jemals Kalifeldspat führen, sondern nur Plagioklas.

Amphibole (*Hornblenden*, Abb. 3.7) und *Pyroxene* kommen meist als stengelige, stumpf-schwarze Mine-

rale (öfters auch grün, selten andersfarbig) in den gleichen Gesteinen vor, wobei Hornblenden häufiger sind und sich von den Pyroxenen hauptsächlich durch die feinen Spaltrisse unterscheiden, die beim Pyroxen rechtwinklig, bei der Hornblende im 54-Grad-Winkel aufeinander stehen. Sind sie häufig, fehlt meist Orthoklas.

Quarz (Abb. 3.9, „Bergkristall") ist in magmatischen und metamorphen Gesteinen als farbloses, glasig durchscheinendes Korn erkennbar, das nie glatt, sondern in gekrümmten Flächen bricht (muscheliger Bruch). Wegen seiner Härte, der fehlenden Spaltbarkeit und chemischen Widerstandsfähigkeit reichert er sich bei der Verwitterung an und macht den Hauptbestandteil bei Sandsteinen aus. Auch Kalke oder Dolomite können einen Quarzgehalt aufweisen, der aber dann meist von Organismen stammt und mikroskopisch fein kristallisiert ist.

Glimmer (Abb. 3.8) sind leicht an ihrer perfekten Spaltbarkeit erkennbar, die sie in feinen Blättchen abschuppen läßt und ihrer Oberfläche einen hohen Glanz verleiht. Dadurch läßt sich z. B. der schwarze oder dunkelbraune *Biotit* von der viel stumpfer wirkenden Hornblende unterscheiden. Der farblose bis silbrig-weiße *Muskowit* ist kaum zu verwechseln – höchstens mit anderen Hellglimmern, wie *Margarit* oder *Phengit*, was für unsere Zwecke aber belanglos ist.

Chlorit ist ein meist grünliches Glimmermineral, das vorwiegend in metamorphen Gesteinen auftritt.

Olivin ist ein flaschengrünes, durchsichtiges Mineral, das leicht verwittert und kaum je als frei gewachsener Kristall zu sehen ist. Er ist häufig im Oberen Erdmantel und gelangt von dort gelegentlich in knolligen Einschlüssen zur Erdoberfläche, die von Basalten mit nach oben gerissen worden sind (vgl. Abb. 2.2).

Calcit (= *Kalkspat*) und *Dolomit* sind keine Silikate, sondern sog. Carbonate, Verbindungen von Calciumoxid (Calcit) oder Magnesiumoxid mit Kohlendioxid (Abb. 3.10). Sie sind die Hauptbestandteile der Carbonatgesteine und werden meist über Organismen dem Meerwasser entzogen. Wegen der relativ leichten Löslichkeit in Wasser sind Calcit und Dolomit auch häufig als Kluftfüllungen anzutreffen. Kleinere Kristalle kann man durch ihre geringere Härte, die den Stahl des Geologenhammers oder Taschenmessers nicht zu ritzen vermögen, unterscheiden. Die Kristallformen können bei Calcit sehr vielfältig sein, bei Dolomit sind es meist kleine Rhomboeder mit leicht sattelförmig gekrümmten Kanten. Bei Ersatz von Magnesium durch Eisen entsteht das Eisenmineral *Siderit*, ein Eisencarbonat.

Magnetit, *Ilmenit* (vgl. Abb. 2.2) und *Titanomagnetit* sind Verbindungen von Eisen bzw. Titan und Eisen mit Sauerstoff (Oxide). Sie kommen meist als winzige schwarze Pigmentierung z. B. in Basalten, aber auch in den meisten anderen Gesteinen vor und sind weit schwerer als die Silikate. In Sandsteinen sind sie zusammen mit anderen widerstandsfähigen Schwermineralen (Zirkon, Apatit, Rutil, Turmalin, Monazit, Diamant, Zinnstein, Gold u. v. a.) angereichert. Ihre Bedeutung als Träger ferromagnetischer Eigenschaften (es gibt andere Arten des Magnetismus, die aber nicht immer auf die Kompaßnadel einwirken) wurde schon erwähnt.

Tonminerale entstehen bei Verwitterung oben angeführter Minerale. Sie haben gewöhnlich eine für das menschliche Auge nicht auflösbare Korngröße von nur wenigen Tausendsteln von Millimetern. Ihre wichtigsten Eigenschaften sind die Quellfähigkeit durch Wasseraufnahme und ihre Kationen-Austauschkapazität. Dies bedeutet, daß sie für Pflanzen wichtige Nährstoffe (z. B. aus dem Dünger) an sich binden, aber auch wieder an die Pflanzenwurzel abgeben können. Im Kapitel über Tongesteine finden sich weitere Eigenschaften.

4. Gesteine – Magmatite

Magma ist eine silikatische Gesteinsschmelze. Es enthält alle Stoffe, die das spätere magmatische Gestein aufbauen, und zusätzlich noch Gase oder Flüssigkeiten, die beim Erstarren abgedampft oder abdiffundiert werden. Magma erstarrt als Vielstoffsystem nicht so einfach wie z. B. Wasser, das bei genau $0\ ^{\circ}C$ zu Eis gefriert. Bei Meerwasser ist der Vorgang schon komplexer: Das Salz senkt den Gefrierpunkt auf $-1,9\ ^{\circ}C$; hier hat es auch seine größte Dichte. Meerwasser verhält sich bereits ganz anders als Süßwasser, das bei vier Grad oberhalb des Gefrierpunktes am schwersten ist, weshalb ein See nicht bis auf den Grund vereist. Gefriert Meerwasser, so bildet sich auch Eis, und zwar Süßwassereis! Auf diesem Effekt beruht eine Methode der Meerwasserentsalzung.

Es bilden sich in einem Mehrstoffsystem beim Gefrieren somit Kristalle, die nicht der durchschnittlichen Zusammensetzung der Schmelze (der Flüssigkeit) entsprechen. Sie können das leicht ausprobieren, wenn Sie Salzwasser in ein Gefrierfach stellen und das Eis probieren. Die restliche Lösung wird entsprechend salzreicher sein und somit der Gefrierpunkt weiter sinken. Kühlen Sie noch weiter ab, bildet sich mehr und mehr Eis, bis schließlich das verbliebene Salzwasser maximal konzentriert ist. Salzkristalle werden sich zusammen mit Eis abscheiden.

Damit haben Sie schon ein einfaches, aber recht anschauliches Modell der Erstarrung von Vielstoffsystemen, wie dem Magma. Das Wichtigste:

– Es scheidet sich zuerst nur eine Kristallart ab, die zudem anders zusammengesetzt ist als die Schmelze;
– die Schmelze verändert dadurch ihre Zusammensetzung und ihre physikalischen Eigenschaften. Sie gefriert nicht bei einer bestimmten Temperatur, sondern es scheiden sich über einen größeren Temperaturbereich immer mehr Kristalle ab.
– Es kann (muß nicht) dann einen Punkt geben, an dem sich zwei oder mehrere Kristallarten gleichzeitig abscheiden können (eutektischer Punkt – in unserem Fall, wenn Salz- und Eiskristalle gemeinsam ausfallen).
– Die entstehenden Kristalle können leichter sein als die Restschmelze – wie beim Wasser-Eis-System – und nach oben schwimmen, oder schwerer und nach unten

sinken und sich am Boden einer Magmenkammer anreichern und sedimentieren (gravitative Differentiation).

Von den magmatischen Gesteinen kennt wohl jeder den dunklen Basalt, ein vulkanisches Gestein, und den meist hellgrauen, grobkörnigen Granit, ein Tiefengestein. Beide sind Magmatite, aber von verschiedener Herkunft und Erstarrungsgeschichte.

Der Basalt ist feinkörnig und in seiner Zusammensetzung eher dem Erdmantel verwandt, der Granit dagegen der Erdkruste. Tatsächlich sind dies auch die Orte, wo die entsprechenden Magmen gebildet werden.

Der Erdmantel ist, wie wir bereits wissen, in der Asthenosphäre zu einem kleinen Teil geschmolzen. Diese Schmelze entspricht nicht genau der durchschnittlichen Zusammensetzung des Erdmantels (siehe obiges Beispiel des Salzwassers), sondern ist reicher an Silizium, Kalium, Natrium (normalerweise in Oxidform geschrieben als: SiO_2, K_2O, Na_2O) und ärmer an Magnesium (MgO) und entspricht einem Basalt. Der feste Erdmantel ändert dadurch seine Zusammensetzung: Er „verarmt" an basaltischer Schmelze, die sich bei Temperaturen um $1200\ ^{\circ}C$ bildet. Je geringere Mengen aufschmelzen, desto deutlicher treten die Unterschiede in Erscheinung. Ganz gleich werden sie nie, denn ein hundertprozentiges Schmelzen tritt nie ein.

Der zurückbleibende Erdmantel braucht, wenn sich das Basaltmagma abtrennt und zur Erdoberfläche aufsteigt, von nun ab höhere Temperaturen, um aufzuschmelzen. So verändern sich im Lauf der geologischen Zeiträume seine Zusammensetzung und physikalischen Eigenschaften. Eines fernen Tages – in einigen Milliarden Jahren – wird kein Magma mehr aus dem Mantel aufsteigen können, die Kontinente frieren am Mantel fest und die Erde wird geologisch inaktiv.

Basaltmagma – und was daraus werden kann

Manchmal kann Basaltmagma ungehindert an die Erdoberfläche dringen. Dies geschieht vor allem dann, wenn die Lithospäre relativ dünn ist und sich im Zustand der

Dehnung befindet. Das Gewicht der überlagernden Gesteine preßt den flüssigen Basalt solange nach oben, bis das Gewicht der Gesteine ebenso groß ist wie das der Basaltschmelze. Das würde nicht ausreichen, um höhere Vulkane zu formen, ja auf dem Festland könnte der Basalt die Erdoberfläche vielfach gar nicht erreichen, sondern würde in Tiefen von einigen hundert Metern steckenbleiben, denn die Gesteine der Kontinente sind meist leichter. Unter der Druckentlastung nahe der Erdoberfläche schäumt das gasreiche Magma aber wie Sekt nach Entfernen des Korkens von der Flasche auf, wird dadurch vorübergehend leichter, und es gelingt der Aufstieg.

Wenn die Abkühlung an der Erdoberfläche schnell genug erfolgt, bleiben die Gashohlräume erhalten, und die Lava (wie Magma genannt wird, das an der Erdoberfläche austritt) erstarrt in der charakteristischen schaumigen Struktur (Abb. 4.1). Je nach Temperatur, Zähigkeit und Gasgehalt können die Blasenhohlräume klein oder groß sein. Später können sie mit verschiedenen Kristallen gefüllt werden, die sich aus mehr oder weniger heißen Lösungen abscheiden. In solchen Drusen wachsen dann Quarz (oft als Amethyst oder Achat), Aragonit oder Calcit und Seltenheiten wie Analcim, Apophyllit, Datolith, Prehnit etc., so etwa an der Seiser Alm).

Beim Abkühlen eines Lavastromes kommt es zur Schrumpfung, wodurch ähnlich wie in einer eingetrockneten Tonpfütze ein sechseckiges Rißsystem entsteht, das in die Tiefe wächst und manchmal schöne Säulen formt (Abb. 4.2). Tritt die Lava aber unter Wasser aus, dann bildet sich sofort eine schützende Haut, die durch nachströmende Lava wie ein Luftballon aufgeblasen wird, bis sie platzt und weitere Lava aus ihrem Inneren strömt, ein neues sack- oder schlauchförmiges Lavakissen formt usw. (Kissen- oder Pillowlava, Abb. 4.3).

Aus einem Basaltmagma muß aber nicht immer Basalt entstehen. Bleiben nämlich irgendwo in der Erdkruste größere Mengen davon stecken, dann werden diese in der isolierenden Hülle der Krustengesteine nur ganz langsam, im Verlauf von Hunderttausenden von Jahren, erstarren und eine Differentiation durchmachen: Das flüssige Basaltmagma hat eine Temperatur von etwa 1200 $^{\circ}$C oder darüber. Kühlt es auf etwa 1170 $^{\circ}$C ab, so

Abb. 4.1: Durch Druckentlastung beim Aufstieg des Magmas zur Erdoberfläche perlen gelöste Gase aus. Es entstehen Blasenhohlräume. In der Mandelstein-Lava von Theis wurden diese später mit Achat (weiß) gefüllt.

Abb. 4.2: Durch Schrumpfung bei der Abkühlung eines Basaltlava-Stromes entstanden die 5–6seitigen Säulen am Monte Baldo.

Abb. 4.3: Kissenlava entsteht beim langsamen Lava-Austritt unter Wasser. Durch Abkühlen bildet sich eine Außenhaut, die durch nachströmendes Magma aufgebläht wird, bis sie irgendwo reißt und ein neuer Lavaballon oder -schlauch entsteht. (Seiser Alm, hier mit Kamerateam des Bayerischen Rundfunks bei Dreharbeiten zu dem Fernsehfilm „Europas großer Faltenwurf".)

scheidet sich als erstes ein magnesiumreicher Olivin ab, wodurch die Restschmelze an Magnesium und Sauerstoff verarmt. Olivin ist aber schwerer als die Schmelze und sinkt deshalb langsam auf den Boden der Magmenkammer und formt das Gestein Dunit, das nur aus Olivin besteht.

Bei 1100 $^{\circ}$C sind Plagioklas und Pyroxen im Gleichgewicht mit der Schmelze und kristallisieren. Einzelne Olivine, die noch nicht abgesunken und so der Reaktion mit der Schmelze entzogen sind, werden entweder wieder aufgelöst oder aber einfach von Pyroxen überwachsen und damit vor der Auflösung geschützt. Auch Pyroxen und Plagioklas sind schwer, sinken ab und bilden eine Schicht Gabbro, die Hauptmasse an Gestein, das entsteht. Weil aber mit dem Olivin der Schmelze zuviel Magnesium entzogen wurde, bleibt zum Schluß eine an Mg verarmte Schmelze übrig. Da sich zunächst nur wasserfreie Minerale abscheiden, reichert sich in der Restschmelze das gelöste Wasser mehr und mehr an und wird schließlich in Hornblende und Biotit eingebaut.

So können in der Tiefe aus einer Basaltschmelze Dunit (nur Olivin), Gabbro (Pyroxen und Plagioklas), Diorit (Hornblende und Plagioklas), Monzonit (Hornblende, Biotit, Plagioklas, Orthoklas) oder Syenit (Hornblende, Biotit, Orthoklas) kristallisieren, alles Tiefengesteine mit wenig Quarz, reichlich Feldspäten und einer abnehmenden Menge an dunklen Gemengteilen (Abb. 4.4, 4.5).

Granitmagma – und was daraus wird

In den Südalpen herrscht 5000 m unter der Oberfläche eine Temperatur von etwa 80–100 $^{\circ}$C, in 20 km Tiefe ca. 400 $^{\circ}$C. Das ist weniger als im globalen Durchschnitt und nur etwa die Hälfte wie in der westlichen Toskana, wo die 400 $^{\circ}$C bereits in 6–8 km Tiefe erreicht werden, und in 20–25 km Tiefe die 1000 $^{\circ}$C überschritten sind. Diese Temperatur genügt zwar nicht, um Basalt zu verflüssigen, wohl aber eine durchschnittliche Erdkruste.

Dabei lassen sich aber weder Quarz noch Feldspat für sich aufschmelzen. Dafür bräuchte man bei einem Bergkristall unter Atmosphärendruck eine Temperatur von 1710 $^{\circ}$C, weit mehr als für Basalt. Wenn man ihn dagegen zu feinem Pulver zermahlt und gleiche Teile

Abb. 4.4: *Gabbro, ein Tiefengestein mit basaltischer Zusammensetzung. Weiß = Plagioklas, schwarz = Hornblende und Pyroxen (Fundort Predazzo).*

Abb. 4.6: *Typischer Granit der Cima d'Asta mit Biotit (schwarz), Feldspat (weiß) und Quarz (speckig-grau).*

Abb. 4.5: *Syenit, ein Differentiationsprodukt basaltischen Magmas, dem durch Absinken (gravitative Differentiation) Olivin und Pyroxen entzogen wurde, so daß die Restschmelze an diesen Mineralen verarmte. Hauptminerale: Kalifeldspat (rot durch kleine Hämatiteinschlüsse), Plagioklas (weiß) und grüne Hornblende (Predazzo).*

Abb. 4.7: *Gneis und Amphibolit sind als Nebengesteinsschollen (Xenolithe) von Granitmagma umflossen worden und darin eingefroren (Zillertaler Hauptkamm).*

Kalifeldspat (SP = 1150 °C) und Albit (SP = 1120 °C) zugibt, dann schmilzt das Gemisch schon knapp unter 1000 °C (auf dem gleichen Prinzip der Schmelzpunkterniedrigung durch Stoffgemische beruht die Zugabe von Flußmitteln in Hochöfen oder beim Löten). Gibt man noch einige Prozent Wasser hinzu und schließt das Ganze unter einigen tausend Atmosphären Druck hermetisch ein, gelingt die Schmelze bereits bei etwa 650 °C.

So kann die Erdkruste, je nach Verhältnis von Druck, Temperatur und Wassergehalt, über einen weiten Temperaturbereich Magma bilden. Die Verflüssigung beginnt immer dort, wo sich Quarz, Albit und Kalifeldspat berühren und weitet sich entlang der Korngrenzen aus. Wieder hat die Schmelze nicht die Zusammensetzung des jeweiligen Erdkrustenabschnittes, sondern die eines magmatischen Gesteins mit der niedrigsten Schmelztemperatur, nämlich des Granites (Abb. 4.6).

Erhöht sich die Temperatur, so erschmelzen auch immer mehr dunkle Gemengteile: Glimmer, Hornblenden, Pyroxene. Es bilden sich dann die Varietäten der Adamellite (Biotit, Kalifeldspat und Quarz in gleicher Menge), Granodiorite (mehr Plagioklas als Orthoklas), Diorite (weniger als 10 % Orthoklas), Quarzdiorite oder Tonalite (wie Diorit, aber mit höheren Quarzanteilen). Die Häufigkeit der weltweit verwendeten Gesteinsnamen, die sich von Lokalitäten in Oberitalien ableiten (P.so Tonale, Adamello), zeigt, wie wichtig unsere Region für die Entwicklung der Geowissenschaften war.

Die aus der Kruste erschmolzenen Gesteine (sogenannte S-Typen, weil von Sedimentgesteinen abstammend) können jenen sehr ähnlich werden, die von Basaltmagmen abstammen (I-Typen, da intrusiv aus dem Erdmantel), und es bedarf manchmal eingehender chemischer Untersuchungen, um die beiden Typen zu trennen. Als guten Anhaltspunkt kann man im Gelände annehmen, daß bei ersteren die Granite mengenmäßig dominieren, bei den vom Erdmantel hergeleiteten die dunkleren Varietäten (wie bei Predazzo und im Adamello).

Vielfach kommt es zu weiteren Komplikationen: Vom Dach der Intrusion, also dem Nebengestein über dem Magma, lösen sich große Schollen ab (Abb. 4.7), die im Magma aufgeschmolzen werden – oder aufgelöst wie ein Stückchen Zucker im Kaffee (Abb. 4.9). Im Gebiet des Monte Frerone (Exkursion 10), wo Granite in kalkiges Nebengestein eingedrungen sind, läßt sich sehr schön studieren, daß sich dabei auch die chemische und mineralogische Zusammensetzung ändert.

In den Tiefen der Erde geht die Abkühlung nur sehr langsam vor sich. Da sich bei der anfangs nur geringen Unterkühlung lediglich sehr wenige Kristallkeime bilden, können diese entsprechend groß wachsen, und das Gefüge der Tiefengesteine wird allgemein grobkörnig. Mit fortschreitender Kristallisation reichert sich der ganze unbrauchbare „Ionenmüll", der wegen zu großer Ionenradien nicht in Quarz, Glimmer oder Feldspat eingebaut werden kann, in der Restschmelze an. Diese wird in Spalten des bei der Abkühlung schrumpfenden Granites oder in das Nebengestein eingepreßt, wo es als Aplit kristallisiert – ein helles, feinkörniges Ganggestein.

Bei hohem Wassergehalt und Anteil großer Ionen wie Lithium, Beryllium, Bor, Fluor, Wolfram, Zinn oder Uran wachsen in der Restschmelze besonders große Kristalle. Solche riesenkörnigen Gesteine heißen Pegmatite und können eine Fundgrube für Apatit, Beryll, Feldspat, Flußspat, Lepidolith, Quarz, Scheelit, Topas, Turmalin, Wolframit, Zinnstein und viele weitere Minerale sein.

Freigesetztes Wasser löst aus Biotit oder Hornblende unter Chloritbildung (Vergrünung) Eisen heraus, das auf feinen Rissen im Orthoklas eingebaut wird, der sich dabei rötlich einfärbt. Am Penser Joch (Tatschspitze) und bei Predazzo begegnen wir solchen farbenfrohen Plutoniten.

Ein Granitmagma ist leichter als das von Basalt und als die meisten Gesteine. Es steigt deswegen aus den Tiefen der Erdkruste wie eine Luftblase im Wasser nach oben oder kann entlang von Spalten in der Erdkruste bis an die Erdoberfläche dringen. Trotzdem erreicht es diese nur selten, denn wegen seiner geringeren Temperatur und der größeren Vernetzung der Silikate (Gerüstsilikate!) ist es außerordentlich zähflüssig und bewegt sich nur langsam. Auch brauchen die Kristalle mehr Zeit zu ihrer Bildung, weil die Stoffe in ihm nicht so schnell zusammenfinden.

Nur besonders heißes und trockenes Granitmagma kann bis zur Erdoberfläche hochdringen, wogegen bei den wasserhaltigen, die meist geringer temperiert sind, durch die Druckentlastung während des Aufstieges ständig Wasserdampf entweicht – was den Schmelzpunkt erhöht und die Erstarrung begünstigt. Das Magma bleibt dann genau in der Tiefe stecken, die durch seine Temperatur vorgegeben ist: Je heißer es ist, desto höher kann es hochdringen, da es trotz Wasserabgabe länger flüssig bleiben kann.

Wenn nun Granitmagma an der Luft schnell abkühlt, erstarrt es zu einem schwarzen Gesteinsglas, dem Obsi-

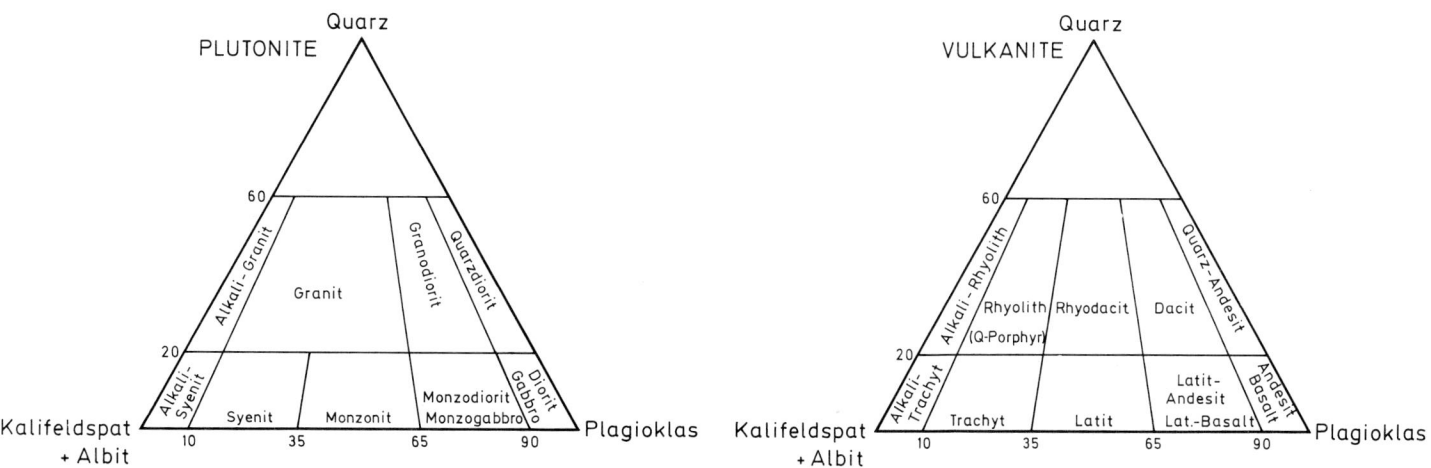

Abb. 4.8: International gebräuchliche Quarz-Kalifeldspat-Plagioklas-Dreiecksdarstellung (Streckeisen-Diagramm) zur Benennung der magmatischen Tiefengesteine (Plutonite, links) und Ergußgesteine (Vulkanite, rechts). Die Zahlen an der Unterseite geben den Anteil an Plagioklas der gesamten Feldspäte in Prozenten an, die Zahlen links den Quarzgehalt.

dian, noch ehe sich eine nennenswerte Zahl von Kristallen hat formen können.

Bei langsamerer Abkühlung im Verlauf von Monaten werden bereits einige Quarz- oder Feldspatkriställchen gewachsen sein, die, weil sie sich frei in der Schmelze entwickeln konnten, ihre kristalline Eigengestalt aufweisen. Abkühlung geschieht auch bereits während des lange dauernden Aufstiegs des Granitmagmas, das durch den Kontakt mit dem kälteren Nebengestein Wärme abgibt. In vielen Fällen erreicht es die Erdoberfläche als Kristallbrei, ein Gemisch aus Schmelze und Kristallen. Der noch flüssige Anteil erstarrt dann zu Glas, in dem viele größere Kristalle schwimmen (Vitrophyr), oder kann noch kristallisieren, bleibt aber viel feiner körnig als die mitgeführten Kristalle. Man nennt dieses Nebeneinander von größeren Kristallen und einer feinkörnigen Grundmasse ein porphyrisches Gefüge und das entstandene Gestein einen Rhyolith oder Quarzporphyr, wenn Quarzkristalle als Einsprenglinge sichtbar sind.

Im Granitmagma können sich hohe Gasdrücke aufbauen, da das Gas wegen der Zähigkeit nicht so schnell entweichen kann. An der Oberfläche kommt es dann zu heftigen Explosionen, die einem Basaltvulkan fremd sind.

Dabei wird die Lava zu feinen Tröpfchen zerstäubt, und ein heißes Gas-Lava-Gemisch wird ausgestoßen, das sich blitzschnell fortbewegt und tausende von Quadratkilometern Fläche überdecken kann (vgl. Exkursion 4).

Kommt eine solche Glutwolke zur Ruhe, so verschweißen die Lavatröpfchen zu Ignimbrit (gr.: Feuer-

regen), und das Gas entweicht in die Atmosphäre. Ein großer Teil des Bozner Quarzporphyrs ist aus solchen Glutwolken gebildet und erinnert an eine höchst unwirtliche Zeitspanne in der Erdgeschichte Südtirols vor 280 Millionen Jahren.

Benennung der Magmatite

Um die zahlreichen Gesteinsnamen (es gab knapp 400) zu vereinfachen, benützt man heute fast nur noch die Benennungen nach den drei Hauptkomponenten Quarz, Orthoklas und Plagioklas, die man in ein Dreiecksdiagramm einträgt (Abb. 4.8). Während der Quarzgehalt schon mit freiem Auge meist gut abzuschätzen ist, gelingt die Unterscheidung zwischen Plagioklas und Orthoklas ohne Dünnschliff und Polarisationsmikroskop nicht so leicht, außer wenn letzterer rot oder grün eingefärbt oder beim Plagioklas die typische feine Zwillingsstreifung sichtbar ist. Als Faustregel kann man annehmen, daß mit steigendem Gehalt an Biotit und Hornblende der Kalifeldspat zurücktritt. Je dunkler das Gestein, desto mehr ist es nach Diorit-Tonalit hin verschoben.

Gesteine mit mehr als 90 % dunklen Gemengteilen werden als Ultramafitite extra benannt. Wichtig ist Lherzolith, der Olivin, Ortho- und Klinopyroxen enthält, und dessen Zusammensetzung etwa der des durchschnittlichen Oberen Erdmantels entspricht. Wenn man im Gelände die Pyroxene nicht voneinander unterscheiden kann, spricht man einfach von Peridotit. Orthopyroxene sind aber oft braunschwarz, Klinopyroxene grün oder

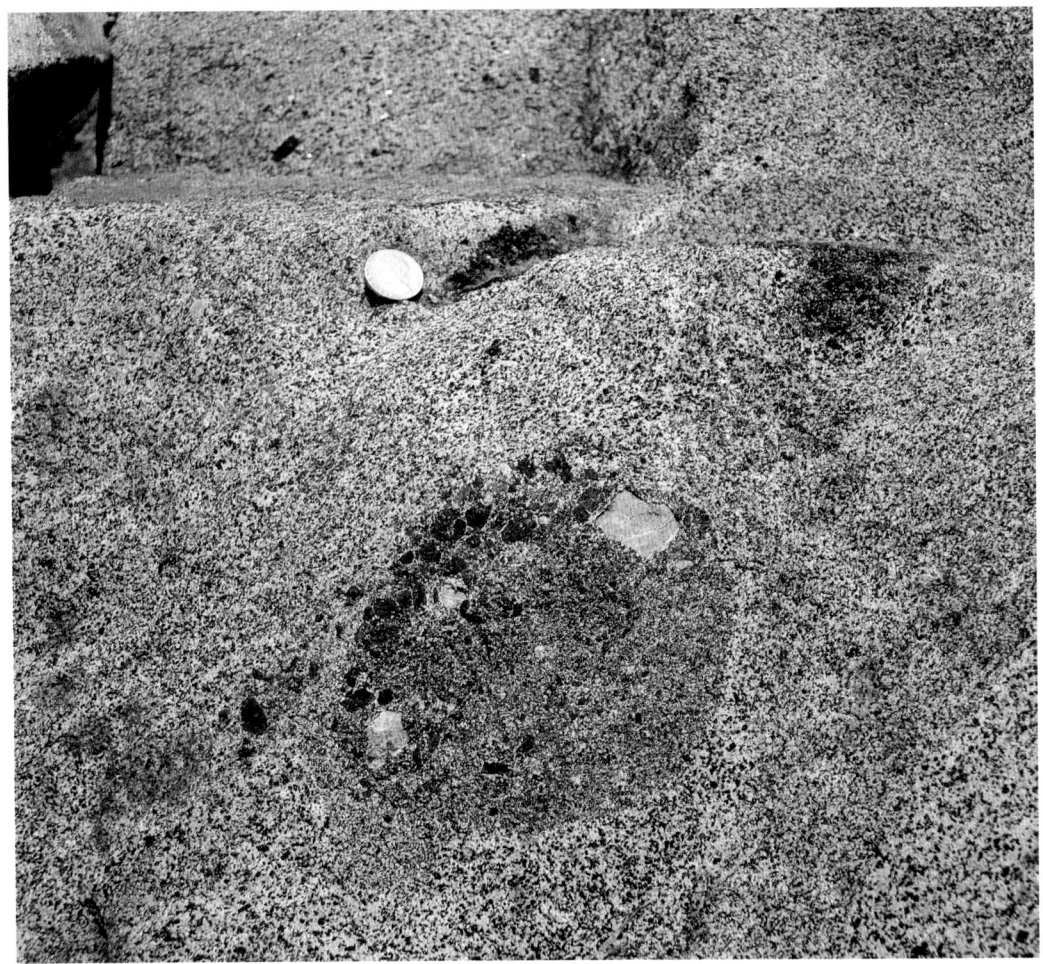

Abb. 4.9: Ein rundlicher Dolomit-brocken aus dem Nebengestein (Bildmitte) ist vom Tonalit-Magma assimiliert worden, wobei sich größere schwarze Hornblenden bildeten (P.so di Vacca, südliches Adamellogebiet).

schwarz; vom grünen Olivin sind sie durch ihre gute Spaltbarkeit zu unterscheiden. Überwiegen sie, spricht man vereinfacht von Pyroxeniten.

Für den Anfang genügt es, sich Granit (helle Gemengteile überwiegen bei weitem, Quarz sichtbar), Tonalit (schwarz-weiß gefleckt), Gabbro (dunkel, aber noch mit weißen Feldspäten) und Peridotit (schwarz-grün, ohne sichtbare Feldspäte) zu merken.

Bei Vulkangesteinen ist die Benennung noch schwieriger, weil sie so feinkörnig sein können, daß einzelne Minerale nicht einmal mehr im Mikroskop diagnostiziert werden können. Hier helfen nur noch chemische Analysen (die man dann in Minerale umrechnet), oder im Gelände die Einsprenglingsminerale. Findet sich viel Quarz und Feldspat, spricht man von einem Quarzporphyr (Rhyolith); ein Andesit hat viel Feldspat und Augit, und ein Basalt ist meist fast ganz schwarz.

5. Sedimentgesteine

Magmatische Gesteine und, wie wir später sehen werden, auch die metamorphen Gesteine sind bei hohen Temperaturen und oft auch hohen Drücken entstanden. Gelangen sie an die Erdoberfläche, wo bei geringen Temperaturen Wasser, Sauerstoff, Kohlendioxid und Organismen wirken, werden die in ihnen vorhandenen Minerale instabil: sie verwittern (Abb. 5.1). Ein Teil davon wird mechanisch zerkleinert, von Wind, Eis oder Wasser umgelagert, dabei zugerundet, nach der Dichte sortiert oder nach der Abriebfestigkeit und chemischen Widerstandsfähigkeit ausgelesen. Bei Nachlassen der Transportkraft oder Abschmelzen des Eises wird er als Trümmergestein (klastisches Sediment) wieder abgelagert.

Ein anderer Teil geht in Lösung und wird ins Meer geschwemmt. In Trockengebieten wird er auch bereits auf dem Festland wieder abgeschieden, wenn die Konzentration im Wasser durch Verdunstung zu hoch wird (Evaporite). Aus dem verbliebenen Rest bilden sich meist Tonminerale.

Häufig helfen Organismen beim Wiederausfällen mit. Meist sind es Meeresalgen, Korallen oder planktonische Kleinlebewesen, die sich aus Kalk oder Kieselsubstanz ihre Stützskelette bauen, daneben auch Muscheln, Schnecken und andere Lebewesen. Sterben sie ab, fallen die Skelett- oder Schalenteile zu Boden und reichern sich als Kalksteine und kieselige Sedimente an. Aus dem verbliebenen Rest bilden sich meist Tonminerale.

Etwa zwei Drittel der Landoberfläche sind mit Sedimentgesteinen bedeckt, was in etwa auch für unsere Region zutrifft. 95 % davon sind Sandsteine und Konglomerate, Tone oder Carbonatgesteine.

Konglomerate und Sandsteine
(klastische Sedimente, Trümmergesteine)

Je nach Farbe und Wärmeleitfähigkeit erwärmt sich jede Mineralart bei Sonnenschein unterschiedlich stark: Die dunklen Minerale wie Hornblende, Pyroxen und Biotit werden dabei am heißesten, die hellen und durchsichtigen Minerale wie Feldspat oder Quarz bleiben dagegen relativ kühl. Da jedes Mineral sich auch noch in den verschiedenen Richtungen unterschiedlich stark ausdehnt, lockert sich das Mineralgefüge langsam auf, und das

Gestein vergrust, d. h. es zerfällt in einzelne Körner. Kommt im Winter Frost dazu, werden wassergefüllte Hohlräume und Spalten von außen nach innen zufrieren. Wasser kann aber nur gefrieren, wenn es sich gleichzeitig ausdehnen kann, weil Eis ein größeres Volumen braucht. Ist Wasser in einem Gesteinshohlraum (oder einer Wasserleitung) ohne Ausweichmöglichkeit eingeschlossen, dann drückt es bei sinkender Temperatur mit immer größerer Kraft auf die umschließenden Gesteine, um das Gefrieren gewaltsam durchzusetzen. Bei $-4\ ^{\circ}$C ist der Druck dabei schon 500 kg/cm^2, bei $-22\ ^{\circ}$C sind es gewaltige 2200 kg/cm^2 (mit etwa der gleichen Kraft würde ein Kleinlaster auf seine Unterlage drücken, wenn man ihn auf den dünnen Absatz eines Pumps stellen würde!). Dieser Druck läßt sich dann allerdings nicht mehr weiter steigern. Das Eis gibt sozusagen auf und kristallisiert in einer anderen Kristallstruktur (in einer anderen Modifikation), die weniger Platz braucht.

Abb. 5.1: Algen und Flechten besiedeln als erste Pflanzen die Gesteinsoberfläche im Hochgebirge und leiten damit deren Zerstörungsprozeß ein.

Der Frostsprengung hält auf Dauer nichts stand. Die Gesteine zerfallen insbesondere im Hochgebirge zu grobem Blockschutt, der sich am Fuß steiler Hänge ansammelt und den Hangschutt bildet.

Wird dieser von Flüssen weitertransportiert, stoßen sich zuerst die scharfen Kanten und Ecken ab, und er rundet sich zu. Der Schutt wird zum Schotter. Mit der Transportweite in einem Fluß nimmt die Größe der einzelnen Gerölle immer mehr ab: Zum einen werden die kleineren Steine leichter weiterbefördert, zum anderen werden sie chemisch im Wasser angelöst und mechanisch abgerieben. Schieferplatten oder locker gebundene Sandsteine zerfallen dabei natürlich schneller als ein Granit oder ein massiver Quarz, wodurch eine Auslese der widerstandsfähigsten Gesteinstypen eintritt. Nur sie überleben lange Strecken. So läßt sich aus dem Rundungsgrad, der Auslese und der maximalen Geröllgröße die Transportweite eines Flußschotters abschätzen. Bei Testversuchen mit markierten Geröllen verringerten sich die maximalen Durchmesser granitischer Gesteine von anfangs 15 cm nach 200 km Flußtransport auf 6 cm und nach 400 km auf 2,5 cm.

Am Meeresstrand kommt es durch den gleichmäßigen Wellenschlag zu einem ständigen Hin- und Herschieben der Strandkiesel, so daß diese abgeflacht werden und eine diskusförmige Gestalt annehmen, während die Form bei Flußschottern durch das stete Weiterrollen zu mehr länglichen Ausprägungen kommt. So kann man auch noch einem Jahrmillionen alten Geröll ansehen, wie es geformt wurde.

Gesteinsgrus und grober Schutt entstehen mehr oder minder gleichzeitig, werden aber verschieden schnell und weit transportiert. Auch bei den kleineren Sandkörnern findet durch das fließende Wasser eine gewisse Zurundung statt, die aber wegen deren geringen Masse nicht so ausgeprägt ist. Da, wie wir gehört haben, der Feldspat wesentlich schneller verwittert, sich chemisch auflöst und in die winzig kleinen Tonminerale umwandelt, fehlt er normalerweise in Sanden. Nur im trockenen Klima oder bei sehr schneller Bildung, wie im Gebirge, bleibt er erhalten. So ist er ein wichtiges Indiz für die Umweltbedingungen der entsprechenden Zeit der Bildung. Aber auch auf das Ausgangsgestein, dem die Körner entstammen, kann in den meisten Fällen rückgeschlossen werden: Quarze oder Feldspäte aus magmatischen oder metamorphen Gesteinen sehen im Mikroskop sehr verschieden aus. Ein noch besseres Indiz wird aber durch die Schwerminerale gegeben. Es sind dies Minerale mit Dichten über 3,0 g/cm³, die also mindestens 10 % schwerer sind als Quarz oder Feldspat und von ihnen durch Schwereflüssigkeiten abgetrennt werden können. Typisch für magmatische Gesteine sind dabei Augit, Chromit, Ilmenit, Topas und Olivin. In metamorphen Gesteinen sind es dagegen Aktinolith, Andalusit, Disthen, Epidot, Rutil, Glaukophan oder Granat. Manche Schwerminerale sind für beide typisch, doch auch hier läßt sich durch genauere Untersuchungen meist noch die Zuordnung treffen, wie bei Zirkon, Turmalin, Magnetit oder Hornblende (Abb 5.2).

Beim Transport durch Wind oder Wasser kommt es zu einer Sortierung nach der Korngröße. Schwerminerale werden, einmal abgelagert, nicht so leicht wieder aufgenommen und weitertransportiert wie Quarz oder Feldspat, und sie können sich so in einzelnen Bereichen zu Schwermineralseifen anreichern, wobei vor allem Gold, Platin, Diamant, Saphir, Zirkon, Monazit, Wolfram und Zinn wirtschaftlich eine größere Rolle spielen.

Der Sedimentologe, der sich mit den Ablagerungsbedingungen der Sedimentgesteine beschäftigt, kann sogar aus den unterschiedlichen Größenverhältnissen zwischen den Schwermineralen und den Quarzen erkennen, ob der Sand einst durch Wind oder durch Wasser transportiert worden ist. Durch Eisenoxide rotgefärbte Sandsteine und Spuren von Gips- oder Steinsalzkristallen zeigen ein wüstenhaftes (= arides) Festlandsklima an.

In vielen Sandsteinen sind noch Sedimentationsstrukturen erhalten: Rippeln zeigen Wellenschlag an, wenn sie symmetrisch gebaut sind, aber fließendes Wasser, wenn sie auf einer Seite flacher sind als auf der anderen (Abb. 5.3).

Eine Besonderheit stellen untermeerische Lawinen von Sand und Ton an geneigten Hängen dar. Mit Geschwindigkeiten bis 90 km/h rasen dann mehrere Kubikkilometer Sedimente die Abhänge der Kontinente gegen den Tiefseeboden hinab. Aus der aufgewirbelten Trübewolke sinken die größeren Teilchen am schnellsten, die feine Tontrübe am langsamsten zu Boden, wodurch sich eine gradierte Schichtung ausbildet, an der man diese Turbidite erkennt. Entdeckt wurden sie, weil die Transatlantik-Telefonkabel immer an den Kontinentalabhängen abgerissen sind und man diesem Phänomen nachging.

Klastische Sedimente sind wichtige Anzeiger von Umweltbedingungen zur Zeit ihrer Ablagerung und der Gesteinsarten, die im Abtragungsgebiet vorherrschten. Sie haben auch eine enorme wirtschaftliche Bedeutung, da in ihnen große Mengen Grundwasser, Erdöl oder

Abb. 5.2: Je nach Strömungs-geschwindigkeit können verschieden große Partikel vom fließenden Wasser transportiert werden. Dabei findet ein Trennung nach dem spezifischen Gewicht statt. In den hell-dunklen Streifen sind jeweils andere Minerale angereichert (P.so Croce Domini).

Abb. 5.3: Der Wellenschlag hat im flachen Meerwasser den Sand zu Rippeln umgelagert, die noch im Sandstein sichtbar sind (Seiser Klamm).

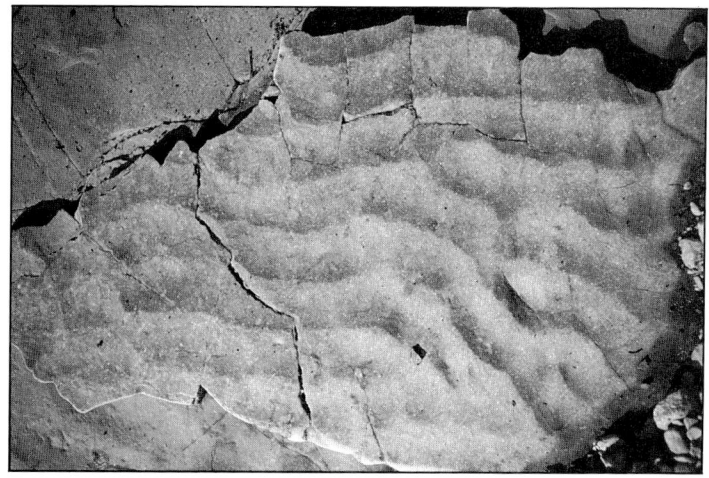

größer als zwei Millimeter und abgerundet, nennt man das Gestein Konglomerat oder Nagelfluh, sind die Komponenten zudem eckig, ist es eine Brekzie.

Brekzien und Konglomerate finden sich zumeist an der Basis der alpinen Schichtfolge, z. B. als Waidbrucker Konglomerat. An Sandsteinen ist der Grödner Sandstein am bedeutendsten.

Vom Sand zum Sandstein: die Diagenese

Wie wird der Sand zum Sandstein oder der lose Schotter zum festen Konglomerat?

Er wird dies durch eine Folge chemischer Lösung und Wiederausfällung: Im Sand oder Konglomerat stützen sich die einzelnen Körner gegeneinander ab. An den Berührungsstellen zwischen zwei Sandkörnern herrscht somit ein größerer Druck als in den Hohlräumen, den Poren daneben. Alle Stoffe haben aber unter Druck eine höhere Löslichkeit, so daß ein wenig Substanz sich an den Berührungsstellen löst und sich gleich daneben wieder abscheidet. Durch diesen Prozeß verkittet der

Erdgas gespeichert sein können. Sie sind gelegentlich auch vererzt, wie die Sandsteine der Bellerophonschichten (Blei, Zink und Barium, vgl. Exkursion 8) oder der Grödner Sandstein (Blei, Zink, Kupfer, Uran).

Ist neben Quarz und Feldspat noch eine merkliche Menge an kleinen Gesteinsbruchstücken enthalten, spricht man von einer Grauwacke; Arkosen sind dagegen Feldspat führende Sandsteine. Sind die einzelnen Körner

Abb. 5.4: Tonige Gesteine sind vielfach bunt gefärbt, was auf die schnell wechselnden Sauerstoffgehalte am Meeresboden hinweist (bunte Scaglia der Oberkreide, Nonsberg).

Abb. 5.5: Die Bestandteile des Kalksteins: Als Partikel fungieren hier fossile, stockbildende Korallen (Thecosmilia clathrata), deren Zwischenräume mit feinem Kalkschlamm zugeschwemmt wurden (Matrix), und alle Hohlräume kristallisierten im Lauf der Zeit mit weißem Zement zu (Frötschbach).

Korngröße	Kennzeichen und Zusammensetzung	Benennung
größer 2 mm	eckige Gesteinstrümmer	Brekzie
	verfestigt abgerundete Gesteinstrümmer	Konglomerat (Nagelfluh)
0,06–2 mm	vorwiegend Quarzkörner	Sandstein
	Quarzkörner, mit Quarz fest verbacken	Quarzit
	Quarz- und Feldspatkörner	Arkose
	Quarz, Feldspat und Gesteinskörner	Grauwacke
0,002–0,06 mm	Quarz, Tonminerale	Silt, Siltstein
	Quarz, Tonminerale und Kalk als eiszeitlicher Flugstaub	Löß
	viel Tonminerale mit Quarz bzw. entkalkter Löß	Lößlehm
kleiner 0,002 mm	Tonminerale, wenig Quarz	Ton, Tonstein
	Tonminerale, fest, schiefrig	Schieferton
	Tonminerale, viel Quarz	kieseliger Ton
	Tonminerale, Kalk	Mergel

TABELLE 4: BENENNUNG VON KLASTISCHEN SEDIMENTGESTEINEN

Sand mehr und mehr und sein Porenvolumen wird immer kleiner. Je höher der Druck, desto schneller geht dieser Prozeß der Diagenese.

Tongesteine (Pelite, Schlammsteine)

In magmatischen Gesteinen kommen im Durchschnitt etwa 20 % Quarz vor, der Rest sind andere Silikate. Quarz ist chemisch und mechanisch enorm widerstandsfähig und bleibt weitgehend unverändert. Man könnte ein millimetergroßes Quarzsandkörnchen durch Flüsse mehrfach um die ganze Erde transportieren lassen, ohne es wesentlich zu zerkleinern. Anders die übrigen Silikate. Sie geben Natrium, Kalium und Calcium ab. Aus den verbliebenen Elementen und Wasser formt sich ein Tonmineralgitter, das dem der Glimmer verwandt ist, wo aber die Abstände zwischen den Tetraederschichten besonders groß sind. So können viele Fremdstoffe – besonders Wasser und Kalium – darin Platz finden, aber auch leicht wieder abgegeben werden.

Tonteilchen sind sehr klein, weniger als 0,06 mm, meist sogar kleiner als 1/1000 Millimeter. Schon die geringste Strömung hält sie in Schwebe, so daß sie erst im Stillwasser von Seen, Totarmen von Flüssen oder im Meer zur Ruhe kommen.

Das Tonmineral Kaolin ist ein Zweischichtsilikat, weil sich bei ihm eine Si-Tetraederschicht mit einer Schicht aus AlOH abwechselt. Kaolin ist zwar ein wert-

voller Grundstoff für Papier, Porzellan oder Zahnpasta, im Boden jedoch weniger beliebt, weil er nur wenig Wasser binden kann und Düngemittel sehr schnell auslaugen. Er ist besonders in tropischen Böden häufig und bedingt deren schlechte Qualität.

Bei den in gemäßigten Klimazonen vorherrschenden Dreischicht-Tonmineralen Illit und Montmorillonit ist eine AlOH- bzw. MgOH-Schicht wie in einem Sandwich zwischen zwei Si/Al-Tetraederschichten eingeschlossen. Die Bindung zwischen diesen Schichten ist aber recht locker, so daß Fremdionen aus dem Dünger eingebaut und an die Pflanzenwurzel bei Bedarf auch wieder abgegeben werden können. Sie quellen bei Nässe auf und schrumpfen bei Trockenheit wieder zusammen, wobei sich ein Netz von Schrumpfungsrissen formt.

Weil sie so feinkörnig sind, erkennt man in Tonsteinen außer der Farbe und Schichtung nicht viel. Zu einer qualitativen Prüfung nimmt der Geologe etwas davon in den Mund und kaut darauf vorsichtig herum: Knirscht es zwischen den Zähnen nicht, dann liegt ziemlich reiner Ton vor. Knirscht es, ist mehr als ein Drittel feinster Quarz beteiligt, während sich ein höherer Quarzgehalt durch kleine, glitzernde Pünktchen verrät. Zerreibt man nassen Ton zwischen den Fingern, bleibt eine glänzende Fläche zurück. Auch läßt er sich zu langen Würstchen zerrollen. Ist er dagegen reich an Quarzsand, spricht man von Lehm; die Fläche bleibt stumpf und die Würstchen zerbrechen schnell.

Tongesteine sind meist entweder grau bis schwarz oder rot, grün oder braun (Abb. 5.4). Die dunklen Farben rühren von kohligen Substanzen her, die sich angereichert haben, weil im sauerstoffarmen Stillwasser Organismen nicht vollständig verwesen. Häufig geschieht dies in flachen Meeresbereichen oder Seen, während in der Tiefsee kalte Strömungen mit sauerstoffbeladenem Wasser vorherrschen.

Eine feine Schichtung ist nur dann noch erkennbar, wenn nicht am Meeresgrund lebende Organismen, wie

Würmer, Krebse oder Fische den Schlamm durchwühlt haben, weshalb man Feinschichtung meist nur in den schwarzen Tongesteinen antrifft, in deren Bildungsmilieu kein Bodenleben möglich war.

Rote und braune Farben rühren von Eisenmineralen her, wobei schon geringe Mengen Hämatit (Blutstein, ein Eisenoxid) kräftig färben. Fehlt dieser, dann dominiert oft die grüne Eigenfarbe von Chlorit, einem weiteren häufigen Mineral der Tonsteine.

Ohne die Tonminerale mit ihren wichtigen Eigenschaften für die Bodenbildung gäbe es kein höheres Pflanzenleben auf der Erde und fast keinen Sauerstoff in der Atmosphäre. Dieser ist nämlich durch Pflanzen erzeugt worden, die das Kohlendioxid (CO_2) der Atmosphäre spalten, den Sauerstoff freisetzen und aus Kohlenstoff und Wasser den Pflanzenkörper aufbauen. Bei der Verwesung kehrt sich der Vorgang um und Sauerstoff wird wieder verbraucht.

Wird die Pflanze nach dem Absterben dagegen luftdicht eingebettet, dann bleibt der Sauerstoff in der Atmosphäre.

Nur 5 % allen organischen Materials der Erdkruste lagern als Kohle, Erdöl oder in lebenden Pflanzen, in Tongesteinen dagegen 95 %! Würde auch nur ein Bruchteil davon freigesetzt, müßten wir an Sauerstoffmangel elend zugrunde gehen.

Tongesteine sind die häufigsten und wichtigsten Sedimente auf der Erde. Sie bedecken die weiten Ebenen der Tiefsee und häufen sich mächtig vor den Mündungen großer Flüsse an. Große Mengen lagern unter der Poebene, am Grund von Seen und vor allem in den tertiären Ablagerungen der Scaglia.

Carbonatgesteine (Kalke und Dolomite)

Was geschieht mit all den Stoffen, die bei der Verwitterung in Lösung gehen und mit den Flüssen ins Meer gelangen?

Sie reichern sich dort mehr und mehr an und bedingen den Gehalt von etwa 3,5 Gramm Salz pro Liter Meerwasser. Der Geologe J. Joly hat bereits Ende des vorigen Jahrhunderts daraus das Alter der Erde abgeschätzt und war dabei auf etwa 100 Millionen Jahre gekommen. Wie wir heute wissen, ist dieser Wert viel zu gering, denn der größte Teil des Gelösten geht dem Meer wieder verloren:

Muscheln, Schnecken, Tintenfische, Korallen, Seeigel und viele andere Lebewesen entziehen dem Meerwasser Calciumcarbonat, um sich daraus ihre Schalen zu bauen. Diese werden nach dem Absterben des Tieres in der Brandung aufgearbeitet und klein zerrieben. Strömungen treiben die Bruchstücke in tieferes oder ruhigeres Wasser, wo sie liegenbleiben. Zu ihnen gesellen sich noch andere Partikel: Kotpillen (Peloide) von Würmern, Krebsen oder anderem Getier, das den Meeresboden bevölkert, oder Ooide, stecknadelkopfgroße rundliche Gebilde aus einem Kern (beispielsweise ein Fossilbruchstück), um den sich im flachen, bewegten Wasser Kalkschicht um Kalkschicht anlagert – solange, bis das Partikel zu groß und schwer geworden ist, um vom Wellenschlag wieder aufgenommen werden zu können.

Mengenmäßig noch weit bedeutender sind kalkabscheidende Algen und die mikroskopisch kleinen einzelligen Planktontierchen, die sich aus Calcit oder Aragonit (ebenfalls Calciumcarbonat, aber mit anderer Kristallstruktur) ihre inneren Stützskelette bilden. Nach dem Absterben schweben ihre filigranen Skelette auf den Meeresgrund und bilden einen feinen Kalkschlamm, den Mikrit.

Kalk ist relativ leicht löslich, so daß es im Lauf geologischer Zeiträume stellenweise zu Lösung, aber auch zu Wiederausfällung im Gestein kommen kann. Hohlräume kristallisieren dabei mit einem klaren Calciumcarbonat, dem Zement, zu.

Damit haben wir die Entstehung der drei wichtigsten Bestandteile von Carbonatgesteinen kennengelernt: die Partikel (Fossilien, Fossilbruchstücke, Peloide, Ooide), den Mikrit (der die feine Füllung zwischen den Partikeln bildet) und den hohlraumfüllenden Zement, der auch die Partikel miteinander verbindet und dem Kalkstein seine Festigkeit verleiht (Abb. 5.5).

Manche Lebewesen, wie bestimmte Schwämme, Seeigel, Radiolarien (einzellige, bizarre Rädertierchen) oder Diatomeen (Kieselalgen) bauen Quarz in ihr Skelett ein. Am Meeresgrund mischen sich die Reste dieser Organismen zu dem mengenmäßig bedeutenderen Kalkschlamm, so daß sich daraus ein kieseliger Kalkstein bildet. Mit diesem kann man sogar den Geologenhammer ritzen, was mit einem reinen Kalkstein nicht möglich ist. Der feinverteilte organische Quarz bildet im Meeressediment eine gallertartige Masse, das Kieselgel, das sich im Kalkschlamm des Meeresbodens zu Hornsteinlagen oder zu Feuersteinknollen sammeln und verfestigen kann.

An sonstigem Material kommt meist nur ein unerheblich kleiner Anteil von Tonmineralen hinzu, der von

Flüssen ins Meer geschwemmt wird, vulkanische Aschen oder vom Wind verfrachtete Staubteilchen.

Carbonatgesteine verraten viel über ihren Ablagerungsraum: Ein feiner, dichter Kalk, der fast nur aus Mikrit besteht, bildet sich im offenen Meer, weit weg von der Küste. Ist in einer Bucht oder einem kleinen Meer wegen der fehlenden Klimagegensätze die Bodenströmung gering, so daß sich der Sauerstoff verbraucht und nicht genügend schnell erneuert wird, dann bleiben unverweste organische Stoffe im Kalk zurück, und er wird dunkel gefärbt sein oder gar als ein nach faulen Eiern riechender Stinkkalk verfestigen.

Ooide und Fossilbruchstücke werden durch Wellenschlag und in der Brandung geformt (Abb. 5.6), und wenn zwischen den größeren Partikeln der Mikrit fehlt, herrschte eine genügend starke Strömung, ihn wegzutransportieren. Wachstumsstrukturen von Algen und Korallenriffen können nur im Flachwasser entstanden sein, in das Sonnenlicht eindringen konnte. Riffkalke mit ihren charakteristischen Fossilien haben meist viele Hohlräume, wenn sie nicht mit Zement ausgefüllt sind. In den Dolomiten gibt es weltberühmte Beispiele fossiler Riffe, Lagunen und Vorriffbereiche.

Die Bildung von Dolomitgesteinen an Stelle von Kalk setzt voraus, daß im Meerwasser Magnesium gegenüber Calzium stark angereichert ist. Dies kann der Fall sein, wenn zuvor bereits viel Kalk oder Gips gebildet wurde. Häufig sind es übersalzene Meeresbereiche, in denen sich Dolomit bildet.

Die magnesiumreichen Wässer entziehen dem Kalkschlamm am Meeresboden einen Teil des Calziums und ersetzen ihn durch Magnesium. Dies kann auch noch erfolgen, wenn der Kalkstein schon weitgehend verfestigt ist, aber viele Hohlräume aufweist, in denen Porenwasser zirkulieren kann – wie es oft in Riffkalken der Fall ist –, so daß diese häufig dolomitisiert sind.

Da das Magnesiumion erheblich kleiner ist als das Calziumion, ist Dolomit etwa 10 % schwerer als Calzit –

Abb. 5.6: Ooidkalk mit Seelilien-Stielgliedern (pentacrinus) *wurde in bewegtem Wasser gebildet (Fundort Margone, TN).*

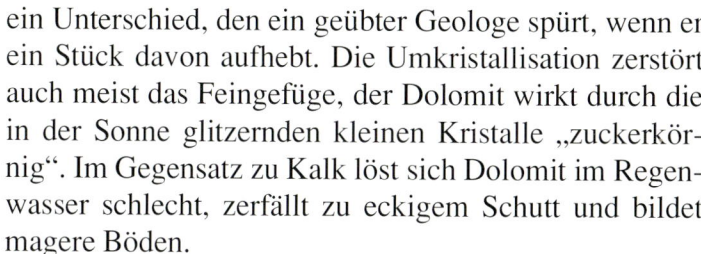

Abb. 5.7: Kalklösung hat zu einer starken Kondensation der Schichten im Ammonitico rosso geführt, wobei sich die unlöslichen roten Tonpartikel anreicherten (Straße Vezzano – Lon, TN).

Abb. 5.8: Weißer Gips und dunkle, an unverwesten organischen Stoffen reiche Kalke sind typisch für Meereslagunen in heißen Trockengebieten (Bellerophonschichten, Valle San Nicolò).

ein Unterschied, den ein geübter Geologe spürt, wenn er ein Stück davon aufhebt. Die Umkristallisation zerstört auch meist das Feingefüge, der Dolomit wirkt durch die in der Sonne glitzernden kleinen Kristalle „zuckerkörnig". Im Gegensatz zu Kalk löst sich Dolomit im Regenwasser schlecht, zerfällt zu eckigem Schutt und bildet magere Böden.

Kalk und Dolomit bilden sich vorwiegend im Flachmeer, wo das Wasser nicht durch Ton aus nahen Flußmündungen getrübt wird, was die empfindlichen Algen und Planktontierchen absterben ließe. Auch etwa die Hälfte der Tiefseeböden sind gegenwärtig mit Kalkschlamm aus einzelligen Globigerinenskeletten überdeckt. Die andere Hälfte ist mit rotem oder braunem Tiefseeton oder mit kieseligen Ablagerungen von Radiolarien (Radiolarit) bedeckt und fast kalkfrei, obwohl in den obersten Meeresschichten genausoviel Plankton lebt wie anderswo. Im kalten, kohlensäurereichen Tiefseewasser kann aber Kalk gelöst werden, so daß nur die wenigen tonigen und kieseligen Komponenten übrig bleiben. Die Wassertiefe, unterhalb der die Kalklösung überwiegt, wird „CCD" (engl.: **c**alcite-**c**ompensation-**d**epth = Calzit-Auflösungstiefe) genannt. Je nach Temperatur und Zusammensetzung des Meerwassers und der Geschwindigkeit der Planktonproduktion kann die CCD sehr stark schwanken. Heute liegt sie in niederen Breiten unterhalb von 4000–5000 m Tiefe, steigt aber an den Polen bis zum Meeresspiegel hoch – das polare Meer ist auch an der Oberfläche kalkuntersättigt, weshalb es dort keine dickschaligen Muscheln oder Schnecken gibt.

Eine Besonderheit stellen die roten Knollenkalke dar, die in den Südalpen meist als „Ammonitico rosso", „Rosso veronese" oder dergleichen bekannt sind (Abb. 5.7). Sie vermitteln zwischen den kalkigen und kalkfreien Ablagerungen: Die Kalklösung war nicht vollständig, doch ist der größte Teil davon aus dem Sediment herausgelöst. Der unlösliche rote Ton ist somit relativ angereichert. In ihm finden sich viele Ammonitengehäuse, die sich wegen ihrer Größe langsamer auflösen als die feinen Partikel.

Salz- und Gipsgesteine, Evaporite (= Eindampfungsgesteine)

Was passiert, wenn ein Meeresarm oder eine Lagune z. B. durch eine Sandbarriere vom Meer abgeschnürt wird? – Im humiden (feuchten) Klimabereich der gemäßigten Breiten wird sich ein Brack- oder Süßwassersee daraus bilden, denn das Salzwasser wird durch Regen und Flußwasser laufend verdünnt. Im ariden (trockenen) Klimabereich dagegen, wo die hohe Verdunstung durch die spärlichen Niederschläge nicht ausgeglichen wird, steigt die Salzkonzentration an (im Toten Meer ist sie etwa zehnmal so hoch wie im Atlantik), und schließlich wird das ganze Wasser verdunstet sein.

Eine 1000 m hohe Meerwassersäule normaler Salzkonzentration (=3,5 %) hinterläßt dann eine etwa 16 m hohe Schicht aus Steinsalz (13,5 m), Gips (0,3 m) und noch etwa 70 anderen Mineralen, wie Dolomit, Magnesit, Kalisalz, Glaubersalz u. dgl. (2,1 m).

Zwischen den Sedimenten am Grunde des Mittelmeeres lagern 300–500 m mächtige Evaporite als Zeugen einer Zeit vor 5 Millionen Jahren, Messinian genannt, als das Mittelmeer vom Atlantik abgeschnürt war, vorübergehend trocken fiel und zur Salzwüste wurde. Die große Mächtigkeit der Salze ist nur durch einen lange andauernden Wasserzustrom in das Mittelmeerbecken erklärbar, denn man benötigte ja eine 20 km hohe Wassersäule, um 320 m Evaporite auszufällen.

In den Schichtfolgen der Südalpen finden sich Evaporite vor allem in den Werfener und Bellerophonschichten (Abb. 5.8), Flachwasserkalke in der Trias und Tiefwasserkalke im Jura und in der Kreide – was schon eine Vorahnung von dem geodynamischen Geschehen gibt.

6. Metamorphe Gesteine

In 10–30 km Tiefe herrschen Temperaturen von 300–700 °C, die zwischen denen der Bildung magmatischer und sedimentärer Gesteine liegen. Beide sind somit im größten Teil der Erdkruste instabil und wandeln sich in metamorphe Gesteine um (Metamorphose = gr.: Verwandlung; Abb. 6.1).

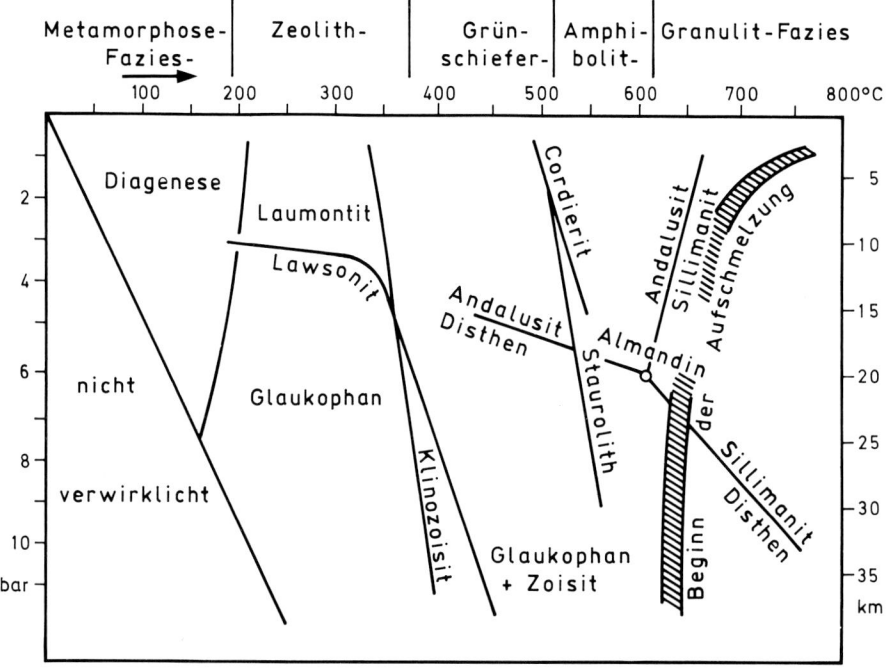

Abb. 6.1: Druck- und Temperaturbereiche typischer metamorpher Minerale. Die Linien zeigen an, ab oder bis zu welchen Druck/Temperaturbereichen sich ein Mineral bildet.

Ausgangsgestein	Grünschieferfazies	Amphibolitfazies
Sandstein	Quarzit	Quarzit
Radiolarit	Quarzit	Quarzit
Kalkstein	Marmor (feinkörnig)	Marmor (grobkörnig)
Dolomit	Dolomitmarmor	Dolomitmarmor
unreiner Kalk	Kalkphyllit	Kalkglimmerschiefer
Tonstein	Quarzphyllit	Glimmerschiefer, Paragneis
Konglomerat	Metakonglomerat	Konglomeratgneis
Basalt	Grünschiefer	Amphibolit
Granit	Orthogneis	Orthogneis
Peridotit	Serpentinit	Serpentinit

TABELLE 5: DIE METAMORPHEN GESTEINE UND IHRE AUSGANGSGESTEINE

Verfolgen wir das Schicksal eines Tongesteines, wenn es im Verlauf der Gebirgsbildung in immer tiefere Bereiche der Erdkruste gerät (Regionalmetamorphose):

Zunächst lagern sich jüngere Sedimentschichten darauf, deren Gewicht den Ton komprimiert, Porenhohlräume zusammendrückt und Wasser auspreßt. Der Ton wird dadurch dichter, fester und trockener – behält aber noch an die 10 % Wasser (Tonstein, Schieferton) und bleibt quellfähig.

Bei einer Überlagerung durch 10 km Gestein lasten auf jedem Quadratzentimeter 2500 kg, und die Temperatur beträgt etwa 250–300 °C. Die Tonminerale werden instabil, sie kristallisieren zu einem Gemenge aus feinschuppigem, hellem Glimmer (Serizit), Albit und Quarz.

Fast immer wird das Gestein gleichzeitig durchbewegt und gefaltet, denn ohne dies käme es schwerlich von der Erdoberfläche in größere Tiefe. Die neusprossenden Glimmer regeln sich dabei parallel zu den Bewegungsflächen ein, wodurch sich unabhängig von der früheren Schichtung ein neues Flächengefüge, die Schieferung, entwickelt. Die Schichtung verliert zunehmend an Bedeutung und ist oft nur noch schwer oder gar nicht mehr erkennbar. Das Gestein spaltet dann entlang der neuen Schieferung leicht auf.

Durch die Umkristallisation wird auch etwas Wasser freigesetzt, das Quarz aus den Schieferflächen herauslöst und an Stellen geringeren Druckes als Quarzknauern oder -bänder wieder abscheidet. Aus einem Tongestein ist durch niedriggradige Metamorphose ein Quarzphyllit entstanden. Bei Brixen oder Agordo ist er durch organischen Kohlenstoff, der schon im Sediment vorhanden war, dunkel gefärbt (Abb. 6.2).

Je nach Ausgangszusammensetzung können bei niedriggradiger Metamor-

51

Abb. 6.2: Bei der Metamorphose eines Tongesteines kommt es zu einer Umverteilung von Quarz, der sich in weißen Bändern, Linsen oder Knollen sammelt. Der Graphit-Granat-Glimmerschiefer aus der Gegend des Lodners ist vergleichbar mit dem Brixner Quarzphyllit, wurde aber in alpidischer Zeit noch ein zweites Mal metamorphosiert („Schneeberger Kristallisation").

phose (300–500 °C) auch noch andere Minerale wie Andalusit, Pyrophyllit, Epidot oder Chlorit kristallisieren. Sind die beiden letzteren in größerer Menge vorhanden, dann geben sie dem Gestein eine grünliche Färbung (Grünschiefer), nach der der Metamorphosebereich auch als Grünschieferfazies bezeichnet wird.

In 15–20 km Tiefe und bei Temperaturen von 500–650 °C reagiert Epidot mit Albit zu einem Plagioklas höheren Anorthitgehaltes, aus Chlorit wird Biotit oder Hornblende, und grobschuppiger Muskowit kristallisiert aus dem feinen Serizit: Ein Glimmerschiefer ist entstanden, oder, bei hohen Feldspatgehalten, ein Gneis. Infolge des erhöhten Druckes ist Andalusit instabil geworden. Er baut sein Kristallgitter in den chemisch identischen, dich-

teren und damit bei höherem Druck stabileren Disthen um oder, wenn das Ausgangssediment reich an Eisen war, zu Staurolith (vgl. Abb. 3.12). Auch die typischen Rhombendodekaeder (= aus zwölf Rautenflächen bestehender regelmäßiger Körper) von rötlichem Eisen-Aluminium-Granat (Almandin, vgl. Abb. 3.11) finden sich nun häufig.

Wegen der Verbreitung der Hornblenden (= Amphibole) spricht man bei dieser hochgradigen Metamorphose auch von Amphibolitfazies (Abb. 6.3).

Übersteigt in noch größeren Tiefen die Temperatur 650–700 °C, dann fängt das Gestein an, langsam aufzuschmelzen, und wir gelangen in das Reich der Mischgesteine = Migmatite mit ihren hellen Bändern oder Schlieren aus geschmolzenen Anteilen und dunklen, noch festen Lagen. Bei noch weiter steigender Temperatur nimmt der Anteil der Schmelze ständig zu, und es bildet sich granitisches Magma.

Extrem trockene Gesteine und auch ehemalige Basalte sind aber auch bei 700–800 °C noch fest und können eine höchstgradige Metamorphose erleiden (Gra-

Abb. 6.3: Der Hornblende-Garbenschiefer ist ein typisches Gestein der Amphibolitfazies. Die schwarzen Hornblenden sind vor 40 Millionen Jahren in einer Tiefe von etwa 35 Kilometern gewachsen (Unterbergtal).

nulitfazies). Muskowit reagiert mit Quarz zu Kalifeldspat, statt Disthen kann sich dessen Hochtemperaturform Sillimanit bilden, und aus Hornblende und Plagioklas bildet sich ein Pyroxen-Granat-Gestein, der Eklogit.

In reinen Kalken oder Quarzsandsteinen können wegen des Fehlens anderer Stoffe keine komplexeren Mineralreaktionen ablaufen. Die Metamorphose ist dann nur an den größer kristallisierten Mineralkörnern zu sehen, und man spricht von Marmor und Quarzit.

Auch Granit kann metamorph werden, doch sind die dabei sichtbaren Effekte oft sehr klein. Erst wenn Granit gleichzeitig stärker deformiert wird und sich ein Parallelgefüge ausbildet, spricht man von einem Orthogneis. Paragneise dagegen sind Abkömmlinge von Sedimenten.

Benennung der metamorphen Gesteine

Die Benennung erfolgt nach dem Hauptmineralbestand in steigender Konzentration: Ein Granat-Biotit-Gneis hat weniger Granat als Biotit. Die fast immer vorhandenen Minerale Quarz und Feldspat werden nicht erwähnt.

Abb. 6.4: Augengneise bilden sich bei der Metamorphose und Deformation von porphyrischen Graniten. Die großen Minerale sind Kalifeldspäte, die schon im Granit vorhanden waren (Griesscharte).

Abb. 6.5: Im Randbereich des Adamello-Granites wurden Kieselkalke der Trias stark aufgeheizt und kontaktmetamorph überprägt. Die ehemaligen Kiesellagen blieben dunkel, in den kalkig-kieseligen grünlichen Lagen sind Diopsid, Granat, Epidot und andere Minerale neu gewachsen (P.so Croce Domini).

Gneis steht dabei für einen Metamorphit, der neben Quarz relativ viel Feldspat (20 %) und eine schiefrige Struktur aufweist, aber nicht zu dünn aufspaltet. Ein Orthogneis ist aus Magmatiten entstanden, meist grobkörnig, homogen und sieht z. B. noch granitähnlich aus. Kommen in diesem noch größere, abgerundete Feldspatkristalle vor, nennt man ihn Augengneis (Abb. 6.4). Ein Paragneis ist aus Sedimenten gebildet, zeigt häufig noch sedimentären Lagenbau oder sonstige Anzeichen (z. B. zerquetschte Gerölle, Abb. 7.6), zumindest in Relikten.

Schiefer läßt sich in dünne Schichten spalten, was meist an dem hohen Glimmer- und geringeren Feldspatgehalt liegt. Ansonsten erfolgt die Benennung wie beim Gneis.

Phyllit ist gering metamorph und aus tonigen Schichten entstanden. Er ist sehr feinkörnig, dünn aufspaltend und weist einen seidigen Glanz auf den Schieferflächen auf.

Bei einem Fels fehlt die Schieferung – wie beim *Hornfels*, einem feinkörnigen, kontaktmetamorphen Gestein, oder beim *Granatfels*, der fast nur aus Granat besteht.

53

Verschiedene Metamorphite mit besonderer Zusammensetzung werden extra benannt: *Marmor* (Calcit oder Dolomit), *Amphibolit* (Hornblende, Plagioklas), *Serpentinit* (Serpentin, daneben Talk, Magnesit oder Relikte von Olivin, Pyroxen), *Quarzit* (Quarz), *Eklogit* (Klinopyroxen, Granat).

Kann man das Ausgangsgestein noch gut ermitteln, wird dessem Namen oft einfach ein „Meta" vorangestellt: *Metakonglomerat*, *Metabasalt* etc.

Im Kapitel über die Erdwärme wurde gezeigt, daß gleiche Temperatur in sehr verschiedenen Tiefen herrschen kann.

Als z. B. der Adamellogranit bis in sehr flache Erdkrustenbereiche hochdrang, hat er die Gesteine seiner unmittelbaren Umgebung so stark aufgeheizt, daß in diesen neue Minerale wie Vesuvian, Grossulargranat, Periklas etc. gewachsen sind (Kontaktmetamorphose). Wegen des vergleichsweise geringen Druckes sind es teilweise andere Minerale als bei der Regionalmetamorphose (Abb. 6.5).

Umgekehrt gelangen bei der Subduktion oder bei großen Deckenüberschiebungen Gesteine so schnell in große Tiefen und damit unter hohen Druck, daß die Aufheizung nicht Schritt halten kann: Bei dieser Art der Versenkungsmetamorphose bilden sich beispielsweise blaue Hornblenden, Aragonit, Lawsonit etc.

Wenn die gleiche Region später wieder gehoben wird und der Druck nachläßt, weil durch Erosion viel darüberliegendes Gestein fortgeschafft wird, bleibt andererseits die Temperatur noch lange hoch, und es kann dazu führen, daß Hochdruckminerale instabil werden und Hochtemperaturminerale sprossen: Das Gestein erhält eine spätere Niederdruckmetamorphose überprägt.

In günstigen Fällen kann man in einem Handstück noch beide Metamorphosen sehen. So finden sich in Grüngesteinen der Pfunderer Berge noch die Umrisse von Lawsonit, einem Mineral der frühalpinen Hochdruckmetamorphose. Dieser ist aber durch die jüngere Niederdruckmetamorphose zu einem feinen Gemenge aus Epidot, Glimmer und Albit zerfallen und verrät sich nur noch durch sein Formrelikt (Pseudomorphose, vgl. Abb. E2.4).

Im Dora-Maira-Gebiet der französischen Westalpen waren Gesteine vorübergehend in etwa 100 km Tiefe gelangt(!), südlich des Großvenedigers (Eklogitzone, Froßnitztal) immerhin noch in annähernd 60–80 km Tiefe, und wurden schnell wieder gehoben. Noch grübeln die Geologen darüber nach, wie das möglich war.

7. Deformation

Gesteine stellen wir uns hart und fest vor, und die Erdkruste erscheint den Menschen als der Inbegriff des starren und soliden Fundaments (von den Erbauern des Campanile in Pisa vielleicht abgesehen). Liest man aber in der Zeitung von einem Erdbeben, dann weiß man, daß wieder ein Stück Erdkruste durchgebrochen ist und die Teile um einige Zentimeter oder gar Meter gegeneinander verrutscht sind. Die gleiche Bruchfläche im Gestein (Störung, Verwerfung) kann über Jahrmillionen immer wieder aktiv sein, so daß sich die Verschiebungsbeträge zu vielen Kilometern summieren können. Verwerfungen sind gewissermaßen versteinerte Erdbeben. Das Gestein wird dabei stark zerrüttet, so daß es leicht verwittert und ausgeräumt wird. Flüsse laufen diesen Zerrüttungszonen nach, und es bilden sich meist lange, gerade Täler: Pustertal, Ultental, Judikariental oder Val Sugana sind so tektonisch vorgezeichnet (*Tekt*onik = Lehre von der Arch*itekt*ur der Erdkruste, ihrem Baustil und der Art der Deformation). Aus der Analyse der Störungen erhält der Geologe Informationen über deren Ursachen (Abb. 7.1):

Wird die Kruste gedehnt, sackt in den entstehenden Freiraum ein keilförmiger Abschnitt nach unten. Es bildet sich ein tektonischer Graben, der von Abschiebungen begrenzt wird.

Durch Aufschiebungen und Überschiebungen dagegen geraten Krustenabschnitte übereinander, die Erdkruste wird kürzer und dicker (Abb. 7.2). Die schon er-

wähnten Decken des Penninikums und Ostalpins, aber auch die Judikarien- und Suganer Linie gehören dazu.

Abschiebungen fallen meist steil (60–65°) ein, Auf- und Überschiebungen dagegen flach (< 25° – wenn Sie jemand frägt, warum das so ist, erzählen Sie ihm einfach, das hätte mit dem Mohrschen Spannungskreis und dem Winkel der inneren Reibung des Gesteins zu tun, es wäre aber zu komplex, dies verständlich darzulegen).

An Seitenverschiebungen gleiten Krustenblöcke oder sogar ganze Kontinente aneinander vorbei, wobei die Bruchfläche meist vertikal orientiert ist. Der Bewegungssinn kann dabei rechts- oder linkshändig sein, je nachdem, wohin sich der jeweils gegenüberliegende Teil bewegt hat. An Seitenverschiebungen können sich die Gesamtbewegungsbeträge beliebig hoch aufsummieren, weil es keine begrenzenden Faktoren gibt wie z. B. bei Auf- oder Überschiebungen, durch welche die Belastung auf den Erdmantel erhöht wird, was dem Prozeß entgegenwirkt. So wird es auf der Erde niemals Berge von 20 km Höhe geben können, weil sie durch ihr Eigengewicht einsinken würden (anders auf dem Mars mit seiner geringeren Schwerkraft und dickeren Lithosphäre, wo der höchste Berg des Sonnensystems, der Vulkan Olympus Mons, 25 km Höhe erreicht).

Die meisten Gesteine weisen eine große Anzahl an Klüften auf. Das sind Brüche, an denen es keine merk-

Abb. 7.1.: Die tektonischen Bruchstrukturen.
Obere Reihe von links: Bei Dehnung sacken Krustenabschnitte an steilstehenden Abschiebungen nach unten (tektonischer Graben). Bei Einengung schieben sich Gesteine an flachliegenden Aufschiebungen übereinander, und an Seitenverschiebungen gleiten Krustenabschnitte aneinander vorbei.
Untere Reihe: Überschiebungen benützen horizontale oder flach liegende Abscherhorizonte als Gleitbahnen und klettern gelegentlich über Rampen, wie im Bild dargestellt.

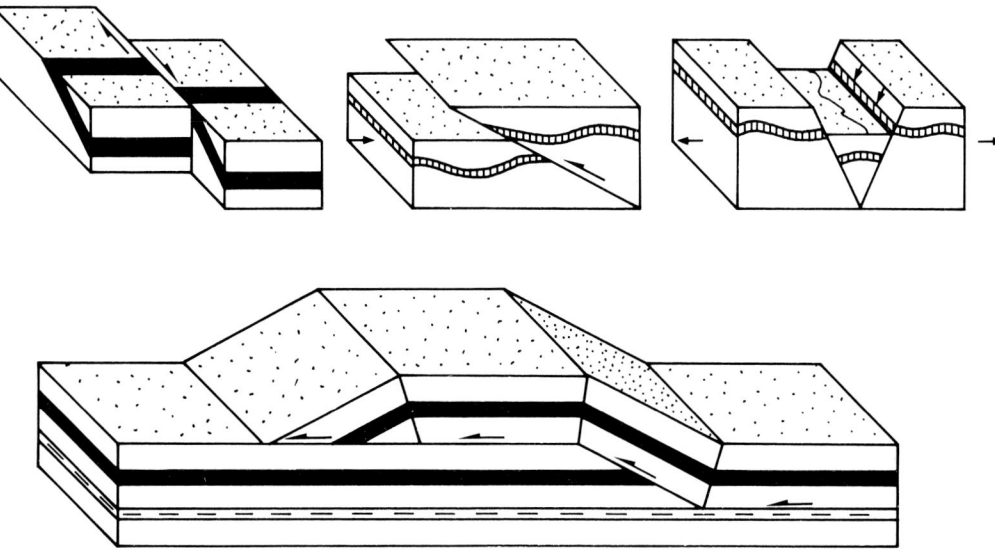

Abb. 7.2: Aufschiebung in den Mazzin-Schichten der Seiser Klamm.

Abb. 7.3: Klüftung ist verantwortlich für die äußere Form mancher Berge, wie hier der Geislerspitzen, die durch senkrechte Bruchflächen in einzelne Türme zerlegt werden. An der Basis der großen Klüfte entwickeln sich Schuttkegel.

liche Verschiebung gibt – ähnlich wie Sprünge im Glas. Sie zeigen, daß Gesteine ebenso spröde reagieren können. Für die Gestalt der Berge, ihre äußere Form, haben sie eine große Bedeutung. Insbesondere bei Kalkgesteinen löst Regenwasser in den Klüften Gestein auf, erweitert die Kluft zu offenen Spalten, und es können einzelne bizarre Bergtürme und Felsnadeln stehen bleiben (Abb. 7.3).

Ebenso wichtig sind die Klüfte als Grundwasserreservoir. Regenwasser versickert an ihnen langsam und füllt die Klufthohlräume auf. Weil diese nach der Tiefe zu immer mehr zugepreßt werden, kann das Wasser nicht beliebig weit ins Erdinnere versickern. Wenn das unterirdische Reservoir voll ist, dann läuft es an irgendeiner Stelle, meist nahe dem Talgrund, als Quelle wieder aus.

Ist die Kluft etwas geöffnet, sickern aus dem umgebenden Gestein Lösungen in den freien Raum, aus denen sich dann reiner weißer Calcit, Quarz oder auch andere Stoffe abscheiden, bis der Spalt gefüllt ist.

Ohne Zerbrechen geht die Faltung vor sich. Ähnlich wie beim Verbiegen eines Telefonbuches, verschieben

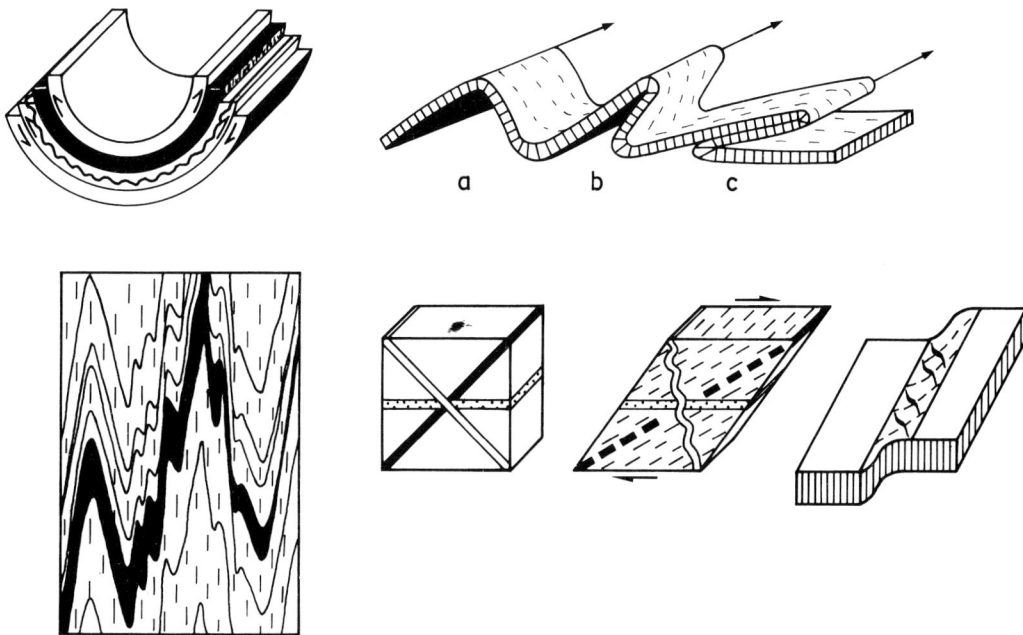

Abb. 7.4: Die tektonischen Falten-strukturen.

Obere Reihe: Faltung wird erleich-tert, wenn sich die Schichten wie Blätter eines Buches gegeneinan-der verschieben können (Biege-gleitfaltung). Falten können offen und aufrecht sein (a), eng und geneigt (vergent, b), isoklinal und liegend (c). Die Faltenachse (Pfeil) kann, wie dargestellt, horizontal, aber auch schräg liegend sein.

Untere Reihe von links: Falten in hochmetamorphen Gebieten zei-gen oft ausgedünnte Faltenschen-kel. Sie entstehen durch Fließvor-gänge.

Unten Mitte: Ein homogenes Ge-stein wird von drei relativ starren Schichten durchsetzt und im meta-morphen Bereich zerschert. Je nach Orientierung der Lagen wer-den diese gestaucht und gefaltet, zerrissen (boudiniert) oder bleiben unverändert.

Unten rechts: eine Gesteinsschicht wird unter halb spröden, halb plastischen Bedingungen zerschert, wobei sich hintereinander gestaffelte Fiederspalten bilden, welche meist mit Quarz oder Calcit wieder verheilen.

sich dabei die einzelnen Schichten um kleine Beträge ge-geneinander (Abb. 7.4, 7.5).

Je dünner die Gesteinsschichten sind, desto kleinere Falten formen sich. Tonige Lagen zwischen den festeren Gesteinsbänken begünstigen die Faltung, weil sie die Reibung vermindern und das Gleiten erleichtern. Ande-rerseits wird mit zunehmender Erdtiefe die oben skizzier-te Biegegleitfaltung schwieriger, weil der Druck die Reibung auf den Schichtflächen erhöht (ein Telefonbuch läßt sich umso schwieriger biegen, je fester die Seiten zu-sammengepreßt werden. Verhindert man jegliches Gleiten z. B. durch Verkleben, dann wird es steif wie ein Stück Holz).

Sind Druck und Temperatur hoch genug, reagieren Gesteine plastisch. Ähnlich wie eine sehr zähe Flüssig-keit lassen sie sich dann beliebig verformen. Dies wird vor allem durch Stoffwanderung (Diffusion), Zergleiten der Gitterflächen im Kristall und durch Umkristallisation ermöglicht und geht langsam vor sich. Doch die Erde hat viel Zeit (Abb. 7.6).

Das Zerfließen ist unabhängig von einer Schichtung und kann alle Gesteine erfassen. Glimmer kristallisieren parallel zu den Strömungsflächen, stengelige Minerale werden eingeregelt wie ein Stück Holz, das im Fluß schwimmt: Eine Schieferung und eine Lineation prägen dann das Gestein. Wird ein geschiefertes Gestein noch-mals gefaltet, prägt sich eine zweite Schieferung auf,

welche die erste in kleine Runzeln legt. Diese Runzel-schieferung ist also diagnostisch für mehrfache Faltung. Durch die Fließfähigkeit des Gesteins formen sich bei hohen Temperaturen spezielle Faltentypen, die Scherfal-ten, bei denen die Faltenflanken dünner sind als die Scheitelbereiche.

Jeder Gesteinstyp verhält sich etwas anders. Wird eine etwas starrere (kompetente) Schicht zwischen zwei leicht fließfähigen, inkompetenten Lagen gedehnt, dann zer-reißt sie, und in den Hohlraum wachsen Kristalle ein – eine günstige Gelegenheit für den Sammler, sofern der Hohlraum nicht ganz geschlossen werden konnte. Wird eine kompetente Lage eingeengt, legt sie sich in Stauch-falten (ptygmatische Falten, die manchmal wie ein Stück Darm aussehen).

Ursprünglich homogene Gesteine, wie Granite, ver-schiefern bei der Deformation entweder recht gleichmä-ßig, oder sie sind von Scherzonen durchzogen, an denen sich der Bewegungssinn gut ablesen läßt (Abb. 7.7). Dabei können auch kurze und hintereinander gestaffelte Fiederklüfte aufreißen. Man begegnet solchen Fließ-strukturen in den hoch metamorphen Gebieten wie den Zillertaler Alpen oder den alten Gneisen des Ortlergebie-tes und der Ötztaler Alpen.

Falten und Verschiebungen können bereits im wei-chen oder nur schwach verfestigten Sediment entstehen, wenn der Meeresboden verkippt. Es genügen bereits

Abb. 7.5: Die gipshaltigen Bellerophonschichten sind für die Faltung prädestiniert, denn Gips wirkt wie ein Hochdruck-Schmiermittel und läßt die Schichten leicht gegeneinander gleiten – eine wichtige Voraussetzung für die Faltung. Auf solchen Horizonten scheren leicht Decken ab und können sich viele Kilometer ohne großen Reibungswiderstand bewegen (P.so San Nicolò).

Abb. 7.6: In der tieferen Kruste geht die Deformation ohne Bruch vor sich. Gesteine werden bildsam (duktil) wie Knetmasse. Die ehemaligen Gerölle von Quarz, Granit und Schiefern wurden am Pfitscher Joch zu pfannkuchenähnlichen Gebilden ausgewalzt.

Abb. 7.7: Über duktile Scherzonen erhält Granit ein Parallelgefüge aufgeprägt und wird zum Orthogneis. Die dunklen, biotitreichen Einschlüsse werden dabei zu flachen Linsen deformiert (Zillertaler Zentralkamm).

Abb. 7.8: In hochmetamorphen Gesteinen dominiert Fließfaltung, bei der es zu einer Ausdünnung der Faltenflanken kommt, wie hier in den präkambrischen(?) Furtschaglschiefern des Zentralkammes.

Abb. 7.8: Durch untermeerische Rutschung im Lombardischen Kieselkalk ist eine gestörte Gesteinsablagerung entstanden.

Abb. 7.9: Die Faltung in den Roten-Ammoniten-Schichten der Breggiaschlucht erfaßte nur einzelne Gesteinsschichten. Dies kennzeichnet untermeerische Rutschfalten, bei der Sedimentpakete auf geneigtem Untergrund abgleiten (Breggiaschlucht).

wenige Grad Neigung, um Schichten unter Wasser ins Rutschen kommen zu lassen. Solche synsedimentären Strukturen sind daran zu erkennen, daß sie nur vereinzelte Bänke betreffen, und die Sedimentation darüber wieder ungestört weiterläuft. Sie sind wichtige Anzeiger für Bewegungen aus der Zeit der Ablagerung (Abb. 7.8–7.10).

Noch immer gehen in den Alpen Faltung und Bruchtektonik weiter, wenngleich nicht so heftig wie zur Zeit der Hauptbewegungen. Vereinzelte Erdbeben in den Südalpen zeugen davon, daß die Erde noch längst nicht zur Ruhe gekommen ist.

Oberflächennahe Verschiebungen können unfreiwillig durch menschlichen Eingriff ausgelöst werden, wie dies bei dem tragischen Unglück von Longarone im Piavetal geschah. Durch den Aufstau des Vajont-Stausees wurden die angrenzenden Steilwände des Monte Toc unter Wasser gesetzt, und die Klüfte im Gestein füllten sich mit Wasser. Dadurch verminderte sich die Reibung auf den Flächen, Auftrieb setzte diese noch weiter herab, bis schließlich die gesamte Bergflanke in den See rutschte und in Sekunden fast das gesamte Wasser daraus verdrängte. Dieses schoß über die Staumauer hinweg in das Piavetal hinab und spülte das 300 m hoch am Gegenhang gelegene Dorf Longarone von den Grundmauern weg. Keiner der 2000 Einwohner hatte eine Überlebenschance. Die Spuren dieser Abschiebung sind noch heute eindrucksvoll sichtbar.

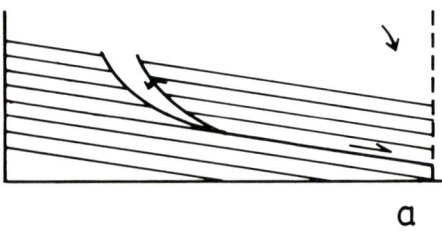

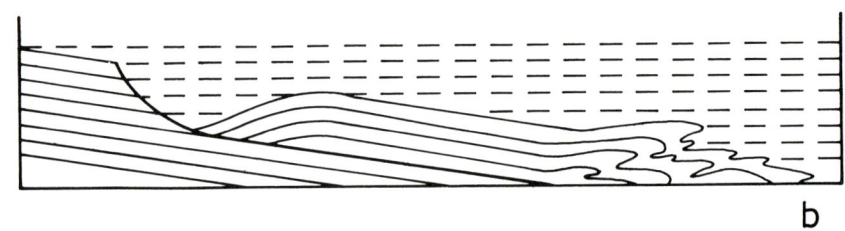

a

b

Abb. 7.10: Schemazeichnung der Entstehung von untermeerischen Rutschfalten und diskordanter Lagerung.
a) Beginnendes Abgleiten eines Sedimentpaketes und Entstehen einer Lücke an der Abrißfläche.
b) An der Front der Rutschmasse stauen sich die Schichten zu Falten, an der Rückseite biegen sie sich zurück, um den freien Raum zu füllen. Anschließend werden sie von ungestörten jüngeren Sedimenten überdeckt.

8. Erdgeschichte

Seit der Bildung der Erde sind 4,6 Milliarden Jahre vergangen (Abb. 8.1). In unserem Raum sind davon lediglich etwa 10 % dokumentiert und mit Fossilien gar nur die letzten 230 Millionen Jahre belegt – ganze 5 % der Erdgeschichte!

Fast eine Milliarde Jahre lang hatte die Natur in einer Uratmosphäre aus Kohlendioxid, Stickstoff, Ammoniak, Wasserdampf und Schwefelwasserstoff mit chemischen Substanzen experimentiert. Unter Mitwirkung elektrischer Gewitterentladungen, vulkanischer Wärme und Sonnenenergie entstanden in dem weltweiten Chemielabor unzählige organische Verbindungen und aus diesen durch noch nicht im einzelnen verstandene Vorgänge die ersten Protobionten, primitive Bakterien ohne Zellkerne, die aber wahrscheinlich schon zur Photosynthese fähig waren.

Eine weitere Milliarde Jahre brauchten diese, um sich zu vielzelligen Matten und Polstern von Blaugrünalgen, den Stromatolithen, zusammenzuschließen. Ein Teil der Organismen begann, sich von den immer reichlicher anfallenden organischen Substanzen zu nähren, statt diese mit Hilfe des Sonnenlichtes selbst zu produzieren: Das Tierreich spaltete sich vom Pflanzenreich.

Nach einer dritten Milliarde von Jahren fanden sich schon höher organisierte Zellen mit Zellkernen, die bereits ihr Genmaterial austauschten, womit ein weites Feld gentechnologischer Experimente möglich wurde. Auch diese Phase dauerte fast eine Milliarde Jahre und führte zu den ersten höher entwickelten Vielzellern: Quallen, Würmer, Seefedern und unklassifizierbare Gebilde besiedelten vor 700 Millionen Jahren die Flachmeerböden. Von da an ging alles sehr schnell. Vor rund 600 Millionen Jahren waren die

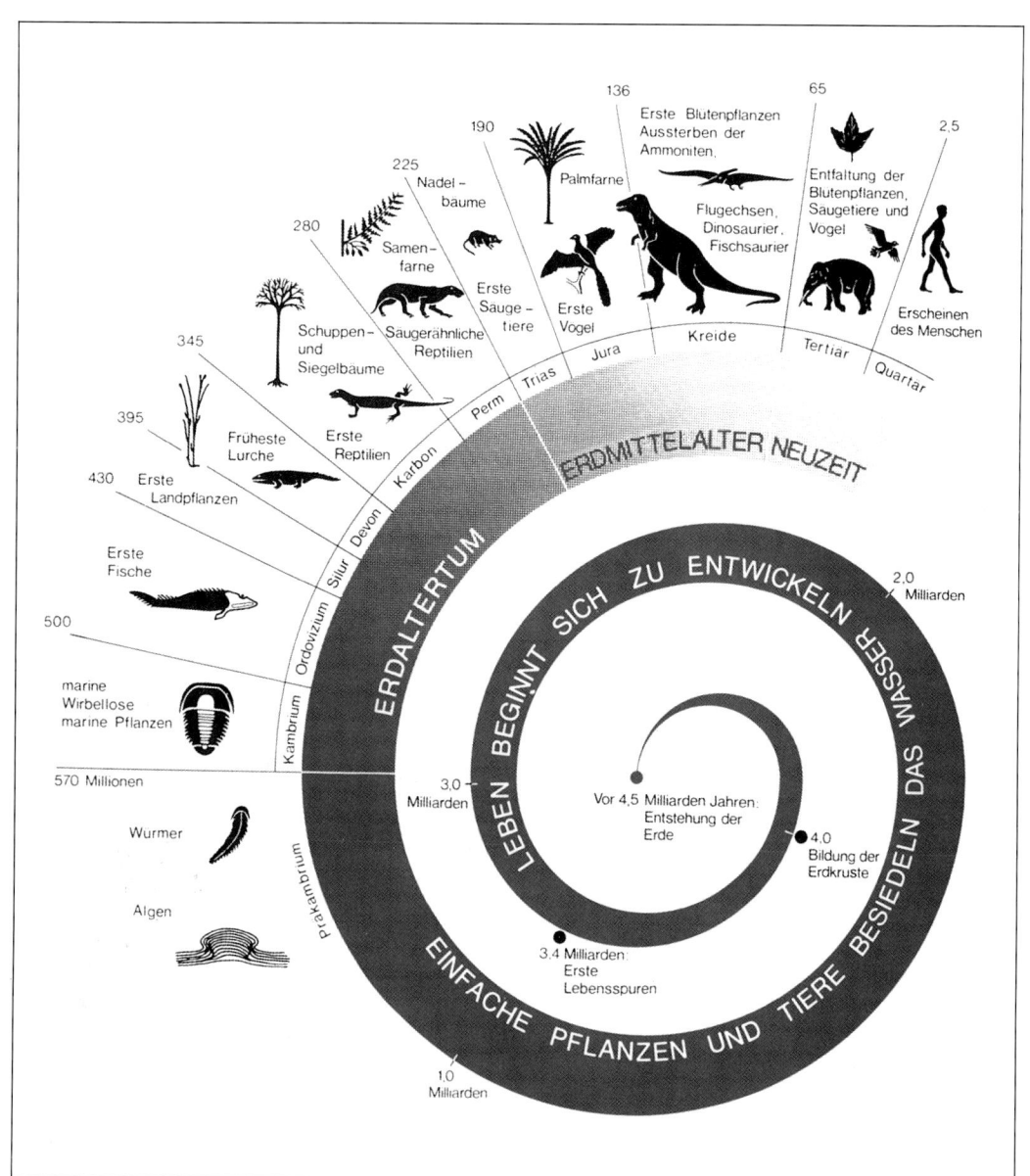

Abb. 8.1: Geologische Zeitalter und Entwicklung des Lebens (Abdruck mit freundlicher Genehmigung der „Freunde der Bayerischen Staatssammlung für Paläontologie und historische Geologie München e. V.").

Abb. 8.4 (oben): Verwandte von Tintenfischen sind die Ammoniten, wie hier der silestis gr. vulpes aus Unterkreide-Mergeln des Puez.
Abb. 8.2 (links): Turmschnecke (trypanostilus sp.) aus dem Riffkalk des Schlern (Weg zur Roterdspitze).
Abb. 8.3 (unten links): Bellerophon peregrinus LAUBE *und Bellerophon vigilii* STACHE *sind namengebende Mollusken, vermutlich Schnecken, für die oberpermischen Schichten der Südalpen.*
Abb. 8.5 (unten): In der Kreide entrollen manche Ammonitenarten ihre Spiralen, was als Degeneration kurz vor dem Aussterben gedeutet wird (macroscaphites, Unterkreide-Mergel des Puez).

Abb. 8.6 (oben): Ein Leitfossil für die Untere Trias (Skyth) ist die in den Werfener Schichten häufige konzentrisch gerippte claraia clarai EMMERICH *(Seceda).*

Abb. 8.8 (rechts): Selten sind Fische so gut erhalten wie dieser 6,5 cm lange clupea cf. dentex BLV. *aus dem Eozän von Bolca.*

Abb. 8.9 (unten rechts): In Perm und Trias besiedelten Pflanzen wie das Farngewächs pterophyllum sp. *auch trockenere Standorte.*

Abb. 8.7 (unten): Ein im Schlamm des Meeresbodens wühlender Wurm(?) hat seine Spuren und Exkremente (Peloide) im Mergel hinterlassen (Scaglia grigia, Oberkreide, Valle di Concei).

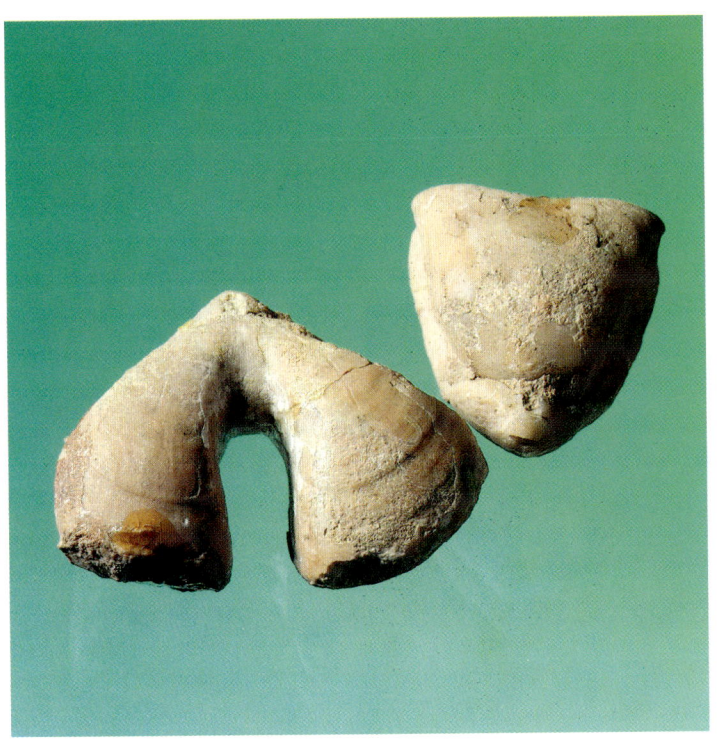

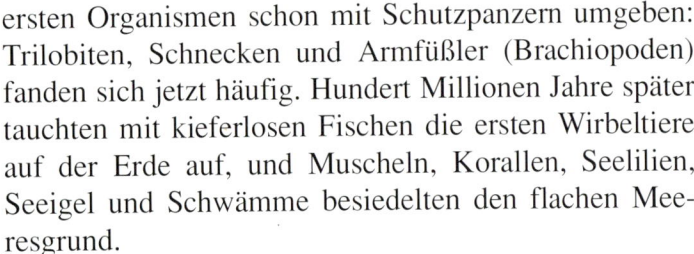

Abb. 8.10: Nummuliten sind Einzeller, die im Alttertiär besonders große Formen erreichten. (nummulites perforatus, MONTF., Mittel-Eozän, Grancona Colli).

Abb. 8.11: Pygope diphya COI *(links) und* terebratula triangulus LAM. *sind zwei Brachiopoden aus der Jura/Kreide-Grenze (U.-Tithon, Malcesine).*

ersten Organismen schon mit Schutzpanzern umgeben: Trilobiten, Schnecken und Armfüßler (Brachiopoden) fanden sich jetzt häufig. Hundert Millionen Jahre später tauchten mit kieferlosen Fischen die ersten Wirbeltiere auf der Erde auf, und Muscheln, Korallen, Seelilien, Seeigel und Schwämme besiedelten den flachen Meeresgrund.

Vor 400 Millionen Jahren überlebten erstmals Pflanzen in sumpfigen Uferbereichen auf dem Festland, und ihnen folgten bald einzelne Fische nach, die fähig waren, Luft zu atmen und sich auf ihren Quastenflossen auch am Festland fortzubewegen: Sie wurden zu Amphibien.

Bald wuchsen baumgroße Farne, Schachtelhalme und Bärlappgewächse in den üppigen Wäldern der Steinkohlezeit vor 350 Millionen Jahren, in denen Lurche, Spinnen, Skorpione, Libellen und andere Insekten von zum Teil enormer Größe lebten.

Als vor gut 300 Millionen Jahren mit den ersten Nadelbäumen die Pflanzen in immer trockenere Regionen vorstießen und allmählich das gesamte Festland besiedelten, folgten ihnen jene Amphibien, die als Schutz vor der Austrocknung eine dicke Haut um sich und ihre Eier erzeugen konnten – sie entwickelten sich zu Reptilien (Sauriern).

Nach weiteren 100 Millionen Jahren war eine Gruppe der Saurier in der Lage, die Körpertemperatur selbst zu regeln; diese Tiere waren nun nicht mehr auf die wärmenden Sonnenstrahlen angewiesen. Damit konnten die Warmblüter in der Nacht ungefährdet aktiv sein. Das nächtliche Leben stellte aber hohe Anforderungen an die Sinne und das Gehirn, das jetzt Geräusche, Gerüche und schwache optische Eindrücke zu einem sinnvollen Bild der Umwelt zusammensetzen mußte: Die Warmblüter wurden intelligenter als ihre gepanzerten Vettern. Auch brauchten die Eier nicht mehr in der Sonne ausgebrütet zu werden, die gleichmäßige Körpertemperatur war ideal für ein Brüten im eigenen Körper. Das Höhlenleben begünstigte zugleich einen engen sozialen Kontakt zu den Jungen. Lange waren diese ersten Säugetiere dazu verurteilt, ein Schattendasein zu fristen. Die übermächtigen Herrscher des Tages, die Saurier, eroberten sich alle Lebensräume. Fischsaurier räuberten im Wasser, Flugsaurier und die aus ihnen weiterentwickelten Vögel fingen Insekten in der Luft, und das Festland, auf dem inzwischen Ginkgobäume, Palmfarne und bald darauf die ersten Blütenpflanzen gediehen, wurde von den riesigen Dinosauriern heimgesucht.

Doch irgend etwas Katastrophales muß vor 65 Millionen Jahren geschehen sein, das den Säugetieren zu Hilfe kam: In genau untersuchten Schichtprofilen verschwinden an der Grenze Kreide/Tertiär vor 67 Millionen Jahren innerhalb eines Millimeters sämtliche Foraminiferen, die als Plankton an der Meeresoberfläche gelebt hatten. Genauso unvermittelt werden die Dinosaurier und Ammoniten ausgelöscht.

Weil in genau diesem wichtigen Millimeter Gestein das sonst sehr seltene, aber in Meteoriten häufiger vorkommende Platinmetall Iridium stark angereichert ist, vermuten manche Geologen als Ursache eine kurze, aber drastische Klimaverschlechterung, die durch den Aufprall eines mehrere Kilometer großen Meteoriten oder Kometen ausgelöst wurde. Durch einen solchen Einschlag würde soviel Staub und Wasserdampf bis in die Stratosphäre gebracht, daß das Sonnenlicht weltweit für Wochen oder Monate so stark abgeschirmt wäre, daß empfindliche Pflanzen und Tiere wegen Lichtmangel und Kälte nicht überleben könnten (ein ähnliches Phänomen – ein atomarer Winter – stünde uns bei einem nuklearen Schlagabtausch der Großmächte bevor).

Den gegen Kälte besser geschützen Säugetieren hatte der Klimasturz offenbar nichts anhaben können. Im Gegenteil, ihre Feinde waren ausgelöscht, sie konnten sich ungestört verbreiten und schließlich die Gattung der Herrentiere, der Primaten, hervorbringen, von der eine Art von sich behauptet, die Krone der Schöpfung zu sein. Der lückenlose Nachweis der Entwicklung der Schädelknochen vom Hai zum Amphib, Reptil, Säugetier und Menschen zeigt eindrucksvoll, wie eng die Verwandtschaft der irdischen Lebewesen untereinander ist (Abb. 8.1).

Nun wird der Hobbygeologe kaum je die Spuren dieser aufregenden Evolution, die in jahrhundertelanger, weltweiter Gelehrtenarbeit zusammengetragen wurde, durch eigene Funde nachvollziehen können. Er wird sich auf Tiergruppen beschränken müssen, die häufiger versteinert vorkommen, wie Muscheln, Brachiopoden, Korallen, Ammoniten, Algen oder Landpflanzen.

Beim systematischen Sammeln wird man bald feststellen, daß es für jede Gesteinsschicht bestimmte Arten gibt, die in anderen nicht vorkommen. Manche Formen sind sehr typisch für eine bestimmte Zeit (Leitfossil), andere wieder sind erdgeschichtlich längerlebig, dafür aber gedeihen sie nur in einer ganz bestimmten Umgebung, wie die Korallen, die warmes, klares und sonnendurchflutetes Meerwasser brauchen. Sie geben uns Hinweise auf das Klima und die Umgebung (Faziesfossilien). Unter Fazies (lat. = Gesicht, Aussehen) versteht man alle Merkmale einer Umgebung, die in den Gestei-

nen gespeichert sein kann. Denn natürlich gab es auf der Erde in vergangenen Zeiten genauso vielfältige Landschaften wie heute, die von charakteristischen Pflanzen und Tieren besiedelt waren und in denen sich ganz bestimmte Gesteine bildeten. Die genaue Bestimmung der Fossilien und das Studium der Gesteine erlaubt deshalb nicht nur das Alter der Gesteine, sondern auch das Ablagerungsmilieu zu erkennen.

Seit Entdeckung der Radioaktivität kann man das Alter absolut in Jahren angeben. Enthält ein Gestein Uran (^{238}U), so zerfällt dieses im Lauf von 4,2 Milliarden Jahren zur Hälfte in ein bestimmtes Blei-Isotop (^{206}Pb). Aus dem Mengenverhältnis der beiden läßt sich dann das Alter errechnen. In ähnlicher Weise werden Isotopenpaare von Rubidium und Strontium (^{87}Rb/^{87}Sr), Kalium/Argon (^{40}K/^{40}Ar), oder Kohlenstoff (^{14}C/^{12}C) verwendet. Mit einer verwandten Methode läßt sich selbst die Temperatur im Wasser eines längst vergangenen Meeres noch bestimmen, weil das Mengenverhältnis der unterschiedlich schweren Isotope des Sauerstoffs (^{16}O/^{18}O), das z. B. in eine Muschelschale eingebaut wird, temperaturabhängig ist.

In den Abbildungen 8.2–8.11 sind einige Fossilien, die in unserem Gebiet häufiger vorkommen, wiedergegeben. Bis auf den Abdruck eines Farnwedels (Abb. 8.9) sind es Meeresbewohner: Hier ist die Erhaltungsmöglichkeit insbesondere für die Hartschalen von Muscheln und dergleichen recht gut, wogegen auf dem Festland die meisten Lebewesen nach dem Tod vollständig zerstört werden.

An Einzellern können wir höchstens *Großforaminiferen* in alttertiären Kalken erkennen, die wie kleine Münzen oder im Querschnitt wie kleine Getreidekörner ausschauen *(Nummuliten* bzw. *Assilinen,* Abb. 8.10). Alle anderen sind höchstens mit der Lupe als kleine Pünktchen sichtbar, wie die vielgestaltigen *Radiolarien* mit ihren Kieselskeletten, die man in Kieselkalken und Hornsteinen antrifft.

Porifera (Schwämme) sind gering differenzierte Süßwasser- oder Meerestiere mit einem zentralen Hohlraum und einem wasserdurchströmten Röhrensystem. Sie sind durch lose oder vernetzte Nadeln aus Calciumcarbonat, Quarz oder Spongin (dem Material, aus dem der Badeschwamm besteht) versteift. Ihre zerfallenen und umgelagerten Nadeln und Stützelemente sind Teil der Partikel in Kalksteinen.

Zu den *Cnidaria (Nesseltieren)* zählen die Korallen, die sich in der Trias verstärkt zu Kolonien zusammenschließen und Riffe bauen *(z. B. Thecosmilia clathrata,* vgl. Abb. 5.5).

Bryozoen (Moostierchen) sind winzige koloniebildende Tiere mit einem meist kalkigen Außenskelett, mit dem sie Steine, Schalen und andere Gegenstände überziehen. Die oligozänen Kalke von Nago sind reich davon (Exkursion 8 und 11).

Brachiopoden (Armfüßler) haben eine gewisse, allerdings zufällige Ähnlichkeit mit Muscheln. Im Gegensatz zu diesen besitzen sie zwei unterschiedlich gebaute, in sich aber symmetrische Schalenhälften und einen völlig anderen Weichkörperbau. In den Werfener Schichten findet sich die kleine *Lingula* mit einer bräunlichen Chitinschale, in den Jurakalken trifft man auf die fingernagelgroße, glattschalige *Terabratula* (Abb. 8.11) oder die stark radial gerippte *Rhynchonella.*

Echinodermen (Stachelhäuter) sind durch fünfstrahlige Symmetrie gekennzeichnete und häufige Fossilien, weil sich z. B. die Stielglieder von Seelilien, die aus einem Calcit-Einkristall gebaut sind, recht stabil erhalten. Auch die Stacheln von Seeigeln trifft man oft in Jurakalkgesteinen an. Im Museo Comunale von Predazzo sind unter anderem hübsche fünfarmige Seesterne *(Asterozoa)* von Mazzin (Fassatal) aus Werfener Schichten ausgestellt (vgl. Abb. 5.7).

Zu den *Mollusken (Weichtieren)* gehören die *Gastropoden (Schnecken)* mit ihren flach- oder turmartig und schraubenförmig gewundenen Kalkgehäusen (Abb. 8.2 und 8.3). Sie dürfen nicht mit den in einer Ebene aufgerollten Schalen der *Ammoniten* verwechselt werden. Diese sind ziemlich hoch entwickelte *Cephalopoden (Kopffüßler)* mit Fangarmen und großen Augen (tellergroß bei den Riesenkraken), die zu den Tintenfischen gehören (Abb. 8.4 und 8.5). *Belemniten (Donnerkeile)* sind meist schwarze, konisch gestreckte, schlanke Formen.

Die *Lamellibranchiaten* (Muscheln) haben zwei Klappen, die zueinander fast spiegelsymmetrisch sind, selbst jedoch asymmetrisch. Die filigrane *Daonella* (siehe Vorsatzblatt) und die konzentrisch gerippte *Claraia* (Abb. 8.6) sind in den Werfener Schichten häufig.

Manchmal sind es nur noch Spuren, aber nicht mehr das Tier selbst, das von dem vergangenen Leben zeugt. Eindrucksvoll ist die Spur eines Wurmes (?), der im Schlamm des Meeresgrundes gewühlt hat, und dessen Exkremente (Peloide) seine Wühlspur dunkel einfärben (Abb. 8.7).

Auch *Wirbeltiere* haben in den Sandsteinen verschiedentlich ihre Fußabdrücke hinterlassen *(Tetrapodenfährten,* vgl. Abb. E5.5). Selten findet man dagegen ganze Fischskelette (Abb. 8.8), eher schon in tertiären Schichten die spitzen Zähne des Hais oder die schwarzglänzenden Kauplatten muschelknackender Fische (Monte Brione). Herrliche Exemplare aus eozänen Schichten der Vicentinischen Alpen werden im Museo dei Fossili in Bolca (Provinz Verona) aufbewahrt. Lebensgroße Nachbildungen von über einem Dutzend der bekanntesten *Dinosaurierarten* stehen bei Pastrengo nördlich von Verona nahe der Autobahn (Parco Zoo) – darunter der bis zu 27 m lange *Diplodocus,* dann das größte Raubtier aller Zeiten, der schreckliche *Tyrannosaurus* mit seinen fast 20 cm langen spitzen Zähnen, der voll gepanzerte und mit Hörnern bewehrte *Triceratops,* der fliegende *Pteranodon* und im Wasser der *Elasmosaurus* mit dem bis zu 9 m langen Schlangenhals.

Bei den Pflanzen begegnen uns vor allem im Sarl- und Schlerndolomit kalkabscheidende Wirtelalgen *(Dasycladacea),* wie die mit Porenreihen versehene und geringelte *Diplopora annulata* (Abb. siehe Hintersatz). Reste von Nadelhölzern oder Farnen sind dagegen meist in Sandsteinen des Perm und der Trias (Werfener und Raibler Schichten, Abb. 8.9) zu finden, während Blütenpflanzen wie Palmen sich erst ab der Kreide entwickelten.

9. Die Theorie der Plattentektonik

„Paßt nicht die Ostküste Südamerikas genau an die West-küste Afrikas, als ob sie früher zusammengehangen hät-ten? Noch besser paßt es, wenn man die Tiefenkarte des Atlantischen Ozeans ansieht und nicht die jetzigen Kon-tinentalränder, sondern die Ränder des Absturzes in die Tiefsee vergleicht. Dem Gedanken muß ich nachgehen" – schrieb der Berliner Geophysiker Alfred Wegener 1910 an Else Köppen, seine spätere Frau. Es war dies der An-fang einer gleichwohl großen wie tragischen Forschung.

Wegener fand bald weitere Indizien, die darauf hin-wiesen, daß die Kontinente nicht fest auf der Erde veran-kert waren: So war es zur Zeit des Perm in Europa und Nordamerika heiß und trocken gewesen, nicht aber in Südafrika, wo die Spuren einer mächtigen Inlandverei-sung unübersehbar waren (Abb. 9.1).

Da gleichzeitig auch Südamerika, Indien, Australien und die Antarktis mit mächtigem Eis überzogen waren, gruppierte sie Wegener in Gedanken alle um den Südpol herum. Und sie paßten nicht nur geometrisch gut zusam-men, sondern in dieser Konfiguration setzten sich auch die Gesteine und alten Faltenzüge über die heutigen Kon-tinentgrenzen hinweg fort! Und mit einem Male klärte sich für ihn auch das Rätsel, das die Paläontologen damals sehr beschäftigte: Die Landpflanzen und -tiere ähnelten sich nämlich bis zur Trias überall, doch dann entwickelten sich auf den verschiedenen Erdteilen eigene Arten, was verständlich ist, wenn die Kontinente nicht mehr in Kontakt zueinander sind.

Nach Wegeners Vorstellung waren im Perm alle Kon-tinente zu einer einzigen riesigen Landmasse vereinigt,

Abb. 9.1: Einer der Beweise Alfred Wegeners für die Kontinentaldrift: Eine ausgedehnte Inlandvereisung hatte in Südafrika zur Permzeit, als in Europa heiß-trockenes Klima herrschte, Gletscherschrammen auf Lavagestein erzeugt. Die glatten Flächen benützten Busch-männer für Felsritzzeichnungen (Kimberley).

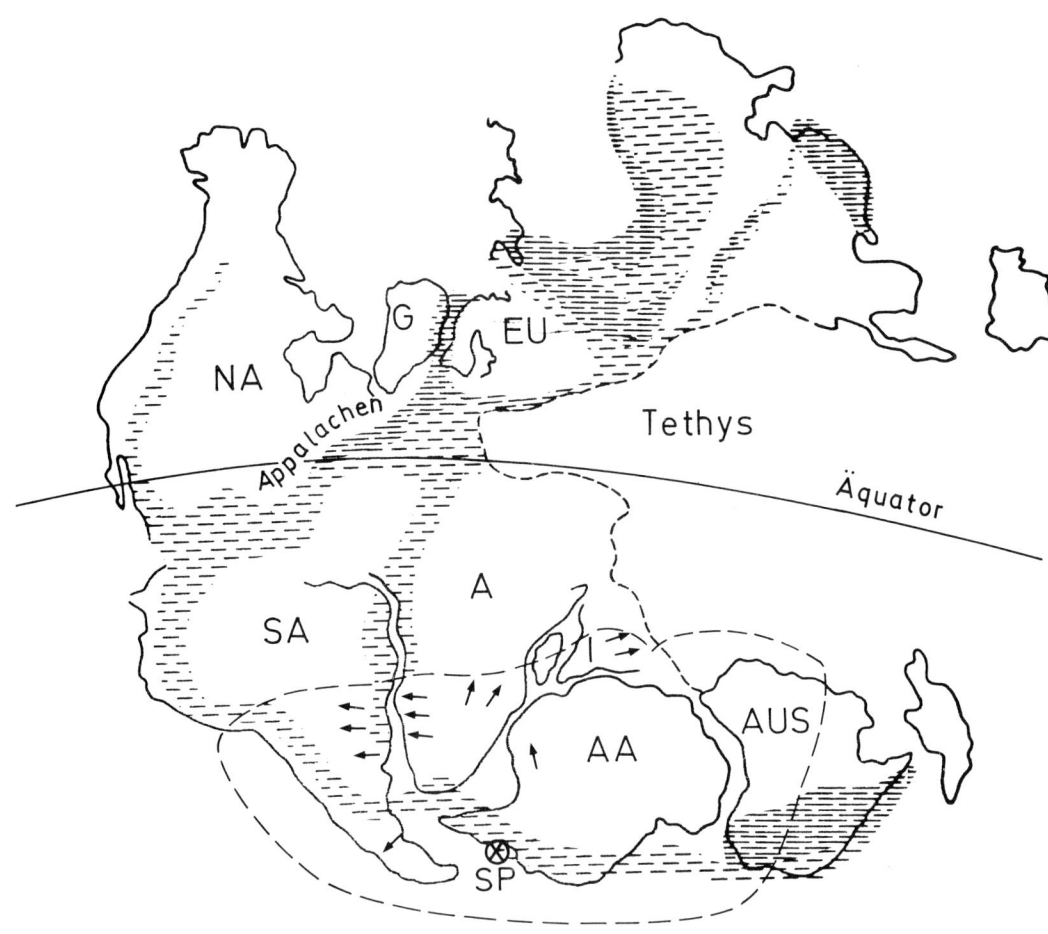

Abb. 9.2: Vor 280 Millionen Jahren waren alle Kontinente zu einer einzigen Landmasse, Pangäa, verschmolzen. Ältere und jüngere Gebirge durchzogen sie (eng bzw. weit gestrichelt). SP = damalige Lage des Südpols. Innerhalb des umrandeten Bereiches finden sich Vereisungsspuren. Die Fließrichtung des Eises ist durch Pfeile gekennzeichnet. Die Tethys war eine große Bucht am Äquator zwischen dem heutigen Afrika (A) und Eurasien (EU).
NA = Nordamerika; SA = Südamerika; AA = Antarktis; AUS = Australien.

die er Pangäa (gr.: die All-Erde, Abb 9.2) nannte und die vom Südpol bis in die trocken-heißen Zonen der niederen Breiten und über den Äquator reichte. Pangäa zerfiel in der Folgezeit in die Bruchstücke der heutigen Kontinente und einiger kleinerer Splitter, wie Indien, das mit Asien kollidierte und dabei den Himalaja auffaltete.

Wegeners attraktive Kontinentaldrift-Theorie hatte aber eine entscheidende Schwäche: Keine Kraft der Welt schien für die damalige Wissenschaft groß genug und in der Lage, ganze Kontinente zu verschieben. Alle Erklärungsversuche Wegeners waren leicht zu widerlegen. Die Sache schien geophysikalisch unmöglich, „Fieberphantasien eines von Krustendrehkrankheit und Polschubseuche schwer Befallenen", wie sich ein zynischer Zeitgenosse ausdrückte.

Und nach Wegeners tragischem Erschöpfungstod (1930, wenige Tage nach seinem fünfzigsten Geburtstag) im grönländischen Inlandeis starb auch seine Theorie. Die Zeit war noch nicht reif dafür gewesen.

Ihre Wiederentdeckung gut 30 Jahre später war eher zufällig: Um den von 109 Staaten im Juli 1963 unterzeichneten Atomteststopp-Vertrag überprüfen zu

können, wurde ein weltweites Netz seismischer Stationen errichtet, die jede Erschütterung auf der Erde präziser als vorher lokalisieren konnten.

Das meiste, was sie registrierten, waren Erdbeben: insgesamt an die 800 000 pro Jahr! (Bei Atomexplosionen messen alle Stationen zuerst einen Druckimpuls, wogegen Erdbeben nur nach zwei Richtungen eine Druckwelle abstrahlen. Dadurch sind sie leicht zu unterscheiden.)

Die Erdbeben waren nicht zufällig über den Globus verteilt, sondern zeichneten zum einen präzise die ozeanischen Rücken nach, und zum anderen traten sie an einer Fläche auf, die von den Tiefseegräben bis zu 700 km tief schräg unter die Kontinente oder Inselbögen eintauchte. Sie wurde nach ihren Entdeckern Wadati-Benjoff-Fläche benannt (Abb. 9.3).

Etwa zur gleichen Zeit testete die amerikanische Marine ein neues U-Boot-Ortungssystem. Das alte System auf der Basis von Schallwellen versagte nämlich, wenn sich ein U-Boot unter einer Temperatursprungschicht versteckte, an der die Wellen wie an einem Spiegel reflektiert werden. Das neue System sollte auf der Störung des lokalen Magnetfeldes durch die eisernen Bootsmassen beruhen. So fuhren Marine-Forschungsschiffe mit empfindlichen Magnetometern ausgerüstet kreuz und quer über die Ozeane, um deren magnetisches Muster zu kartieren. Was sie fanden, hatte niemand erwartet: Der gesamte Ozeanboden bestand aus Streifen unterschiedlich magnetisierten Gesteins, die genau symmetrisch und parallel zu den ozeanischen Rücken verliefen.

Andere Forschungsschiffe hatten inzwischen entdeckt, daß der Untergrund der Ozeanböden überall aus Basalt besteht, dem mit zunehmender Entfernung von den Rücken mehr und mehr Sedimente aufgelagert sind, wobei die untersten Schichten immer älter werden.

Es gab nur noch eine plausible Erklärung: Der Ozeanboden wächst symmetrisch von den ozeanischen Rücken aus. Diese bilden ein weltumspannendes System von Rissen in der Lithosphäre, die aus dem Magmenreservoir der Asthenosphäre wieder verheilt werden.

Tritt nun an der Zentralspalte der ozeanischen Rücken Basaltmagma aus, bilden sich in ihm beim Erkalten auch kleine, magnetische Minerale, wie der Magnetit. Dieser speichert das gerade herrschende irdische Magnetfeld, und es bleibt darin „eingefroren" und konserviert, auch

wenn sich das Feld danach wieder ändert. (Um die Information zu löschen, müßte man das Gestein wieder auf über 500 °C erhitzen, was am Meeresboden aber natürlich nicht vorkommt.)

Durch die schon erwähnte Umpolung des Erdmagnetfeldes alle paar hunderttausend oder Millionen Jahre werden wie bei einem Tonband dem wachsenden Ozeanboden die gesamten Feldumkehrungen aufgeprägt – was das oben erwähnte Streifenmuster erzeugt.

Wieviel Ozeanboden im Durchschnitt jährlich neu entsteht, läßt sich leicht errechnen: Die ältesten Sedimente darauf sind 180 Millionen Jahre alt, die Ozeanfläche beträgt 360 Millionen Quadratkilometer, so daß 2 Quadratkilomter pro Jahr neu gebildet worden sind. Da die Länge der gesamten ozeanischen Rücken, an denen diese Neubildung geschieht, an die 60 000 km beträgt, ist der durchschnittliche Breitenzuwachs eines Ozeans 3,3 cm/Jahr, die Hälfte nach jeder Seite des Rückens.

Zu Anfang ist die an der Rücken neugebildete ozeanische Lithosphäre noch heiß und dünn. Mit der Zeit gerät sie aber immer weiter weg von dem Ort der Entstehung und kühlt aus. Sie erstarrt bis in immer größere Tiefen und zieht sich dabei zusammen. Als Folge der

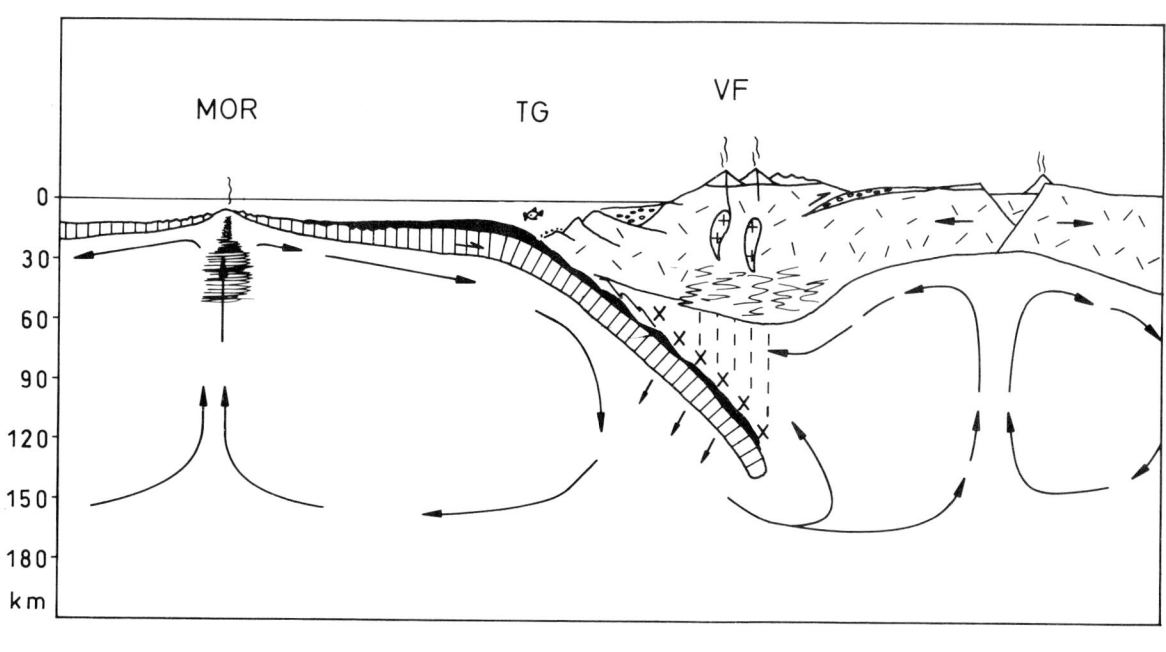

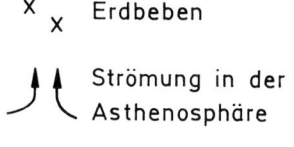 Erdbeben

Strömung in der Asthenosphäre

ozeanische Lithosphäre m. auflag. Sedimenten

Kontinentale Lithosphäre

MOR = Mittel-Ozean-Rücken

TG = Tiefsee-Graben

Vulkan

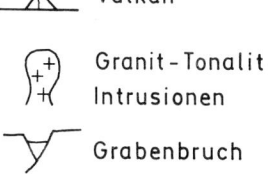 Granit-Tonalit-Intrusionen

Grabenbruch

VF = vulkan. Front

Abb. 9.3: Vorgänge bei der Plattentektonik im schematischen Profilschnitt (vgl. Text).

Volumenverminderung sinkt der Ozeanboden ab: Über den ozeanischen Rücken beträgt die Meerestiefe zwischen 2500 m und 3000 m, eine Lithosphäre fehlt praktisch, da die Temperaturen in der Tiefe sehr schnell an den Schmelzpunkt des Basaltes heranreichen. Ein 20 Millionen Jahre alter Meeresboden liegt schon 4000 m tief und ist 20 km dick erstarrt. Erst nach 100 Millionen Jahren, wenn die Lithosphäre 70 km dick ist und etwa 6000 m unter der Wasseroberfläche liegt, ist der Wärmestrom aus dem Erdmantel gleich groß wie die Abgabe nach oben, so daß sie nicht weiter auskühlt.

Nun bleibt aber die Oberfläche der Erde immer gleich groß, was bedeutet, daß genausoviel Ozeanboden, wie gebildet wird, auch wieder verschluckt, subduziert werden muß. Dies geschieht im Bereich der Tiefseegräben. Das Zurücksinken der schweren, bis in 70 km Tiefe erkalteten ozeanischen Lithosphäre ins Erdinnere wird von Erdbeben begleitet, welche die Grenzfläche zwischen dem abtauchenden Ozeanboden und dem Oberen Erdmantel markieren – die Wadati-Benjoff-Zone!

Weil aber alle Risse und Spalten der Basalte voll Meerwasser sind und zudem Ozeanbodensedimente mit subduziert werden, wird dabei eine ganze Menge an Wasser frei. Dieses setzt die Schmelztemperatur des Erdmantels drastisch herab, so daß über der Subduktionszone Magmen aufdringen und eine Kette von Vulkanen im Meer bilden.

Wird ein ganzer Ozean vollständig subduziert, stoßen die Kontinente, die ihn begrenzen, zusammen. Kontinentale Kruste kann aber nicht in die Asthenosphäre versinken, da sie zu leicht ist. In der Knautschzone zwischen den beiden Kontinenten wird die Kruste gefaltet und wie Packeisschollen als Decken übereinander geschoben – Gebirge türmen sich auf.

Inzwischen ist es gelungen, die Entfernung zwischen Japan und den Vereinigten Staaten mit Hilfe von Laserstrahlen, die über Erdsatelliten reflektiert werden, zentimetergenau zu vermessen. Wiederholungsmessungen nach fünf Jahren haben sehr gut die vorhergesagten Ausdehnungsgeschwindigkeiten des Pazifiks von 4 bis 7 cm pro Jahr bestätigt, so daß die Kontinentaldrift-Theorie inzwischen gut abgesichert ist.

Die ozeanischen Rücken und die Wadati-Benjoff-Flächen grenzen Bereiche auf der Erde ab, in denen kaum Erdbeben auftreten und die sich wie starre Platten verhalten. Zwischen auseinanderstrebenden Platten füllen ozeanische Basalte den sich erweiternden Riß (divergente Plattenränder, ozeanische Rücken). Das magmatische Geschehen gerät dabei immer weiter vom Kontinentalrand weg, an dem weiter nichts passiert (passiver Kontinentalrand).

Anders an den aktiven Kontinentalrändern und Inselbögen, wo sich Platten aufeinander zubewegen und eine von ihnen in die Tiefe abtaucht. Hier treten zahlreiche Erdbeben auf, und Vulkane fördern das in der Tiefe erschmolzene Magma wieder zutage.

An Transformstörungen, wie der San Andreas Fault (Fault = engl.: Störung, Verwerfung) in Kalifornien, gleiten Platten praktisch beliebig große Strecken aneinander vorbei, denn ihre Bewegung stört kein Gleichgewicht im oberen Erdmantel.

Im italienischen Raum rühren die häufigen Erdstöße und der Vulkanismus von Ätna, Vesuv, Liparischen Inseln und Toskana von der gegenwärtigen Subduktion der Adria gegen Westen unter den Stiefel her. Auf der Rückseite öffnen sich das Tyrrhenische und Ligurische Meer, wie die Randmeere der Inselbögen. Als Transformstörungen können die Tonalelinie und Pustertallinie betrachtet werden, an denen ebenfalls noch Erdbeben beobachtet werden.

In der geologischen Geschichte der Alpen erkennen wir die Wirkung aller drei Plattengrenzentypen.

10. Die Entstehung der Alpen

Über die Entstehung von Gebirgen wurden zahlreiche Theorien entwickelt. Lange Zeit war der Vergleich mit einem schrumpfenden Apfel populär, wonach sich die äußere Haut der abkühlenden Erde in Falten legen sollte. Heute wird die Gebirgsbildung generell im Zusammenhang mit der Plattentektonik gesehen, denn alle großen Gebirge zeichnen die Spuren von vergangenen oder gegenwärtigen konvergenten Plattengrenzen nach. Dabei gibt es drei grundsätzlich verschiedene Gebirgstypen:

– Der Anden- oder Kordillerentyp tritt an der Grenze eines ozeanischen Plattenrandes gegen einen kontinentalen auf. Er zeichnet sich durch viel Vulkanismus (Andesite) und Tonalit- bzw. Granitintrusionen aus, wogegen Faltung und Deckenüberschiebungen weniger Bedeutung haben.

– Der Inselbogentyp markiert die Grenze zweier ozeanischer Platten und hat im wesentlichen die gleichen Phänomene wie der Andentyp aufzuweisen;

– Der Alpen- oder Himalajatyp entsteht dagegen dort, wo zwei kontinentale Plattenränder miteinander kollidierten. Daher finden sich solche Gebirge nur im Inneren von Kontinenten. Faltung und Überschiebung sind sehr ausgeprägt. Mindestens ein Plattenrand ist dabei aktiv, so daß sich an ihm zunächst z. B. ein Inselbogen- oder ein Kordillerentyp-Gebirge entwickelt. Im Himalaja gehen z. B. die Vulkanite und Granite von Lhasa/Tibet auf das Kordillerenstadium zurück.

Im Fall der Alpen war die aktive Phase der Subduktion relativ kurz, weshalb hier der Magmatismus an Bedeutung zurücktritt, aber doch vorhanden ist (Colli Euganei, Bergell, Adamello u. a.).

Das Werden der Alpen – und hier speziell der Südalpen – läßt sich im Kontext der Plattentektonik gut verstehen:

Zwischen Kambrium und Oberkarbon verschweißten verschiedene Fragmente zu dem Superkontinent Pangäa. An den Nahtstellen türmten sich Gebirge auf: das Panafrikanische Gebirge, das Kaledonische Gebirge (Skandinavien, England, Ostgrönland, Appalachen der USA), der Ural und das Variszische Gebirge, das als Kordillerengebirge von Nordamerika über Nordafrika und Europa bis nach China reichte.

Die alpinen Gesteine haben hingegen beispielhaft den Zerfall des Kontinents, die Bildung eines neuen Ozeans, dessen Subduktion und schließlich die Kollision eines von Afrika losgelösten Fragmentes, Apulia (oder Adriatische Platte), mit Europa aufgezeichnet. Schematisch können wir dies in 7 Phasen gliedern (Abb. 10.1, 10.2):

Phase 1: Abtragung der alten Gebirge und erste Risse in Pangäa (Perm und unterste Trias)
In dem relativ trockenen Klima des Großkontinents können die wenigen Flüsse das reichlich anfallende Verwitterungmaterial nicht genügend schnell wegschaffen, so daß sich viel Schutt ansammelt. Bei hohem Relief bilden sich zuerst vorwiegend Konglomerate (Waidbrucker Konglomerat, Lombardischer Verrucano). Wo später das Relief sanfter wird, sedimentieren Sandsteine oder Tone (Grödner Sandstein, teilweise Werfener Schichten).

Im tiefen Untergrund des Variszischen Gebirges sind große Mengen kontinentaler Kruste aufgeschmolzen worden, die im Oberkarbon und Unterperm nach oben dringen können, weil der gesamte europäisch-nordafrikanische Raum unter Dehnung gerät. Während Brixner und Cima-d'Asta-Granit sowie die Granite des Ostalpin und der Tauern in der Tiefe steckenbleiben, schafft der Bozner Quarzporphyr an Randspalten von Grabenbrüchen den Weg bis an die Erdoberfläche.

Phase 2: Langsame Absenkung und tiefe Risse im Kontinent (Trias)
In der Trias hängt Pangäa noch zusammen und wird von einem einzigen Ozean, Panthalassa (gr.: = All-Meer) umgeben. Eine große Bucht greift am Äquator von Osten her in den Kontinent ein, die Tethys. In seinem Randbereich zerfließt der Kontinent wie ein Pudding auf dem Teller und wird breiter und niedriger, weil sich das Volumen auf eine größere Fläche verteilt. Eine langsame, langdauernde Absenkung ist die Folge, und die Kontinentalränder werden überflutet. Das Gebiet der heutigen

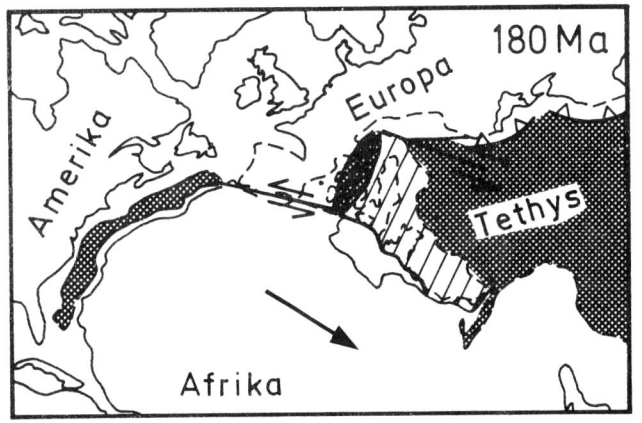

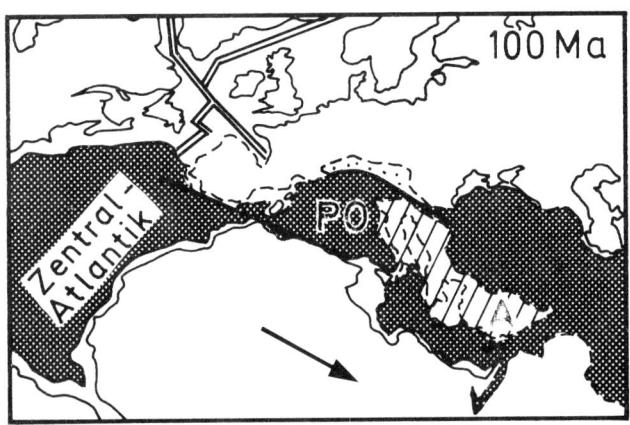

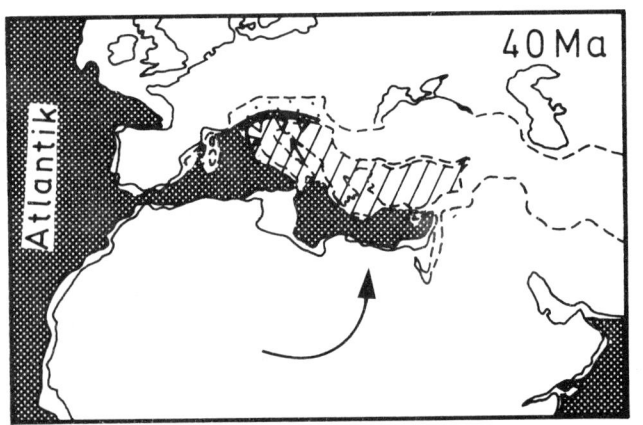

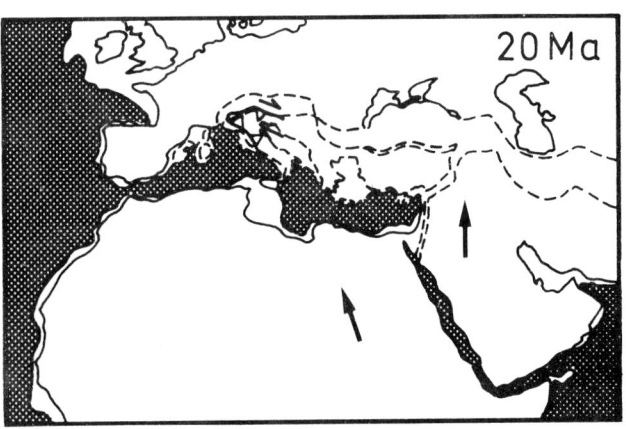

Südalpen liegt etwa 20° südlicher als heute. In dem subtropischen Flachmeer wachsen Korallen und Algen und bauen gewaltige Riffe. Als lokal an tiefen Rissen basaltische Magmen vom Erdmantel her aufdringen und sich große Vulkane bilden, werden die Meeresbecken mit Laven und Tuffen vollgefüllt und die Rifforganismen abgetötet.

Doch die Wunde schließt sich wieder, der Vulkanismus kommt zum Stillstand, und auf dem nun gleichmäßig eingeebneten Meeresboden lagert sich in einem großen Wattenmeer der Hauptdolomit ab.

Phase 3: Zerfall der Schelfplattform, Bildung des Penninischen Ozeans (Jura, Unterkreide)
Im Jura zerbricht Pangäa endgültig in Stücke. Als erstes bewegt sich Afrika an einer großen Transformstörung nach Osten, während Europa zunächst noch mit Nordamerika verbunden bleibt. Der Zentralatlantik reißt auf. An einer Knickstelle (vgl. Abb. 10.1a) öffnet sich der Penninische Ozean, der in der Unterkreide seine größte Breite von 700–1000 km erreicht. Dabei kommt es zum Zerbrechen der benachbarten Schelfplattform und Absinken des Lombardischen Beckens und des Troges von Belluno. Als großer untermeerischer Tafelberg bleibt die Trento-Plattform noch eine Zeitlang bestehen, bevor auch sie in die Tiefe sinkt.

Abb. 10.1: Vier Stadien der Alpenbildung:
a) Im Jura öffnet sich zuerst der zentrale Teil des heutigen Atlantiks, Afrika trennt sich von Nordamerika und gleitet an Eurasien vorbei. Der Penninische (Ligurische) Ozean reißt gleichzeitig auf. Die Abb. zeigt die Verhältnisse vor etwa 180 Millionen Jahren.
b) In der Unterkreide ist der Zentralatlantik bereits weit geöffnet, der Nordatlantik beginnt aufzureißen. Ein Fragment kontinentaler Kruste trennt sich von Afrika ab: Apulia, auch Adriatische Platte genannt (A). Der Penninische Ozean (PO) erreicht seine größte Breite.
c) Im Alttertiär rotiert Afrika gegen den Uhrzeigersinn und bewegt sich gleichzeitig nach Norden. Dadurch wird der Tethysraum in Kleinasien geschlossen. Apulia kollidiert mit Ureuropa und schiebt sich mit seiner Kruste weit über den europäischen Schelfrand (Deckenüberschiebungen und Faltung).
d) Im Jungtertiär bewegt sich der Bereich südlich der Pustertal-Judikarien-Tonale-Linie noch ein Stück gegen Westen. Deckenüberschiebungen im Apennin und in den Südalpen (Gardasee-Überschiebung) sind die Folge, gleichzeitig werden die Zentralalpen hochgepreßt. Die Arabische Halbinsel spaltet sich von Afrika, das Rote Meer reißt auf. Gestrichelt sind die alten Nähte zwischen den Kontinentbruchstücken eingezeichnet, welche die Hauptfaltengürtel Eurasiens nachzeichnen.

Phase 4: Apulia spaltet sich von Afrika ab, driftet nach Nordwesten und nähert sich Europa (Oberkreide, ältestes Tertiär)

Vor ungefähr 100 Millionen Jahren löste sich ein etwa 800 000 km² großes Stück Kontinentalschelf – Apulia (Adriatische Platte) – von Afrika ab und driftete selbständig nach Nordwesten (Abb. 10.1b). An seiner Front fiel eine Subduktionszone nach Südosten ein. In den zugehörigen Tiefseegraben schütteten Trübeströme ihr Material (Flysch am Alpennordrand). Einzelne Schelffragmente Apulias wurden über den Meeresspiegel herausgehoben und erodiert, andere in die Tiefe gezogen, aufgeheizt und metamorphosiert (frühalpine Metamorphose der Schneeberger Kristallisation und Überschiebungen, wie die Schlinig-Überschiebung). Dadurch ist in den Sedimenten jetzt erstmals wieder festländischer Einfluß zu spüren: Scaglia und lombardischer Flysch werden abgelagert.

Phase 5: Kollision (Ober-Eozän – Oligozän)
Im Alttertiär kollidierte Apulia (vermutlich schräg von Südosten) mit Europa, der Penninische Ozean wurde zugeschoben und verschwand in der Tiefe (Abb. 10.1c). Ein kleiner Teil seiner Sedimente wurde aber zusammen mit einigen Basalten, Gabbros und Ultramafititen abgeschürft und über den Europäischen Schelf verfrachtet – die penninischen Decken der Tauern, des Engadiner Fensters und der Schweiz. Diese wurden ihrerseits von der kontinentalen Kruste Apulias überfahren, die sich noch mehr als hundert Kilometer weit über den europäischen Schelf schob (ostalpine Decken wie das Campo-Kristallin, Ortlerdecke, Ötztalmasse und Nördliche Kalkalpen), dabei aber kräftig gehoben und erodiert wurde.

In den Südalpen kam es zu süd-ost-gerichteten Bewegungen an der Suganer Linie, in den Dolomiten (Gipfelüberschiebungen der Sella, Puez, Civetta) und zu frontalen Überschiebungen gegen die Poebene.

Dagegen erfuhren die in die Tiefe hinabgepreßten Regionen der Unterplatte (Penninikum, Helvetikum) eine schnelle Druckerhöhung (frühe Hochdruckmetamorphose), wurden aber im Verlauf etlicher Millionen Jahre langsam aufgeheizt (spätere hochtemperaturmetamorphe Überprägung, Tauernkristallisation). Die heißen Gesteine wurden stark deformiert und wie Zahnpasta aus der Tube nach oben ausgequetscht.

Gleichzeitig erfolgte auch schon eine großflächige Herausverbung des gesamten Alpenkörpers, denn die leichte kontinentale Kruste ist durch die Überschiebungen und Faltungen viel zu dick geworden. Im Hochgebir-

ge erfolgte kräftige Verwitterung und Abtragung. Flüsse transportierten das Material in die Vorländer nördlich und südlich davon hinaus – in die Molassebecken (Poebene). Dadurch wurde der sich im Aufstieg befindliche Gebirgsbereich noch zusätzlich entlastet und stieg wie ein Schiff, das entladen wird, aus dem Untergrund wieder nach oben. Ein Jahrmillionen langer Aufstieg begann, der auch noch weitere 100 Millionen Jahre anhalten wird.

Die Vorländer dagegen mußten nicht nur die Zusatzlast der Deckenüberschiebungen, sondern auch noch die gesamte Sedimentlast aufnehmen und sanken während der ganzen Zeit in die Tiefe. Die Poebene wurde im Süden von den Decken des Apennins auch noch überschoben. Der Untergrund bog sich nach Süden durch, und mit ihm kippte der ganze Alpensüdrand, weshalb es so aussieht, als würde er unter die Poebene eintauchen.

Aus den Tiefen der Subduktionszone stiegen zwischen 40 und 30 Millionen Jahren Schmelzen hoch und durchdrangen die Oberplatte: Adamello, Rieserferner, Colli Euganei, Monti Lessini, Monte Baldo.

Phase 6: Verschiebung des Südalpins gegen Westen unter weiterem Anpressen (Oligozän, Miozän)
Durch das Übereinanderschieben der beiden Platten und die daraus resultierende Krustenverdickung wurde die Nordbewegung Apulias relativ schnell abgebremst. Doch die Südalpen kamen noch nicht zur Ruhe: Wo durch die aufdringenden Magmen des Bergell und Adamello die Kruste geschwächt war, riß sie vollkommen durch, und der Bereich südlich davon verschob sich an der Pustertal- und Tonalelinie nach Westen (Abb. 10.1d). Es kam dadurch in den Südalpen zu Überschiebungen nach Osten: Judikarienlinie, Gardasee-Sarca-Überschiebung und zugehörige Faltungen. In den Zentral- und Westalpen kam es zu verstärkter Hebung, denn die Seitenbewegung geschah noch unter Anpreßdruck. Die aufgeheizten und deshalb erweichten metamorphen Gesteine des Tauernfensters und des Tessin wurden in Nord-Süd-Richtung zusammengeschoben und hochgepreßt, gleichzeitig aber in Ost-West-Richtung gedehnt, wodurch an großen Abschiebungen (Brennerlinie, Engadiner Linie) beispielsweise die Ötztalmasse nach unten sackte.

Phase 7: Modellierung des Reliefs
Lokale Erosion erfolgte ab Phase 3. Die Krustenverdickung führte seit etwa 50 Millionen Jahren zu verstärkter Erosion. Ein Großteil der tertiären und quartären Sedimente der Poebene und des nördlichen Alpenvorlandes

entstammt den Alpen. Damit könnte man ein Gebirge bauen, das weit gewaltiger ist als die heutigen Berge.

Erst die jüngste Erosion modellierte aus dem ständig aufstrebenden Gebirge die heutigen Bergformen heraus. Zwei Ereignisse regten die Erosion noch entscheidend an: das Trockenfallen des Mittelmeeres vor 5 Millionen

Jahren und die weltweite Klimaverschlechterung vor 2 Millionen Jahren mit der Folge der Eiszeiten. Was wir heute in den Alpen sehen, ist in der geologischen Geschichte des Gebirges nur eine kurze Momentaufnahme, ein einzelnes Bild in einem Film voller Dynamik, der noch nicht zu Ende ist.

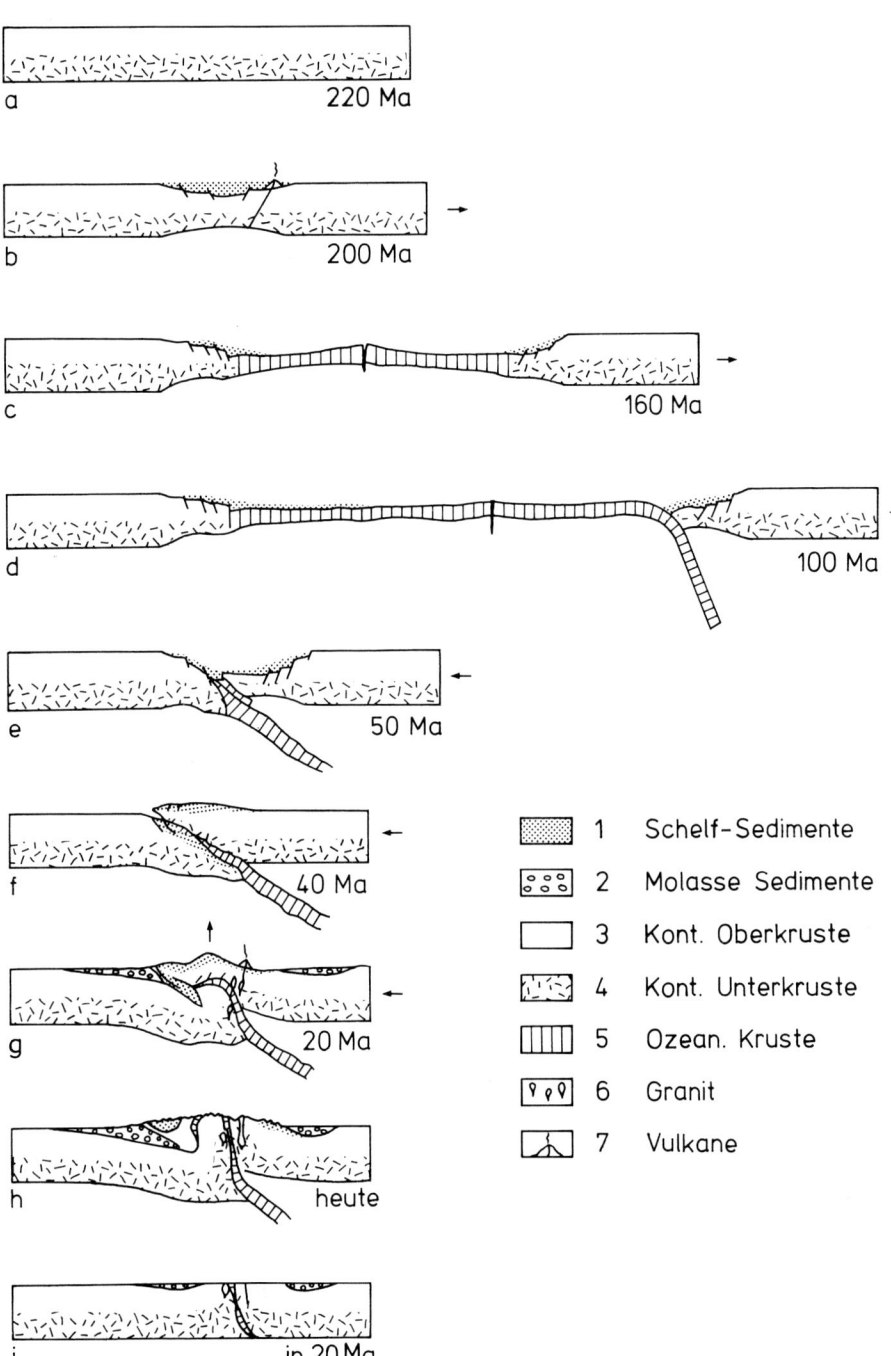

Abb. 10.2: Profilsequenz der Alpenbildung.

a) Ausschnitt eines Krustensegmentes vom Pangäa-Ausgangszustand.
b) Krustendehnung in der Triaszeit führt zu einer Einschnürung der Erdkruste. Der Erdmantel steigt an, die Oberfläche sinkt ab. Gräben bilden sich, an deren Randstörungen Vulkanite aufdringen.
c) Afrika trennt sich von Eurasien, der Penninische Ozean reißt auf.
d) Die Kontinentalplatten nähern sich wieder, der Penninische Ozean wird subduziert. Ein Tiefseegraben bildet sich, in den Trübeströme die charakteristischen Flyschsedimente der Nordalpen schütten. Erste Überschiebungen (z. B. die Gipfelüberschiebungen) und eine erste Hochtemperatur-Metamorphose (sog. „Schneeberger Kristallisation") erfolgen.
e) Durch die Kollision vor 50 Millionen Jahren ist der Penninische Ozean vollständig verschwunden. Ein Teil seiner Sedimente, Basalte und Ultrabasite wird abgeschürft und als Penninische Decken nach Nordwesten verfrachtet.
f) Die alten, hochmetamorphen Gesteine der Unterkruste der Adriatischen Platte (Altkristallin) schieben sich als ostalpine Decken mehr als 100 km weit über die Sedimente des Eurasischen Südrandes (Helvetikum) und die penninischen Decken. Diese werden durch das Gewicht der auflagernden Decken bis zu 30 km in die Tiefe gedrückt (z. B. Bereich der Zillertaler Alpen). Eine frühe Hochdruckmetamorphose tritt auf.
g) Eine Erwärmung auf etwa 550 °C folgt dem Druckanstieg im Verlauf von 20 Millionen Jahren. Die helvetischen Gesteine werden plastisch deformierbar und nach oben gepreßt.
h) Die helvetischen Gesteine erreichen stellenweise wieder die Oberfläche (z. B. im Tauernfenster). An anderer Stelle, z. B. in den Ötztaler Alpen, ist noch die Basis der ostalpinen Decken erhalten. Als Massenaus-

Legende:
1 Schelf-Sedimente
2 Molasse Sedimente
3 Kont. Oberkruste
4 Kont. Unterkruste
5 Ozean. Kruste
6 Granit
7 Vulkane

gleich für die starke Hebung in den Zentralalpen sinken die Vorländer ab: Das nördliche Alpenvorland und die Poebene füllen sich mit mächtigen Schuttmassen.
i) Die Hebungstendenz wird noch mindestens 20 Millionen Jahre lang anhalten, bis die Krustenverdickung unter den Alpen wieder ausgeglichen ist. In Südtirol werden dann Gesteine an der Oberfläche sein, die heute noch 10–30 km tiefer liegen. Erst südlich von Trient wird die Hebung schnell abklingen.

11. Die Alpen zwischen Brenner und Gardasee

Die Region zwischen Brenner und Poebene (Abb. 11.1–11.3) wird in fünf geotektonische Einheiten unterteilt – Südalpin, Ostalpin, Penninikum, Helvetikum und die tertiären Magmatite.

Das Südalpin reicht von der Poebene bis an das Periadriatische Bruchsystem (Pustertal-, Judikarien- und Tonale-Insubrische Störung). Nahe den Störungen sind vor 40–30 Millionen Jahren im Alttertiär die Granite und Tonalite des Adamello, der Rensenspitze und der Rieserfernergruppe hochgedrungen, während andere, wie der Brixner, Ifinger- und Kreuzberggranit eine Viertelmilliarde Jahre älter und nur zufällig hier positioniert sind.

Nördlich der Pustertalstörung und östlich des Brenners hat die langgestreckte Aufwölbung der Zentralgneise des Tauernfensters wie ein Pilz die einstigen Deckschichten verbogen und durchstoßen. Hier ist der Blick auf den innersten Kern der Alpen freigegeben.

Um den zentralen Gneisdom herum liegen wie Zwiebelschalen die ehemaligen Sedimente der Unteren Schieferhülle, die überschobenen Relikte des Penninischen Ozeans und die ostalpinen Decken, die nördlich der Pustertalstörung fast senkrecht aus dem tiefen Untergrund auftauchen.

Das Engadiner Fenster, eine zweite Aufwölbung weiter westlich, ist nicht ganz so weit gehoben, so daß nur die penninischen Decken entblößt sind. Zwischen diesen beiden Hochstrukturen liegt eingesenkt das ostalpine Altkristallin, das als große Decke mindestens 100 km weit nach Nordwesten verschoben worden ist. Es trägt eigene Triassedimente (Tribulaun, Ortler, Engadiner Dolomiten) und ist in mehrere kleinere Decken zerlegt, die noch gar nicht alle im Detail untersucht sind.

Das Südalpin ist an seinem Nordrand hochgebogen, was mit der Pustertalstörung zu tun hat und wodurch dort dessen basale Gesteine zutage treten: Quarzphyllit und Brixner Granit. Ihnen liegt die kilometermächtige Bozner Porphyrtafel auf, welche die Triassedimente der Dolomiten trägt. Die ganze, nur schwach verbogene Tafel ist an der Val-Sugana-Störung auf Tertiär aufgeschoben, was einen Vertikalversatz von etwa 5 km und eine bedeutende Verschiebung um mindestens 15 km nach Südosten erfordert.

Am Alpensüdrand versinken die Schichten unter dem Schutt der Poebene, sind bei Parma 6000 m tief und tauchen erst wieder in den Apuaner Alpen und den Pisaner Bergen auf.

Das Etschtal wird auf seiner Westseite von einem Zug junger Schichten begleitet, der etwa parallel zur Judikarienstörung streicht und auch damit zu tun hat: Es ist ein Bereich ostwärts gerichteter Überschiebungen und Faltung. Trias- und Juraschichten sind am Gardasee, im Sarcatal und am Nonsberg auf tertiäre Tone und Mergel (Scaglia) überschoben. Durch die Überlagerung der älteren Nord-Süd-Einengung und der jungtertiären Ost-West-Strukturen entstand im Südalpenraum ein recht komplexes geologisches Muster.

Die Schichtfolge der Dolomiten

In Abb. 11.4 ist ein idealisiertes Profil durch die Dolomiten dargestellt. Sie sitzen auf einem Untergrund aus Quarzphyllit, der vor rund 500 Millionen Jahren als schwärzliches Tongestein abgelagert worden ist und vor gut 300 Ma zu Phyllit wurde.

In ihn sind vor etwa 300–290 Ma der Brixner Granit und der Cima-d'Asta-Granit eingedrungen. Eine Hebung brachte die Gesteine vor 290–280 Ma an die damalige Erdoberfläche, wo in Tälern das Waidbrucker Konglomerat abgelagert wurde, während gleichzeitig auf den Höhen die Erosion noch fortdauerte.

Etwa zeitgleich mit den Graniten ergossen sich die Magmen der Quarzporphyrserie. Drei Haupteinheiten werden darin unterschieden (nach Mostler, 1982; dort auch ausführliche Beschreibung):

Untere Einheit – Trostburgmelaphyr: Dunkelgrüne Latitandesite und Dazite mit Plagioklas und Augit als Einsprenglingen waren die ersten vulkanischen Förderprodukte. Sie führen noch keinen Quarz. Diese Folge beginnt mit Tuffen und Explosionsbrekzien, erst im höheren Teil schalten sich Laven ein mit einer Mächtigkeit bis 300 m im Norden (Waidbruck) und bis 800 m im Süden.

Abb.: 11.1: Geologische Übersichtskarte der Alpen zwischen Brenner und Gardasee.
1 = Gesteine Ureuropas (=Helvetikum): Serien des Alten Daches (Präkambrium bis Altpaläozoikum), Zentralgranite und -gneise (Oberkarbon) einschließlich metamorpher ureuropäischer Festlands- und Schelfsedimente (Perm bis Kreide).
2 = Gesteine des Penninischen Ozeans: Kalkglimmerschiefer, schwarze Phyllite und Grüngesteine (Serpentinite, Amphibolite, Prasinite)

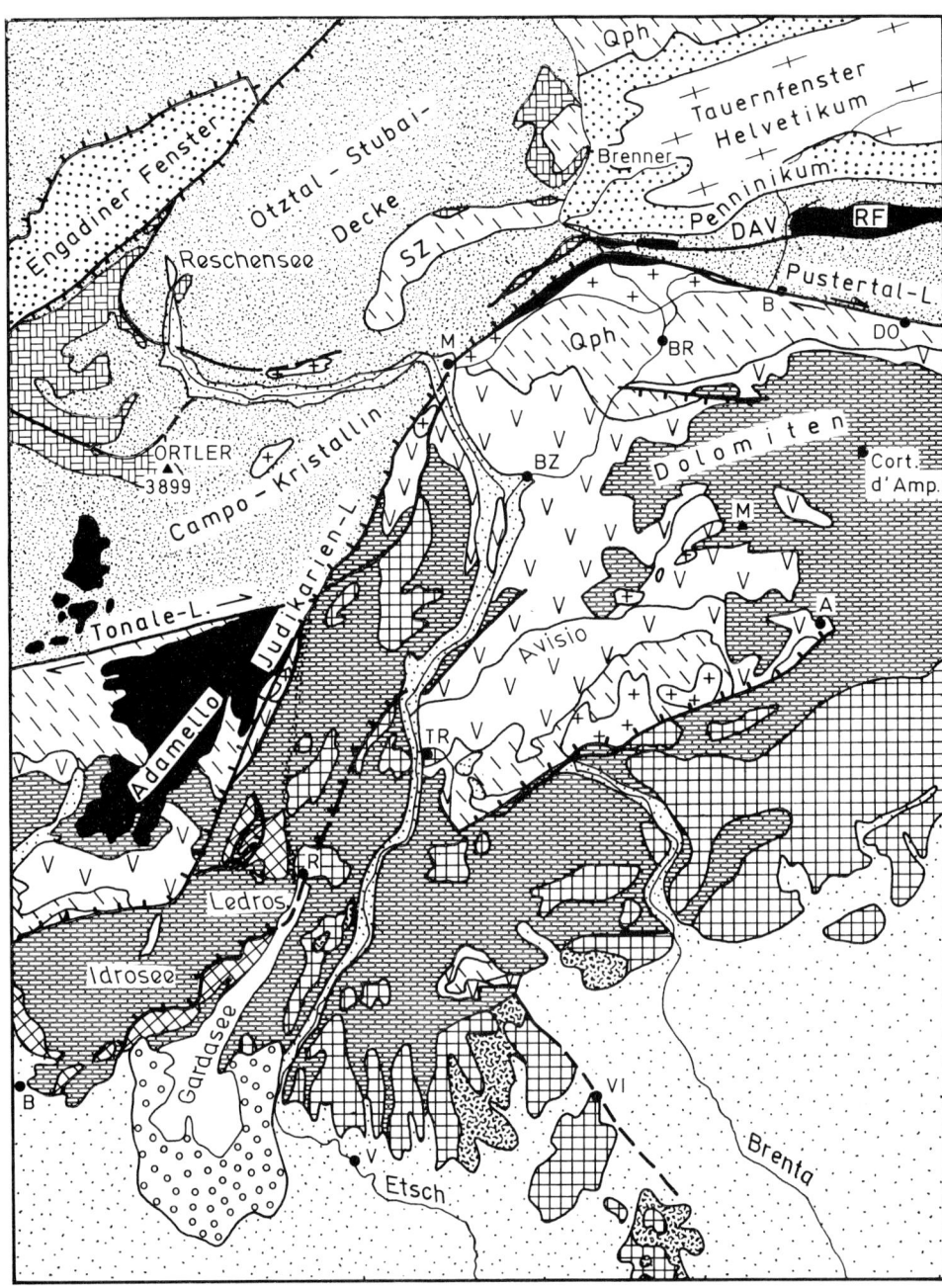

(Jura und Kreide). Darin eingeschaltet: Schürflinge von Dolomit- oder Kalkmarmor (Trias).

3 = Altkristallin der ostalpinen Decken (kurz: Ostalpin) nördlich der Tonale-Judikarien-Pustertal-Linie: Gneise, Glimmerschiefer, Granite, Amphibolite, Eklogite und Phyllite (Präkambrium), welche bereits voralpidisch metamorph geworden waren.

4 = Schneeberger Zug (SZ): Marmore, Quarzite, Amphibolite, graue Paragneise und Granat-Glimmerschiefer unsicherer und umstrittener Stellung (Präkambrium, Paläozoikum oder evtl. teilweise Trias). Quarzphyllite (Qph) und Paragneise, selten auch Orthogneise (Kronplatz) nördlich des Tauernfensters (Innsbrucker Quarzphyllit), westlich des Brenners (Steinacher Decke), bei Brixen (Brixner Quarzphyllit) und östlich von Trient.

5 = Granite der variszischen Gebirgsbildung (Oberkarbon): Marteller, Ifinger, Kreuzberg-, Cima-d'Asta- und Brixner Granit, Granodiorit oder Tonalit.

6 = Sedimentäre Bedeckung des Ostalpin (Trias, Jura) westlich und südlich des Brenners, des Ortlers und der Engadiner Dolomiten.

7 = Quarzporphyr und andere Vulkanite (Unterperm) sowie auflagernde klastische und lagunär-flachmarine Gesteine (Grödner Sandstein, Bellerophonschichten, Werfener Schichten etc., Oberperm bis Untertrias).

8 = Mitteltrias bis Lias; Gesteine der Südalpen (zumeist Kalke, Dolomite, daneben Vulkanite).

9 = Landferne Kalk-Mergel-Gesteine der Trento-Plattform (Mitteljura, Kreide, Alttertiär).

10 = Tiefwassersedimente des Lombardischen Troges (Mitteljura, Kreide, Alttertiär).

11 = Tertiäre Vulkanite (Basalte, Rhyolithe).

12 = Tertiäre Tiefengesteine (Granite, Tonalite).

13 = Tertiäre und quartäre Lockersedimente (Sande, Tone, Schotter).

14 = Eiszeitliche Moränen.

15 = Überschiebungen, Störungen allgemein.

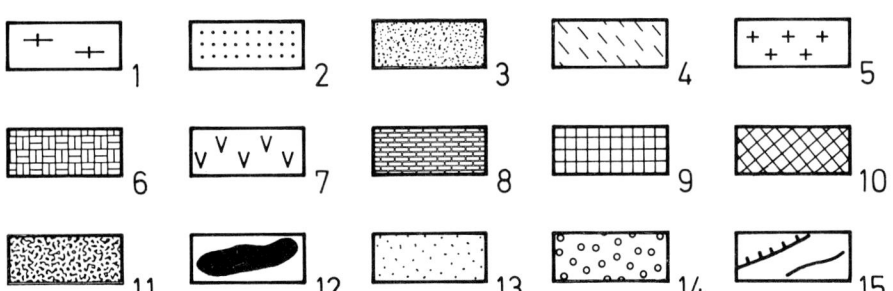

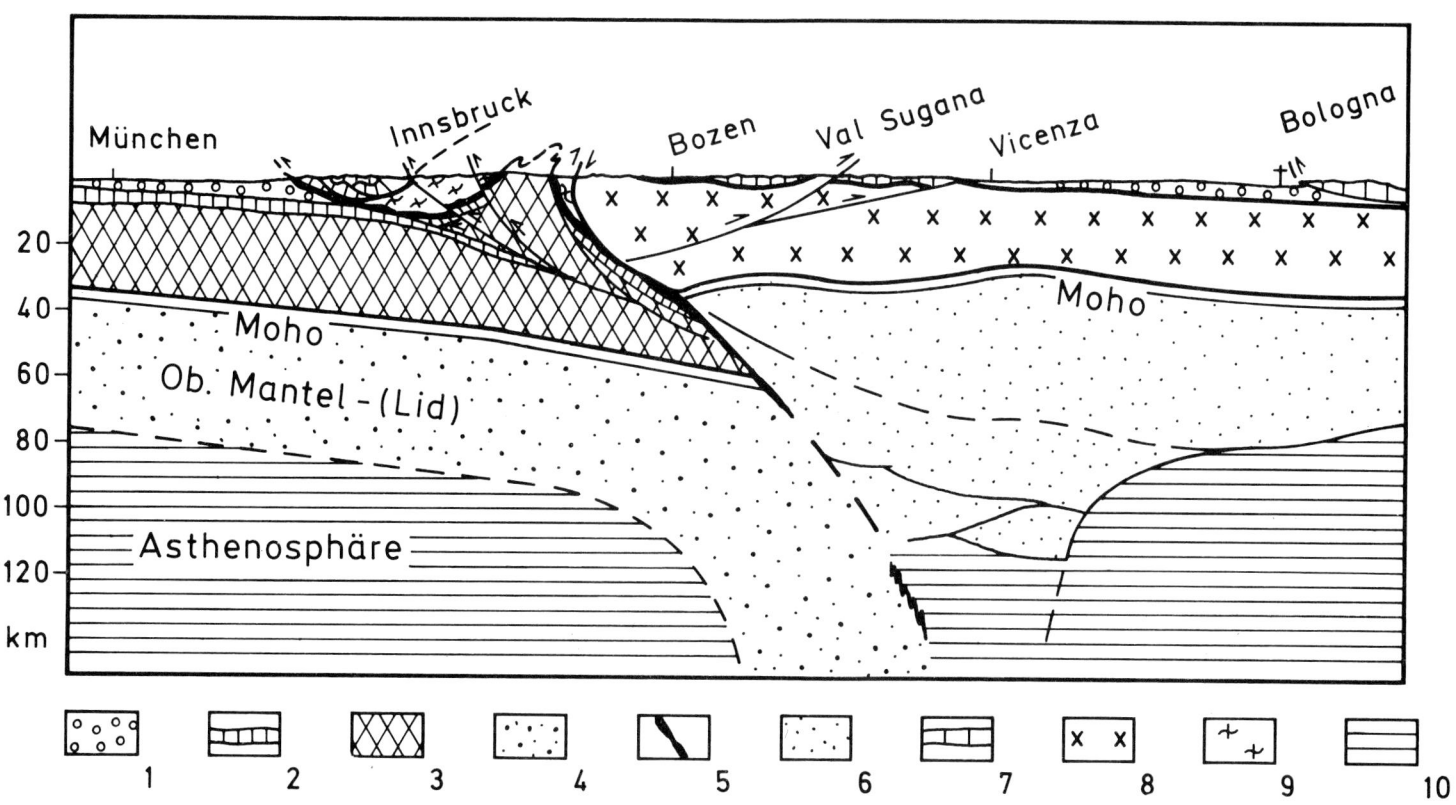

Abb. 11.2: Die Tiefenstruktur des Alpenraumes zwischen München und Bologna.
1 = Tertiäre Sedimente der Molasse und der Poebene; 2 = Sedimentbedeckung Ureuropas (Helvetikum); 3 = Ureuropäisches metamorphes Grundgebirge; 4 = Ureuropäischer fester Oberer Mantel; 5 = Ozeanische Gesteine (Penninikum); 6 = Urafrikanischer fester Oberer Mantel; 7 = Sedimentbedeckung der urafrikanischen Kruste (Nördliche Kalkalpen, Südalpen, Apennin); 8 = Urafrikanisches metamorphes Grundgebirge; 9 = als Decken (Ostalpin) überschobenes urafrikanisches metamorphes Grundgebirge; 10 = Asthenosphäre.

Mittlere Einheit – Quarzlatite und Rhyodazite: Von den Melaphyren unterscheiden sie sich durch die helleren Farben und das Auftreten von Quarz als Einsprengling. Konglomerat- und Tuffhorizonte erlauben eine Ausgliederung mehrerer Lavaströme, und grobkörnige Partien deutet man als Staukuppen, d. h. in den eigenen Laven steckengebliebene Magmen, die langsam und ähnlich wie Tiefengesteine erstarrten. Mächtigkeit bis 1500 m.

Obere Einheit – Rhyolithe: Sie sind sehr reich an Quarzeinsprenglingen und wurden meist als Glutwolken gefördert, die zu Ignimbriten verschweißten. Hier trifft man regelmäßig die nicht völlig kristallisierten, sondern mit schwarzem vulkanischem Glas durchsetzten Vitrophyre an. Wegen der explosiven Natur dieses vulkanischen Geschehens sind den Ignimbriten reichlich Gesteinstrümmer und in die Länge gezogene Lavafetzen zwischengeschaltet. Mächtigkeit bis 1000 m.

Der *Grödner Sandstein* überdeckt in stark unterschiedlicher Mächtigkeit (0–800 m) den Quarzporphyr,

und bezog insbesondere im unteren Teil auch reichlich Material aus ihm. Zuunterst sind es noch grobkörnige Sandsteine und Konglomerate, die aber schnell von feinerkörnigen Sandsteinen und Tonen abgelöst werden. Gips und Formrelikte von Steinsalz finden sich darin. Im höheren Abschnitt macht sich ein Meeresvorstoß bemerkbar, der durch eine Ammoniten führende Bank im Bletterbach belegt ist. Ob es sich dabei nur um einen ganz lokalen Meereseingriff entlang einer schmalen grabenartigen Senkung handelte, oder um ein flächiges Überspülen des Festlandes, ist noch nicht vollkommen geklärt. Saurierfährten und Reste von Landpflanzen belegen aber, daß der Bereich immer wieder trocken fiel.

Von Osten her greifen die Bellerophonschichten auf den Sandstein über, womit die festländische Zeit zu Ende geht. Lagunen, in denen viel Gips abgelagert wird (Fiammazza-Fazies), kennzeichnen die einstigen Küstenzonen nahe Trient und Bozen, während in den nordöstlichen Dolomiten, wo mit 600 m die größte Mächtigkeit erreicht wird, Kalke überwiegen (Badiota-Fazies). Weil in dem

77

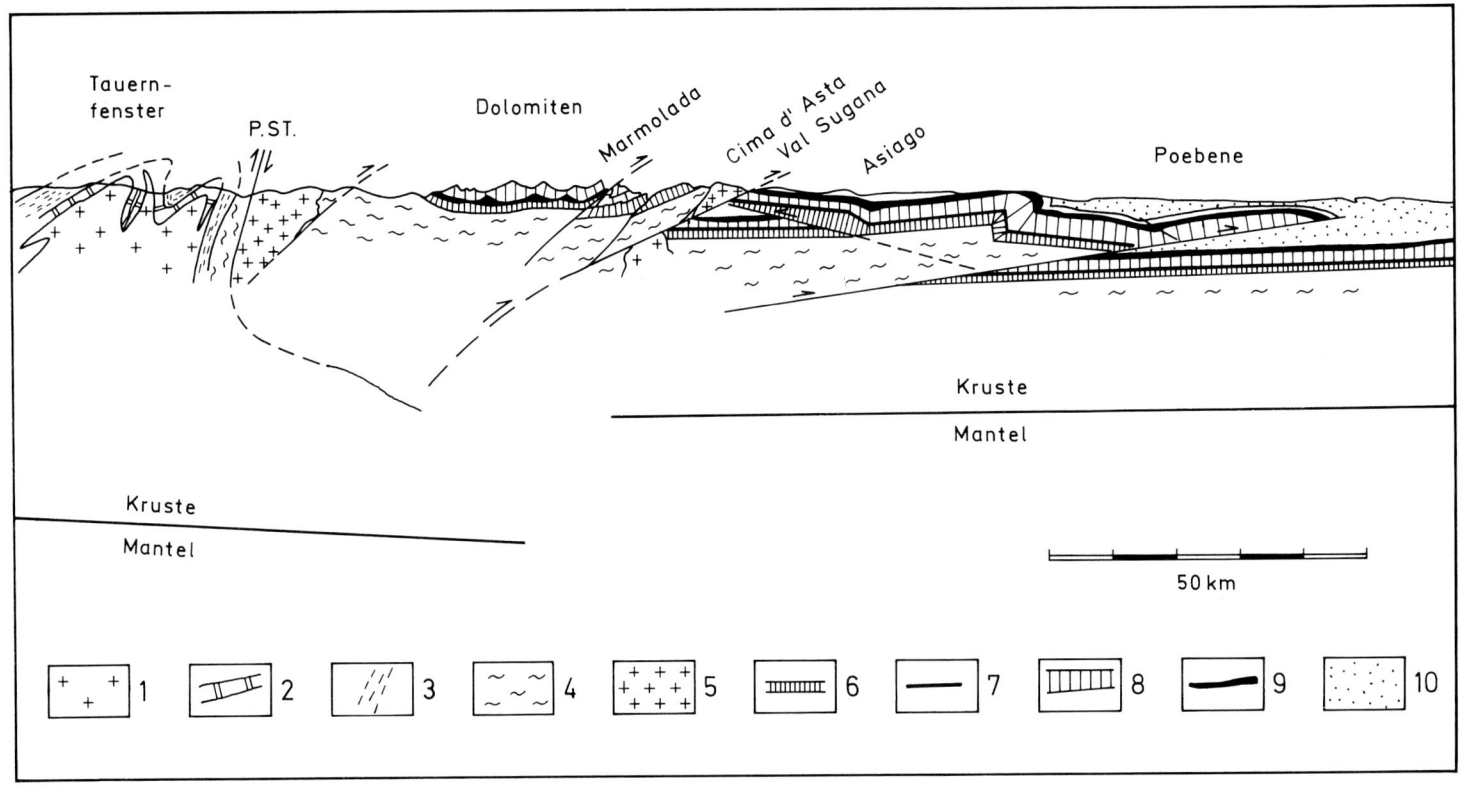

Abb. 11.3: Querprofil durch die Südalpen.
1 = Tauern-Zentralgneise; 2 = sedimentäre Hüllgesteine der Zentralgneise; 3 = penninische Decken; 4 = ostalpines und südalpines Altkristallin; 5 = Brixner Granit; 6 = Quarzporphyr; 7 = Perm- und Untertrias-Schichten, südlich der Val Sugana: auch Jura in Schwellenfazies; 8 = Mittel- und Obertrias; 9 = Kreide und Alttertiär; 10 = Jungtertiär.

flachen Wasser die Meeresströmung erheblich behindert war und kein Frischwasser nachströmte, war der Sauerstoff durch verwesende Organismen bald verbraucht. Als Folge sedimentierten dunkle Kalke, in denen organischer Kohlenstoff angereichert ist.

Mit den Werfener Schichten, die an einer deutlichen Grenze darüber einsetzen, ist das Erdaltertum, die paläozoische Ära, beendet, und es beginnt die Ära des Mesozoikums, des Erdmittelalters.

Die Werfener Abfolge ist recht vielgestaltig und setzt vielfach mit einem oolithischen Kalk ein (Tesero-Oolith), der bewegtes Flachwasser und eine wesentlich bessere Durchlüftung des Meeres anzeigt. Im einstigen Küstenbereich zwischen Trient und Bozen erreicht er mit 25–30 m seine größte Mächtigkeit; nach Osten wird er immer dünner und durch feinkörnige, graue, gut geschichtete Kalke und Mergel ersetzt (Mazzin-Schichten).

Der auffällig rot-violette oder grüne Andraz-Horizont darüber dokumentiert eine kurze Phase der Trockenlegung mit Abscheidung von Gips, Tonen und dolomitischen Mergeln.

Das Meer zog sich aber nur kurze Zeit zurück, und während der erneuten Überflutung lagerten sich die flachmarinen Seiser Schichten ab, denen Oolithe mit vielen winzig kleinen Schnecken zwischen- und aufgelagert sind (Gastropoden-Oolith). Die noch jüngeren, intensiv rot gefärbten Campiller Schichten sind v. a. durch die Einschwemmungen von Glimmern und anderen festländischen Partikeln gekennzeichnet.

Es ist die Zyklizität eines sich ständig hebenden und senkenden Meeresspiegels, die sich hier im küstennahen Flachmeer so deutlich abzeichnet. Wir befinden uns an einer die Erdgeschichte sehr sensibel registrierenden Stelle.

Weiter gegen das offene Meer zu kommen noch höhere Werfener Schichtglieder vor (Val-Badia- und Cencenighe-Schichten), die aber hier im Westen von dem großflächig verbreiteten Richthofen-Konglomerat ersetzt werden, das über ganz unterschiedliche Werfener Schichtglieder hinweggreift. Eine schnelle Hebung hat

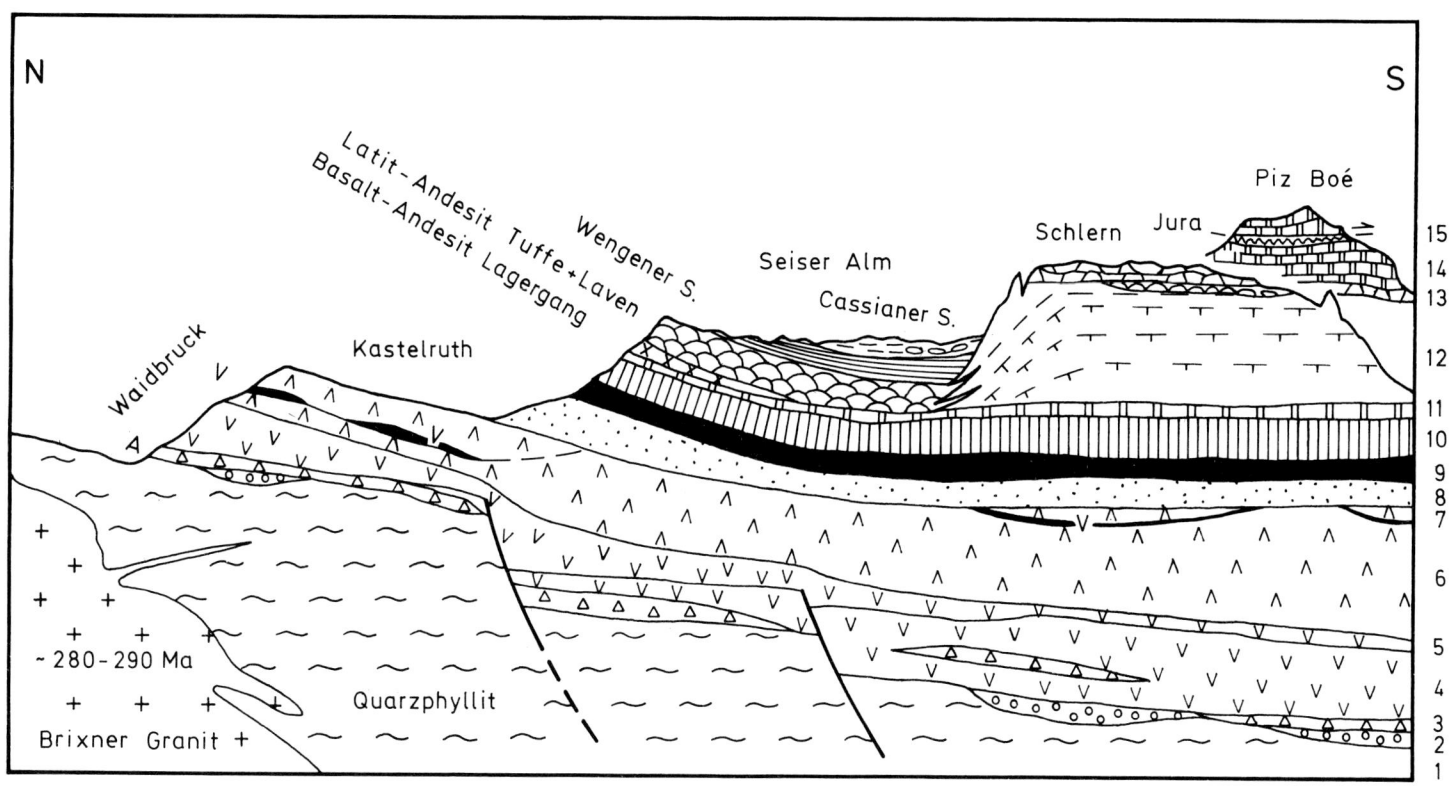

Abb. 11.4: *Schemaprofil durch die Dolomiten.*
1 = Quarzphyllit und Paragneise (Kambrium, Ordovizium); 2 = Basiskonglomerat (Waidbrucker Konglomerat); 3 = Trostburg-Melaphyr und basale Tuffe, Latitandesite und Dazite; 4 = untere Ignimbritfolge (vorwiegend Dazite und Rhyodazite); 5 = Einschaltung von Tuffen, vulkanischen Brekzien, Sandsteinen und Konglomeraten; 6 = Obere Ignimbritfolge, vorwiegend rhyolithisch, mit gelegentlichen Vitrophyrlagen an der Basis der Ignimbritlagen; 7 = Mergel und Kalkmergel als Seesedimente mit Fossilresten (Schichten von Tregiovo); 8 = Grödner Sandstein; 9 = Bellerophonschichten; 10 = Werfener Schichten; 11 = Sarldolomit (Contrinkalk) und auflagernde Buchensteiner Schichten; 12 = Schlerndolomit (Marmoladakalk); 13 = Raibler Schichten (Schlernplateau-Schichten); 14 = Hauptdolomit (Dachsteindolomit); 15 = Jura- und Unterkreide-Kalke im Bereich der Gipfelüberschiebungen.

die Erosion kurze Zeit angeregt, eine große Halbinsel wurde weit über den Meeresspiegel herausgehoben, auf der Wildbäche ihre Schotter abluden. Nach oben werden in den Peresschichten die Ablagerungen wieder tonig, und häufig haben sie Fährten von Vierfüßlern bewahrt.

Nach diesem letzten Aufbegehren der Erdkruste gegen das Ertrinken gewann das Meer für lange Zeit die Oberhand. Mit dem vorwiegend von kalkabscheidenden Algen gebildeten, hellgrauen und massigen Sarldolomit formt sich erstmals eine ausgedehnte Carbonatplattform. Durch weiteres Tiefersinken entwickeln sich darüber die dünnplattigen, grauen Buchensteiner Schichten mit den charakteristischen wellig-knolligen Schichtflächen und der Hornsteinführung. In ihnen geben Einschaltungen dünner grünlicher Tuffhorizonte (Pietra verde) bereits eine Vorschau auf den einsetzenden Vulkanismus.

Zuvor wachsen auf dem flachen Meeresboden noch gewaltige Riffe (Schlerndolomit), die jedoch absterben, als sie zu stark von Tuffen und Laven des heftigen Vulkanismus der Mitteltrias überdeckt werden. In den Becken verzahnen sich die vulkanischen Ablagerungen mit Tonen, Mergeln und den von Riffen abbröckelnden Kalken (Cipitkalke, Wengener und Cassianer Schichten).

Weiter östlich sammeln sich am Fuß großer Vulkanbauten nahe der Marmolada grobe Konglomerate mit vorwiegend vulkanischen Geröllen (Marmolada-Konglomerat).

Auf dem Schlernplateau und an der Sella liegen über Schlerndolomit und Resten der Vulkanite Rauhwacken und Oolithkalke sowie stellenweise kohlige Horizonte: Sie dokumentieren, daß diese Hochlagen vorübergehend Inseln in einem tropischen Flachmeer waren, auf denen sich Pflanzen ansiedeln konnten (Schlernplateau-Schichten, Raibler Schichten).

In der Obertrias wird die gesamte Region überflutet. In einem breiten Wattenmeer lagert sich der Hauptdolomit ab. Gezeiten mit großem Tidenhub sorgen für ständige Wasserbewegung. Im Jura herrschen offen marine Bedingungen, die helle, bankige und rötliche Knollenkalke liefern (Puez, Sella, Pelmo, Antelao u. a.).

Noch spärlicher als Obertrias- und Juraschichten sind die jüngeren Ablagerungen aus Kreide und Tertiär (graue, grüne und rote Mergel), auf die hier nicht näher eingegangen wird.

12. Die Ausrüstung des Geologen und der Umgang damit

Glücklicherweise braucht der Geologe für eine normale Geländearbeit keine teuren oder schweren Spezialgeräte. Am wichtigsten ist eine gute Beobachtungsgabe, räumliches Vorstellungsvermögen und ein für alle Naturphänomene gleichermaßen offenes Herz. Ein paar nützliche Dinge sind es aber doch, die er ständig bei sich hat: Hammer, Lupe, Kompaß und Feldbuch (Abb. 12.1). Daneben auch noch die für jeweilige Spezialaufgaben erforderliche Ausrüstung, etwa für das Hochgebirge oder entlegene Gegenden.

Der *Geologenhammer* wiegt zwischen 600 g und 1000 g und soll von zähem Stahl sein, damit beim Klopfen keine gefährlichen Splitter abplatzen. Hämmer aus einem Guß sind besser als solche mit Holzgriff, weil sie nicht brechen, dafür aber teurer. Für den Anfang tut es

ein Maurerhammer auch. Gegenüber dem stumpfen Schlagende hat er eine Spitze oder Schneide zum Spalten von plattigen Gesteinen – etwa zur Fossilsuche. Mit der Spitze kann man sich auch notfalls in steilen Grashängen sichern.

Am besten trägt man seinen Hammer an einer Lederschlaufe am Gürtel, damit man ihn nicht irgendwo liegen läßt und die Hände frei behält.

Zur Diagnose des Gesteins wird ein frischer Bruch erzeugt oder das Handstück zum Mitnehmen auf die richtige Form und Größe zurechtgeschlagen – was gelernt sein will. Kraftvolles Einprügeln auf einen Gesteinsblock ist nicht nur meist vergeblich, sondern auch gefährlich. Denken Sie daran, daß eine Augenverletzung durch Hammer- oder Gesteinssplitter irreparabel sein kann. Grundsätzlich gilt: Schutzbrille aufsetzen!

Abb. 12.1: Die Ausrüstung des Geologen: Kompaß, Lupe, Hammer, Probenbeutel, Markierstift, Höhenmesser, Feldbuch, Taschenmesser, Magnet, Maßband.

Man kann Splitter aber vermeiden. Man suche sich eine geeignete Ecke oder Kante, die man gut losschlagen kann, am besten eine Stelle, wo das Gestein an einer Kluft schon vorgebrochen ist. Wichtig ist – ganz besonders aber beim Herauspräparieren von Fossilien –, daß man ziehend schlägt, d. h. von innen nach außen bzw. von dem Fossil weg, so daß das Gestein durch Zugspannung bricht und nicht durch bloße Kraft. Manchmal ist auch der Gebrauch eines Meißels (mit Handschutz) sinnvoll. Für große Probenmengen, wie man sie etwa zur absoluten Altersdatierung benötigt, dienen natürlich schwere Vorschlaghämmer, zum Präparieren von Fossilien kleine Formatierhämmer etc.

Der *Kompaß* dient nicht nur der Orientierung, sondern auch zum Einmessen der Raumlage von Gesteinsschichten, damit man später Karten und Profile konstruieren und Aussagen über die Deformationsgeschichte machen kann. Deswegen hat der Geologenkompaß auch ein Klinometer eingebaut, einen Neigungsmesser (Pendel oder Wasserwaage), mit dem das Einfallen der Schicht ermittelt wird. Auf der Windrose sind Ost und West vertauscht, damit man beim Anlegen an eine Gesteinsschicht sofort den richtigen Wert erhält.

Die Deklination (Mißweisung) muß einstellbar sein. Man kann sie zwar im Augenblick in unserem Gebiet vernachlässigen, doch gibt es Gebiete, wo der Winkel zwischen geographisch Nord und magnetisch Nord bis über 30° beträgt, was natürlich bei den Messungen berücksichtigt werden muß. Auch ändert sich die Lage des Magnetpoles der Erde laufend.

Die in Abb. 12.2 gezeigten Kompaßtypen sind die am weitesten verbreiteten. Der Brunton-Typ ist der universellste und genaueste, aber auch teuerste und etwas umständlich in der Handhabung.

Zum Messen des Streichens legt man den Kompaß mit der Längskante horizontal an die Fläche an und liest den kleineren der beiden Werte ab, auf den die Nadel zeigt.

Dann legt man in der Fallrichtung senkrecht dazu den Kompaß hochkant an und läßt das Klinometer einpendeln – dies ergibt den Fallwinkel. Man notiert z. B. für ein genau Nordost streichendes und mit 30° nach Südost einfallendes Gestein: 45/30 SO. Fällt es bei gleichem Streichen aber nach Nordwesten, schreibt man 45/30 NW.

Mit dem Gefügekompaß lassen sich Einfallen und Fallrichtung in einem Meßvorgang bestimmen und lineare Gefüge (Mineralregelung, Faltenachsen, Striemung auf Störung etc.) präzise und schnell ermitteln. Dafür ist er weniger gut zum genauen Visieren, etwa zur Standortbestimmung, geeignet.

Man legt an Flächen die Anlegeplatte an, an Lineare eine Kante, horizontiert das Gehäuse mit Hilfe der eingebauten Libelle und liest am richtigen Ende der Nadel den Wert ab. Weil man nicht mehr das Streichen, sondern die Fallrichtung ermittelt, unterscheiden sich die Meßwerte um genau 90°. Für die beiden oberen Beispiele würden wir messen: 135/30 und 315/30. Das Angeben von Himmelsrichtungen erübrigt sich hier.

Der Marschkompaß ist preiswert und leicht, aber nicht so präzise und umständlicher zu handhaben als die anderen. Ost-West ist nicht vertauscht (außer bei dem abgebildeten Exemplar, einer Sonderbestellung), so daß man die drehbare Windrose bei jeder Messung nachführen, d. h. Nord zur Nadelspitze drehen muß (oder man rechnet die Werte um). Man achte darauf, daß ein Klinometer vorhanden und die Deklination einstellbar ist. In den meisten Fällen genügt dieser Kompaß auch für geologische Zwecke. Die Meßwerte sind identisch mit denen des Brunton-Typs.

Eine *Lupe* mit etwa 10facher Vergrößerung hängt zweckmäßigerweise an einer Schnur um den Hals, damit man sie immer griffbereit hat. Mit ihr werden die meist kleinen Minerale, die Gefüge oder kleine Fossilien betrachtet. Man stelle sich so, daß möglichst viel Licht auf die zu betrachtende Stelle fällt, halte die Lupe ganz nahe ans Auge und bringe das Objekt heran, bis es scharf zu sehen ist. Bei feinkörnigen Kalksteinen haucht man die Fläche an oder benetzt sie mit Wasser, was einen gewis-

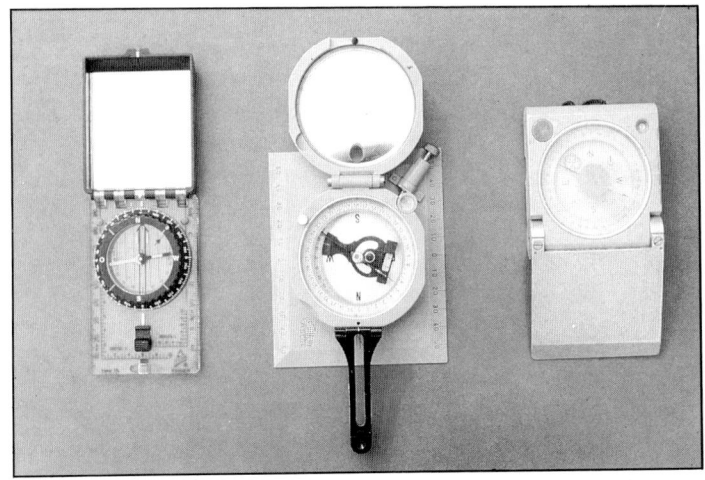

Abb. 12.2: Der Geologenkompaß.
Im Bild v. l. n. r. Marschkompaß, Geologenkompaß, Gefügekompaß („Brunton"-Typ).

sen Politureffekt gibt, durch den man Feinstrukturen besser sieht.

Ein Tropffläschchen mit 10%iger Salzsäure ist für die Arbeit mit Carbonatgesteinen vonnöten. Für den Anfänger ist es ein erhebendes Gefühl, im Gelände die erste chemische Analyse durchzuführen und mit ihrer Hilfe Kalkstein zum Aufschäumen zu bringen (Dolomit schäumt dagegen nicht). Ein routinierter Geologe sieht den Unterschied von Kalk zu Dolomit auch meist ohnedies und verwendet Säure nur in Zweifelsfällen oder um kleine Dolomit-, Ton- oder Kalkgehalte an der jeweils charakteristischen Art des Aufschäumens zu erkennen. Ein sparsamer Gebrauch ist angezeigt (ein Tropfen genügt), und die Flasche muß vor dem Auslaufen gut geschützt sein (sonst gibt es Löcher in Hose oder Haut), Verwechslungen mit Augentropffläschchen müssen ausgeschlossen werden. Ins Auge gelangte Spritzer können zu schweren Schäden oder gar zur Erblindung führen. Sofort mit viel Wasser ausspülen, notfalls mit Speichel – jede Sekunde zählt. Unverzüglich einen Augenarzt aufsuchen. Glücklicherweise kommen solche Unfälle höchst selten vor.

Ins *Feldbuch* trägt der Geologe Meßwerte und Beobachtungen, Gesteins- und Aufschlußbeschreibungen, Karten- und Profilskizzen, Ideen etc. ein. Es soll mit festem Deckel versehen und nicht zu klein sein, damit man im Gelände besser zeichnen kann, und aus gutem Papier, das nicht sehr wasserempfindlich ist. Man schreibt am besten mit Bleistift, denn der ist radierfähig und verschmiert nicht bei Nässe.

Hinzu kommen von Fall zu Fall: Gefrierbeutel aus Plastik als Probentüten; wasserfeste Markierstifte zum Beschriften der Gesteine; Maßband zum Messen von Schichtdicken; Magnet, um magnetische Minerale im Gelände zu erkennen; geologische Karten in einer Schutzhülle; topographische Karten, Luftbilder mit Taschenstereoskop, Satellitenbilder, Photokamera, Feldstecher, Zeichenmaterial (Lineal, Geo-Dreieck, Farbstifte) und natürlich im Gebirge die erforderliche Bergsteigerausrüstung.

Denken sie bei Gewitter daran, Eisenteile (Hammer, Schirm) entfernt zu deponieren (vom Autor liegt beides als Folge einer schnellen Flucht noch auf Gabbro, dem am besten leitenden und damit bei Gewitter gefährlichsten Gestein der Gegend unter der Hornspitze im Zillertaler Hauptkamm).

Selbstverständlich ist, daß man keine losgeschlagenen Gesteinstrümmer auf der Straße liegen oder die Bergabhänge hinunterrollen läßt, sondern wegräumt, daß man keine Fossilien oder Gesteine mutwillig zerstört, keinen Müll hinterläßt, nicht ohne zu fragen fremden Grund betritt – mit einem Wort, daß man sich wie ein verantwortungsvoller Natur- und Menschenfreund benimmt.

Wie liest man eine geologische Karte?

Geologische Karten sind topographische Karten, die durch geologische Signaturen und Farben ergänzt sind. Mit Ausnahme von Spezialkarten zeigen sie die Gesteinseinheiten, die sich an der Oberfläche befinden, dazu Brüche (Störungen), Fossilfundpunkte und andere geologisch wichtige Informationen. Die Lagerungsverhältnisse werden meist in einem geologischen Profil dargestellt.

Geologische Karten bilden die wichtigste Informationsquelle für den Geologen. Ihre Erstellung ist mit jahre- oder jahrzehntelanger Arbeit verbunden. Der kartierende Geologe begeht das gesamte Gebiet, zeichnet die Grenze zwischen den Gesteinseinheiten in die topographische Karte ein, bestimmt die Gesteine, Fossilien, Minerale sowie die tektonischen und sedimentären Strukturen. Er mißt die Schichtmächtigkeiten, fertigt chemische Analysen und Dünnschliffe an und vieles mehr. Er zeichnet und konstruiert nach Geländeskizzen und der Karte Querprofile und gibt eine Beschreibung der vielfältigen geologischen Informationen, die er gesammelt hat. Er überlegt, welche Gesteine zusammengefaßt werden müssen, denn er kann nicht jede zentimeterdünne Lage in der Karte verzeichnen. Wie stark er generalisieren muß, kommt auf den Maßstab an.

Alle Gesteinseinheiten, die mit eigener Farbe in der Karte eingetragen werden, sind auch in der Legende aufgeführt.

Soweit bekannt, trägt er im Normalfall die ältesten Gesteine als unterste, die jüngsten Schichten dagegen ganz oben ein – eben genauso, wie es den natürlichen Lagerungsverhältnissen entspricht.

Man kann aus der Anordnung der Gesteine in der Legende dann deren ideales Übereinander im Gelände wieder herauslesen. Wenn man die Ablagerungsbedingungen der Gesteine und ihr Alter dazu kennt, ergibt sich die gesamte geologische Geschichte im Lauf der Zeit.

Jede *Farbe* in der Karte repräsentiert eine eigene Einheit, und mit Übersignaturen (Punkt- oder Strichraster usw.) lassen sich noch weitere Unterteilungen treffen, etwa um gleichalte Riff- und Beckensedimente zu kennzeichnen, oder wenn sich der Gesteinscharakter in einer Richtung ändert. Es gibt keine absolute Norm in der Farbgebung, weil es viel mehr Gesteine gibt als Druckfarben. Doch besteht Übereinstimmung, Granite und verwandte Magmatite rot zu färben, Basalte dunkelgrün, Gneise meist bräunlich.

Während jüngste Flußablagerungen, Hangschutt und dgl. farblos bleiben und mit Rastern unterschieden werden, sind tertiäre Ablagerungen generell gelb gefärbt, jene der Kreide grün, des Jura blau und der Trias beige oder violett.

Nicht nur die Verteilung der Gesteine und ihre Geschichte kann herausgelesen werden, sondern auch die Lagerungsverhältnisse. Störungen sind meist ohnedies eingetragen, gelegentlich auch Streich- und Fallzeichen (z. B. $\perp 35$). Dabei ist der lange Balken parallel zum Streichen orientiert, d. h. zur Richtung einer horizontalen Linie auf der Schicht. Der kurze Balken ist zum Fallen orientiert, die Richtung, in die Wasser hinabrinnen würde. Zu ihr schreibt man den Winkel des Fallens, die Neigung gegenüber der Erdoberfläche. Streichen und Fallen stehen immer genau senkrecht aufeinander. Im obigen Beispiel ist eine genau ost-west-streichende und mit 35° nach Westen einfallende Schicht dargestellt.

Ist kein Streich- und Fallzeichen vorhanden, muß man sich Werte aus dem Verlauf der Grenzlinie ermitteln. Verläuft diese parallel zu den Höhenlinien, dann ist die Lagerung horizontal, also gewöhnlich völlig ungestört. Auf dem Blatt „Marmolada" ist das teilweise gut zu sehen.

Eine senkrecht stehende Schicht kümmert sich dagegen überhaupt nicht um Höhenlinien, sondern läuft im Streichen geradewegs über Berg und Tal hinweg, etwa wie die Serien nahe dem Pfitscher Joch (Karte 1) oder manche Gänge im Adamellogebiet.

Bei schräg einfallender Schichtung ändert die Grenzlinie ihre Richtung, wenn sie z. B. einen Bergrücken quert. Sehr steil einfallende Schichten werden dabei wenig abgelenkt, flache dagegen stärker. Aus dem Verlauf der Grenzlinie kann man Streichen und Fallen rekonstruieren (umgekehrt hat der Geologe vorher die Grenzlinie in die Karte hineinkonstruiert).

Bei gefalteten Schichten wiederholen sich identische Gesteine spiegelsymmetrisch zur Faltenachse, und zwar befinden sich bei geologischen Mulden (Synklinalen) die jüngsten Schichten im Zentrum, bei Sätteln (Antiklinalen) die ältesten.

Taucht die Achse ab, dann ändert sich das Streichen einer Schicht halbkreisförmig (umlaufendes Streichen), ohne daß dies morphologisch begründet wäre.

Intrusivgesteine haben meist einen unregelmäßigen Umriß und können nicht ohne weiteres in ihrer Lagerung analysiert werden.

Es mag anfangs etwas Mühe machen, eine geologische Karte nach allen Regeln der Kunst zu interpretieren, doch wenn man diese immer wieder mit der Natur vergleicht, gewinnt man bald eine genügende Fertigkeit darin und wird sie als steten Begleiter auf Exkursionen mitführen.

II

Exkursionen

Auf unseren geologischen Exkursionen werden wir Schritt für Schritt die Entstehung der Alpen miterleben. Wir beginnen an ihrem ehemals tiefsten Punkt, dort, wo Ureuropa aus dem Erdinneren wieder emporgepreßt worden ist (Ex. 1). Wir tauchen danach auf den Grund des Penninischen Ozeans, der 100 Millionen Jahre lang Ureuropa von Urafrika trennte (Ex. 2), steigen dann, von unten nach oben – oder, was dasselbe ist: mit dem Verlauf der geologischen Zeiträume – durch afrikanische Erdkruste. Zuunterst begegnen uns dort die altkristallinen Reste längst vergangener Gebirge (Ex. 3), die von den Glutwolken des Bozner Quarzporphyrs überdeckt wurden (Ex. 4), im eigenen Abtragungsschutt ertranken (Ex. 5) und schließlich in einem tropischen Meer versanken. In flachem Wasser entwickelten sich Atollriffe mit Lagunen um Vulkane (Ex. 6). Bei Predazzo und der M.ga Monzoni ist der Unterbau dieser Vulkane exponiert und erlaubt einen Blick in höllische Abgründe (Ex. 7).

Als Pangäa endgültig zerbrach, entstand eine unausgeglichene untermeerische Landschaft mit isolierten Tafelbergen (Ex. 8) und tiefen Meeresbekken (Ex. 9). Magmen der bei der Alpenbildung aufgeschmolzenen Gesteine drangen im Adamellomassiv hoch (Ex. 10).

Eine letzte Wanderung (Ex. 11) gilt der morphologischen Gestaltung der Berge und läßt noch einmal die frostigen Eiszeiten aufleben, welche die Oberfläche dieses Landes so entscheidend mitgeformt haben.

Am Beginn der Exkursionsetappen ist jeweils der durchschnittliche Gesamtzeitaufwand vermerkt. Angaben in Klammern dahinter beziehen sich auf die reine Gehzeit.

Exkursion 1: Die Reise nach Ureuropa

(Wir besuchen den geologischen Tiefpunkt der Alpen, sehen, daß sich selbst Granit wie Knetmasse verformen läßt, arbeiten uns vom Untergrund Ureuropas durch dessen von Druck und Temperatur stark mitgenommene Sedimente, begegnen seltenen Mineralen und sogar noch Fossilien.)

Vom Brenner bis zum Katschberg 160 km weiter im Osten ist das steinerne Herz der Alpen freigelegt, das Tauernfenster. Der gesamte Deckenstapel, der sich bei der Kollision der Kontinente übereinandergetürmt hatte, ist hier angeschnitten: zuunterst Ureuropa (Helvetikum), obenauf ein Splitter von Urafrika (ostalpine Decken) und dazwischen die vom Penninischen Ozean abgeschürften Gesteine.

Mehr als 30 km mächtige Gesteinsdecken lasteten vor 50 Millionen Jahren auf Ureuropa und drückten es mit einer Kraft von hunderttausend Tonnen pro Quadratmeter in die Tiefe. Die Gesteine heizten sich dort im Verlauf von 10–20 Millionen Jahren auf 500 ^{o}C auf, wurden dabei plastisch deformierbar und wie Zahnpasta aus der Tube wieder hochgepreßt – um etwa einen Millimeter jährlich. Die Hebungstendenz ist seit 35 Millionen Jahren ungebrochen: 1,2 mm/a wurden als Durchschnitt für die letzten 60 Jahre durch Präzisionsmessungen bestimmt.

Die Erosion hat die ganze Zeit über dafür gesorgt, daß die Alpen nicht in den Himmel wachsen. Die dicke Gesteinsschicht über den Zillertaler Alpen wurde stetig abgetragen und der einstige Südrand Ureuropas wieder freigelegt.

Die Nahtstelle, an der Pangäa einst auseinanderbrach, lag noch mindestens 50 km südlich der Tauern. Bis dahin erstreckte sich Ureuropa. Von dort bis an den nördlichen Alpenrand haben sich die Decken Urafrikas darübergeschoben – also über eine Strecke von mehr als 150 km!

Ureuropa

Der kleine, nur im Sommer geöffnete Grenzposten am Pfitscher Joch, wo der Zöllner nur selten mal einen gelangweilten Blick auf einen pflichteifrig hingestreckten Ausweis wirft, ist mehr als nur eine politische Grenze. Wer sie überschreitet, überspringt gleichzeitig eine Vier-telmilliarde Jahre, denn er quert die große Diskordanz zwischen dem von der variszischen Gebirgsbildung betroffenen Ureuropa im Norden und dem modernen, dem „Nachvariszischen Europa". Die Diskordanz trennt im gesamten außeralpinen Europa das metamorphe, gefaltete Grundgebirge von dem nicht metamorphen, wenig oder ungefalteten Deckgebirge: In Spanien liegt sie an der Basis der Meseta, des Tafellandes, in Frankreich, Belgien und Deutschland grenzt sie die Schichtstufenlandschaft mit ihren nur leicht schräg gestellten Gesteinsschichten von den Kristallingesteinen ab. Es ist auch die gleiche Grenzfläche, die wir bei Waidbruck erwähnten und die den weißen Gipfelaufsatz der Tribulaune oder der Telfer Weißen von ihrem düsteren Untergrund trennt.

Nirgendwo aber ist dieser Grenze so übel mitgespielt worden wie hier, wo auch die sonst in Europa kaum beanspruchten Gesteine darüber fast bis zur Unkenntlichkeit zerquetscht, verfaltet und senkrecht gestellt worden sind.

Das Fundament Ureuropas wird von den Tuxer und Zillertaler Zentralgneisen gebildet, zwei Aufwölbungen von Graniten, Granodioriten und Tonaliten, z. T. auch Gabbros (östlich des Großen Möselers, 3478 m, und an den Hornspitzen, 3259 m, außerhalb unserer Karte), die im Verlauf der Alpenfaltung zu Gneisen ausgewalzt wurden (Abb. E1.1).

Genau wie in den obengenannten Kristallingebieten sind auch hier die Plutonite vor 300 Millionen Jahren in noch ältere Gesteine eingedrungen, von denen einige Reste erhalten geblieben sind: die Gesteine des „Alten Daches", meist als Greiner Schiefer oder Untere Schieferhülle bekannt. Neben Schwarzschiefern dominieren Gesteine, die wegen ihrer Farbe als Grüngesteine bezeichnet werden und von Basalten und Peridotiten abstammen: Amphibolite, Hornblendegneise und -garbenschiefer sowie Serpentinite. Die chemische Zusammensetzung dieser Grüngesteine ist ähnlich der von Vulkaniten, die in Inselbögen und den dazugehörigen Randmeeren auftreten. Dies führt uns zurück in eine sehr frühe geologische Epoche in der Geschichte Ureuropas, das im Paläozoikum bei der kaledonischen und variszischen Gebirgsbildung aus verschiedenen Kontinentbruchstücken und Inselbögen zusammengeschweißt

Wie können die Geologen bestimmen, daß über den Zillertaler Alpen einst 30 km Gesteine lagen und die Decken weit von Süden her überschoben wurden?

Die Überlagerung läßt sich aus der Mächtigkeit aller geologischen Einheiten abschätzen, von denen wir wissen, daß sie einst über dem Tauernfenster lagen. Es sind dies: etwa 6 km penninische Decken, 15–20 km ostalpines Kristallin und 7–8 km Sedimente. Anders ausgedrückt: die Pfunderer Berge, die Ötztaler und Stubaier Alpen und die Nördlichen Kalkalpen übereinander gestapelt!

Quantitative Angaben ermöglichten erst die Experimente in den Hochdrucklabors, durch die wir bereits sehr viele Details der Mineralbildung wissen. Disthen, Lawsonit, Granat und bestimmte bläuliche Hornblenden, die Glaukophane, zeigen hohen Druck bei ihrer Bildung an, Staurolith, Cordierit und Sillimanit dagegen hohe Temperatur. Jedes Mineral hat einen begrenzten Stabilitätsbereich, und manche sind sensible Druckanzeiger, andere wieder sind mehr von der Temperatur abhängig (vgl. Abb. 6.1). Hat man viele Minerale zur Verfügung, lassen sich die maximal erreichten Bedingungen gut eingrenzen. Glücklicherweise wandeln sich die meisten Minerale nicht wieder zurück, wenn die Temperatur sinkt (es fehlt dann die Energie und oft auch das Wasser dafür), sonst gäbe es gar keine metamorphen Gesteine.

Noch genauere Abschätzungen lassen die Zusammensetzungen von Mischkristallen, die in Kontakt zueinander sind, zu – z. B. Granat neben Biotit oder Plagioklas. Je nach den Bedingungen teilen sie bestimmte Elemente anders unter sich auf, woraus sich dann sowohl Druck als auch die maximal erreichte Temperatur zuverlässig berechnen läßt.

Auch das Bildungsalter mancher Minerale läßt sich ermitteln, und für einige sogar das Abkühlungsalter, wenn sie eine geringe Menge an radioaktivem Kalium enthalten, das in 11,9 Milliarden Jahren zur Hälfte in das Edelgas Argon zerfällt. Dieses entweicht bei hohen Temperaturen aus dem Kristall, bleibt aber unterhalb der sogenannten Schließungstemperatur im Kristallgitter gefangen. Muskowit schließt das Argon unterhalb von etwa 450 °C ein, Biotit bei 30 °C. Ein anderes Mineral, der Apatit, kann sein Kristallgitter unterhalb von 150 °C nicht mehr reparieren, wenn dieses beim radioaktiven Zerfall kleiner Mengen Uran zerstört wurde. Nach geeigneter Präparation werden die Spaltspuren als feine Linien im Kristall sichtbar, und aufgrund ihrer Häufigkeit und der Menge an Uran läßt sich der Zeitraum bestimmen, der seit Unterschreiten dieser Temperatur vergangen ist. So hat man mehrere Fixpunkte, um die Abkühlungs- und damit gleichzeitig die Hebungsgeschwindigkeit zu ermitteln: Vor 18–20 Ma unterschritten die Gesteine des Tauernfensters die Temperatur von 450 °C, vor 14 Ma die 300 °C und vor 6 Ma die 150 °C!

Wenn der Strukturgeologe sorgfältig die ganzen Falten und Überschiebungen vermessen hat, kann er diese konstruktiv wieder ausglätten und in die ursprüngliche Lage zurückformen. Im Falle der Tauern braucht man dafür noch ca. 50 km Platz in Richtung Süden allein für die innere Sedimenthülle und noch einmal mindestens so viel für die ozeanischen Serien. Weil von jenen aber nur noch ein Bruchteil vorhanden ist, können die Ergebnisse nur als unterste Minimalbeträge gelten. Zieht man die Entstehungsgeschichte des Atlantiks mit in Betracht, dann wird klar, daß der trennende Ozean damals auch etwa die Ausdehnung des heutigen Mittelmeeres hatte.

wurde. Über einer nach Norden einfallenden Subduktionszone sind damals große Mengen an ozeanischer und kontinentaler Erdkruste aufgeschmolzen worden und in weiten Teilen Eurasiens als variszische (synonym: herzynische) Granite, Tonalite und andere Tiefengesteine aufgedrungen. Unsere Zentralgneise gehören dazu.

Da sich bei Gebirgsbildungen die Erdkruste stets verdickt, kommt es zu dem Wechselspiel von Hebung und Abtragung, bei dem Tiefengesteine wieder an die Erdoberfläche gelangen. So geschah es auch in unserem

Bereich, denn vor 250 Millionen Jahren lagen die Zentralgneise (damals waren sie allerdings noch nicht vergneist) und ihre Dachgesteine, die Greiner Schiefer (sie lagen schon als Gneise und Amphibolite vor) an der Erdoberfläche – genau wie heute. Aus dem Variszischen Gebirge wurde im Lauf der Jahrmillionen ein Hügelland, das mehr und mehr eingeebnet und schließlich vom Tethysmeer überspült wurde.

Im Profil (s. Kartenbeilage) wird die komplexe tektonische Struktur dieser Region deutlich. Auf den ersten Blick dominieren hier die beiden Aufwölbungen der

Abb. E1.1: Die Zentralgneise des Tuxer Hauptkammes an der Grenze zu Österreich sind die am tiefsten aufgeschlossenen Gesteine der Ostalpen. Sie waren Teil von Ureuropa (rechts im Bild die Hohe Wand, 3281 m).

Zentralgneise, doch diese verformen noch ältere Falten – und zwar so, daß sie einmal aufrecht, dann wieder auf dem Kopf stehen!

Dies rührt daher, daß die mesozoischen Sedimente während der Deckenüberschiebung von ihrem Untergrund abgeschürft und in sehr enge und nach Norden geneigte Falten gelegt wurden. Bei einer fortdauernden Anpressung wurde danach die gesamte Kruste Ureuropas gestaucht und in aufrechte Großfalten gelegt, in deren Sattelkernen die Zentralgneise aufragen, während in deren Mulden die einstigen Sedimente erhalten blieben.

Da durch die beiden Deformationen die Schichtzusammenhänge vielfach verlorengingen, dazu noch die Metamorphose die feinen Unterschiede zwischen den Gesteinen egalisierte und die meisten Fossilien zerstörte, war hier die Rekonstruktion der geologischen Geschichte besonders schwierig und ist erst vor kurzem gelungen.

Die Schichtfolge ähnelt eher dem aus dem süddeutschen Raum oder der Nordostschweiz bekannten germanisch-helvetischen Faziesbereich als dem der räumlich viel näher liegenden Dolomiten: Die gesamte Triasfolge ist nur wenige zehn Meter mächtig, Schwarzschiefer und Quarzite gehören in den Lias, über ihnen folgen ein paar Meter braune sandige Kalke des Doggers, also des mittleren Jura, und erst im höheren Jura, im Malm, trifft man auf einen etwas mächtigeren ehemaligen Kalkstein – den Hochstegen-Marmor. Von den großartigen Riffen der Dolomiten oder dem mehr als tausend Meter mächtigen

Hauptdolomit fehlt jede Spur. Wir sind eben in einem ganz anderen Ablagerungsraum mit eigener Geschichte!

Dafür kann sich der Mineraliensammler an den reichlich vorhandenen Kristallstufen freuen. Sie konnten durch die Metamorphose in offene Spalten wachsen, die bei der Deformation aufgerissen sind. Da dies zu unterschiedlichen Zeiten bei verschiedenen Temperaturen geschah und zudem jedes Gestein etwas differierende Lösungen lieferte, erklärt sich die große Vielfalt an Mineralien: Neben den meist vorhandenen Quarzen und Feldspäten (Adular und Periklin) finden sich Muskowit, Biotit, Rutil und Titanit in den höhertemperierten Klüften, Chlorit (meist als Pennin), Apatit, Laumontit, Pyrit und viele andere in solchen geringerer Temperatur.

Die Anfahrt vom Brenner in das Pfitschtal

Zwischen Brenner und Sterzing verläuft die Silltal-Störung etwas oberhalb in den Hängen westlich der Talfurche. An ihr ist das Ötztalkristallin, das einst dem Tauernfenster auflag, um mehrere Kilometer abgesenkt worden, so daß es jetzt in gleicher Höhe ansteht.

Direkt am Brenner und im größten Teil des Tales stehen schwärzlich-graue oder bräunliche Kalkglimmerschiefer an, Reste des Penninischen Ozeans (Obere Schieferhülle). Erst kurz vor Sterzing queren Schürflinge aus Triasdolomit und stark mylonitisiertes Altkristallin von der Basis der ostalpinen Decken den Tal-grund und sind in kleinen Aufschlüssen nördlich des Stadtrandes sichtbar.

Die früher versumpfte Ebene von Sterzing, das Moos, verdankt seine Entstehung einem Bergsturz, der in vor-geschichtlicher Zeit bei Trens niederging, den Eisack zu einem See aufstaute, der aber schnell von Sedimenten vollgefüllt wurde – eine Geschichte, die sich mehrere tausend Male in den Alpen abgespielt hat, nachdem die Gletscher der Eiszeit abgeschmolzen und die übertieften, vegetationslosen Talhänge ihrer Stütze durch das Eis beraubt worden waren und zusammenbrachen.

Einzigartig in den Alpen ist die Lage Sterzings, von wo man alle vier geologischen Großeinheiten auf engstem Raum überblickt: Die Südalpen beginnen mit dem Brixner Granit jenseits von Mauls, der gesamte Westen wird von ostalpinen Gneisen und Metasedimen-ten eingenommen, der Osten von den Serien des Penni-nikums, unter denen bald die ersten Zeugen des Helveti-kums auftauchen. All diese Einheiten sind jeweils durch Deckengrenzen oder große Störungen voneinander ge-trennt.

In Sterzing biegen wir nach Osten in das Pfitschtal ein, wo wir oberhalb der Gemeinde Wiesen ein Kraftwerk passieren. Es nutzt Wasser aus einer 400 m höher gelege-nen Staustufe des Pfitschbaches, das über eine Drucklei-tung auf der Nordseite des Tales herangeführt wird.

Stop 1: Das Fenster von Afens

3 km ab Sterzing, 1/2 Std. – Es besteht eine Parkmöglich-keit etwa 1 km oberhalb des Kraftwerkes, kurz nach der Brücke. Von der Brücke 50 m weglos bachabwärts treffen wir erstmals auf ureuropäisches Terrain, das hier unter den Kalkglimmerschiefern zum Vorschein kommt: In einem kleinen Aufschluß stehen rechter Hand massige, graue Gneise etwa 100 m hoch an. In Partien, die nicht so stark verschiefert sind, erinnern sie an Granite. Vermut-lich sind es zerscherte Zentralgneise, das sind Ortho-gneise, die in der Fortsetzung der Zillertaler Aufwölbung hier durch die tiefe Erosion des Pfitschbaches ange-schnitten sind. Von Bruno Sander, einem weltbekannten Innsbrucker Geologen der ersten Hälfte dieses Jahrhun-derts, wurde dieses ansonsten völlig isolierte Vor-kommen als das Fenster von Afens bezeichnet.

Enger und steiler werdend, überwindet die Straße den folgenden Bereich der fast senkrecht herandrängenden bräunlichen Kalkglimmerschiefer, denen ein grünes Amphibolitband zwischengeschaltet ist, eine ehemalige untermeerische Basaltlage, die an die ozeanische Natur der Gesteine erinnert.

Stop 2: Der Pfitscher Bergsturz

4 km ab Stop 1; 1/2 Std. – Nach Afens überqueren wir noch einmal den Pfitschbach und parken gleich nach der Brücke: Hier haben wir einen guten Einblick in die chao-tischen Gesteinsmassen eines Bergsturzes, der nacheis-zeitlich von der Flanke der Überseilspitze, 2493 m, im Süden abging, das Tal 150 m hoch vollständig abriegelte und den Pfitschbach zu einem 8 km langen See aufstau-te. Bachaufwärts haben wir Gelegenheit, die fest ver-backenen Schutt- und Trümmermassen von Kalkglim-merschiefern aus der Nähe zu betrachten. Eine Schichtung fehlt völlig, hausgroße Blöcke und fein zer-riebenes Material liegen unsortiert und chaotisch durch-einander, wie es für Bergstürze charakteristisch ist.

Die Straße erklimmt die Sturzmassen in einer Steilstu-fe, wobei sie wegen der ständigen Rutschgefahr durch aufwendige Verbauungen geschützt werden mußte. Oben angekommen, erinnert nur eine kleine Wasserfassung an den einstigen, sicher sehr schönen natürlichen Kematе-ner Stausee. Um das Jahr 1100 ist ein Stück des durch-

Abb. E1.2: Nur scheinbar ungestört liegen die Trias- und Jurage-steine unter der Gipfelpyramide des Wolfendorns. In Wahrheit sind sie in enge Falten gelegt, und die Schichten sind teilweise verkehrt gelagert.

näßten Stauwalles aus Bergsturzmasse ins Rutschen gekommen, und die sofort nachstürzenden Wasserfluten haben mit ihrer starken erosiven Kraft den Auslauf noch tiefer gesetzt, bis der ganze See mit etwa 70 Millionen Kubikmetern Wasser über Nacht leergelaufen war. Die Flutkatastrophe richtete flußabwärts im Pfitsch- und Eisacktal große Verwüstung an und forderte viele Menschenleben.

In Kematen steht noch immer ein über tausend Jahre altes Haus aus der Zeit, in der die Bewohner vom Fischfang lebten. Die weite, stellenweise versumpfte Ebene unterhalb davon ist durch Seesedimente gebildet. Man kann den alten Seespiegel gut rekonstruieren, da Schwemmkegel und alte Terrassen erhalten sind, auf denen z. B. die Häuser von Rein stehen. Auch der Ortsname Überwasser erinnert noch daran. Vom Seeboden aus hat man einen guten Blick in den Talgrund Richtung Griesscharte, 2815 m, wo man selbst aus dieser Entfernung die allgemein steilstehenden Schichten erkennt.

Nördlich von Kematen ragt der Wolfendorn, 2776 m (Abb. E1.2), auf. Dieser Berg spielt in der Erforschungsgeschichte der Geologie des Tauernfensters eine wichtige Rolle, und viele Geologen haben in den vergangenen Jahrzehnten versucht, das Wolfendornprofil sinnvoll zu deuten. Die grauen Zentralgneise tauchen nach Westen zu unter diesen Berg ab und werden von eng gefalteten Trias- und Juragesteinen überdeckt. Die beiden charakteristischen schwarzen Bänder sind graphithaltige Disthenschiefer des unteren Jura, die hellgrauen mächtigeren Kalkmarmore, die auch den Wolfendorngipfel bilden, sind die Hochstegenkalke des höheren Jura. Wir werden uns später näher mit diesem Berg beschäftigen, fahren aber zunächst weiter nach St. Jakob.

Stop 3: St. Jakob und Aiger Bach

12 km ab Stop 2; 3 Std. (Vgl. zu Stop 3–5 Abb. E1.3) – Das kleine, verträumte Dorf St. Jakob in Pfitsch, 1450 m, ist vom großen Touristenstrom noch unberührt geblieben. Der Gasthof Knappenhof am Ortseingang erinnert mit seinem Namen an eine bescheidene Bergbauvergangenheit im 17. Jahrhundert, als am Nordhang der Felbespitze, 2849 m, etwas Kupfer gewonnen wurde.

St. Jakob liegt genau auf der geologischen Grenze zwischen Ureuropa im Norden und Penninischem Ozean im Süden: Die düsteren Wände der Felbe- und Grabspitze, 3059 m, mit ihren dunkelgrünen Prasiniten (= Gestein aus Chlorit, Epidot, Aktinolith und Albit) und braunen Kalkglimmerschiefern sind ozeanischer Natur, der Tuxer Zentralgneis am Kamm der Hohen Wand, 3287 m, ist bereits kontinentale Kruste von Ureuropa. Die Zentralgneis-Hüllgesteine sind in den Hängen unmittelbar nördlich von St. Jakob zu einer engen Mulde (Pfitscher Mulde) gefaltet, die sich von der Berliner Hütte weit im Osten (Greiner Mulde) bis über den Wolfendorn hinweg verfolgen läßt. Weil die Schichten überall fast senkrecht stehen, können wir auf kurzer Strecke eine Vielzahl von Gesteinen queren.

Wir parken kurz östlich der Ortschaft vor der Brücke über den Aiger Bach und steigen etwa 100 Höhenmeter in nördliche Richtung zu dessen Murschutzdamm auf. Im unteren Teil der Hänge ziehen graphithaltige Schwarzschiefer vermutlich präkambrischen Alters durch, die aber hier nicht gut aufgeschlossen sind. Das erste anstehende Gestein ist ein silbrig-grüngrauer Schiefer, der einen etwas fleckigen Eindruck macht. Wenn wir mit dem Hammer einen frischen Querbruch erzeugen oder entsprechende angewitterte Flächen genau betrachten, sehen wir zahlreiche, flach-linsenförmige Körper: die zerquetschten Querschnitte von einst mehr oder weniger kugeligen Flußgeröllen (vgl. Abb. 7.6)! Diese sind vor gut 250 Millionen Jahren abgelagert worden, in der Zeit des Perm, als das große Variszische Gebirge abgetragen wurde. Metamorphose und eine plastische Deformation machten aus ihnen die Konglomeratschiefer bzw. -gneise. Wir werden uns mit diesen Gesteinen beim nächsten Halt noch näher beschäftigen.

Bachaufwärts folgen silbergrau glänzende Muskowitschiefer mit millimetergroßen Eisencarbonatkristallen (Ankerit), die beim Herauswittern rautenförmige Hohlräume hinterlassen. Daneben erkennt man mit der Lupe kleine, grüne Nädelchen von Eisen-Epidot, gelegentlich auch Disthen. Es war dies vor der Metamorphose ein schwach kalk- und eisenhaltiges Sediment gewesen, etwa ein roter Mergel oder Tonschiefer.

Nach einer Lage weißen Quarzites mit Disthen, Turmalin und Magnetit folgen braune und weiße Trias-Kalke und -Dolomite, mit hellbraunem Phlogopit (ein Magnesium-Biotit) auf den Schieferflächen und Zwischenschaltungen von grünen Chloritoidschiefern.

Ihr vielfach grob-poröses Aussehen (Zellendolomit, Rauhwacke) ist typisch für Lagunen-Sedimente in ariden (=wüstenhaften) Klimabereichen, wo neben Carbonaten auch Gips oder Salz ausgefällt und später wieder herausgelöst werden, so daß zahlreiche Hohlräume übrig bleiben. Es gelingt uns also selbst hier, wo die Metamorphose die Gesteine stark verändert hat, noch recht detaillierte Aussagen über den Ablagerungsraum zu machen.

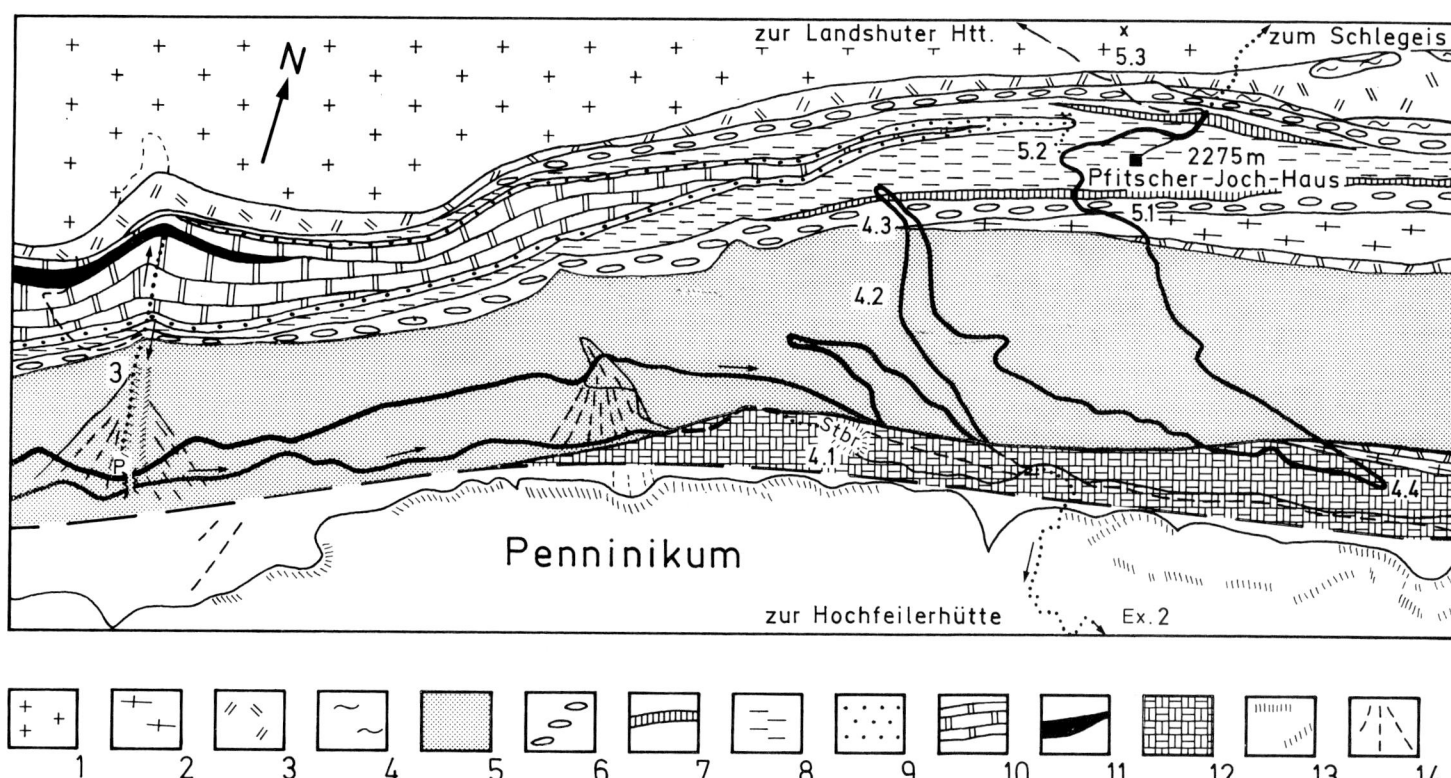

Abb. E 1.3: *Geologische Kartenskizze des oberen Pfitschtales mit Haltepunkten.*

Legende: *1 = Tuxer Zentralgneis, in den Randbereichen zerschert (Oberkarbon); 2 = Zentralgneis der Talggenkopf-Antiklinale, z. T. Augengneis, stark zerschert (Oberkarbon); 3= Amphibolite, Hornblende-Garbenschiefer und verwandte Gesteine des Alten Daches (Präkambrium oder Altpaläozoikum); 4 = Serpentinit des Alten Daches (Präkambrium oder Altpaläozoikum); 5 = Biotit-Graphitschiefer, z. T. Granat, Staurolith und Disthen führend (Präkambrium?); 6 = Konglomeratgneis (Oberkarbon – Unteres Perm); 7 = Meta-Quarzporphyr (Unteres Perm); 8 = graue Ankerit-Biotitschiefer (Oberes Perm); 9 = Heller Quarzit, z. T. grau durch Hämatitführung, lokal mit Lazulith, Manganepidot, Turmalin und Disthen (Untere Trias); 10 = gelbliche und graue Metadolomite, -rauhwacken, -kalke und Chloritoidschiefer (Mittel- und Obertrias); 11 = helle und dunkelgraue Quarzite, graphithaltig (Lias); 12 = Quarzite, Kalk- und Dolomitmarmore sowie Schiefer und Arkosegneise, stark deformiert (Trias bis Kreide, zusammengefaßt); 13 = Kalkglimmerschiefer und Amphibolite des Penninischen Ozeans, mit Steilwänden (Jura und Kreide); 14 = Schuttkegel.*

Den Muldenkern markieren schwärzliche und weiße Quarzite des Lias, jenseits derer sich die Folge spiegelsymmetrisch wiederholt. Es wäre möglich, die ganze Pfitscher Mulde zu durchqueren, indem man sich etwas mühsam im Bachbett bis zur Beilsteinalpe (2030 m) durchschlägt und dann den Wanderpfad wieder nach St. Jakob zurückgeht. Vernünftiger ist es aber, umzukehren, wenn man von den Rauhwacken genug gesehen hat, und der Pfitscher-Joch-Straße zu folgen.

Stop 4: Die Auffahrt zum Pfitscher Joch

13 km ab St. Jakob, 1 Std. – Man wähle die untere asphaltierte Straße, die den Pfitschbach entlang führt und auf der man nach gut 2 km zum Steinbruch unterhalb von Stein gelangt (Stop 4.1, vgl. Abb. E1.3). Darin

werden schöne Natursteinplatten aus senkrecht einfallenden Trias-Quarziten gebrochen, die hier in ungewöhnlich großer Mächtigkeit anstehen. Die Schieferflächen sind mit grünlichen Glimmern, wie Chlorit, Fuchsit oder Phengit, belegt und führen auch gelegentlich winzige Pyritwürfelchen. Die Quarzite ziehen vom Hochfeiler und über die Griesscharte hierher herunter, sind also bereits Teil der Basis der penninischen Decken. (Wer den Bruch betreten will, kann im Büro am Eingang um Erlaubnis anfragen, die im allgemeinen gegeben wird.)

Oberhalb der Abzweigung zur Hochfeilerhütte (dritte Kehre der Pfitscher-Joch-Straße) quert die Straße Quellaustritte mit rostrotem Wasser, das aus pyrithaltigen Schiefern, die von der Rotbachlspitze (Name!) herabziehen, ausfließt. Bei der Zersetzung des Pyrites, einem

Abb. E1.4: Blick vom Talgrund bei Kematen gegen die Griesscharte. Die gelblichen Schichten ganz links an der Rotbachlspitze sind vererzte und stark zerscherte Zentralgneise. Am Hochsteller erscheinen dunkel die präkambrischen Graphitschiefer, rechts begleitet von Augengneis (grau), und in der Scharte mesozoische Metasedimente (Trias, Jura und Kreide). Ganz rechts: penninische Kalkglimmerschiefer und Prasinite.

Eisensulfid, entstehen die färbenden Eisenverbindungen (4.2).

Die folgende Kehre berührt kurz die gleichen Konglomeratgneise, die von St. Jakob bis hierher heraufziehen (4.3). Dann verläuft der Weg längere Zeit in schwarzen Graphitschiefern (Furtschaglschiefer), die aber nichts mit denen am Wolfendorn zu tun haben, sondern zur Greiner Serie zählen und wahrscheinlich schon vor mehr als 700 Millionen Jahren als schwarze Tonschiefer in einem schlecht durchlüfteten kleinen Meeresbecken abgelagert wurden. Vermutlich handelt es sich um ein Randmeer zwischen dem Festland und einem Inselbogen, der während der kaledonischen oder variszischen Gebirgsbildung an Ureuropa angeschweißt wurde.

Von der großen Kehre bei Höhe 2050 m, dort, wo die Pfitscher-Joch-Straße am weitesten nach Osten vorspringt und der Pfad zur Griesscharte und zur Hochferner-Biwakschachtel abzweigt (die als kleiner roter Punkt auf der Moräne des Hochferners sitzt), haben wir einen guten Einblick in die Nordwände des Hochferners und seine Hängegletscher (4.4). Grüne Amphibolite, graue Phyllite und braune Kalkglimmerschiefer der penninischen Decken sind dort eng gefaltet. Wir befinden uns in einer der am stärksten komprimierten Zonen der gesamten Alpen. Wie Strudelteig sind Gesteine unterschiedlichsten Alters und Ursprungs zu dünnen Lamellen ausgewalzt und steil aneinandergepreßt.

Daran schließen sich in der Griesscharte im Talschluß

(Abb. E1.4) von Süd nach Nord helle Triasmarmore und Quarzite an – die gleichen, die wir bei Stein besucht haben. Dunklere Glimmerschiefer der Kreide bilden die Erhebung zwischen den beiden tiefsten Einschnitten der Scharte. Durch sie ist auch die Straße während der letzten paar hundert Meter verlaufen. In den gröberkörnigen, meist etwas helleren Kreideschiefern sind einzelne Kalkbänke zwischengeschaltet, wodurch sie sich von den Furtschaglschiefern unterscheiden lassen.

Auf ein weiteres schmales Marmor- und Gneisband in der nördlichen, der eigentlichen Griesscharte, folgt ein grauer, sehr auffälliger Mikroklin-Augengneis (vgl. Abb. 6.4), der sich, immer dünner werdend, bis hierher fortsetzt und von dem noch einzelne große Platten hangseitig in der Kehre herumliegen. Er ist Teil einer Zentralgneislamelle, welche die vom Hochfeiler herüberziehende Abfolge von der Greiner und Pfitscher Mulde nördlich davon trennt. Das ganze Hochstellermassiv wird von den schwärzlichen, steil stehenden Furtschaglschiefern eingenommen, die wir bei der Weiterfahrt wieder queren.

Stop 5: Umgebung des Pfitscher Joches

2–3 Std. – Nach etwa 800 m treten wir erneut in die Pfitscher Muldenstruktur ein. Weil diese nach Westen hin abtaucht, sind nur noch die älteren Gesteine hier angeschnitten: In den steilen und glatten Wänden neben der

Straße sieht man sehr schön auf die buntfleckigen Schieferflächen der Konglomeratgneise, die durch den unterschiedlichen Geröllbestand bedingt sind (5.1). Wieder sind die Gerölle völlig plattgewalzt, ja manche sind nur noch dünn wie Papier: Wie in riesigen Schraubstöcken sind sie zwischen den Zentralgneisen zerquetscht worden.

Vor den Konglomeratgneisen zieht ein rostig-gelblich verwitternder weißlicher Schiefer durch – jener pyrithaltige Schiefer, der an der Rotbachlspitze über hundert Meter mächtig wird und im Haupental in Zentralgneis übergeht. Er ist das trennende Element zu den Graphitschiefern und vermutlich ein sehr stark verschieferter Zentralgneis aus dem ehemaligen Dachbereich der Intrusion. Solche Zonen sind häufig vererzt, weil sich hier die erzreichen Restlösungen und Gase sammeln, die bei der Erstarrung des Granites nicht in die normalen Minerale eingebaut werden können. (Bei Mittersill in Österreich führen solche Gneise neben Pyrit auch das Wolframmineral Scheelit, das abgebaut wird).

Der Straße nach oben folgend sehen wir einige mit weißem Quarz gefüllte Klüfte. Zahllose mikroskopisch kleine Flüssigkeitseinschlüsse bedingen die Trübung des Quarzes. Für die Forscher sind solche Einschlüsse sehr interessant, geben sie doch Information über die Lösungen, aus denen der Quarz gewachsen ist, und in vielen Fällen auch über Druck und Temperaturbedingungen. Dieser derbe Quarz ist meist bei relativ geringer Temperatur während der Hebungsphase des Gebirges entstanden. Daneben sehen wir aber auch kleinere Klüfte mit Mineralphasen wie Muskowit und Periklin sowie einem klaren Quarz. Diese sind älter und höher temperiert. Sie zeigen aber schon eine Phase an, in der das Gestein nicht mehr ganz plastisch reagiert hatte, wie dies noch bei der Hauptdeformation der Fall gewesen war.

Im weiteren Verlauf werden die Gerölle immer kleiner und verschwinden schließlich. Es ist dies ein Zeichen nachlassender Reliefenergie, also für ein Flacherwerden der Landschaft im Lauf des Perm. Die folgenden feinkörnigen, silbrig-hellgrauen Glimmerschiefer sind bereits aus einer Grauwacke hervorgegangen. In ihnen wird eine feine Runzelung auf der Schieferfläche deutlich, eine Runzelschieferung, die sich ausbildet, wenn geschiefertes und gefaltetes Gestein ein zweites Mal deformiert wird.

Unmittelbar nach der folgenden Kurve steht ein massiger grauer Gneis an, der ziemlich häufig kleine, schwarzglänzende Turmalinnädelchen führt. Im Mikroskop läßt er noch reliktisch das Gefüge eines Quarzporphyrs erkennen. Er besitzt etwa das Alter des Bozner Quarzporphyrs – nur hat er durch die Metamorphose sein Aussehen stark verändert. Es folgen silbergraue, epidothaltige Ankeritschiefer mit den kleinen rautenförmigen bräunlichen Löchern, die wir schon vom Aiger Bach her kennen. Auf ihnen steht auch das Pfitscher-Joch-Haus, 2275 m.

Abb. E1.5: Die enge Pfitscher Muldenstruktur läßt sich in der linken Bildhälfte erahnen, wo zwischen Rippen aus Triasquarziten gelbliche Marmore angerissen sind.

In der nächsten Rechtskurve, bevor sich die Straße endgültig dem Joch zuwendet, folgen wir einem schmalen Pfad durch die Ankeritschiefer nach unten. Wir stoßen auf eine Rinne mit weißlichen Quarzschiefern, die vom Tal heraufzieht und hier in die Luft ausstreicht, also weiter östlich nicht mehr zu finden ist. (5.2).

Erst bei genauerem Hinsehen fällt uns ein feiner Grauschleier in den Quarzschiefern auf, der von einem feinblättrigen, schwarzen, stark glänzenden Mineral herrührt: Hämatit, ein Eisenoxid-Mineral. 30 m tiefer, am Nordrand der aufragenden Felsplatten, tritt massenhaft

---

Die Deformationsgeschichte des Tauernfensters

Phase 1: Der europäische Südrand wird vor 60–50 Millionen Jahren von den penninischen und ostalpinen Decken überschoben.

Phase 2: Dabei werden seine Sedimente gefaltet und vom Untergrund losgeschürft. Die Falten sind stark nach Norden oder Nordwesten geneigt, die jüngeren Schichten sind jeweils weiter im Norden.

Phase 3: Durch die Überlast von 30 km Gestein wird der Bereich tief ins Erdinnere abgesenkt und heizt sich auf über 500 °C auf. Die Gesteine reagieren plastisch.

Vor etwa 30 bis 20 Millionen Jahren bewegt sich die Adriatische Platte, bzw. ganz Italien südlich der Pustertallinie und der Insubrischen Linie, um einige hundert Kilometer nach Westen (relativ zu dem Teil nördlich davon). Gleichzeitig preßt sie aber noch nach Norden. Die plastisch reagierenden Gesteine des Tauernfensters werden dabei wie von einem riesigen Caterpillar zusammengeschoben: Die großen Tuxer und Zillertaler Antiklinalkerne wölben sich hoch, zwischen ihnen werden die schon gefalteten Schichten der Pfitscher Mulde steilgestellt und erneut gequetscht. Gleichzeitig wird die ganze Region aber auch nach Westen verschleppt und dabei die Schichten horizontal in die Länge gezogen.

Phase 4: Die stark verdickte Erdkruste unter den Tauern bedingt einen starken Auftrieb. Die Region bleibt 30 Millionen Jahre lang Hochgebirge mit besonders schneller Abtragungsrate: 30 km Gesteine werden weggeschafft. Klüfte reißen durch die Entspannung auf und füllen sich mit verschiedensten Mineralien.

---

das blaue Phosphormineral Lazulith auf, daneben kleine Stengel von fast farblosem Disthen, Turmalin und vereinzelt rote Manganepidote.

Wegen des Eisengehaltes kann man darauf schließen, daß der Quarzit vor der Metamorphose einmal ein roter Sandstein (Alpiner Buntsandstein) gewesen sein muß, dessen rotes Eisenpigment zu schwarzen Hämatitblättchen umkristallisiert ist, wodurch er entfärbt wurde.

Wir stehen genau im Kern der Pfitscher Mulde mit dem jüngsten Gestein. Würden wir die Rinne im Kern der Struktur etwa 150 Höhenmeter hinabsteigen (was möglich, aber wegen der Steilheit des Geländes nicht empfehlenswert ist), könnten wir sehen, daß sich der Quarzitschiefer aufspaltet und dazwischen wieder die evaporitischen Serien (Rauhwacken, Dolomit) der Mittleren Trias erscheinen (Abb. E1.5).

Über Grashänge steigen wir nach Norden zum Langsee hinauf, wo wieder Konglomeratgneis ansteht (5.3). Hier ist die Deformation nicht so stark, und so haben wir Gelegenheit, uns den Geröllbestand genauer anzusehen. Wir erkennen Aplite, Granite, Graphitschiefer, Marmore und vereinzelte Grüngesteine. Die Korngröße wechselt sehr schnell, gröbere Gerölle liegen neben sehr feinkörnigen. An manchen Geröllen können wir trotz der Deformation noch Kanten und Ecken beobachten. Das bedeutet, daß die Ausgangsgerölle nicht besonders gut gerundet waren. All dies sind Kennzeichen eines „unreifen" Sediments, das nur kurze Transportwege hinter sich hat. Andernfalls wären weiche Gerölle wie Kalke, Marmore oder Schiefer längst zerstört und nur Granite und Quarz übrig geblieben. Kanten und Ecken wären abgeschliffen, und nur kleinere Gerölle wären weiter transportiert worden. Zudem finden sich nur Gerölltypen aus der Greiner Serie und dem Zentralgneis, die also nicht von weit her kommen. Die Füllung eines tektonischen Grabens oder ein großer Schuttfächer in einem ariden Gebiet wären mögliche Ablagerungsbereiche für diese Art von Sediment.

Aber auch die Konglomerate sind nicht mehr gut „in Form"; sie erscheinen flachgedrückt und zugleich noch in die Länge gezogen. Ihre längste Achse taucht nach Westen hin ab, was für die gesamte Region typisch ist. Alle Gesteine sind in diese Richtung gedehnt und gestreckt worden, Minerale sind parallel dazu eingeregelt. Zerklüfte haben sich in genau diese Richtung geöffnet und mit Muskowit, Periklin, Bergkristall und anderen Mineralen gefüllt, die anzeigen, daß die Deformation unter erhöhten Temperaturen stattgefunden hat.

Unmittelbar nördlich des Sees beginnt schon Ureuropa: Schwarz-grüne Amphibolite mit schwarzen Hornblendestengeln sind die spärlichen Reste einer Ur-Tethys und ihrer Inselbögen. Sie stehen in intrusivem Verband mit dem 50 m weiter nördlich folgenden Tuxer Zentralgneis, was hier aber wegen der sehr starken Ausdünnung der Gesteine schwer erkennbar ist. Die hellen Bänder in den Amphiboliten stellen Gänge und unregelmäßige Injektionen granitischen Magmas dar, die durch die Zerscherung zu dünnen Streifen ausgewalzt sind. Einer dieser Gänge, der den Weg spitzwinklig quert, zeigt noch das für Gänge so typische Gefüge mit unterschiedlich großen Kalifeldspatkristallen. (Gut zu sehen sind die Intrusivkontakte nur auf österreichischer Seite am Schönbichler Kees, nördlich des Überganges vom Furtschaglhaus zur Berliner Hütte, wo die Deformation nur relativ schwach ist.)

Auffällig ist an den dunkelgrünen Amphiboliten die meist strenge parallele Ausrichtung der kleinen Hornblendenädelchen, was zeigt, daß sie während der Ost-West-Dehnungsphase gewachsen sind. Wiederum finden sich zahlreiche Zerrklüfte, die hier meist mit Chlorit, Quarz und Periklin gefüllt sind.

Nach einigen zehn Metern verschwinden die Amphibolitbänder. Die folgenden Gneise sind relativ eintönig und sehen Granit, aus dem sie hervorgingen, noch recht ähnlich. Obwohl sie die gesamte alpine Gebirgsbildung intensivst miterlebten, scheinen sie relativ wenig davon in Mitleidenschaft gezogen worden zu sein. Nur eine schwache Schieferung, gekennzeichnet durch eine parallele Orientierung der Glimmer, ist sichtbar.

In schmalen Zonen kann die Schieferung sehr ausgeprägt werden. Diese duktilen Scherzonen, wie sie in der Fachsprache heißen, sind Flächen erhöhter Mobilität, an denen die Gesteine gegeneinander bewegt werden, ohne zu zerbrechen. Wegen des allgemein hohen Druckes wäre die Reibung auf einer Bruchfläche viel zu groß. Statt dessen finden bruchlose Deformationen innerhalb der Kristallgitter statt, oder es kommt zu ausgedehnten Umkristallisationen. Das Gestein kann dann ähnlich wie eine Flüssigkeit bewegt werden, es reagiert plastisch („duktil"; vgl. Abb. 7.8).

Noch eine Reihe anderer Phänomene können wir beobachten, wenn wir in Zentralgneis-Gebieten wandern – sei es hier oder am Zillertaler Hauptkamm zwischen Hochfeiler und Großvenediger.

Helle oder dunkle Gänge durchschlagen den Zentralgneis von Zeit zu Zeit. Die dunklen Gänge, die Lamprophyre, rühren von basaltischen Magmen her, die aus

Abb. E1.6: Schwärme von basaltischen Gängen durchziehen die Zentralgneise des Zillertaler Hauptkammes über dem Nevessee.

großer Tiefe hochgedrungen sind (Abb. E1.6). Man stellt sich vor, daß die zusätzliche Wärmeenergie, die durch größere Mengen basischer Magmen in die tiefere Erdkruste gebracht wird, die Gesteine dort zu Granit aufschmelzen läßt. Gestützt wird diese Idee von der Beobachtung, daß es zahlreiche dunkle, meist etwa handgroße Flecken in den Graniten und Tonaliten gibt, die auch in unserem Gebiet weit verbreitet sind. Diese werden als Reste der frühen basischen Intrusionen angesehen, die sich nicht mit dem Granitmagma gemischt haben. Andere Forscher glauben dagegen, daß es sich bei den dunklen Einschlüssen um eine Zusammenballung früh abgeschiedener Minerale handelt, ähnlich wie Schnee beim Fallen durch wärmere Luftschichten sich zu dicken Flocken sammelt (vgl. Abb. 7.7).

Die hellen Gänge dagegen, die feinkörnigen Aplite oder die grobkörnigen Pegmatite, entstehen erst im Lauf der Erstarrung des Granites. Durch die Abkühlung und Kristallisation schrumpft der Granit. Wie in einer austrocknenden Tonpfütze kommt es zu Rissen, in die Rest-

95

schmelzen eindringen; sie werden wie aus einem Schwamm aus dem noch nicht ganz verfestigten Granit ausgepreßt.

Nördlich der Grenze, z. B. an dem kleineren der beiden Jochseen, steckt etwa 50 m nördlich des Weges der westlichste jener Serpentinitkörper, welche die altkristallinen Greiner Schiefer zu Dutzenden durchsetzen (Abb. E1.7). Sie sind Repräsentanten eines ozeanischen Mantels, der lange vor der Alpenbildung ans Tageslicht gebracht worden war. In manchen von diesen Körpern (z. B. östlich der Grenzstation und am Geier gegen das Haupental) finden sich in deren Randpartien noch idiomorphe Magnetit-Oktaeder in Chloritschiefern oder schöne, dunkelgrüne Aktinolithstengel in weißen Talkschiefern (vgl. Abb. 3.7).

Wir können dem Weg bis zur Landshuter Hütte (jetzt Europahütte, 2648 m) folgen und von dort anderntags zum Wolfendorn, 2776 m, aufbrechen (siehe Stop 6). Wer dies nicht im Sinn hat, geht am besten zum Joch

zurück und findet im Pfitscher-Joch-Haus, 2275 m, eine gute Rast- und Unterkunftmöglichkeit. Von dort kann man besonders im Morgenlicht den schönen Blick talauswärts genießen: auf das klassische, von eiszeitlichen Gletschern geformte U-Tal mit seinem flachen Seeboden und den in größerer Höhe mündenden Hängetälern. In unserer Phantasie können wir die gewaltigen Eisströme, die das gesamte Tal noch vor 15 000 Jahren ausgefüllt hatten, wieder aufleben lassen (Abb. E1.8).

Das Stampflkees umrahmen klassisch geformte Seitenmoränen des historischen Gletscherhochstandes aus dem Jahr 1850 und markieren zugleich den allgemeinen dramatischen Rückgang der Gletscher seit nunmehr fast eineinhalb Jahrhunderten. Zwischen den Moränen liegen die vom Eis blankpolierten Flächen des Zentralgneises, der sich von hier bis unter den Wolfendorn hineinzieht und dann nach Westen zu in die Tiefe abtaucht – um erst 200 km weiter westlich im Aar- und Gotthardmassiv der Schweiz wieder zu erscheinen.

Abb. E1.7: Rostbraunes Wasser aus den Pyritschiefern der Rotbachlspitze passiert einen der zahlreichen Serpentinitkörper östlich des Pfitscher Joches.

Abb. E1.8: Blick vom Pfitscher-Joch-Haus gegen Westen. Von beiden Seiten fallen die Schichten gegen den flachen Seeboden des Pfitschtales ein. Links und im Hintergrund: penninische Serien, von rechts tauchen die Falten des Wolfendornmassives ab (vgl. mit dem Profil der Kartenbeilage).

Am Wolfendorn legen sich die Sedimentschichten aus dem Kern der Pfitscher Mulde immer flacher – ein schönes Beispiel für die großangelegte Wiederfaltung unseres Gebietes. Jenseits des Schlüsseljoches, zu dem eine verfallene Fahrstraße führt, heben sich die bräunlichen Kalkglimmerschiefer der penninischen Decken im Kamm des Hühnerspiels deutlich davon ab.

Den Gipfel der Weißspitze krönt ein weißer Triasmarmor, ein einsamer Rest der unterostalpinen Decke, die über das Penninikum überschoben worden ist. Ganz im Hintergrund erscheinen noch die Stubaier und Ötztaler Berge, jene großen afrikanischen Kristallinmassen, die noch zu Beginn des Jungtertiärs über unserem Standort lagen, aber durch stetige Erosion bereits verschwunden sind: Wir beginnen langsam die Dimensionen geologischer Vorgänge und Strukturen zu begreifen und ahnen die gigantischen Kräfte, die am Werke waren, um Kontinente und Ozeane umzugestalten. Hier ist auch ein guter Platz, um die geologische Karte und das Profil zur Hand zu nehmen und die großen Strukturen, die darin erkennbar sind, mit der Natur zu vergleichen. Wir erkennen, wie sich im Süden, im Unterbergtal, die Schichten wiederum flacher legen und um die südliche Zentralgneis-Aufwölbung, die Zillertaler Antiklinale, herumfalten. Diese Aufwölbung ragt nicht so hoch heraus wie die Tuxer Antiklinale, die auch weiter nach Westen vorspringt. Zwischen den Zentralgneissätteln sind im Pfitschtal die Schichten zu einer steilen und spitzen Mulde eingequetscht.

Wenn wir die im Gelände erkannten Großstrukturen in der geologischen Karte wiederentdecken, dann beginnt sie uns bereits mehr zu sagen als nur die Verteilung der Gesteine in der Landschaft: Sie erzählt uns geologische Geschichte!

Stop 6: Das Wolfendornprofil

Ganztägige, leichte, aber lange Bergwanderung (7 Std.) – Der Weg zum Wolfendorn (2776 m) vom Pfitscher Joch (2248 m) über die Landshuter Hütte, 2693 m, 3 Std. von dort, ist zwar bei gutem Wetter sehr schön, hat aber den Nachteil, daß man die ganze lange Route wieder zurückgehen muß, wenn man sein Fahrzeug am Joch geparkt hat. Man sollte dann auf jeden Fall in der Landshuter Hütte übernachten.

Insgesamt kürzer ist es, wenn man von Kematen (1440 m) über die Grubenalm, 1903 m, 1 Std., auf einer (für den Privatverkehr gesperrten) Fahrstraße und dann auf einem kleinen Steig über Moränenrippen und einen verfallenen Militärpfad zum Anfang des Wolfendornprofils (weitere 2 Std.) hinaufsteigt.

Dieses beginnt auf einem flachen Gratstück etwa in der Mitte zwischen der Wildseespitze, 2733 m, und dem Wolfendorn, 2776 m. Weithin sichtbar lagern dort bräunliche Triaskalk- und Dolomitmarmore auf dem grauen Zentralgneis. Bei genauem Hinsehen findet sich dazwischen auch noch der helle, hämatitführende Quarzit der

Unteren Trias. Es fehlen sowohl die Amphibolite, die sich vom Pfitscher Joch noch bis unter den Wolfendorn hineinziehen, als auch die Konglomeratgneise. Wahrscheinlich haben wir das alte Tal verlassen, in dem sie sedimentiert wurden. Auch die Triaskalke sind mit 10 m viel geringer mächtig als im Profil des Aiger Baches weiter westlich, was ebenfalls für ein relatives Hochgebiet hier spricht.

Der Weg, der meist etwas südlich des Grates verläuft, quert als nächste Einheit Quarzite oder Quarzitschiefer, die durch erhöhte Gehalte an Graphit meist schwarz gefärbt sind. Vor allem in den dünnschiefrigen Zwischenlagen findet sich massenhaft ein durch Graphitpigmente schwarz gefärber Disthen (Rhätizit genannt), der meist als radialstrahlige Sonnen oder Garben auftritt.

Die Altersstellung dieses Gesteins ist noch heute umstritten. In den amtlichen geologischen Karten sind diese Schwarzschiefer noch als paläozoisch angesehen – man hat sie den Furtschaglschiefern gleichgestellt, mit denen sie aber außer dem Graphitgehalt wenig gemeinsam haben. Konsequenterweise mußte man dann an deren Basis eine Überschiebungsfläche oder gar eine Deckengrenze postulieren. Eine solche ist aber nicht vorhanden. Zwar sind in dem Gestein bislang noch keine Fossilien gefunden worden (denkbar wäre das Vorkommen von Belemniten; hier können sich also auch Laiengeologen noch um die Wissenschaft verdient machen!), doch sind die Lagerungsbeziehungen so klar, daß zumindest der Autor keinen Zweifel hat, daß die Gesteine dem tieferen Jura, dem Lias, angehören. Dies wurde erstmals von dem – heute in Tübingen lehrenden – Wiener Geologen W. Frisch (1974) erkannt. Dafür spricht auch die Überlagerung von geringmächtigen und dünnplattigen Kalkschiefern, deren auffallende Braunfärbung gut mit den zu erwartenden Doggergesteinen zusammenpaßt („brauner Jura"; Abb. E1.9).

Das mächtigste Schichtglied der Serie ist der bekannte Hochstegenmarmor, der graduell aus den Doggerkalken hervorgeht. In ihm ist bei Mayrhofen (Zillertal) im Jahr 1945 ein Ammonit des Malm, der höchsten Jurastufe, gefunden worden. Vom Wolfendorn selbst stammt ein Belemnit, so daß dessen Alter gesichert ist. Typisch für den Hochstegenmarmor ist die eintönig hellgraue Farbe und der gelegentliche Geruch nach faulen Eiern, wenn man ihn mit dem Hammer frisch anschlägt. Dies rührt von H_2S-Gasen (Schwefelwasserstoff) her, die im Kristallgitter eingeschlossen sind und beim Zerschlagen des Gesteins freigesetzt werden. Entweder sind die Gase aus den darunterliegenden Liasgesteinen eingedrungen,

oder sie wurden schon im Ablagerungsmilieu des Kalkes gebildet. Dies läßt sich heute nicht mehr entscheiden. Verschiedentlich findet man auch faustgroße, rundliche Quarzanreicherungen, die von ehemaligen Hornsteinknollen herrühren.

Der Hochstegenkalk ist auf dem Südrand Ureuropas das erste Gestein, das etwas tieferes Meerwasser und Landferne anzeigt; das Oberjurameer hat sich weit nach Norden ausgedehnt, die nächste Küste war mindestens 300 km weit entfernt, so daß der Hochstegenkalk frei von Ton- oder Sandeinschwemmungen vom Festland blieb. In den Dolomiten dagegen war diese Situation schon 60 Millionen Jahre früher eingetreten.

Mit 200 m erscheint der Hochstegenmarmor sehr mächtig, doch täuscht dies. Seine wahre Mächtigkeit beträgt nur etwa die Hälfte! Er sitzt nämlich genau im Kern einer Isoklinalfalte, der gleichen, die wir als Pfitscher Mulde kennengelernt haben, die jedoch hier in die flache Position umgebogen ist (besser gesagt: die nicht während der zweiten Faltung steilgestellt wurde). Wie bei einem zusammengeklappten Omelett liegt die obere Hälfte verkehrt, die Erdgeschichte steht Kopf!

Die Oberkante des Hochstegenmarmors (eigentlich seine Unterseite) ist gut herauspräpariert. Große, weit offene Klüfte künden vom Anfang des Zerfalls der Steilwand, über die wir einen gewaltigen Tiefblick genießen (oder schwindlig werden). An der Kante ist brauner Doggerkalk angeschnitten und darüber die schwarzen Rhätizitschiefer des Lias, die hier mit 40 m ihre größte Mächtigkeit erreichen.

Dort, wo der Weg den Gipfelaufbau des Wolfendorns quert, bilden gelbe Triaskalke, Dolomite und Quarzite einen weiteren Faltenkern (Sattelstruktur). Aber auch hier ist die Umbiegung so spitz, daß sie nicht so leicht erkannt werden kann. Ab hier stehen alle Schichten wieder aufrecht.

Wir passieren Felstürme, die an offenen Klüften bedrohlich über Kematen hängen, und erreichen gegen Ende der Querung Lias- und Doggerschiefer, die aber wegen einer Scherzone nur noch wenige Zentimeter dünn sind.

Wir sollten uns die halbe Stunde Anstieg durch aufrechten Hochstegenkalk zum Gipfel gönnen, denn die Aussicht ist überwältigend: Gegen den Brenner zu tauchen die Serien des Tauernfensters unter die ostalpinen Decken der Ötztaler und Stubaier Alpen, und man gewinnt einen Eindruck von den Dimensionen dieser Decken, die sich nach Westen erstrecken, so weit das Auge reicht. Nach Norden biegen die Schichten in

Ost-West-Richtung um, dort, wo die Tauernaufwölbung zu Ende ist. Im Hintergrund erscheinen mit den Tarntaler Bergen die unterostalpinen Einheiten und ganz in der Ferne die grauen und vielzackigen Nördlichen Kalkalpen (Abb. E1.10).

Nach Osten können wir versuchen, die Pfitscher Mulde zu verfolgen, und sehen das einheitliche Grau der Zentralgneise; im Süden überragt die Wilde Kreuzspitze, 3134 m, als höchster Berg des Penninikums die etwas düster wirkenden Kalkglimmerschieferberge. Dahinter liegen im Dunst die Türme der Dolomiten.

Im Abstieg zum Flatschjoch findet man die besten Stücke von Rhätizitschiefer für seine Sammlung, im Joch selbst erscheinen wieder Triasserien – aber inzwischen erkennen Sie das sicher schon selbst.

Man kann von hier zur Grubenalm zurück und nach Kematen (oder auch zum Brenner) absteigen. Wer aber noch nicht genug hat, dem begegnen auf dem Weiterweg über die Flatschspitze die jüngsten Gesteine der Zentralalpen: Die Schichten der unteren Kreide, die nach einem Gipfel nördlich des Olperers als Kaserer Serie bezeichnet werden, zeigen einen starken klastischen Einschlag: Viel Ton und feldspathaltiger Sand (Arkose) wurden von einem nahen Festland angeliefert. Wir queren Tonschiefer, deren mobil gewordener Quarz sich in Knollen anreicherte, weshalb sie schon verschiedentlich mit Konglomeraten verwechselt wurden. Im unteren Teil sind noch Kalkmarmorbänke zwischengeschaltet, die aber verschwinden, wenn mehr und mehr Arkosegneise in bis zu meterdicken Bänken auftreten. Kurz unter dem Gipfel der Flatschspitze begleitet uns für zehn Meter eine Kalkglimmerschieferbank, bevor wieder Quarzite und Arkosegneise anstehen, auf deren Schichtflächen wir nun zum Schlüsseljoch hinabsteigen.

Auch von hier gibt es wieder eine Abstiegsmöglichkeit über eine verfallene Militärstraße zum Brenner oder nach Kematen. Ganz Eifrige aber können noch nördlich unter der Kalkwandstange eine mächtige Triasserie mit Kalken, Dolomiten, Chloritoidschiefern und Rauhwacken durchqueren, in dem kalkigen Schutt nach Crinoiden-Stielgliedern suchen und schließlich über eine komplexe Mischung verschiedenster Gesteine, deren Alter niemand genau angeben kann (vermutlich teilweise wieder Kreide), an die Basis der Glocknerdecke gelangen.

Von der Scharte P. 2265 kann man zur Schlüsseljochstraße absteigen und durch Triasdolomite nach Kematen zurückkehren.

Abb. E1.9: Zwischen schwarzen Lias- und weißen Malmgesteinen schalten sich braune, dünnplattige Kalke des Dogger ein, wie es für den Kontinentalrand Ureuropas charakteristisch ist (Wolfendorn).

Abb. E1.10: Blick vom Wolfendorngipfel gegen Norden. Zum Brenner (links im Bild) hin tauchen alle Gesteine des Tauernfensters ab. Sie erscheinen erst wieder im Engadin.

Abb. E1.11: Eine geologische Rarität ist der Granit mit magmatischen Gefügen: biotitreiche Schlieren und rundliche, konzentrische Aggregate von Feldspat, sog. Orbikulite. Nördlich des Neves-Stausees, Höhe 2380 m.

Weitere Exkursionsvorschläge

Die verbreiteten und gegen Erosion recht widerstandsfähigen Zentralgneise formen den Zentralkamm der Tuxer und Zillertaler Alpen. Vom Pfitscher Joch aus kann er außer am Weg zur Landshuter Hütte auch auf den Gletscherschliffen am Stampflkees (½ Tag) gut studiert werden.

Eine schöne ganztägige Wanderung führt auch von der Edelrauthütte (Eisbruggjochhütte, 2545 m) zur Nevesjochhütte (Chemnitzer Hütte, 2416 m) in den Zillertaler Alpen, oder man steigt einfach vom Neves-Stausee über die Gletscherschliffe nach oben Richtung Großer Möseler.

In beiden Fällen kann man kurz westlich des Ursprungbaches etwa 100 m über dem Höhenweg auf das Orbikulitvorkommen treffen, und weitere 200 Höhenmeter darüber auf eine eindrucksvolle Schar basischer Gänge (Abb. E1.11).

Ansonsten ist der gesamte Zillertaler Hauptkamm bis hinüber zum Großvenediger aus Tonalitgneisen aufgebaut, in denen gelegentlich noch Reste von älteren Gesteinen schwimmen, die nicht aufgeschmolzen werden konnten. Bis zur Birnlücke am Ende des Ahrntals finden sich daher z. B. Amphibolite eingeschaltet.

Exkursion 2: Durch den Penninischen Ozean

(Wir betreten den dünnen Boden eines längst vergangenen Ozeans, finden Spuren von ozeanischer Kruste und Mantel und ein Mineral, das es gar nicht mehr gibt.)

Fährt man übers Meer, kann man nicht sehen, ob man sich im geologischen Sinn auf einem Ozean befindet oder nur über einem Schelf, d. h. einem Stück des vom Meer überfluteten Kontinents. Dieser kann bis über 1000 km weit von der Küste wegreichen, wie im Norden Australiens oder vor Südargentinien. Dabei ist die Wassertiefe meist zwischen 200 und 1000 m.

Über ozeanischer Kruste ist das Meer durchschnittlich etwa 4000 m tief, kann in Tiefseegräben über 10 km erreichen und über ozeanischen Rücken weniger als 3 km. Der Unterschied ist in dem verschiedenen Gewicht des Gesteinsuntergrundes begründet: Die Basaltschicht unter den Ozeanen ist 10–20 % schwerer als die Granit- und Gneisschicht im Untergrund der Kontinente, weshalb sie nicht so hoch aufragt.

Im Idealfall ist der ozeanische Untergrund aus vier Schichten gebildet. Von oben nach unten sind dies: Sedimente, Basalt, Gabbro, der in seinen oberen Partien mit Basaltgängen durchsetzt, in der Mitte homogen und in seinen tiefen Bereichen geschichtet ist, weil dort früh ausgeschiedene Minerale akkumulieren. So bildet sich die tiefste ozeanische Schicht aus Peridotit bzw. Serpentinit, wenn er sich durch Wasseraufnahme verändert hat. Findet man solche Gesteine miteinander vergesellschaftet, sprechen die Geologen von einer Ophiolithfolge.

Als im Jura Pangäa endgültig in ihre Einzelteile zerfiel und sich Urafrika nach Südwesten bewegte, war der Riß zwischen den Kontinentfragmenten mit ozeanischer Kruste verheilt: der Penninische Ozean. Deshalb finden sich in seinem Ablagerungsraum auch keine Sedimente, die älter als Jura sind, und auch keine Granite oder Gneise in seinem Untergrund, sondern nur Basalte, Gabbros und Peridotite. Durch die Metamorphose sind die Gesteine zu Prasiniten oder Amphiboliten, Metagabbros und Serpentiniten umgewandelt worden, doch zeigen sie noch die chemischen Charakteristika von Ozeanbodengesteinen.

Ozeanische Kruste verschwindet normalerweise aufgrund ihrer Schwere spurlos im Erdinnern und versinkt im Oberen Erdmantel. Nur Inselbögen und Randmeere

Abb. E2.1: Hochferner (links) und Hochfeiler. Über dem Weißkarferner erheben sich dunkelbraun die penninischen Kalkglimmerschiefer, darunter die komplex verschuppten Metasedimente über dem Zentralgneis des Zillertaler Kernes (ganz rechts).

werden häufig konserviert, weil sie über den Subduktionszonen liegen. Häufig kommt es aber während der Subduktion zu einem Abschürfen der Sedimenthaut über den Basalten und auch einiger Fragmente des Basaltuntergrundes. Dies ist auch im Fall des Penninischen Ozeans geschehen (penninische Decken).

Der Subduktionsvorgang dauerte lange. Weil die Kruste des Penninischen Ozeans nur etwa 50 Millionen Jahre alt war, war sie noch verhältnismäßig heiß und sank nur langsam in die Tiefe. Doch summiert sich auch eine Sinkgeschwindigkeit von einem Zentimeter pro Jahr auf 10 km pro Jahrmillion und auf 500 km in 50 Millionen Jahren – für geologische Vorgänge ganz normale Dimensionen.

Exkursion 2.1: Vom Pfitschtal zur Hochfeilerhütte

Im Anschluß an die Exkursion 1 bietet sich ein Aufstieg zur neuerbauten und schön gelegenen Hochfeilerhütte, 2730 m, an, der die gesamten penninischen Serien quert. Von der dritten Kehre (1700 m, Parkmöglichkeit) der Straße zum Pfitscher Joch zweigt der Fußweg zur Hochfeilerhütte ab (3 Std.; Abb. E2.1).

Zunächst geht man 250 m auf der Nordseite des Pfitschbaches durch Kreideschiefer mit Marmorbänken, die von der Griesscharte herabziehen und zu der Basis der ozeanischen Serien gehören, die jenseits des Pfitschbaches beginnen (Abb. E2.2).

Stop 1: Unterbergtal

7 km ab St. Jakob; 3 Std. bis zur Hochfeilerhütte. – Man quert im Anstieg einen schlecht aufgeschlossenen Streifen Kalkglimmerschiefer und überwindet in einer Steilstufe die ersten Zeugen ozeanischen Untergrundes: dunkelgrüne Prasinite (Abb. E2.3). Es waren jene Basalte, welche die Lücke der sich spaltenden Kontinente verheilt hatten. Durch die schnelle Abkühlung im Kontakt mit dem Meerwasser entstanden Kissenlaven mit vielen Rissen und Sprüngen, an denen Wasser tief eindringen und leicht lösliche Stoffe, insbesondere Metalle, auslaugen konnte, die an anderer Stelle, dort, wo am Meeresgrund heiße Mineralquellen austraten, in konzentrierter Form wieder abgeschieden wurden. Deswegen finden sich in solchen Gesteinen immer wieder einmal Erzlagerstätten, insbesondere von Mangan und Kupfer. Letzteres wurde beispielsweise noch bis Mitte dieses Jahrhunderts bei Prettau im Ahrntal aus solchen Gesteinen gewonnen. Im Pfitschtal, wo es an verschiedenen Stellen alte Abbaue auf Kupfer gab, sind größer angelegte Prospektionen noch in neuerer Zeit durchgeführt worden, die aber nicht den gewünschten Erfolg brachten. Auch die Konzentration von Titan als Titanit (Sphen) im Gliedergang des Unterbergtales und seinen Nebengesteinen (s. u.) ist auf solche untermeerischen Anreicherungen zurückzuführen.

Andere Elemente, wie das im Meerwasser reichlich vorkommende Natrium, wurden im Austausch dem Basalt zugeführt, und so wurde seine chemische Gesamtzusammensetzung in ganz charakteristischer Weise verändert (Spilitisierung).

Weil der gesamte Untergrund des Ozeans aus heißen Basalten neu geschaffen wurde, die äußere Erstarrungskruste aber wie eine wärmeisolierende Schutzschicht wirkte, stieg unter dem jungen Meeresboden die Temperatur sehr rasch an und war schon in geringer Tiefe lange Zeit hoch genug, um Mineralneubildungen zu verursachen: Albit, Chlorit und Zeolithe wuchsen als Produkte der Ozeanbodenmetamorphose. In größerer Tiefe sproßten auch bereits Hornblenden, und unter Aufnahme von Wasser, das insbesondere an ozeanischen Bruchzonen (Transformstörungen) sehr tief eindringen konnte, wandelten sich Peridotite zu Serpentinit um. Inzwischen hat die alpine Metamorphose die Spilitbasalte zu Amphibolit umgeformt oder zu Prasinit, einem Grüngestein, das aus Chlorit, Plagioklas (Oligoklas), Hornblende und dem typisch pistaziengrünen Epidot besteht.

Stop 2: Pseudomorphosen

Auf dem Weg durch das Unterbergtal fallen uns in den Grüngesteinen immer wieder einmal helle, rautenförmige Flecken auf. Bei genauem Hinsehen bemerken wir, daß es sich dabei nicht um ein einzelnes Mineral handelt, wie der geometrische Umriß vermuten ließe, sondern um ein feines Gefilz verschiedener Minerale, die ganz offenbar einen Kristall ersetzt haben, von dem nur noch ein Formrelikt (Pseudomorphose) vorhanden ist. Aus der Zusammensetzung und der Form läßt sich dieses nicht mehr vorhandene Mineral als Lawsonit identifizieren. Lawsonit wird nur bei der Hochdruckmetamorphose gebildet und zerfällt bei höherer Temperatur in Klinozoisit, Muskowit und Albit – ein sehr schönes Beispiel für die sich ändernden Metamorphosebedingungen im Verlauf der alpinen Gebirgsbildung (Abb. E2.4).

Gut zu sehen auch im Anstehenden sind die Pseudomorphosen nur im Marchgraben, den der sanft ansteigende Weg bei etwa 2200 m Höhe quert und in dem ein auffälliges schmales Marmorband in die Grüngesteine eingeschaltet ist. In der Fortsetzung finden wir immer wieder eng gefaltete Amphibolite am Weg anstehend. Kurz bevor das Unterbergtal nach Osten einschwenkt, befindet sich eine bemerkenswerte Kluft in den Amphiboliten unten am Bach: der Gliedergang. Tonnenweise wanderten von hier Stufen mit Bergkristall, Szepterquarz, Chlorit und Titanit in private und öffentliche Sammlungen. (Der Gliedergang ist mittlerweile als Naturdenkmal geschützt.)

Stop 3: Gliedertal

Biegt man in 2350 m Höhe in das Gliedertal ein, gerät man wieder in Kalkglimmerschiefer, die den Metabasalten auflagern (im Gelände sieht es umgekehrt aus, als würden sie darunter liegen, doch steht die Schichtfolge hier auf dem Kopf!). Wie Schneeflocken waren im Jura die feinen Kalkskelette absterbenden Planktons auf das schwarze, rauh-zerklüftete untermeerische Basaltgebirge herabgefallen und hatten es mit einem weißen Schleier von Kalkstein bedeckt, bis alle Unebenheiten ausgeglichen waren: Das Gebirge des penninischen ozeanischen Rückens ertrank im kalkigen Schnee.

Unvermittelt gerät man danach in graue, granatführende Gneise, die es nach dem eingangs Gesagten hier gar nicht geben dürfte. Sie gehören auch nicht mehr zu den penninischen Abfolgen, sondern wir haben die Deckengrenze durchschritten und sind wieder im Zentralgneis und seinen Hüllgesteinen gelandet, die hier sehr komplex miteinander verschuppt und zu mineralreichen Schiefern umkristallisiert sind.

Stop 4: Gletscherschliffe

2 Std. – Wer noch Zeit hat, kann vom Weißkar über die Seitenmoräne aus der „kleinen Eiszeit" in der Mitte des vorigen Jahrhunderts zu den schönen Gletscherschliffen im Vorfeld des Gliederferners absteigen, wo der Kontakt zum Hochstegenmarmor prächtig aufgeschlossen und dort lagenweise mit Pyrit, Kupferkies und Zinkblende

vererzt ist. Die Schmelzwässer haben aus den löslichen Marmoren bizarre Strudeltöpfe und Rinnen ausgewaschen und geben eindrucksvolle Schnitteffekte mit der in enge Fließfalten gelegten ehemaligen Schichtung (Abb. E2.5).

Vorbei an der durch eine Staublawine zerstörten alten Wiener Hütte, von der nur noch spärliche Reste existieren, gelangt man auf gesichertem Pfad über eine Wand aus Hochstegenmarmor hinab zur 1986 erbauten Hochfeilerhütte (2730 m). Man genießt von hier den prächtigen Blick auf die Zillertaler Antiklinalstruktur und sieht, wie die Schichten sich über den Kern aus Zentralgneis herumlegen. Nach Westen eröffnet sich die Aussicht auf die gesamten ozeanischen Serien des Roten Beils und der Grabspitze. In einer Lücke des Tales erscheint im Hintergrund sogar noch der Wolfendorn (Abb. E2.6).

Stop 5: Hochfeiler

Ganztägige Bergwanderung. – Freilich wird es sich kaum jemand nehmen lassen, den herrlichen und bei normalen Bedingungen unschwierigen Hochfeiler, 3510 m, den höchsten Berg weit und breit, zu besteigen (3 Std. ab der Hütte), von dessen Gipfel man fast die gesamten Ostalpen überschaut (Abb. E2.7). Zu ihm ziehen Triasmarmore und diverse Glimmerschiefer hoch, die über die Nordwand ins Schlegeiskees hinabreichen und dann zur Griesscharte hochbiegen. In der Südwand des Hochferners erkennt man großangelegte, flachliegende enge Falten in den Bündnerschiefern. (Diese Bezeichnung wurde übernommen, da die metamorphosierten, kalkigen bis sandigen Mergel mit ihren zwischengeschalteten Ophioliten bis ins Detail jenen der Schweizer Alpen ähneln; gleiches gilt für den Begriff „Penninikum", der von der Bezeichnung für einen Teil der Westalpen, der Penninischen Alpen, entlehnt wurde.)

Weitere Tourenvorschläge

Von der Hochfeilerhütte kann man über den Gliederferner queren (was wegen zahlreicher Spalten nur sehr Bergerfahrene bei guten Bedingungen ohne Seil und Steigeisen versuchen dürfen), um anschließend über die unschwierige Untere Weißzintscharte, 2928 m, zur Eisbruggjochhütte (= Edelrauthütte, 2545 m) abzusteigen. Von hier gibt es mehrere Möglichkeiten:

Variante a) Höhenweg zur Nevesjochhütte, 2407 m, 5 Std., durch Zentralgneis und evtl. den Kellerbauerweg

Abb. E2.2: Gries- und Hochferner durchfließen die unwirtlichen, brüchigen Wände des Hochfernermassivs mit den eng gefalteten Kalkglimmerschiefern und Prasiniten.

Abb. E2.3: Ein Quarzit ist zwischen Prasiniten gefaltet. Unterschiedliches Deformationsverhalten führt zu den charakteristischen Arkaden und Girlanden-Strukturen (über dem Weißkarferner).

Abb. E 2.4: Die hellen rautenförmigen Flecken in dem Grünschiefer, einem ehemaligen untermeerischen Basalt, sind Formrelikte von Lawsonit, einem Mineral der Hochdruckmetamorphose aus der Frühzeit der Deckenüberschiebung. Es ist während der späteren Hochtemperaturphase zerfallen. Form und Zusammensetzung der Zerfallsprodukte (Albit, Zoisit, Muskowit) verraten noch das ursprüngliche Mineral.

Abb. E2.5: Marmore des Gliederferner-Gletscherschliffes, unterhalb der Hochfeilerhütte.

weiter zum Speikboden (2 Tage ab Eisbruggjochhütte, Exkursion 2.4).

Variante b) Über den Pfunderer Höhenweg zur Brixner Hütte, 2300 m, ca. 7 Std., mit Anschluß an Exkursion 2.2, die entsprechend in umgekehrter Richtung gegangen wird (2 Tage ab Eisbruggjochhütte).

Variante c) Abstieg zum Nevessee,1856 m, 2 Std.; ab da Fahrstraße, und weiter nach Lappach, 1439 m, 1 Std., mit einem kleinen Querschnitt durch die Bündnerschiefer hinter der Galerie unterhalb der Staumauer.

Variante d) Abstieg nach Dun im Pfunderer Tal (3 Std), wo man direkt beim Eisbruggsee, 2351 m, auf den Hochstegenkalkzug trifft, der von der Hochfeilerhütte über das Röteck, 2930 m, herüberzieht. Ihn überlagern Kreideschiefer, die aber nach wenigen hundert Metern von dem Zentralgneis der Eisbrugglamelle überschoben werden. Sollten Sie angesichts der komplexen Lagerungsverhältnisse den Überblick verlieren, tröstet es Sie vielleicht, daß es den Geologen nicht viel besser ergeht, wie die vielen verschiedenen Strukturmodelle zu dieser Gegend beweisen.

Erneut queren wir die gesamten Bündnerschiefer und die Grünschiefer, die steil in die Tiefe abtauchen. Bei Dun werden in verschiedenen kleinen Brüchen Serpentinite aus dieser Abfolge gewonnen.

Eine andere Möglichkeit ist, dem Pfunderer Höhenweg zu folgen und über das Gliederschartl, 2644 m, wieder ins Unterbergtal zu queren.

Exkursion 2.2: Von Vals zur Brixner Hütte

Bei Mühlbach zweigt die Straße nach Norden Richtung Meransen und Vals ab, steigt durch grauen, mittelkörnigen Brixner Biotitgranit an und gabelt sich nach etwa 3 km.

Wir treten links in das Valser Tal ein, dessen einziger Ort auf großen Schwemmfächern liegt, die von beiden Seiten her das Tal zugefüllt haben. Talaufwärts wurde daher nacheiszeitlich der Valser Bach zu einem kurzlebigen See aufgestaut, von dem nur noch die vermoorten Feuchtgebiete nördlich des Ortes zeugen.

Direkt bei den letzten Häusern verläuft, vom Valser Joch her kommend, die Pustertallinie, jene große Störung, an der die Zentralalpen nicht nur stark herausgehoben, sondern auch um weite Strecken nach Osten verschoben wurden. Die starke Zerrüttung der Gesteine an dieser Störung ist gleichzeitig für die Jochbildung im Bergkamm und die starke Schuttentwicklung verantwortlich – so daß Vals seine Existenz letztlich dieser Bruchzone verdankt. (Brixen – Mühlbach 10 km, Mühlbach – Vals 8,5 km.)

Stop 1: Rensengranit

20 Min. – Das Tal verengt sich, wo ein Granit von der Ziegenspitze und der Rensenspitze herabzieht. Äußerlich ist er vom Brixner Granit nicht zu unterscheiden und wurde früher auch mit diesem in einen Topf geworfen. Doch die feinen Meßmethoden der Geochronologen konnten zwischen beiden einen beträchtlichen Altersunterschied ausmachen: Der Brixner Granit ist wie die Zentralgneise des Tauernfensters etwa 300 Millionen Jahre alt, der Rensengranit dagegen nur 30 Ma; letzterer gehört somit zu den sog. periadriatischen Plutonen, wie die Granite von Bergell, Adamello und Rieserferner. Sie alle sind mit der Alpenbildung eng verbunden (siehe Exkursion 10).

Der Rensengranit ist in altkristalline Gesteine aus dem einstigen Untergrund der Adriaplatte (Apulia) eingedrungen, was wir beim Anstieg zum Ochsensprung studieren können. So erhalten wir schon einen Vorgeschmack auf die Exkursion 3.

Stop 2: Der Ochsensprung

2 Std. – 3 km nördlich des Ortes steigt die Straße merkbar an, am besten gehen wir ab hier zu Fuß weiter. Im Ren-

sengranit, der hier bis nahe an die Straße heranführt, sehen wir an der leicht parallelen Ausrichtung der Glimmer, daß dieser noch in alpine Bewegungen mit einbezogen worden ist, d. h. daß diese z. T. jünger als 30 Ma sind. Auf diese Weise kann man das Alter von Faltungen ermitteln, bzw. auf eine Zeitspanne einengen.

Im Anstieg auf den Ochsensprung queren wir die altkristallinen Serien. Steil nach Norden einfallende Biotitgneise zeigen vielfach einen Grauschleier, der von geringen Graphitgehalten herrührt. Daneben ist Granat häufig, und in Linsen, Knollen oder Bändern tritt weißer, mobilisierter Quarz auf. All dies, zusammen mit einer ausgeprägten stofflichen Bänderung, sind untrügliche Zeichen, daß es sich bei diesen Gesteinen um Paragneise handelt, die sich von einem Sedimentgestein herleiten. Der Granat verrät einen Überschuß an Aluminium, wie er in Tongesteinen vorkommt; die gefalteten Quarzmobilisate, daß Tonminerale bei der beginnenden Metamorphose zu Glimmern reagierten (wobei Quarz frei wird), und der Graphitgehalt, daß sich der Tonschlamm einst in einem schlecht durchlüfteten Meeres- oder Seebecken ablagerte.

Oberhalb der ersten Kehre schlagen helle, feinkörnige Granitporphyrgänge in etwa Zehnmeterabständen durch die altkristallinen Gesteine (Abb. E2.8). Sie sind gleich alt wie der Rensengranit und haben entweder die bereits vorhandene Schieferung als Aufstiegsweg benutzt oder durchsetzen die Schieferung im spitzen Winkel und stehen fast senkrecht. Immer wieder fallen darin Gruppen von kleinen Bohrlöchern auf, die zur Entnahme von Gesteinsproben dienten, an denen Messungen zur Richtung ihrer Magnetisierung gemacht wurden. Man will herausfinden, wie das Erdmagnetfeld zur Intrusionszeit orientiert war, um daraus den Betrag der Nord-Süd-Verschiebung seit der Zeit berechnen zu können.

Über der zweiten Kehre finden sich zwischen den Biotitgneisen die für das Altkristallin so typischen Augengneise. Es sind dies ehemalige porphyrische Granitgänge des Variszischen Gebirges, somit viel älter als die Gangsysteme des Rensengranits und deshalb auch weit stärker metamorph und deformiert.

Ab der 5. und 6. Kehre beginnen dunkelgrüne, Granat und Pyrit führende Amphibolite zu dominieren, deren Hornblendenadeln fast horizontal eingeregelt sind – Zeichen einer sehr kräftigen Durchbewegung. Die migmatisch gebänderten Amphibolite sind von zahlreichen duktilen Scherzonen durchsetzt: Während der Deformation war das Gestein zu heiß und unter zu großem Druck, so daß es nicht brechen konnte: Einzelne Partien strömten wie in einer zähen Flüssigkeit aneinander vorbei.

Wo die Straße flacher wird, stehen bis zum Parkplatz wieder graue Biotitgneise in den vom Eis geschliffenen Rundhöckern an, die von einem metermächtigen und mehreren kleineren Aplitporphyrgängen durchzogen sind.

Bis hierher haben wir uns im geologischen Untergrund Urafrikas bewegt, haben dessen Erdkruste von oben nach unten durchquert und sind nun an seiner Unterseite angelangt. Genau am Parkplatz beginnt nämlich eine völlig andere geologische Welt: der Penninische Ozean! Die Grüngesteine, die hier anstehen, sehen schon ganz anders aus als die im Altkristallin, obwohl beide von Basalten abstammen. Statt der schwarzgrünen Hornblende führen sie Aktinolith, Chlorit und Epidot, was ihnen ein helles Grün verleiht. Am Nordende des Parkplatzes stehen die ersten grauen Kalkglimmerschiefer und schwarze Biotitschiefer an. Diese Gesteine haben nur die alpidische Metamorphose erlebt, nicht aber die höhergradigen panafrikanischen und variszischen, wie das Altkristallin.

Auch den Kalkglimmerschiefer durchschlägt noch ein Granitporphyrgang, sicheres Zeichen, daß vor 30 Ma die Deckenüberschiebung und die Hauptfaltung schon abgeschlossen war. Vor uns liegt nun die Fanealm auf Schwemmfächern, die aus den eintönigen Kalkglimmerschieferwänden beiderseits des Tales geschüttet wurden. Schwach erkennt man darin einzelne grüne Bänder der metamorphen ozeanischen Basalte.

Stop 3: Fanealm – Brixner Hütte

2 1/2 Std. – 1 km nördlich der Alm, wo die Schiefer massiger, kieseliger und damit resistenter gegen Verwitterung werden, bildete sich eine enge Schlucht. Die kieseligen Lagen wittern gegenüber den kalkreicheren rauh hervor.

Wenig nördlich der Abzweigung (1972 m) zur Labesebenalm fallen an den Gegenhängen große, hellgelbe Dolomitkörper auf (Abb. E2.9). Diese linsenförmigen Schürflinge von Triasgestein markieren eine Deckengrenze innerhalb der Bündnerschiefer. Häufig sind ihnen auch noch weiße Quarzite vergesellschaftet. Weiter östlich, nahe der Zösenalm bei Lappach, wo die Schürflinge besonders mächtig sind, werden sie von Serpentiniten begleitet, und jenseits des Sengesjöchls am Wilden

See gibt es ganze Abfolgen von Triasquarziten, -dolomiten und -kalken, mitunter auch von Stinkkalken.

Der folgende Querschnitt scheint relativ ungestört und typisch für die penninischen Serien zu sein. Die bewirtschaftete Brixner Hütte, 2307 m, liegt nahe der Basis der Abfolge in Amphiboliten, die auch den größten Teil des Talkessels nördlich davon ausmachen.

Stop 4: Blickenspitze

Ganztägige Bergtour, für Geübte. – Man kann von der Brixner Hütte auf das Sandjöchl, 2646 m, steigen, um in den Serpentiniten und Aktinolithschiefern ein Stück ozeanischen Erdmantels zu studieren, und von da hinab zur Sterzinger Hütte (2444 m), eines der in jüngster Zeit neu hergerichteten Unterkunftshäuser (3 Std.). Die Serpentinite in der Umgebung der Hütte sind berühmt für ihre Zirkonvorkommen. Der mit einem kleinen Geologenhammer bewaffnete Gelegenheitswanderer sollte sich zwar keine allzu großen Hoffnungen auf solche Seltenheiten machen, wird in den Randgesteinen der Serpentinite aber doch meist auf seine Kosten kommen. Von der Hütte gelangt man durch die Burgum ins Pfitschtal (2 Std.), oder über die Wilde Kreuzspitze, 3132 m, zum Wilden See, 2538 m, und von da zurück nach Vals, oder über das Sengesjöchl nach Mauls hinab (5 Std.).

Das beste und am lückenlosesten aufgeschlossene Profil ist über die Nordseite der Blickenspitze, 2985 m – aber weglos und nicht ganz einfach – zu begehen (Abb. E2.10).

Über basalen Amphiboliten, denen Marmore und ververzte Quarzite zwischengeschaltet sind, folgen Kalkglimmerschiefer, die nach oben kieseliger werden und sich bis zu dünnlagigen reinen Quarziten hin entwickeln können. Nach oben wird die Serie von schwarzen Glimmerschiefern mit sehr dünnlagigen Quarzitschichten abgeschlossen. Diese Abfolge scheint ungestört und typisch zu sein und läßt sich auch im plattentektonischen Zusammenhang gut verstehen: Die ozeanische Lithosphäre bildete sich zuerst (Amphibolite, Prasinite, Serpentinite). Auf diesen untermeerischen Vulkanbauten lagerten sich zunächst reine Kalke ab. Mit dem Altern der Ozeankruste und dem daraus folgenden Absinken des Meeresbodens geriet dieser langsam unter die Kalklösungstiefe: Kieselige Kalke und Hornsteine (Radiolarite?) kamen zur Ablagerung, die zu kieseligen Kalkglimmerschiefern und Quarziten wurden.

Im Verlauf der Subduktion des Ozeans schiebt sich das Festland auf und wird gehoben. Dabei wird die

Abb. E2.6: Blick von der neuen Hochfeilerhütte gegen Westen auf Wolfendorn und Stubaier Alpen.

Abb. E2.7: Blick vom Hochfeiler-gipfel auf die Kalkglimmerschiefer der Pfunderer Berge: Links die Wilde Kreuzspitze, rechts die Grab-spitze, an der die grünlichen Prasi-nitbänder die einstigen Ozeanbo-denbasalte markieren.

Abb. E2.8: Jungalpidische Granit-gänge durchschlagen nördlich von Vals sowohl Altkristallin als auch penninische Serien.

Abb. E2.9: Triasgesteine wurden an der Basis von Decken mitgeschürft und in die Bewegungsbahn einge-schleppt, wie die Dolomitlinse im Anstieg zur Brixner Hütte. Im Bild oben der bekannte Alpengeologe K. Schmidt (†).

Abb. E2.10: An der Wilden Kreuzspitze und Blickenspitze (links) scheinen die penninischen Serien einigermaßen ungestört zu liegen.

Erosion angeregt. Tonteilchen werden in den Ozean eingeschwemmt, die zu schwarzen Glimmerschiefern werden. Noch unter dem Gipfel der Blickenspitze streicht der mit Triasdolomit-Schürflingen besetzte Überschiebungshorizont durch, von dem hier aber gerade keine größeren Körper ausstreichen. Im Prinzip das gleiche Profil läßt sich auch an der Wilden Kreuzspitze beobachten.

Sowohl von der Blicken- als auch von der Kreuzspitze gelangt man über den Wilden See und die Labesebenalm wieder nach Vals zurück.

Exkursion 2.3: Von Kasern (oberes Ahrntal) zur Lenkjöchlhütte

Ganztägige Bergtour (6–7 Std.). – Im Ahrntal kann man einige geologisch interessante Bergwanderungen durchführen, so z. B. im Norden durch den Zillertaler Zentralgneis, seine Gangschwärme, Scherzonen und unterschiedlichen Plutonitgesteins-Varietäten, im Süden in die Kalkglimmerschiefer und Grüngesteine des Penninischen Ozeans, nach Osten zur Birnlücke entlang der Grenze Zentralgneis/alte Dachgesteine und Paragneise mit Migmatiten, Gneisen und Resten von Triaskalken und -dolomiten.

Bei Prettau-Kasern wird noch ein Stollen von 1 km Länge des jüngst geschlossenen traditionsreichen Kupferbergbaus instand gehalten, und es ist zu hoffen, daß die Pläne, diesen als Schaubergwerk einem breiten Publikum zu öffnen, bald verwirklicht werden. Man durchläuft auf den ersten 300 m Grünschiefer, im zentralen Teil 400 m Kalkglimmerschiefer mit schönen Kleinfalten, die eine geologische Muldenstruktur anzeigen, und gelangt schließlich in die dunkelgrünen, erzführenden Prasinite mit den verschlungenen alten Abbauen.

Das obere Ahrntal verläuft ziemlich genau an der hier fast senkrecht stehenden Grenze zwischen Zentralgneis im Norden und Oberer Schieferhülle (Penninikum) auf der Südseite des Tals. Die Kalkglimmerschiefer und Amphibolite der Schieferhülle sind zu einer engen Mulde gefaltet. Weil die Faltenachse aber steil (mit etwa 50°) nach Westen abtaucht, heben östlich von Kasern die Muldenstruktur und mit ihr die gesamten penninischen Serien in die Luft aus. Unter ihnen kommen Gneise und Glimmerschiefer zum Vorschein, die zu Ureuropa gehörten.

Von Kasern, 1595 m, oder der kleinen Kirche Heilig Geist, 1619 m, östlich davon, steigen wir über die Labesaualm, 1757 m, in das Windtal. Fleißige Hände haben einst die in dem Hangschutt herumliegenden größeren Amphibolite sorgfältig zu Haufen aufgeschichtet. In den grünlichen Fallstücken erkennen wir auffällig viele weiße Flecken: Plagioklaskristalle, die bei der Tauernmetamorphose gewachsen sind. Daneben finden sich Chlorit, Hornblende und der pistaziengrüne Epidot.

Oberhalb der Alm stehen auf der Ostseite des Tales Muskowit-Orthogneise mit größeren Feldspäten an, denen grau-braun verwitternde Epidot-Muskowit-Schiefer zwischengeschaltet sind. Sie gehören zu der Serie der Zentralgneise und des Alten Daches der Zentralgneise und haben ihr anderes Aussehen durch die hier recht starke Deformation erhalten.

Bleibt man nicht auf dem Hauptweg, sondern auf dem kleinen Pfad auf der Ostseite des Baches, dann passiert man in etwa 2100 m Höhe Serpentinit und Prasinit; letzterer ist von einem unregelmäßigen Netzwerk von Calcit-Epidot durchzogen, das daran erinnert, daß das Ausgangsgestein ein Pillowbasalt (untermeerische Kissenlava) war.

In der Steilstufe, die den Anstieg zur Lenkjöchlhütte (2590 m) markiert, stehen schon jüngere Metasedimente (Perm-Trias) an: Quarzite, Marmore und vor allem graue Schiefer mit eng gefalteten Quarzmobilisaten – ehemalige Tonschiefer. Zum Teil sind sie auch etwas kalkig. Die Lenkjöchlhütte steht auf diesen Schiefern, und am Grat gleich nördlich davon läßt sich die Abfolge gut studieren. Die Gesteine gehören zu der stark verschuppten Basisserie unter den penninischen Decken.

Den Abstieg unternehmen wir durch das Röttal. Hier sind die Dolomite, Kalke und bräunlichen Rauhwacken der Trias in größerer Mächtigkeit anstehend, und mit den ersten Amphiboliten beginnen die eigentlichen ozeani-

schen Abfolgen. Wir queren sehr regelmäßig gebänderte Kalkglimmerschiefer mit weißen, runden Calcit-Einschlüssen, wahrscheinlich völlig zerrissene ehemalige Calcitklüfte in dem Gestein. Enge Falten, deren Achsen immer noch gegen Südwesten eintauchen (mit etwa 40°), werden durch Lagen unterschiedlichen Glimmergehaltes nachgezeichnet. Danach queren wir bis ins Tal hinab fast nur noch Amphibolite, bzw. Prasinite, wie die chlorit-, epidot-, plagioklas- und hornblendehaltigen Metabasalte heißen.

Das Röttal ist eines der vielen Hängetäler, welche die Eiszeit hinterlassen hat. Sein flacher Talboden streicht in die Luft aus, weil er von der steilen Flanke des Haupttales abgeschnitten wird, das durch den Ahrngletscher viel stärker übertieft wurde. Auf einem prächtigen Gletscherschliff in Amphiboliten steht eine Hütte der Äußeren Röttalalm, 2080 m, bevor sich der Talboden stark absenkt.

Im Abstieg gelangen wir zu eindrucksvollen Spuren des alten Bergbaus, die inzwischen durch einen Lehrpfad gut erschlossen sind. Vor dem obersten der Stollen, dem St.-Daniels-Stollen (Abb. E2.11) finden sich bereits Verwitterungsprodukte von Kupfererzen: Malachit und Azurit, deren charakteristisch leuchtendes Grün und Blau uns auch noch an anderen Stellen begegnen wird. Im St.-Sebastians-Stollen erhält man noch Einblick in alte Holzverbauungen, mit denen die Strecken unter Tage vor dem Einstürzen bewahrt wurden. Am St.-Georgs- und St.-Christoph-Stollen treten noch kupfer- und eisenhaltige Grubenwässer zu Tage, welche die umgebenden Gesteine kräftig rostrot färben.

Auf den Halden, z. B. unter dem St.-Johannes-Stollen, kann man kupferkieshaltige Grüngesteine aufsammeln und sich auf den Grund des Penninischen Ozeans zurückdenken, als an dieser Stelle, wo heute lichte Lärchenwälder stehen, heiße Quellen am Meeresgrund austraten und ihre metallene Fracht abluden, die sie vorher aus dem jungen und noch heißen Ozeanboden ausgelaugt hatten.

Exkursion 2.4: Nevesjochhütte – Speikboden

Ganztägige Bergwanderung (6 Std.). – Von der Nevesjochhütte, 2419 m, gelangt man über den Kellerbauerweg zum Speikboden. Geologisch gesehen reist man dabei von Ureuropa über den Penninischen Ozean nach Urafrika!

Der Weg quert zunächst Zentralgneis und führt dann unter den hellen Juramarmoren der Tristenspitze, 2716 m, vorbei in die überschobene Eisbruggjoch-Lamelle, die wieder aus zerscherten Graniten – den Zentralgneisen – besteht. Nach etwas Metagrauwacken des

Abb. E2.11: Die Stollen des Kupferbergbaues bei Kasern werden durch einen Lehrpfad dem Interessierten zugänglich. Links unten haben austretende kupferhaltige Wässer das Gestein mit grünem Malachit eingefärbt.

Perm und Triasdolomiten überschreitet man am Lappacher Jöchl, 2371 m, die Grenze zu den Bündner Schiefern.

In der Ostwand des Ringelsteins, 2551 m, quert man Kalkglimmerschiefer und Prasinite; noch vor dem Gorner Joch (2277 m, Abstiegsmöglichkeit nach Mühlbach) Serpentinit, Muskowit-Phyllite und Quarzite (Ma-treier Schuppenzone) an der Basis der ostalpinen Decke. Schließlich gelangt man durch ehemalige Granite des Panafrikanischen Gebirges (450 Millionen Jahre alt, heute als Augengneise vorliegend) und feinkörnige Paragneise mit Biotit, Muskowit, Granat und Chlorit bis zum Speikboden, von wo man nach Sand in Taufers absteigen oder -fahren kann.

Exkursion 3: Afrikas Unterwelt – Ötztal, Stubai, Ortler

(Wir steigen über ein doppeltes und dreifaches Gebirge, erleben die tiefgreifenden Umwälzungen der Erdkruste und den Kreislauf der Gesteine.)

Ein Gebirge ist so etwas wie eine Knautschzone zwischen zwei zusammengestoßenen Kontinenten. Trotzdem unterscheiden sich solche Zusammenstöße auch prinzipiell und nicht nur in der Dimension von dem frontalen Zusammenprall zweier Autos: Bei Gebirgen ist die Ursache der Verfaltung *nicht* in der Bewegungsenergie zu suchen, die in den Kontinenten steckt. Trotz der ungeheuren Massen, die in Bewegung sind, ist die Geschwindigkeit von Zentimetern im Jahr so extrem klein, daß die Energie vernachlässigt werden kann. Berechnet man die Kräfte, die dabei auftreten, hat man das Gefühl, man könnte beruhigt seinen Daumen noch dazwischenhalten.

Was ist es dann? Eine Kombination von zwei Kräften wird derzeit dafür verantwortlich gemacht: 1. der Schub von den ozeanischen Rücken und 2. der Zug der schweren, in die Tiefe sinkenden ozeanischen Lithosphäre.

Da bei den ozeanischen Rücken die Asthenosphäre fast bis zum Meeresgrund hochgewölbt, anderswo aber in etwa 100 km Tiefe ist, gibt es von den Rücken weg eine schiefe Ebene, auf der die Platten abgleiten. Dies wird unter dem Schub der Rücken verstanden.

An der Seite der Subduktionszone hängt der schwere, in die Tiefe sinkende Teil ozeanischer Lithosphäre, der stetig in die Tiefe zieht. Dieser Zug wirkt aber nur bis zum nächsten ozeanischen Rücken und könnte somit nicht zu einer Kollision führen. Diese erfolgt nur, wenn der Schub einer Kontinentalplatte größer ist als die Spreizungsgeschwindigkeit an dem Rücken davor – dieser wird dann überfahren. Dies ist z. B. in Nordamerika der Fall, das den ostpazifischen Rücken überfährt.

Wenn andererseits der Rücken inaktiv wird, bildet sich innerhalb von 10 Millionen Jahren eine genügend dicke Lithosphäre, um die Zugspannung über den gesamten Ozean hinweg wirken zu lassen, der dann vollständig verschluckt werden kann.

Kommen zwei Kontinente in Kontakt, muß zwangsläufig derjenige nach unten, an dem der schwere Klotz ozeanischer Lithosphäre hängt, der ihn in die Tiefe zieht.

Im Fall der Alpen war es der Südrand von Ureuropa, der unterlag. Urafrika schob sich darüber, dessen Gewicht die Europäische Kruste tief hinunterdrückte.

Aber auch die afrikanische Lithosphäre kam nicht ungeschoren davon: Ihr Mantel und ihre tiefere Kruste wurden entweder ebenfalls subduziert oder blieben auf irgend eine andere Weise in der Tiefe – wir wissen es nicht. Jedenfalls fehlen sie an der Basis der Decken – mit Ausnahme vielleicht an der Ivreazone westlich des Lago Maggiore, einem der wenigen Orte auf der Erde, wo man den Übergang kontinentaler Unterkruste in den Erdmantel sieht; wo man, etwa bei Finero oder im hinteren Stronatal, einen Spaziergang durch die Mohorovičič-Diskontinuität unternehmen kann.

Durch die Krustenverdickung sind die überschiebenden Decken teilweise bis nahe ihrer Basis hochgehoben worden. Dies erlaubt uns einen tiefen Einblick ins Innere eines Kontinents, in die Unterwelt Afrikas.

Der „afrikanische" Anteil der Alpen umfaßt neben den Südalpen die gesamten ostalpinen Decken: Nördliche Kalkalpen, Bernina, Ötztaler und Stubaier Alpen, einen Streifen nördlich des Pustertals bis an den Rand des Tauernfensters (also etwa von Bruneck bis Sand in Taufers im Ahrntal), sowie das Ortlergebiet.

Das Ostalpin

Beim Ostalpin kann man, wie im Tauernfenster, ein altes Grundgebirge und jüngere Deckschichten unterscheiden (Abb. E3.1). In ihren alten Anteilen sind sich die beiden Regionen ähnlich, was nicht verwundert, da sie ursprünglich, als Pangäa noch zusammenhing, ja nicht allzu weit voneinander entfernt waren.

Die ältesten Gesteine sedimentierten vor etwa 800 Millionen Jahren im Präkambrium und waren schon lange vor der Alpenbildung zu Metamorphiten umkristallisiert, weshalb sie allgemein als „Altkristallin" bezeichnet werden. Ihre früheste nachweisbare Metamorphose (kaledonische Metamorphose) haben sie zwischen 480 und 420 Ma (Ordovizium und Beginn des Silur) erfahren. Zur gleichen Zeit entstand auf dem afrikanischen Kontinent das sehr ausgedehnte Panafrikanische Gebirge, und unser Ostalpin war wohl ein Teil davon, weshalb viele

Abb. E3.1: Kraß heben sich die eingefalteten hellen Triaskalke der Schneeberger Weißen von den dunklen Glimmerschiefern und Gneisen des Altkristallins ab.

Forscher heute lieber von „Panafrikanischer Metamorphose" sprechen.

Aus Grauwacken bildeten sich Biotit-Plagioklas-Gneise, aus den aluminiumreicheren Tonschiefern die Granat-Staurolith-Disthen-Glimmerschiefer. Marmore finden sich nur vereinzelt. Basalte kristallisierten bei sehr hohen Drücken zu Granatamphiboliten (Abb. E3.2) oder gar zu Eklogiten um, ein sehr schweres Gestein aus dem Klinopyroxen Jadeit und einem Magnesium-Aluminium-Granat, dem Pyrop. Vereinzelt finden sich Zeugnisse von Erdmantelgesteinen, Peridotite, die zumeist als Serpentinite vorliegen.

In diese Abfolge sind vor mehr als 400 Ma bereits die ersten Granite intrudiert, die durch eine zweite Metamorphose vor 350–280 Ma (variszische Metamorphose) zu homogenen, grauen Orthogneisen umkristallisierten, die z. B. in den Ötztaler Alpen meist steile Wände und schroffe Grate formen.

Es gibt aber daneben zu variszischer Zeit eine zweite Granitgeneration, wie den Marteller Granit und viele Granit- und Pegmatitgänge in der Region.

Diese sind von den älteren Graniten nur mit Hilfe der absoluten Altersbestimmung zu unterscheiden, denn sie sind ebenfalls deformiert. Insbesondere der südöstliche Bereich des Altkristallins erfuhr vor 95–70 Ma, also während der jüngeren Kreidezeit (Schneeberger Kristallisation) eine kräftige metamorphe Überprägung, die von West nach Ost zunahm. Herrschten nördlich von Eyrs noch Temperaturen von etwa 440 °C (Chloritoid bildet sich), so sind es bei Schlanders schon mehr als 500 °C (Granat und Staurolith wachsen, Chloritoid ist noch stabil), und noch weiter östlich werden 550 °C überschritten (Chloritoid wird instabil).

Ein Sonderfall ist der Schneeberger Zug, der von Sterzing bis zur Texelgruppe nordwestlich von Meran reicht und in dem sehr mineralreiche Schiefer, aber auch Marmore, Quarzite und Amphibolite vorkommen. Am Granatkogel (3304 m) nördlich von Pfelders (Abb. E3.3) wurden schon faustgroße Granate gefunden. An seinem Südrand zieht sich die Laaser Serie hin, in der mächtige Kalkmarmore dominieren, die sich bis ins Campo-Kristallin südlich der Etsch fortsetzen, wo sie bei der namengebenden Lokalität bei Laas im Vinschgau abgebaut werden (Abb. E3.4).

Abb. E3.2: *Im Schneeberger Zug kam es in frühalpidischer Zeit (100–80 Ma) zu Granatwachstum, wie hier an der Timmelsjochstraße in Paragneisen (Granate = rote Punkte) mit dunklen Granatamphibolitbändern, gefaltet.*

Abb. E3.3: *Lange ziehen sich die grauen Marmore des Schneeberger Zuges nördlich Pfelders hin. Ihr Alter ist trotz großer Bemühungen der Geologen immer noch ungeklärt. Über dem Talschluß die Hochwilde, ganz links im Bild der Lodner.*

Auch zahlreiche wissenschaftliche Arbeiten konnten noch nicht endgültig klären, ob die Gesteine des Schneeberger Zuges dem Altkristallin zuzurechnen sind, oder ob es sich dabei um Triasmarmore und andere alpidische Gesteine handelt. Die Verfechter der erstgenannten Ansicht stützen sich auf strukturelle Untersuchungen: Altkristallin und Schneeberger Zug zeigen gleichartige Deformation, werden somit auch als gleichalt betrachtet. Die alpidische Verformung wird als gering angesehen.

Im anderen Fall müßte die alpidische Deformation sehr stark sein und ältere Verformungen bis zur Unkenntlichkeit überprägen. Dies wäre bei der hochgradigen Metamorphose durchaus denkbar.

Gestützt wird eine solche Ansicht weiter durch das Fehlen von mächtigeren Marmoren in eindeutigem Altkristallin und durch die im Zentrum vorkommenden eintönig grauen Gneise, die sehr gut ein höher metamorphes Äquivalent des Quarzphyllites sein könnten, der auch auf österreichischer Seite als Steinacher Decke die Marmore überlagert. Obwohl der Autor auch dieser letzten Ansicht zuneigt, muß doch gesagt werden, daß die meisten Bearbeiter nicht damit übereinstimmen und im Schneeberger Zug ausschließlich altkristalline Gesteine vermuten.

Den hochmetamorphen Gneisen des Altkristallins lagern geringgradig umgewandelte Quarzphyllite auf: Brixner Quarzphyllit und die Matscher Phyllite. In ähnlichen niedrigmetamorphen Gesteinen der Ost- und Südalpen häufen sich in jüngster Zeit kambrische und ordovizische Fossilfunde. Aus den Schiefern werden organische Substanzen herausgeätzt, meist die besonders widerstandsfähigen Pflanzensporen, die unter dem Mikroskop oder dem Rasterelektronenmikroskop bestimmt werden.

In einer großen Diskordanz überlagern an den Tribulaunen, der Schneeberger und Telfer Weißen Trias- und Jurakalke die altkristallinen Serien. Sie unterscheiden sich von gleich alten Gesteinen der Nördlichen Kalkalpen nur wenig und werden als die normale sedimentäre Auflagerung auf das Altkristallin angesehen, doch ist ihre Basis aus Phylliten und Verrucanoschiefern sehr stark zerschert und in ihrer Mächtigkeit reduziert, so daß man auch damit rechnen muß, daß es sich um einen tektonischen Kontakt handelt.

Die in den Südalpen so mächtigen Basisserien aus Quarzporphyr, Grödner Sandstein, Bellerophon- und Werfener Schichten fehlen hier. Zu der Zeit war das

Abb. E3.4: Wegen ihrer Reinheit und Beständigkeit gegen Verwitterung sind die Laaser Marmore weithin bekannt geworden.

Ostalpin offenbar noch hochliegendes Festland, das erodiert wurde und den Schutt dafür lieferte.

Exkursion 3.1: Sterzing – Penser Joch – Weißhorn

Stop 1: Sterzing

¹/₂ Std.; 15 km ab Brenner. – Bei Sterzing kommen sich Penninikum, Ostalpin und Südalpin sehr nahe. Im Nordosten krönt der unterostalpine Deckenrest aus Triasdolomit die Weißspitze (2714 m), die die Kalkglimmerschiefer des Penninikums überschoben haben.

Im Osten überlagern die mesozoischen Kalksedimente des Tribulaun die ostalpinen Altkristallinmassen. Auch die beiden schmucken Burgen Sprechenstein und Reifenstein, 2 km weiter südlich, stehen auf Altkristallin, das sich in einem schmalen Streifen über Mauls und von dort, breiter werdend, über Bruneck weit nach Osten fortsetzt. Jenseits von Mauls erscheint in eintönigem Grau bereits der Brixner Granit aus der Basis des Südalpins.

Westlich von Sterzing beginnt bei Ratschings der Schneeberger Zug, in dessen mächtige, Wollastonit führende Marmore (Altpaläozoikum? Trias?) sich der Rat-

schingser Bach in der Gilfenklamm tief eingeschnitten hat. Eindrucksvolle Wasserkaskaden durch die steile und enge Klamm und vom Wasser und Sand ausgeschliffene Strudeltöpfe in dem blendend weißen Marmor machen deren Besuch lohnend (Abb. E3.5).

Die Auffahrt zum Penser Joch beginnt an der Burg Reifenstein unterhalb von Elzenbaum. Sie steht auf einem kleinen Felsriegel, der aus den Seesedimenten des Sterzinger Mooses aufragt. Steil einfallende Feldspat-Augengneise stehen dort an, Abkömmlinge von Graniten, die sehr stark zerschert sind. Sie sind für das Altkristallin typisch.

Stop 2: Penser-Joch-Straße

1 Std.; 17 km von Sterzing auf das Penser Joch. – Die Auffahrt zum Penser Joch, 2214 m, verläuft durch mineralreiche Glimmerschiefer und Gneise bis zu einem markanten Einschnitt, wo man auf eingeschuppte Triasserien (Maulser Trias) trifft, die von der Weißen Wand, 2205 m, herabziehen. Man kann auf etwa 300 m Länge Rauhwacken, grünliche Quarzite und Schiefer, feinlaminierten Dolomit und dünnplattige Kalke unterscheiden, die wohl alle der tieferen Trias (Skyth, Anis und Ladin) angehören. Weil die grünlichen Verrucanoschiefer nahe dem Top der Abfolge anstehen, scheint die gesamte Serie auf dem Kopf zu stehen – was dann aber für die gesamte Maulser

Trias gelten müßte. Doch ist dies noch weitgehend ungeklärt.

In den Dolomittürmen an der Straße findet man mitunter feine Algenstrukturen, die vielleicht einmal Hinweise auf oben oder unten geben könnten. Danach durchzieht die Straße wieder Altkristallin.

Vom Gasthof Schönblick aus schaut man auf die steilstehenden bräunlichen Kalkglimmerschiefer der penninischen Decken, die an der Plattspitze im Osten

Abb. E3.5: In der Gilfenklamm westlich von Sterzing hat sich der Ratschingsbach tief in Marmore des Schneeberger Zuges eingeschnitten.

Abb. E3.6: Nur kleine Reste von Triasschollen blieben an Deckengrenzen zwischen altkristallinen Schubmassen übrig, wie hier unter dem Penser Weißhorn. Das Ausmaß der Überschiebungsweiten ist noch gar nicht richtig abschätzbar.

jenseits des Eisack unter die grauen Gneise des Ostalpins und den Rensengranit eintauchen. In dem Einschnitt knapp südlich von Mauls verläuft die Pustertallinie, die im Eisacktal nach Südwesten einbiegt und das Eggertal südlich unseres Standorts entlang über die Niedeckscharte verläuft, wo sie durch stark vergruste Granitaufschlüsse markiert wird. Bis zur Paßhöhe bleibt die Straße in den silbrig glänzenden Disthen, Granat und Staurolith führenden mineralreichen Glimmerschiefern.

Stop 3: Penser Joch – Weißhorn

Ganztägige Bergtour mit unschwierigem Klettersteig zum Gipfel (6–7 Std.). – Vom Gasthof Alpenrose am Penser Joch führt ein Weg zunächst etwa höhenparallel nach Westen Richtung Sarntaler Weißhorn, 2705 m, das im Westen kühn aufragt. Unterhalb des Gipfels leuchtet weiß ein Rest von Triasmarmor – die Fortsetzung der Maulser Trias nach Süden (Abb. E3.6).

Der Weg quert zunächst mineralreiche Glimmerschiefer, in denen sich hier hauptsächlich Staurolith findet. Man passiert den Penser-Joch-See (eher ein Tümpel, in dessen Nähe meist schöne Haflinger weiden) und gelangt danach in einheitlich graue Orthogneise. Von einem kleinen Sattel westlich der Gänsekragenspitze sehen wir mehrere helle linsenförmige Triasdolomit-Körper zwischen die altkristallinen Gneise eingequetscht. Wie

Perlen auf der Schnur sind sie vom Weißhorn bis nach Mauls aufgereiht.

Zunächst mag dies nicht sehr bedeutsam erscheinen, aber es steckt viel dahinter: Von der mächtigen und zusammenhängenden Schicht der alpinen Trias ist durch die Deckenüberschiebung nur noch dieser klägliche Rest von Schürflingen übriggeblieben! Hier müssen gewaltige Überschiebungsweiten im Spiel gewesen sein, die in ihrem Ausmaß noch gar nicht richtig gewürdigt werden. Vielleicht stehen sie sogar in Zusammenhang mit der großen Überschiebung der Schliniglinie in den Hängen nördlich des Etschtals, wo das Ötztalkristallin sich mindestens 40 km über die Sedimente der Engadiner Dolomiten und des Ortlers geschoben hat und wo ähnliche Triasschürflinge vorkommen. Die Überschiebungsweiten wären dann mindestens doppelt so groß.

Nach einem kurzen Anstieg über Orthogneise gabelt sich der Weg. Wir wählen den unteren. Die Orthogneise werden zunehmend verschiefert, die Korngröße nimmt ab: Wir nähern uns der Überschiebungsfläche, die wir erreichen, bevor der Weg wieder ansteigt. Aus den Gneisen sind Mylonite geworden, deren Minerale fein zerrieben und kleinkörnig rekristallisiert sind. Nur einzelne Feldspäte sind als etwas gröbere Einschlüsse (Porphyroklasten) übrig geblieben. Etwas oberhalb im Schutt entdecken wir eine schmale graue Kalklinse. Eine feine Laminierung und eine kräftige Lineation beweist auch hier die starke Durchbewegung an der Überschiebung.

Abb. E3.7: An der Judikarienstörung tauchen der Brixner Granit (links) und alpidische Tonalite (Mitte) in Richtung Westen unter die dunklen Altkristallingneise ein (Tatschspitze, Penser Joch).

Von einem Gebirge wie den Tribulaunen ist dies alles, was übrig geblieben ist – unfaßbar!

Der Weiterweg quert unter der Gartlspitze quarzreiche Paragneise. Die ehemalige sedimentäre Schichtung ist verschiedentlich noch an Quarzit- oder Kalksilikatlagen zu sehen, obwohl sie sehr eng gefaltet ist. In verschiedenen Anschnitten trifft man hübsche Faltenbilder an. Unter dem Gipfelaufbau werden die Kalklinsen mächtiger. Man erkennt lokal noch sedimentäres Feingefüge von Algenmatten und Gezeitenschichtung in den dolomitischen Partien, die wegen ihrer Sprödigkeit nicht plastisch ausgewalzt worden sind. Sehr nahe ist extreme Durchbewegung neben kaum deformierten Gesteinen zu finden – ein typisches Phänomen im mittleren Krustenbereich.

Die letzten hundert Höhenmeter überwindet man über einen unschwierigen Klettersteig und wird für die Mühen des Aufstiegs mit einer grandiosen Aussicht belohnt.

Stop 4: Penser Joch – Tatschspitze

Halbtägige Bergwanderung (5 Std. mit Gipfel). – Vom Penser Joch, 2214 m, lohnt sich auch ein Halbtagesausflug in Richtung Tatschspitze, 2526 m, wobei man die Judikarienlinie quert. Vom Joch geht es zunächst etwa 1 km auf der Straße durch verfaltete Paragneise, die von Granitgängen durchschlagen werden, abwärts. Von der Penser Alm geht ein Steig aufwärts, der unter dem Asten-berg, 2326 m, zum Niedeck, 2303 m, quert. Hier sind die Muskowit-Glimmerschiefer teilweise sehr reich an Disthen. In Annäherung an die Scharte schalten sich Orthogneise dazwischen und am Niedeck selbst extrem zerscherte Tonalite. Wild zerrissene Felstürme und Gesteinsgrus lassen das Ausmaß der deformierenden Kräfte erahnen, die hier gewirkt hatten. Noch immer ist der Tonalit rätselhaft, der über viele Kilometer als nur schmaler Streifen den 280 Millionen Jahre alten Brixner Granit an der Störungsseite begleitet: Frühere Arbeiten vermuteten wegen der starken Deformation ein noch höheres Alter. Dem widersprechen aber die absoluten Datierungen, die 31 Millionen Jahre ergaben, also das Alter des Adamelloplutons. Vielleicht haben die Tonalit-Intrusionen die Kruste so geschwächt, daß sie bevorzugt hier durchgebrochen ist und den Tonalit wie Fensterkitt über die ganze Fläche verschmiert hat. Wir wissen es noch nicht genau (Abb. E3.7).

Der Brixner Granit, der die kleine Erhebung in der Scharte verursacht, ist bereits sehr viel weniger verformt. In ihm sind es vor allem mit Chlorit belegte oder mit Quarz verheilte, bis zu meterbreite Klüfte, die als Reaktion auf die Beanspruchung aufgerissen sind. In ähnlichen Klüften kristallisierte hier und vor allem wenige Kilometer weiter das Sarntal abwärts – in der Lagerstätte Rabenstein – Flußspat, z. T. in wasserklaren Exemplaren, die sogar für hochwertige Mikroskop-Linsensysteme Verwendung gefunden haben.

Stop 5: Schneeberg

Halb- oder ganztägige Wanderung; 17 km von Sterzing bis zur aufgelassenen Erzaufbereitung des Schneeberger Erzbergbaues hinter Meiern (Abb. E3.8) .

Zwischen der alten und ehemals reichen Berggerichtsstadt Sterzing und dem Passeiertal gibt es mindestens zwei Dutzend Vorkommen von Blei, Silber und Zink, drei Elemente, die fast immer zusammen auftreten. Seit dem frühen Mittelalter wurden diese Erze im Pflerschtal und am Schneeberg gewonnen. In die Paragneise des Altkristallins – also gar nicht im eigentlichen Schneeberger Zug – sind die schichtgebundenen Vererzungen fein verteilt oder in massiven Erzlinsen von Kilometern Länge und mehr als 100 m Mächtigkeit eingelagert. Weil in der Schichtfolge Metavulkanite (Amphibolite, Kalifeldspat-Augengneise und Quarz-Muskowit-Gneise) nahe der Vererzung regelmäßig vorkommen, sieht man diese in Zusammenhang mit dem vulkanischen Geschehen im Altpaläozoikum.

Fast 800 Jahre lang ist am Schneeberg, dem einst höchstgelegenen Bergbau Europas, silberhaltiger Bleiglanz gewonnen worden. Wie die Silber- und Quecksilberminen von Schwaz in Nordtirol standen auch die über tausend Schneeberger Bergknappen im 16. Jahrhundert unter dem „Management" der Augsburger Fugger, wodurch verständlich wird, daß das Erz auf Pferdekarren bis nach Brixlegg im Inntal verfrachtet und zusammen mit den Schwazer Erzen verhüttet wurde.

Als sich im 19. Jahrhundert der Bleiglanz erschöpfte, entdeckte man die Nützlichkeit des Zinks, das als eisenhaltige Zinkblende vorher in riesigen Mengen auf Halde geworfen worden war. Mit dem zum Verzinken von Stählen als Korrosionsschutz und für Batterien benötigten Mineral konnte sich der Bergbau noch weitere hundert Jahre halten, und einige glauben immer noch an ein Wiederaufleben des Bergbaus – doch mit Sicherheit vergeblich. Mehr Chancen hat auch hier der Aktions-Tourismus, für den jüngst ein „Knappenweg-Lehrpfad" angelegt wurde. Das ausgeklügelte Fördersystem aus

Abb. E3.8: In den verlassenen Stollen des Schneeberger Bergbaus ernähren sich weiße Pilzkulturen von den faulenden Grubenhölzern.

großer Höhe, der 731 m lange Kaindl-Verbindungsstollen ins Passeiertal und die Erzaufbereitung sollen – so der Stand der Planungen bei Redaktionsschluß – wiederbelebt werden. Aktuelle Informationen erhält man beim Verkehrsverein Ratschings.

Man kann in ganztägiger Wanderung von Maiern über

die Schneebergscharte, 2650 m, nach St. Martin am Schneeberg gelangen und dabei eine Ahnung von den Strapazen gewinnen, denen die Bergleute einst ausgesetzt waren. Auf den Halden findet sich noch reichlich Erz und Nebengestein, in denen man nach Herzenslust nach Schätzen stöbern kann.

Exkursion 3.2: Von Partschins zur Lodnerhütte

2 Tage. – Westlich von Meran über dem Etschtal, auf den mächtigen Schwemmkegeln des Zielbaches und Töllgrabens, liegt verstreut die Ortschaft Partschins. Zwei Kilometer kann man noch auf steiler und schmaler Straße fahren, bevor es ab Birkenwald dann zu Fuß zur Lodnerhütte, 2262 m, 4 Std., weitergeht. Unter Moränen- oder Hangschutt erscheinen immer wieder gebänderte Biotit-Plagioklasgneise, einstige Grauwacken oder Tonschiefer, denen dunkelgrüne Amphibolite eingeschaltet sind.

Abb E3.9: Ehemalige Mergellagen zwischen Kalken sind im Schneeberger Zug zu Glimmerschiefern umkristallisiert und steilgestellt worden (Lodnergebiet).

Sie werden von einem flach südfallenden Biotit-Granitgneis mit größeren Kalifeldspat-Einsprenglingen überlagert. Teils sind die Kristalle noch idiomorph, bei anderen verraten aber die zugerundeten Kanten ebenso wie die eingeregelten Biotite eine tektonische Überprägung. Unter hohem Druck und Temperatur ist das Gestein zerglitten, wobei es die Schieferung aufgeprägt bekam.

Gleich hinter dem Gasthof „Wasserfall" befindet sich ein Granit, in dem Schollen von Amphibolit „eingefroren" sind: Deutlich sieht man, daß der Amphibolit schon geschiefert und gefaltet war, als er vom Granit intrudiert wurde. Schon in diesem Aufschluß kann man die wesentliche Geschichte der Region herausarbeiten: Als erstes gab es Ablagerung eines Basaltes, der durch eine hochgradige Metamorphose zu Amphibolit umgewandelt und dabei verschiefert und gefaltet wurde. Anschließend erfolgte die Intrusion eines Granites, der in einem noch späteren Akt, aber immer noch unter metamorphen Bedingungen, ebenfalls deformiert wurde. Im Gelände sieht man natürlich nur relative Altersbeziehungen – ob die verschiedenen Stadien durch kurze oder lange Zeitspannen getrennt waren, läßt sich nicht ermitteln. Hier müssen Laboruntersuchungen einsetzen. Sie ergaben, daß die Amphibolitmetamorphose vor mehr als 400 Millionen Jahren während der kaledonischen Gebirgsbildung erfolgte, die Intrusion des Granites hingegen erst über hundert Millionen Jahre später am Ende der variszischen Orogenese. Die Überprägung des Granites wiederum fällt in das frühalpidische Stadium der Metamorphose – in die Oberkreide – und fand vor etwa 80 Millionen Jahren statt.

Eine halbe Stunde später laufen wir in Amphiboliten über schöne Kleinfalten, geraten aber bald darauf wiederum in einen, diesmal sehr mächtigen, gleichkörnigen Granit-Granodioritkörper (Tschigat-Granit), der an einer Privatstraße gut erschlossen ist. Es fällt auf, daß fast kein freier Quarz sichtbar ist; es handelt sich demnach nicht

Abb. E3.10: Aufschlußreicher Blick auf die beiden Hauptgipfel der Texelgruppe – am Lodner (rechts) endet die steilachsige Muldenstruktur des Schneeberger Zuges. Links im Bild die Hohe Weiße.

um einen reinen Granit, sondern um einen Granodiorit oder sogar um einen Diorit.

Etwa 30 m rechts der Stelle, an der unser Pfad die Straße quert, ist eine 10 cm breite duktile Scherzone mit linkshändigem Versatz (die Gegenseite ist nach links ver-setzt) sichtbar – ein sehr schönes Beispiel für die Entwicklung einer Schieferung durch Bewegung und die Umwandlung eines Granites in einen Orthogneis. Auch am Weiterweg kann man über die Nassereithalm hinaus im Blockschutt die verschiedensten Stadien der Vergneisung des Tschigat-Granodiorites studieren und lernen, wie ein Orthogneis aussieht.

Oberhalb der Alm hat das Einfallen einen konstanten Wert mittelsteil nach Nordwesten angenommen. Stark zerscherte Augengneise werden feinerkörnig (durch Zerstörung von Kristallen, die dann klein rekristallisieren = Mylonitisierung). Sie wirken auf den Schieferflächen recht dunkel, weil sich gerade hier die schwarzen Biotite anreichern. Das Gestein ist aber letztlich ebenso hell wie bisher. Nach 10 m steht bereits wieder massiger Granit an. Der schnelle Wechsel stark zerscherter und kaum beanspruchter Orthogesteine wird durch einen Prozeß des „Verformungserweichens" erklärt. Hat sich nämlich einmal eine kleine Scherzone gebildet, wird das Gestein an ihr leichter deformierbar, Bereiche zwischen Scherzonen werden dann geschont. (Es gibt, unter nur leicht differierenden Bedingungen, aber auch den gegenteiligen Effekt, wodurch das Gestein ein gewisses Maß an Deformation leicht aufnehmen kann, dadurch aber verhärtet. Ein Orthogneis erscheint dann gleichmäßig durchgeschiefert, weil die Deformation sich von den zerscherten Bereichen in weniger deformierte ausbreitet.)

In den nun folgenden, vom Etschgletscher polierten Platten zeigen enge Knitterfalten im Augengneis, daß auch dessen Durchbewegung ein mehrphasiger Akt war. Die Fremdgesteinseinschlüsse erscheinen gelängt. Sie können in günstigen Fällen herangezogen werden, um das Ausmaß der Deformation zu berechnen. Die Anordnung der Feldspatkristalle erweckt den Eindruck des

Fließens: Wahrscheinlich ist der Granit, was häufig geschieht, als ein Kristallbrei intrudiert!

Der Weg verengt sich, wo der Bach auf den Tschigat-Granit trifft. Darüber erscheinen bereits die monotonen grauen, Graphit und Granat führenden Gneise oder Glimmerschiefer des Schneeberger Zuges, in denen wir bis über die Hütte hinaus bleiben. In dem Grau fallen zahlreiche weiße Bänder oder Knollen aus Quarz auf, die für das Gestein außerordentlich typisch sind. Wir finden sie auch im Brixner Quarzpyllit. Diese Quarzmobilisate entstehen bei der Umkristallisation eines Tongesteines zu Phyllit, also bereits bei einer niedrigen Metamorphosestufe. Sie bleiben auch dann erhalten, wenn Druck und Temperatur weiter steigen – wie hier. Deswegen können wir recht zuverlässig sagen, daß es sich um ein ehemals feinklastisches Gestein handelt (vgl. Abb. 6.2).

Wenn wir uns der Hütte nähern, erspähen wir im Talschluß die ersten weißen Marmorbänder der Laaser Serie, die in graue Gneise eingebettet sind. Auf dem Weiterweg Richtung Johannesscharte, 2854 m, 1 1/2 Std., öffnet sich rechterhand der Talkessel im Quellgebiet des Zielbaches. Hier können wir nach Herzenslust zu Füßen des Lodners und seines kleinen Ferners herumsteigen und in den weißen Marmoren und zwischengeschalteten Schiefern, ehemaligen Mergellagen, klopfen und rätseln, in welchem Ozean sie einst abgelagert worden sind (Abb. E3.9 und E3.10).

Weitere Tourenmöglichkeit: von der Johannesscharte zur Stettiner Hütte, 2875 m, 2 Std., und Abstieg ins Pfossental oder ins Pfelderer Tal.

Exkursion 3.3: Von Meran zum Ifinger

Halb- oder ganztägig. – Meran liegt genau auf der Judikarienlinie, jener großen Bruchzone, welche die geologische Grenze zwischen den Ost- und Südalpen darstellt. Im Nordosten und Süden ragen die Granitmassive des Ifinger (2552 m, Abb. E3.11) und Kreuzberges, 1507 m, auf. Zusammen mit dem Brixner Granit und dem des Monte Sabion bei Pinzolo begleiten diese vor 280 Millionen Jahren (Karbon/Perm) intrudierten Granite die Bruchlinie. Immer wieder wurde ein genetischer Zusammenhang vermutet, der aber wohl nur darin besteht, daß sich die massigen Granitkörper in den Nebengesteinen aus Quarzphyllit mechanisch so starr verhalten, daß sie mit nach oben verschleppt werden. Die Störung fiedert dabei in zwei Äste auf – am Ifingermassiv in die eigent-

liche Judikarienstörung zwischen Ifinger und Hirzer, und in die Naiftalstörung östlich des Granites (Abb. E3.12).

Für die Naiftalstörung läßt sich ein minimaler Verwerfungsbetrag von 2500 m angeben, wie sich aus der Abbildung ersehen läßt. Für die Judikarienlinie kann man aufgrund der viel größeren Deformation ein Vielfaches davon nur vermuten. Hinweise gibt es durch geophysikalische Untersuchungen weiter südlich: Die Erdkruste ist auf einer Breite von 100 km zwischen Lago Maggiore und der Judikarienlinie verdickt und erreicht unter dem Adamello fast 50 km. Dies könnte durchaus ein Hinweis auf sehr große Verschiebungsbeträge sein.

Auf der Straße, die von Meran nach Hafling führt, zweigt einen halben Kilometer vor der Seilbahn-Tal-

Abb. E3.11: Das graue Granit-massiv des Ifingers wird vom roten Grödner Sandstein durch die steil-stehende Naiftalstörung getrennt.

station ein Feldweg links Richtung Schloß Goyen ab, an dem zunächst dunkler, stark verfalteter und steil einfallender Quarzphyllit ansteht.

50 m weiter erscheint nach einem kleinen Rinnsal, das die Position der Naiftalstörung markiert, bereits der von zahlreichen kleinen Bruchflächen durchzogene, vergrünte Granit.

An der Straße oberhalb der Talstation durchfährt der erste Straßentunnel gut geschichtete grünliche Sandsteine, Feinkonglomerate und Tuffe, die im Aussehen und der geologischen Position sehr den Tuffen und Sandsteinen des höheren Waidbrucker Konglomerates ähneln. Sie werden schon bald durch rötliche Ignimbrite der unteren Eruptivfolge der Bozner Quarzporphyre überlagert, die man bis zur Abzweigung Hafling durchfährt. Vor dem Ortsschild Hafling finden sich in den rot geflammten Ignimbriten zahlreiche, aus der Tiefe mitgerissene, eckige Einschlüsse und Harnische, glatte

Bruchflächen mit einer Striemung, die den Bewegungssinn anzeigt und z. T. mit Hämatit belegt ist.

Oberhalb des Oberdorfes hat die Straße grobe Eruptionsbrekzien mit z. T. metergroßen Auswürflingen und feinere Tuffe angeschnitten, deren Vergrünung und Jaspisbildung (Jaspis ist ein durch Eisenoxid rot gefärbter feinkristalliner Quarz) eine längere hydrothermale Tätigkeit vermuten lassen. (Dieser schöne Aufschluß wurde nach Redaktionsschluß leider durch eine wuchtige Straßenmauer verbaut.) Über ihnen folgen die oberen Porphyre.

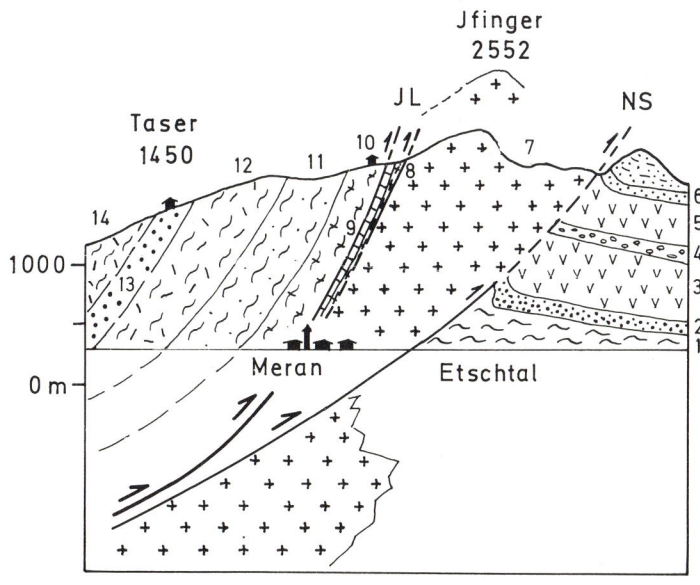

Abb. E3.12: Die geologischen Verhältnisse um Meran.
1 = Quarzphyllit; 2 = Basiskonglomerat, Sandsteine und Tuffe; 3 = Untere Porphyrfolge mit Rhyodaziten; 4 = Zwischenlagen von Konglomeraten, Sandsteinen und Tuffen; 5 = Obere Porphyrfolge mit Rhyolithen; 6 = Grödner Sandstein; 7 = Granodiorit des Ifingers; 8 = randlicher Tonalit; 9 = Quarzite und Marmore (Trias); 10 = Granat-Staurolith-Disthen-Glimmerschiefer; 11 = Sillimanitgneise; 12 = Biotit-Paragneis; 13 = Granat-Muskowitschiefer; 14 = graue Paragneise mit Muskowit und Biotit.

125

Vom Parkplatz Falzeben gelangt man zu Fuß (1 Std.) oder mit dem Sessellift zum Piffingerköpfl und kann von dort über die Ifingerscharte südwestlich des Hauptgipfels zur Ifingerhütte, 1815 m, queren, wozu einige Trittsicherheit vorausgesetzt wird. Bis zum Naifgraben bleibt man dabei im Grödner Sandstein, der den Quarzporphyr überlagert und in dem verschiedentlich eine Kreuz- oder Schrägschichtung ausgebildet ist, die auf wechselnde Wind- oder Strömungsrichtungen hinweist. Nahe der Störung finden sich Gips und Karneolhorizonte in den Sandsteinen, typische Begleiter von Gesteinen aus Trockengebieten. Grundwasser wird dort kapillar zur Erdoberfläche angesaugt, verdunstet und hinterläßt Krusten von Gips (Wüstenrosen, wenn schön kristallisiert) oder braunroten Quarz (Karneol).

Nun quert man den Biotitgranit bzw. Granodiorit des Ifingermassivs, dem noch vor der Hütte an der Judikarienstörung ein schmaler Tonalitstreifen sowie Triasmarmore und Quarzite aufliegen, die aber nur höher oben am Grat gut aufgeschlossen sind. Die Hütte steht schon auf Granat, Staurolith und Disthen führenden Glimmerschiefern des Altkristallins, und bis Taser, 1450 m, quert man noch Sillimanitgneise und Granat-Muskowit-Paragneise.

Exkursion 3.4: Unterm König Ortler

Ein- oder zweitägige Tour. – Zwischen Laas und Schlanders ist das Etschtal von einem mächtigen, breit ausladenden Schwemmkegel des Strimmbaches verschüttet, oberhalb dessen sich das Tal zu einer 2 km breiten Ebene auffüllte. Hier zweigt die Straße zum Stilfser Joch ab. Gleich nach dem Ortsausgang von Prad, 901 m, hat die Straße einen grauen Dolomitkörper angeschnitten, der etwas unmotiviert zwischen den Phylliten und Gneisen liegt. Jenseits des Baches erkennt man die Ursache dafür: Die hier anstehenden ehemaligen Granite sind nicht nur zu Orthogneisen zerschert, sondern so stark beansprucht, daß ihr ursprüngliches Gefüge nahezu vollständig aufgerieben und kleingemahlen wurde: Es sind Mylonite, die eine große Überschiebungsbahn kennzeichnen, in die auch die Dolomite eingeschleppt wurden.

Solchen Überschiebungen begegnen wir im Ostalpin immer wieder. Sie zerlegen es in eine ganze Reihe von Teildecken, die von hier nach Westen hinter- und übereinandergestapelt sind. Bekannt ist die Schlinig-Überschiebung, die vom Schlinigtal an den Südhängen des Malser Sonnenberges entlang bis in den Schneeberger Zug hinein verläuft. An ihr ist die Ötztalmasse schon während der Oberkreide um mindestens 40 km gegen Westen geschoben worden. Unter ihr kommen ebenfalls immer wieder Fragmente von Triasgesteinen zum Vorschein. Was also hier so wenig auffällig am Straßenrand ansteht, ist für den Geologen außerordentlich wichtig, denn es markiert ihm die großen Störungslinien.

Bei Gomagoi zweigen wir ins Suldental ab, wobei wir verschiedene Glimmerschieferzüge queren, die sich durch den Glimmergehalt oder die Führung von Nebengemengteilen, wie Granat, unterscheiden.

Wenn wir auf der Ostseite des Suldenbaches bleiben, sehen wir auf die Nordwand des Ortlers, 3905 m, aus dunkelgrauem Hauptdolomit, der vom Wandfuß ab die Glimmerschiefer überlagert (Abb. E3.13). An dessen Basis kommt gelegentlich schichtgebundener, durch organisches Material schwarz eingefärbter Magnesit vor, der noch bis ins Jahr 1950 weit oben in den steilen Hängen des Zumanel (Zumpanell) über Außersulden abgebaut worden ist. In den Glimmerschiefern dagegen findet sich südöstlich davon im oberen Zaytal lokal Siderit eingelagert, der bereits im späten Mittelalter gewonnen wurde.

Von Sulden aus steigen wir – oder fahren mit der Gondel – an dunkel-rostfarben angewitterten Glimmerschieferwänden vorbei und über die spitzen Moränenwälle des Gletscherhochstandes im 19. Jahrhundert hinweg zur Schaubachhütte, 2573 m.

Unter der Königsspitze, 3859 m, ist eine enge, nordvergente Muldenstruktur im Dolomit erkennbar, in deren Kern in der steilen Nordwand hellgelbliche Kalkgesteine erscheinen. Diese sind bekannt für ihre kontaktmetamorphen Minerale (Vesuvian, Fassait, Epidot, Andradit, Grossular usw.). Glücklicherweise hat die Verwitterung dafür gesorgt, daß man nicht in die Wand einsteigen muß, sondern sie in dem großen Schuttfächer darunter bequem aufsammeln kann. (Die gesamte Region ist Nationalpark, und das Hämmern ist nicht gestattet; gegen das Aufsammeln von Fallstücken hat aber niemand etwas einzuwenden.)

Auch die Schaubachhütte steht auf einer Überschiebungsbahn mit Myloniten aus einem hellen, granitischen Orthogneis, der von wenigen Metern gelblicher Rauh-

Abb. E3.13: Königsspitze, Zebrù und Ortler (v. l. n. r.). Ihre Gipfelpartien sind aus grauem Hauptdolomit geformt, der altkristallinen Schiefern aufliegt. Vorne die Steinbrüche im Laaser Marmor, rechts im Hintergrund die Berninagruppe.

wacken überlagert wird, bevor erneut Gneise und Glimmerschiefer anstehen. In die Rauhwacken eingearbeitet sind kleine Fetzen von Glimmerschiefern, die, ähnlich wie die Rosinen in den Teig, während der Durchbewegung eingewalkt wurden. Die Rauhwacken sind nämlich eines der mobilsten Gesteine und verhalten sich fast wie ein Hochdruck-Schmiermittel, weil sie ursprünglich größere Mengen an Gips enthielten, der aber bei der Hebung nahe an die Oberfläche ausgelaugt worden ist. Auf diesen Rauhwacken und Gipsen ist die Ortlerdecke verschoben worden.

Am Weg zum Madritschjoch, 3123 m, und unter den Wänden der Butzenspitze, 3300 m, finden sich immer wieder Brocken von den andesitischen Gängen, die recht zahlreich die Berge nach Süden hin durchziehen. Sie sind leicht an dem porphyrischen Gefüge und den großen schwarzen Hornblenden, dunkelgrünen Pyroxenen (die manchmal von Hornblende umwachsen sind)

und hellem Plagioklas zu erkennen. Sie führen außerdem auch Fremdgesteinseinschlüsse – meist Amphibolite und Carbonatgesteine – in denen dann Granat, Aktinolith und andere kontaktmetamorphe Minerale gewachsen sind.

Die Gänge sind in mehrerer Hinsicht interessant. Sie sind mit etwa 80–30 Millionen Jahren recht jung und fallen genau in die Zeit, in der man die unter das Ostalpin einfallende Subduktionszone vermutet. Damit könnten sie die Förderspalten für einen alttertiären Kordilleren-Vulkanismus sein.

Am Madritschjoch angekommen, genießen wir zurückblickend noch einmal einen der imposantesten Anblicke der gesamten Alpen, das majestätische Dreigestirn Ortler, Zebrù und Königspitze. Nach Süden zu begrenzt die Gebirgs- und Gletscherkette zwischen Martell- und Ultental den Gesichtskreis. Wenn wir nicht wieder zum eigenen Fahrzeug zurückkehren müssen, empfiehlt sich der Abstieg über die Pederscharte in das Martelltal.

Wir queren dazu leicht absteigend in östlicher Richtung das Kar. Ziegelrote, darin eingesprengte Steinblöcke markieren drei Serpentinzüge, die sich vom Madritschtal zur Inneren Pederspitze hinziehen und dort vereinen. Der Serpentinit ist dunkelgrün bis schwärzlich, besteht aus Antigorit und Chrysotil und weist noch folgende Minerale auf: Chlorit, Magnetit, Talk, Magnesit und Sulfide. Zwischen diesen Gängen metamorphen, peridotitischen Gesteins und den umgebenden Gneisen und Glimmerschiefern sind Tremolitlinsen eingestreut.

Kurze Zeit nach Überqueren der Scharte stoßen wir rechter Hand auf schmutzigweiße Gesteinsflecken, die aus der Entfernung wie Schneefelder aussehen. Dabei handelt es sich aber um schwefelführenden Gips. Wir stehen vor einer – diesmal südvergenten – Überschiebungsbahn, die parallel zu jener liegt, der wir schon an der Schaubachhütte begegneten. Darüber stehen Carbonate an, deren sulfidische Kupfer- und Eisenerze vor Jahrhunderten abgebaut wurden, ebenso wie jene am Madritschjoch.

Wir steigen nun in östlicher Richtung weglos durch staurolithreiche Glimmerschiefer zu einem reizvollen, kleinen Bergsee auf den Schildplatten ab und folgen von dort der Markierung Nr. 20 in das Martelltal, dessen Morphologie deutlich durch eine pegmatitische Granitintrusion geprägt wird.

Exkursion 3.5: Nonsberg

Am Nonsberg bieten einige Quertäler (Pejo-, Rabbi- und Bresimotal) Gelegenheit, die nach Nordost streichenden altkristallinen Serien zu queren. Durch die Nähe einer großen Störung, der Pejolinie, sind die Gesteine z. T. sehr stark beansprucht, es finden sich feinstkörnig zerriebene und rekristallisierte Mylonite, aber auch Ultramylonite dazwischen, bei denen Teile der Gesteine durch extrem schnelle Deformation, wie sie bei Erdbeben vorkommen, zum Schmelzen gebracht werden. Zu sehen sind dann millimeter- bis zentimeterdünne Schichten aus schwarzem Gesteinsglas, die Spuren versteinerter Erdbeben.

Der Grenzkamm zwischen Ultental und Nonsberg bietet ein breites Spektrum an Gesteinen. Zwischen Kornigl und Sass d'Anel (nahe Alpe di Brez, Seefeldalm und M.ga Preghena) treten eine Reihe von Ultramafititkörpern zutage – Dunite, Peridotite und Lherzolithe, die alle mehr oder weniger stark serpentinisiert sind.

Dazu kommen straff gebänderte Kinzigite (Granat-Disthen-Sillimanit-Gneise der höchsten Metamorphosestufe, teils migmatisch), Gänge von Muskowit führenden Orthogneisen und Pegmatiten, die meist in Nord-Süd-Richtung streichen und z. T. mit schönen schwarzen Turmalinen durchsetzt sind (z. B. nahe Pejo).

Exkursion 3.6: Rieserfernergruppe, Reintal

Ein- bis zweitägige Tour. – Zwischen Bruneck und Luttach durchschneidet das Ahrntal die Paragneise des Altkristallins, in die vor 450 Ma und später noch einmal vor 300 Ma granitische Magmen eingedrungen sind. Diese sind durch die panafrikanische und variszische Gebirgsbildung zu granitischen Orthogneisen oder Augengneisen (Gneis von Campo Tures = Sand in Taufers) umgeprägt worden.

Erst das dritte magmatische Ereignis hatte mit der Alpenbildung zu tun: Vor 30 Millionen Jahren drangen südlich der Tauern mehrere Tiefengesteine ein – an der Rensenspitze, 2418 m, an der Gaisspitze, 2641 m, am Altenberg oberhalb Terenten, 2384 m, am Zinnsnock, 2528 m, und – am ausgedehntesten – im Rieserfernergebiet.

All diese Granite, Granodiorite und Tonalite sind Produkte der Plattenkollision Apulias mit Ureuropa, als die in die Tiefe gepreßte und gezogene ureuropäische Kruste zu schmelzen begann und die dabei entstandenen Magmen aus großer Tiefe in die altkristalline Unterkruste Apulias eindrangen, die als Decke („Ostalpin") darübergeschoben war. Die Erdkruste wurde gewissermaßen umgewälzt, als die leicht schmelzbaren Anteile von unten nach oben drangen, die Gesteine mit hohem Schmelzpunkt dagegen in die Tiefe sanken oder dort verblieben. Europa vermischte sich mit Apulia, also mit

Abb. E3.14: Das Bacher- und das Ursprungtal, aufgenommen vom Großen Mostnock.
Unterhalb des Hochgallgipfels, der das Panorama beherrscht, liegt die Hochgallhütte, Zwischenstation auf dem Arthur-Hartdegen-Weg.

Afrika! Im Rieserfernergebiet können wir daran Anteil nehmen.

Dort, wo die Murkegel des Mühlwalder und Walburgenbaches das Ahrntal abgeriegelt haben und sich dahinter die weite Schwemmebene von Mühlen aufgeschüttet hat, zweigen wir nach Osten in das Reintal ab. Bei der Tobelbrücke stehen bereits Biotit-Granodiorite an, die hier in den Randbereichen der Rieserferner-Intrusion verschiefert sind. Wir erkennen Biotit, Quarz und nur vereinzelt größere Kalifeldspäte. Die Hauptmasse bildet weißer Plagioklas.

Kurz vor Rein stehen nördlich der Straße graue, granatführende Paragneise und Hornblende-Gneise an, die, wie vorher die Granodiorite, eine flachliegende bis mittelsteil nach Norden einfallende Schieferung aufweisen. Eine glatte Wand ist durch eine Störungsfläche bedingt, an der die Nordseite gegen Westen versetzt ist (linkshändige Seitenverschiebung).

Von Rein steigen wir zur Kasseler Hütte, 2274 m, auf (2 Std.); dabei passieren wir zunächst altkristalline Gneise und Amphibolite mit flach liegender Schieferung (z. B. am Wasserfall). Oberhalb der Epacher Alm, 2041 m, gelangen wir vorübergehend in schwach verschieferten Biotit-Diorit. Dieser ist eines der Hauptgesteine der Intrusion, die auch Tonalit (quarzreichen Diorit), Granodiorit und, seltener, auch Granit führt. In den altkristallinen Amphiboliten der Felsriegel, die vom Ruthnerhorn herabziehen, sehen wir helle, granitische Ganggesteine wesentlich älterer Intrusionen, die intensiv gefaltet sind.

Die alpidischen Gänge lassen sich gut an der Brücke vor dem letzten Anstieg zur Hütte studieren. Mehrere Intrusionsfolgen verschiedener Zusammensetzung sind sichtbar. So haben einzelne Gänge im Zentrum eine feinkörnige granitische, randlich dagegen eine aplitische Zusammensetzung. Aus den Durchdringungsbeziehungen lassen sich auch verschiedene Alter ableiten.

Die Hütte selbst steht auf grauen Paragneisen, die aus Tonschiefern hervorgegangen sind, was man an den zahlreichen, eng gefalteten Quarzmobilisaten erkennen kann, die in anderen Metamorphiten nicht so zahlreich auftreten.

Man kann über den Arthur-Hartdegen-Weg und die Ursprungalm, 2387 m, nach Rein zurückkehren, wobei man zunächst vorwiegend die alpidischen Rieserferner-Tonalite quert, dann Amphibolite und vor der Ursprungalm die altkristallinen Augengneise (Typ Campo Tures, 245 Ma alt). Danach bleibt der Weg auf der Nordseite des Ursprungtales meist in Paragneisen (Zweiglimmer-Plagioklasgneis), dem einige Grüngesteinsbänder und Marmore (westlich der Brunnerhütte) zwischengeschaltet sind.

Exkursion 4: Pangäas Wunden reißen auf – Bozner Quarzporphyr

(Wir werden in höllische Zeiten zurückgeführt, als der Raum Südtirol unter Tausenden von Metern heißer Laven und Glutwolken versank.)

Im Verlauf des Paläozoikums, des Erdaltertums, war es zu einer Massenkarambolage aller großen Kontinente gekommen. Mehrere Gebirgszüge, zuletzt vor 300 Millionen Jahren das Variszische Gebirge, verschweißten sie zu Pangäa, der größten Konzentration von kontinentaler Kruste in der Erdgeschichte. Die Länge der Küsten erreichte dafür ihr Minimum. Große Landflächen waren durch Gebirge von den feuchten Luftmassen des einzigen Ozeans abgeschnitten und versteppten oder wurden zur Wüste.

Doch in der Größe Pangäas lag wahrscheinlich auch bereits die Ursache ihres späteren Zerfalls: Kontinentale Kruste erzeugt in ihrem Inneren durch die relativ hohe Konzentration an radioaktiven Substanzen viel Wärme, wirkt aber gleichzeitig durch die schlechte Leitfähigkeit als Isolierschicht, die den steten Wärmestrom aus dem eisenreichen Erdmantel staut: Pangäa wurde von unten her aufgeheizt, wodurch sich die Kruste dehnte und die Landoberfläche hob. Viel Festlandsschutt sammelte sich am Rand der Hochebenen und Gebirge, die bis in große Tiefen abgetragen wurden. In fast ganz Europa finden sich deshalb metamorphe Gesteine an der permischen Landoberfläche – so auch in Südtirol.

Der Wärmestau ließ großflächig Krustenmaterial aufschmelzen, die tiefe Kruste erweichte und Pangäa begann wie ein Pudding auf dem Teller zu zerfließen. In der starren Oberfläche bildeten sich tiefe Risse; tektonische Gräben durchzogen den Kontinent. Gleichzeitig begann es im Krusteninneren zu gären: Unmengen an Granitmagma drangen in weiten Arealen nach oben, die Kruste wurde gleichsam umgewälzt.

Meist blieben die zähen Magmen, die sich nur langsam bewegen konnten, in der Tiefe stecken, wo sie ruhig erstarrten – wie die Brixner, Cima d'Asta-, Kreuzberg- und Ifingergranite, die Orthogneise der Tauern und des Ostalpins und ungezählte andere in Europa.

Fand jedoch eine dieser zähen Blasen den Weg bis nahe an die Erdoberfläche, dann brach ein Inferno los. In dem zähen Magma baute sich ein sehr hoher Gasdruck auf, und wenn dieser größer wurde als das Gewicht der überlagernden Gesteine, dann platzte ein solcher Magmenkörper wie ein zu prall aufgepumpter Reifen. In gigantischen Explosionen zerstäubte das Magma, und Wolken aus heißen Gasen und Magmatropfen überfluteten das Land: die tödlichen Glutwolken der Ignimbrite (lat.: Feuerregen).

Wir haben zum Glück nur wenige historische Ereignisse, die dem, was damals fast täglich irgendwo geschah, ähneln. Bei der Explosion zähen Magmas am 27. August 1883 in Krakatao zwischen Java und Sumatra flogen fast 20 Kubikkilometer Gestein (das sind rund 60 Milliarden Tonnen) pulverisiert bis 10 km hoch in die Luft, Aschewolken kreisten in der Stratosphäre mehrfach um die ganze Erde, in Djakarta wurde es zu Mittag finstere Nacht. Die Explosion wurde noch im 2000 km entfernten Australien gehört. Auf 700 000 Quadratkilometern Fläche fiel der größte Teil der Asche nieder, der Rest verteilte sich über den gesamten Globus. In der dabei erzeugten Flutwelle (Tsunami), die an den Küsten Indonesiens bis zu 40 m hoch auflief, ertranken 36 000 Menschen.

Knapp 20 Jahre später, am 8. Mai 1902, wurde die Menschheit erneut von einer dieser Glutwolken überrascht: Auf die Hauptstadt der Karibikinsel Martinique, St. Pierre, raste um 8^{02} Uhr morgens vom Vulkan Mt. Pelée eine 800 °C heiße Emulsion aus Gas, Glas und Staub zu (die Geschwindigkeitsschätzungen gehen bis zu 550 Stundenkilometern), alle Häuser wurden von den Grundmauern weggeblasen, von 18 Kriegsschiffen und Dampfern im Hafen trieb danach nur noch einer im Meer. Von den 28 000 Einwohnern überlebte der Geschichte nach nur ein eingekerkerter Schwerverbrecher.

In der Zeit des Unter-Perm (Rotliegendes) erbrach sich die Erde an tausenden Stellen und spie geschmolzenes Gestein aus. Wie überkochende Milch floß das befreite Magma über Tausende von Quadratkilometern hinweg (allein in der Bozner Porphyrplatte bedeckte es eine Fläche von 4000 km²). Mehr als 2000 m hoch türmen sich zwischen Bozen und Trient die vulkanischen Ablagerungen übereinander (Abb. E4.1). Ein Teil ihrer Geschichte ist noch rekonstruierbar (Abb. E4.2).

Exkursion 4.1: Von Waidbruck nach Kastelruth

Es ist dies ein Klassiker unter den geologischen Exkursionen der Südalpen, ein gut aufgeschlossenes und leicht zugängliches Profil vom Variszischen Grundgebirge durch den gesamten Quarzporphyr.

Stop 1: Waidbruck – Straße nach Kastelruth

9 km. – Wir folgen von Waidbruck der Landesstraße 24 Richtung Schlernplateau – Kastelruth, die nach wenigen hundert Metern unter der Brennerautobahn hindurchführt. Der Pfeiler der Autobahnbrücke, Ausgangspunkt der Exkursion (Kilometer 0) ist noch auf Brixner Quarzphyllit gegründet, dem jüngsten und am wenigsten metamorphen Gestein des Südalpinen Grundgebirges. Als Tongestein sedimentierte er im Altpaläozoikum (winzige Sporen aus dem Kambrium und Ordovizium konnten gefunden werden) und kristallisierte vor 350 Ma und ein zweites Mal vor 315 Ma unter grünschiefermetamorphen Bedingungen zu Quarzphyllit um. Dabei wurde der Überschuß an Quarz mobil und sammelte sich in kleinen Linsen oder unregelmäßigen Knauern, die sich weiß von dem sonst durch organische Beimengungen schwarz gefärbten und eng gefalteten Phyllit abheben.

Wenige Meter die Straße in Richtung Kastelruth aufwärts erreichen wir bereits die ehemalige Landoberfläche Pangäas: Das Waidbrucker Basiskonglomerat überdeckt diese alte Fläche. Es führt meist Gerölle von Quarzphyllit und den darin vorkommenden Quarzmobilisaten, daneben aber auch vereinzelte Gneise. Ein guter Aufschluß mit Parkmöglichkeit befindet sich 200 m nach der Autobahnunterführung (Km 0,2). In den roten Konglomeraten ist die Schichtung nicht genau parallel, einige Lagen sind von jüngeren abgeschnitten, wie es typisch ist für Ablagerungen in schnell fließendem Wasser von Flüssen oder in großen Schuttfächern. Die z. T. noch eckigen Trümmer von Quarzphyllit belegen eine sehr kurze Transportweite, sie wären schon nach wenigen Kilometern in einem Fluß völlig zerrieben worden. So spricht vieles für episodische Regenfälle mit Trockenperioden dazwischen, und das Waidbrucker Konglomerat wäre ein Fanglomerat, einer der großen Schuttfächer in einem ansonsten relativ trockenen Gebiet – wofür auch die Rotfärbung spricht.

Im höheren Teil des Konglomerates finden sich auch schon Gerölle von basischen Vulkaniten, die – ebenso wie eine 10 m mächtige Einschaltung von Tuffen (oberhalb des Hotels Wiesenhof) – anzeigen, daß anderswo bereits die vulkanische Tätigkeit begonnen hat.

Stop 2: Konglomerate und Tuffe

Nach oben hin werden die Konglomerate feinerkörnig (das Relief wurde flacher) mit prägnanter Schichtung (die Transportweite nahm zu), mehr Tuffmaterial ist beigemengt, wodurch grünliche Farben zu dominieren beginnen (Abb. E4.3). Mehrere kleine Abschiebungen zeigen die beginnende Dehnung an, die notwendig war, um die Magmen aus der Tiefe aufsteigen zu lassen (Km 1,0–1,1, Parkmöglichkeit). Mit explosiver Gewalt haben sich diese nahe der Oberfläche erst einmal Platz geschaffen. Gasexplosionen rissen Nebengestein und Ascheteilchen mit nach oben und lagerten sich als Tuffe ab, die sich mit den Sedimenten vermischten. Erst als der Schlot genügend geöffnet war, konnten die Laven an die Oberfläche gelangen.

Stop 3: Trostburg-Melaphyr

Zunächst waren es mehr basische Magmen, die scharf abgegrenzt über den hier gut geschichteten, meist feinkörnigen grünen Tuffen einsetzen (Km 1,6). Das basaltische Magma ist nämlich dünnflüssiger, findet seinen Weg schneller und erreicht durch schmalere Spalten die Oberfläche als das zähere und deshalb langsamere Granitmagma. Viele Forscher glauben auch, daß vom Erdmantel aufsteigendes basisches Magma die Unterkruste zum Schmelzen bringt und Teile davon auch bis zur Oberfläche aufdringen. So ähnlich muß es auch hier gewesen sein: Die älteste Lava ist der an die 60 m mächtige Trostburg-Melaphyr (benannt nach der Burg bei Waidbruck), ein dunkel grünfarbener Vulkanit mit dichter Grundmasse und andesitisch-dazitischer Zusammensetzung. Augit, Plagioklas und Biotit sind seine Hauptbestandteile, spätere Umwandlungen brachten Chlorit, Pyrit, Hämatit und Calcit – doch sind diese meist nur unter dem Mikroskop erkennbar.

Stop 4: Tonderhof

Darüber lagern erneut grobe vulkanische Auswurfmassen, die vor dem Gehöft Tonderhof in einer 10 m hohen Steilwand anstehen (Km 2,3–2,5) und deren meist etwa

Abb E4.1 (links): Massiger Quarz-porhyr bildet die solide Unterlage für die auflagernden Dolomiten. Seine Oberfläche ist oft als Vereb-nungsfläche herauspräpariert, wie hier bei der Palagruppe.

Abb. E4.3 (rechts): Flußsedimente mit Sanden und Konglomeraten sind die ältesten Gesteine, die über dem Variszischen Grundgebirge zu Beginn der Permzeit abgelagert wurden. Eine kleine Abschiebung durchtrennt die Schichten, der Teil links im Bild wurde abgesenkt.

Abb. E4.2 (links): Der Zufallsfund des handspannengroßen Tridenti-nosaurus antiquus in einem Tuff zwischen Quarzporphyren bei Stra-maiolo (Valle di Piné) war eine wis-senschaftliche Sensation, denn er war nicht nur das älteste Wirbeltier, das in den Dolomiten gefunden wurde, sondern sogar noch mit seiner Haut erhalten! Ein Vulkan-ausbruch hatte ihn überrascht, und er wurde durch heiße Tuffe mumifi-ziert, sodaß er nicht mehr verwesen konnte. Man kann ihn im Museo dell' Istituto di Geologia e Paleon-tologia dell' Università di Padova bewundern.

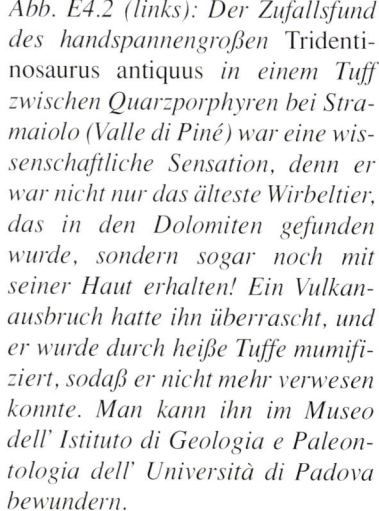

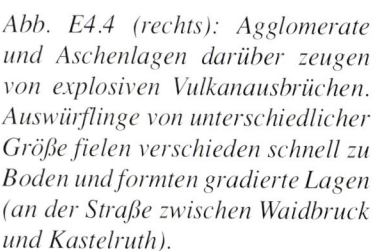

Abb. E4.4 (rechts): Agglomerate und Aschenlagen darüber zeugen von explosiven Vulkanausbrüchen. Auswürflinge von unterschiedlicher Größe fielen verschieden schnell zu Boden und formten gradierte Lagen (an der Straße zwischen Waidbruck und Kastelruth).

133

Abb. E4.5: Bei genauem Hinsehen erscheint der Quarzporphyr häufig voll mit Bruchstücken oder zeigt unterschiedliche Farbschattierungen. Er wurde kaum je als Lava gefördert, sondern meist in heftigen Gasexplosionen, bei denen sich Glutwolken über weite Flächen ausbreiteten (an der Straße zwischen Waidbruck und Kastelruth).

20 bis 30 cm große Komponenten wieder heftige Explosionen belegen. Es treten auch zunehmend bereits rote Auswürflinge auf, die schon an den darüberliegenden Porphyr erinnern (Abb. E4.4).

Stop 5: Rhyodazit

Über der ersten Eruptivfolge des Trostburgmelaphyrs beginnt eine zweite mit etwas höherem Kieselsäuregehalt: die des Rhyodazites (Km 3,0 in der Kehre oberhalb des Gehöftes). Er entspricht in seiner Zusammensetzung dem Tiefengestein Monzonit oder Granodiorit. Dieser dunkelrote Vulkanit führt als Einsprenglingsminerale viel Plagioklas und Biotit, aber noch wenig Kalifeldspat und Quarz in einer dichten dunkelroten Grundmasse. Auf den ersten Blick scheint es sich um homogene, dichte Laven zu handeln, doch bei genauem Hinsehen findet man zahlreiche eckige oder rundliche Einschlüsse grüner oder roter Farbe, die aus der Tiefe mitgerissen worden sind (Abb. E4.5).

Ein dichtes, unregelmäßiges Netz von Klüften durchzieht den Rhyodazit. Calcitkristalle schieden sich darin ab, in anderen Fällen kam es nur zu Ausbleichung an den Rändern der Klüfte. In breiteren Spalten finden sich eckige Bruchstücke; sie sind von der Kluftwand in den Hohlraum hineingestürzt und ebenfalls mit Calcit umwachsen. Es sind dies Produkte der Jahrhunderte dauernden Nachwehen des Vulkanismus, bei dem heiße Quellen

oder vulkanische Dämpfe austraten, deren Abscheidungen die bei der Abkühlung sich bildenden Hohlräume zusinterten (Abb. E4.6). Dieser zweite Eruptivzyklus wird mit grauen, diesmal feinkörnigen und nur wenige Meter mächtigen Tuffen abgeschlossen. Ihnen sind noch etwa 5 m eines grauen, porösen Rhyodazits aufgelagert, der reichlich dunkle Einschlüsse führt (Km 3,1).

Erst darüber beginnt mit der dritten Eruptivfolge der eigentliche Kastelruther Quarzporphyr, ein ziegelrotes, massiges Gestein mit milchig durchscheinenden Quarzen als Einsprenglingen, das eine mächtige Steilstufe bildet. Wie schon der oben erwähnte Rhyodazit ist auch der Porphyr vielfach als Ignimbrit ausgeflossen, einer heißen Mischung aus Gas und Lavatröpfchen oder auch bereits fast festen Glasbestandteilen. Durch die Druckentlastung an der Erdoberfläche schäumt das Magma wie zu warmer Champagner beim Öffnen der Flasche auf, das gelöste Gas entmischt sich vom Magma, bildet Blasen, die sich vergrößern und schließlich in Sekundenschnelle zerreißen und aufplatzen. Dabei geht jeder innere Zusammenhalt im Magma verloren, und wie eine Staublawine rast die Emulsion zu Tal und bedeckt weite Flächen.

Bei der hohen Temperatur der Teilchen und Gase verschmelzen die Partikel nach dem Zur-Ruhe-Kommen und bilden einen soliden Vulkanitkörper, dem man seine Herkunft aus einer Glutwolke nur noch an den vielen mikroskopisch kleinen Glasscherben und einem fleckigen Gefüge ansieht.

Stop 6: Vitrophyr

In einem schmalen Tunnel wird der Porphyr durchfahren, bis man nach gut einem halben Kilometer links nach Tisens abzweigt und von dort auf einem Feldweg Richtung Tagusens zwei Kilometer bis zum Gehöft Lieg fährt. Ein verfallener Fahrweg führt hinauf zu einem verlassenen Bruch, an dessen Basis reichlich Vitrophyr ansteht. Es ist dies ein Quarzporphyr, dessen Grundmasse an der Basis eines Lavastromes so schnell abkühlte, daß sie nicht mehr kristallisieren konnte, sondern als schwarzes Gesteinsglas, als Obsidian, erstarrt ist. Die Einsprenglinge von Feldspat, Quarz und Biotit, die darin sichtbar sind, wurden schon aus der Tiefe mit nach oben gefördert.

Wir können nun entweder zur Straße zurück und auf die Verebnungsfläche oberhalb der Porphyrplatte hinauffahren, auf der die Orte Kastelruth und Seis liegen und wo wir Anschluß an die Exkursion 6 finden, oder zurück und weiter in Richtung Bozen.

Im Eisacktal queren wir bei Törggele rote Konglomerate, die den Ignimbriten zwischenlagern. Sie zeigen, daß die vulkanischen Ablagerungen ein unausgeglichenes Relief hinterlassen haben, so daß in den Zeiten der Ruhe in Hochgebieten erodiert und in tieferen Regionen Schutt abgelagert wurde.

An anderer Stelle, bei Tregiovo (etwa 6 km westlich von Fondo am Nonsberg), sind feinlaminierte Seesedimente mit reichlicher unterpermischer Mikrofauna und -flora auf den Porphyrlagen gefunden worden: Lavaströme hatten den Abfluß eines Baches versperrt und zum See aufgestaut.

Bei Atzwang färben sich die Rhyodazite weitflächig gelbgrünlich ein, und das Gestein ist stark zersetzt. Es ist dies die Folge heißer Wässer und Gase, die hier über lange Zeit das Gestein durchströmten, auslaugten und andere Stoffe zuführten. Darüber lag wohl einst ein Thermalfeld mit heißen Schwefelquellen, Fumarolen und Geysiren. Erhöhte Gehalte an Metallen wie Kupfer, Zink, Blei, Wolfram, Gold und Silber, die mit Arsen oder Schwefel Verbindungen eingingen, zeichnen solche Bereiche oft aus. Es wurde auch hier danach prospektiert, doch scheint der Abbau nicht lohnend.

Exkursion 4.2: Bozen, Oswaldpromenade

2 Std. – Von Bozen aus kann man eine schöne Fußwanderung die Oswaldpromenade entlang unternehmen. Sie beginnt im Ortsteil St. Anton an der gleichnamigen Brücke über die vom Sarntal her kommende Talfer, 1 km vor dem sehenswerten Schloß Runkelstein.

Der Weg führt durch einen Botanischen Garten mit schönen Nadelgehölzen durch die chaotischen Agglomerate der basalen Porphyrfolge aufwärts. Einzelne Auswürflinge übersteigen einen Meter im Durchmesser. Bei der Abzweigung zum Gasthaus Peter Ploner werden die Agglomerate von einem mächtigen Quarzporphyrgang mit reichlich Orthoklas-Einsprenglingen durchschlagen. Über den Agglomeraten folgen grünfaserige Kristalltuffe und schließlich der massige Porphyr, an dessen Basis Schlieren von schwarzem Obsidian vorkommen.

Exkursion 4.3: Auf den Ritten

13 km (Klobenstein) bzw. 18 km (Oberbozen). – Von Bozen fährt man auf der Straße hinauf zum Ritten, wo die obere Porphyrfolge mit diversen Ignimbritlagen in frischen Straßenanschnitten leicht zugänglich ist. Zwischen Unterinn und der Kapelle St. Sebastian steht in einer langgezogenen Straßenkurve unterhalb der Kapelle ein subvulkanischer Porphyrdom an. Das Magma hat hier die Oberfläche nicht ganz erreicht, sondern ist in älteren Ignimbriten steckengeblieben und durch die langsame Abkühlung gröber als sonst kristallisiert. Kalifeldspäte von einer Größe bis zu mehreren Zentimtern und mit schönem Zonarbau sind hier gewachsen.

Geschickterweise verbindet man diese Auffahrt mit dem Besuch der Erdpyramiden von Klobenstein oder Oberbozen (Abb. E4.7). Diese eindrucksvollen Gebilde verdanken ihre Entstehung eiszeitlichen Grundmoränen, die in feiner Grundmasse grobe Moränenblöcke enthielten. In der windgeschützen Lage haben die Regenwässer das Feinmaterial ausgewaschen; die großen Blöcke schützten jedoch den feinen Geschiebelehm vor der

Abb. E4.6: Nach Verfestigung wurden die Ablagerungen der Glutwolken von heißen Gasen und Lösungen durchströmt. Aus ihnen kristallisierten Calzit oder Quarz, aber auch Flußspat, Bleiglanz oder Zinkblende (an der Straße zwischen Waidbruck und Kastelruth).

Durchfeuchtung und somit der Auswaschung. Erst wenn einer der Blöcke von seinem spitzen Gipfel herabfällt, wird der Turm abgetragen, bis ein nächster Geschiebeblock herauspräpariert wird. Da über die Erdpyramiden in jedem Touristikführer ausführlich geschrieben wird, sie keine erdgeschichtlich bedeutende Rolle spielen und zudem durch zahlreiche Hinweistafeln leicht aufzufinden sind, sei auf eine weitere Beschreibung hier verzichtet.

Abb. E4.7: Erdpyramiden in eiszeitlichen Grundmoränen am Ritten.

Exkursion 5: Ein Kontinent wird abgetragen. Die Bletterbachschlucht

(Wir nehmen Anteil am Zerfall und Niedergang des Variszischen Gebirges, das sich in Schutt auflöst, und wandern durch Reste von Wüsten und Salzsümpfen.)

Der Bletterbach hat östlich von Auer eine der wildesten Schluchten Europas herausmodelliert, die nach oben in einem steilen Amphitheater rotbunter Schichten endet, gekrönt von dem hellen Sarldolomit des Weißhornes. Er zeigt eindrücklich die erosive Kraft fließenden Wassers, das hier in nur 15 000 Jahren etwa 10 Milliarden Tonnen Gestein zerstört und dem Etschtal zugeführt hat. Bis mehr als 400 m tief hat sich der Bletterbach dabei in Werfener und Buchensteiner Schichten, in Grödner Sandstein und Porphyr auf 7 km Strecke eingegraben (Abb. E5.1).

Dies erinnert eindrücklich daran, daß gegenwärtig alle Flüsse der Erde zusammen pro Jahr etwa 20 Kubikkilometer Gestein in die Weltmeere transportieren und, bei gleichbleibender Erosionskraft, die gesamten Kontinente innerhalb von nur 25 Millionen Jahren bis auf das Meeresniveau einebnen würden. Im Lauf der Erdgeschichte hätten sie dies also bereits 180mal bewerkstelligen können. Daß es nicht geschehen ist, hat mehrere Gründe. Erstens wird die Erosionskraft mit schwindendem Relief sehr viel kleiner, und sie ist auch stark klimaabhängig. Durch die vielen jungen Hochgebirge und die starke Klimaänderung seit der Eiszeit ist die Erosion gegenwärtig sicher weit größer als normal. Auch können die Kontinente „nachwachsen", wenn sie durch die Erosion großer Massen zu leicht geworden sind. Wie ein Schiff, das entladen wird, tauchen sie weiter aus der Asthenospäre auf, weshalb in den sehr alten Kontinenten fast immer hochmetamorphe Gesteine anstehen.

Letztlich werden durch die Kollision von Kontinentalplatten immer neue Gebirge geschaffen, die Kruste verdickt und Meeresablagerungen wieder zu Festland, wie es eindrucksvoll in den Südalpen dokumentiert wird. An einem tektonisch toten Planeten, der im Inneren erstarrt ist, hätten wir dagegen nur wenig Freude; die Kontinente wären dort eine flache Gesteinsplatte in Meereshöhe.

In ariden Gebieten geht die Erosion nicht so schnell vor sich. Es fehlen die Wassermassen, all das verwitterte und zermürbte Gestein wegzuschaffen: Die Berge ertrinken im eigenen Schutt. Bei episodischen starken Regenfällen bremst kaum ein Pflanzenwuchs den Abfluß, die harte Erde läßt nur wenig versickern, und flächenhafte Fluten formen kilometerbreite, flache Schwemmkegel und Schuttflächen mit Fanglomeraten (Wüstenschuttströme). Die meiste Zeit können nächtlicher Tau oder kapillar vom Grundwasser angesaugte Feuchtigkeit ihre chemische Wirksamkeit entfalten. Eisenoxid-, Salz-, Gips- oder Kieselkrusten bilden sich dann an der Oberfläche. Bei der Diagenese entstehen dabei meist rotfarbene klastische Sedimente – wie wir sie im Bletterbach so reichlich antreffen.

Anfahrt: Auer – Radein

15 km. – Aus dem Etschtal zweigt man bei Neumarkt oder Auer in Richtung Cavalese ab und fährt auf die Verebnungsfläche von Castelfeder mit ihren historischen und prähistorischen Spuren und einer reichen Flora und Fauna hinauf. Von Auer windet sich die Straße die Steilstufe im Quarzporphyr hoch, wofür man mit einer wunderbaren Aussicht auf das Etschtal zwischen der Salurner Klause und Bozen sowie den Porphyrriegel des Mitterberges zwischen Etsch und Kaltern belohnt wird. Oberhalb von Montan hat man mehrere Möglichkeiten, den Bletterbach zu erreichen: Am besten zweigt man – Richtung Deutschnofen – gleich hinter Aldein in die in der Kurve geradeaus weiterführende schmale geteerte Nebenstraße ab und fährt etwa 3 km nach Osten, bis man jenseits des letzten Gehöftes im Wald wiederum die geteerte Straße geradeaus in einen Feldweg verläßt. An dessen Ende (ein Stück unterhalb der Lahneralm) parkt man und folgt dem mit „3" bezeichneten Pfad nach unten in die Schlucht.

Es ist auch möglich, erst beim Sägewerk hinter Kaltenbrunn von der Staatsstraße abzuzweigen und nach Ober-Radein hinaufzufahren und von dort, ebenfalls über den Weg Nr. 3, in die Schlucht abzusteigen.

Stop 1: Porphyr und Sandstein

1 Std. – Wir beginnen unseren Aufstieg im Bach in den höchsten Teilen des Quarzporphyrs, dessen glatte, rote Wände an senkrechten Klüften herauspräpariert sind. Die

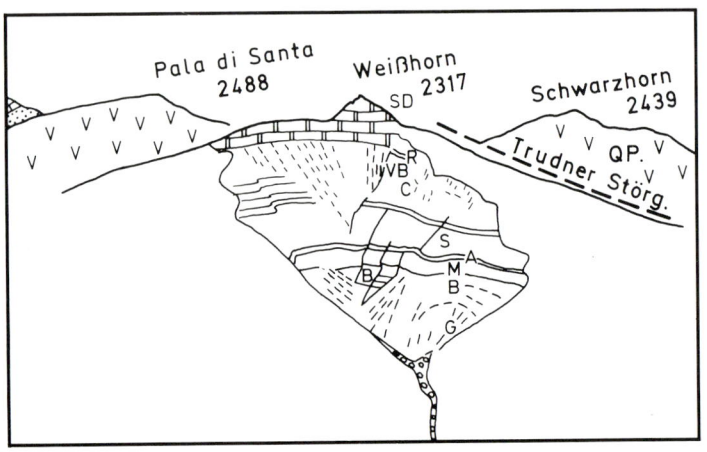

Abb. E5.1: a) Der Bletterbach bei Radein hat eine große Wunde in die Flanke des Weißhornes genagt, die Einblick in sein Inneres erlaubt. Am Gipfel steht schneeweißer Sarldolomit an, in dem Erosionskessel bunte Werfener Schichten über grauen Bellerophonkalken und Gipsen.

b) Erläuterung zu a: QP = Quarzporphyr; G = Grödner Sandstein; B = Bellerophonschichten; M = Mazzinschichten; A = Andrazhorizont; S = Seiser Schichten; C = Campiller Schichten; VB = Val-Badia-Schichten; R = Richthofen-Konglomerat; SD = Sarldolomit.

Erosion hat sich in diesem harten Gestein schwergetan – nur eine enge Schlucht ist ausgesägt, während sich in dem weicheren Gestein darüber das Tal aufweitet.

Schon bald erreichen wir die Oberfläche des Quarzporphyrs, die zur Permzeit durch Verwitterung bereits ausgebleicht, örtlich vergrust oder ausgekolkt war. Im Bletterbach wird sie von einem Konglomerat bedeckt, das zunächst fast nur Porphyrgerölle enthält und die Basisschicht des insgesamt an die 250 m mächtigen Grödner Sandsteines (Oberes Perm) bildet.

Die Gerölle werden bereits wenige Meter weiter oben schnell kleiner; Sand-, Silt- und Tonsteine liegen darüber.

Fast immer sind diese Gesteine gelblich, violett oder rot gefärbt, in graugrünen Varianten sind kohlige Pflanzenreste nicht selten (Abb. E5.2). Mit etwas Glück lassen sich noch Abdrücke ganzer Zweige oder sogar Fruchtzapfen von *lebachia* oder *voltzia* finden, den ältesten Nadelbäumen der Erdgeschichte (Abb. E5.3).

Abnehmende Korngröße der klastischen Komponenten bedeutet entweder verringerte Reliefenergie, also eine flachere Morphologie, oder aber einen Transport aus größerer Entfernung. Aufgrund des Geröllbestandes, der

138

sehr bald Komponenten aus entfernten Regionen führt und aus der Zusammensetzung der Schwerminerale, die nur zum kleinen Teil aus dem Porphyr herleitbar sind, läßt sich sagen, daß die Bozner Porphyrplatte trotz der Mächtigkeit von bis zu 2500 m nicht als Hochgebiet aufragte. Sie war eher eine Einsenkung, so daß die Magmatite entweder in einer Caldera, einer großen Einbruchzone über der Magmenkammer, gefördert wurden, oder in einem tektonischen Graben.

In kohligen Horizonten zwischen roten Sedimenten sind Metalle wie Uran und Kupfer, aber auch Blei, Silber und Zink angereichert. Dies liegt daran, daß in den salz- oder sulfathaltigen Grundwässern der ariden Zonen diese Metalle in Lösung gehen und erst an der kohligen Pflanzensubstanz durch Reduktion wieder ausgefällt werden. Oft sieht man dabei die Holzstrukturen noch erhalten, obwohl diese inzwischen aus Bleiglanz oder Uraninit bestehen (deshalb geben manche Kohlekraftwerke auch eine nicht unerhebliche Menge an Radioaktivität in die Atmosphäre ab). Solche Erzanreicherungen finden sich auch im Grödner Sandstein, und immer wieder stößt man auf Vererzungsspuren oder auf alte Stollen.

Weiße Lagen, Netzwerke oder Knollen von Gips zeigen, daß die Flüsse, die ihre Fracht hier abluden, nicht permanent geflossen sind; dafür war das Klima zu trocken (Abb. E5.4). Immerhin erlaubte es einen Pflanzenwuchs, wie aus den zahlreichen Kohlehorizonten hervorgeht.

Der Grödner Sandstein ist vor allem wegen der in ihm gelegentlich erhaltenen Fährten von Sauriern und Amphibien bekannt geworden, die auch hier im Bletterbach gefunden worden sind. Meist erinnern sie an Eidechsenfährten, doch die größten Hinterfußabdrücke von *pachypes dolomiticus* erreichen fast einen halben Meter im Durchmesser. Man braucht neben Glück auch etwas Erfahrung, um die flachen Eindrücke (am besten bei streifender Beleuchtung) in den siltigen roten Platten zu sehen (Abb. E5.5).

Stop 2: Über den Wasserfall

1/2 Std. – Eine Steilstufe mit Wasserfall überwinden wir mit Hilfe von Eisenleitern. Ein chaotisch wirkendes, brekziöses Basaltgestein direkt neben der unteren Leiter

Abb. E5.2: Im Grödner Sandstein des Bletterbaches.

Abb. E5.3: Fruchtzapfen von voltzia hungarica HEER, *einem der ersten Nadelbäume der Erde, in Grödner Sandstein.*

Abb. E5.4: Der Grödner Sandstein unmittelbar über dem Quarzporphyr ist von periodisch fließenden Gewässern in einem relativ trockenen Klima transportiert worden. Ein Netzwerk von Gipskrusten an der Basis dieses Aufschlusses belegen längere Trockenphasen.

Abb. E5.5: Die Bletterbachschlucht ist vor allem wegen ihrer Amphibien- und Saurierfährten bekannt geworden. Hier die nur wenige Zentimeter großen Spuren von rhynchosauroides tirolicus.

ist der Rest eines der zahlreichen Vulkanschlote, welche die Dolomiten in der Triaszeit durchschlagen haben. Das Material in ihm ist teils von unten mitgebracht, teils von oben in den durch einen explosiven Ausbruch leer geblasenen Schlot nachgestürzt. So ganz im Vorbeigehen können Sie sich also hier anschauen, wie ein Vulkan von innen aussieht!

Stop 3: Durch das Butterloch

1/2 Std. – Die Oberkante der Steilstufe ist durch eine widerstandsfähige Carbonatbank gebildet, die durch Funde verschiedener Kopffüßler (=Tintenfisch-Verwandte) wie *orthoceras* oder *nautilus* als Cephalopodenbank schon seit über einem halben Jahrhundert bekannt ist.

Das Vorkommen mariner Lebewesen bedeutet, daß wir trotz ständiger Sedimentation unter das Meeresniveau geraten sind, daß unsere Region demzufolge in schnellem Absinken begriffen war. Der Grödner Sandstein darüber zeigt ab jetzt immer öfter Anzeichen einer Sedimentation unter Meeresbedeckung: Wellenfurchen, einen erhöhten Dolomitgehalt, Algenkrusten etc. Daneben finden sich aber immer noch Fährten und Pflanzenreste. Es gab somit über lange Zeit ein Hin und Her

im Niveau des Meeresspiegels, dauernd verschob sich die Küste ins Landesinnere und zog sich wieder zurück. Immer aber blieb die Küste sehr nahe, und das Material wurde vom Festland weiter im Westen eingeschwemmt.

Stop 4: Bachaufwärts

1/2 Std. – Über Murschuttwälle, die von gelegentlichen Hochwässern aufgeschüttet sind, steigen wir weiter hoch. In den herumliegenden Platten finden sich zahlreiche, vom Wellenschlag verursachte Rippeln, fossile Trockenrisse, Konkretionen von Kalk oder Gips, Spuren von sedimentwühlenden Organismen, Platten mit Muschelschill aus den Sturmlagen der Werfener Schichten. In den vom Gipfelbereich des Weißhornes herabfallenden Dolomitbrocken können bis mehrere Zentimeter lange Röhren mit Porenreihen erhalten sein – die Negativabdrücke der kalkabscheidenden Wirtelalgen *diplopora* oder *gyporella*, Kalkalgen, die dem Meer Kalk zum Aufbau einer schützenden Hülle entzogen haben.

Abb. E5.6: Ein reiches Bodenleben in den Werfener Schichten belegen die zahlreichen Grab- und Wühlspuren im Mergel der Seiser Schichten (Weißhorn).

Abb. E5.7: Detailansicht des Felsenkessels unter dem Weißhorn mit dünnlagigen Bellerophonschichten, die von oolithischen Kalken (Mazzinschichten, Wandstufe), dem schmalen rotbunten Band des Andrazhorizontes, den mehr grauen Seiser Schichten und rötlichen Campiller Schichten überlagert werden.

Stop 5: Im Kessel

1 Std. – Im oberen Felsenkessel stehen bereits die stark gipshaltigen Schichten der Bellerophonschichten in der küstennahen Fiammazza-Fazies an, die von hier bis in die Gegend von Trient zu verfolgen ist. Die grauen Tonsteine zwischen den Gipslagen sind vielfach von mehreren Typen von Wühlspuren durchdrungen (Abb. E5.6). Der weiße Gips ist auf Klüften als Bündel paralleler Faserkristalle gewachsen, die genau in die Bewegungsrichtung der sich öffnenden Kluft orientiert sind. Teilweise sind sie gebogen, wenn sich die Bewegung im Gestein umorientiert hat.

Anderswo sind die schichtigen Gipslagen wellig verbogen, obwohl die Tonlagen unverformt sind (Schlangengips). Dazu kommt es, wenn die Lage ursprünglich aus Anhydrit bestand, dem wasserfreien Calciumsulfat, das sich erst durch Wasseraufnahme zu Gips umwandelt (etwas Ähnliches geschieht beim Anrühren von Gips mit Wasser). Dadurch wird das Volumen größer. Weil aber die Gipslage im Schichtverband eingesperrt ist und sich seitlich nicht ausdehnen kann, legt sie sich in Falten.

Im Talschluß haben wir einen schönen Blick auf die Bellerophonschichten mit ihren weißen Gipslagen und einigen kleinen synsedimentären Abschiebungen darin (Abb. E5.7) und den auflagernden Werfener Schichten: Im mittleren Wandteil die Steilstufe der Oolithe und Kalksteine der Mazzin-Schichten, die von den bunten Mergeln des Andraz-Horizontes überlagert sind, auf dem im oberen Teil der Steilwand die Seiser Schichten folgen. Die mehr dünnplattigen, roten Campiller Schichten mit den vielen Sedimentstrukturen folgen dort, wo die Wände wieder flacher zu werden beginnen. Sie werden vom Richthofenschen Konglomerat und schließlich dem fast schneeweißen, zuckerkörnigen Sarldolomit des Weißhorns abgeschlossen.

Man kann die höheren Werfener Schichten und den Sarldolomit im Anstieg zum Weißhorn erkunden, der am besten von Radein aus (ab Gasthof Niggl) unschwer zu bewerkstelligen ist. Das Schwarzhorn, gleich südöstlich des Weißhorns, besteht auch in seinem Gipfelaufbau aus Quarzporphyr, was durch normale Lagerung nicht erklärt werden kann. Zwischen den beiden Gipfeln verläuft die Trudener Störung, an der die westliche Scholle um mindestens 500 m abgesenkt wurde.

Exkursion 6: Südtirol versinkt im Meer –
der Geologensteig von Seis

(Wir erleben im Zeitraffertempo erdgeschichtliche Rück-
blicke: die schnelle Verlagerung der Meeresküste land-
einwärts; wie ein Land vom Meer überspült wird und für
Jahrmillionen darin versinkt.)

Wenn Land zum Meer wird, gibt es zwei mögliche
Ursachen: Entweder ist der Meeresspiegel angestiegen
und hat tiefliegendes Festland überflutet (eustatischer
Meerespiegelanstieg), oder das Land sinkt durch tektonische Vorgänge unter das Meeresniveau ab (isostatische

Bewegungen). Beide Vorgänge können auch gegeneinander wirken oder sich verstärken.

Die Bildung der großen Inlandeismassen während
der Eiszeiten hatte den Weltmeerspiegel um mehr als
100 m sinken lassen, so daß weite Flächen, die heute
von Meer bedeckt sind, trocken lagen. Ein totales Abschmelzen aller heute noch vorhandenen Gletscher und
Inlandeismassen der Antarktis und Grönlands würde den
Meeresspiegel dagegen um fast 70 m heben. Die Fest-
landfläche würde drastisch kleiner werden, die Poebene

Abb. E6.1: Fast wie ein Atoll scheint das Langkofelmassiv aus den umgebenden vulkanischen Ablagerungen aufzuragen. Doch handelt es sich
nur um den Rest eines ausgedehnteren Riffkomplexes. Oben: Seiser Alm und die Basis des Schlernmassivs.

Abb. E6.2: Die Grenze zwischen Erdmittelalter und Erdaltertum erscheint bei Tramin als scharfe Linie. Über den dunklen permischen Bellerophonschichten liegt mächtiger Tesero-Oolith der Untertrias.

Abb. E6.3: Seiser Schichten an der Typlokalität der Seiser Klamm.

Italiens, die Norddeutsche Tiefebene, ja ganze Länder, wie Bangladesh, würden unter Wasser sinken – eine Katastrophe für die Menschheit. Dies könnte durch eine generelle Erwärmung der Atmosphäre, etwa durch einen erhöhten Kohlendioxidgehalt bedingt, leicht geschehen. Deshalb sind Umweltschutzorganisationen und auch bereits die Regierungen einzelner Hochindustriestaaten zu Recht besorgt und verlangen Maßnahmen zur Verringerung des Ausstoßes von Kohlendioxid durch Verbrennung fossiler Energieträger und zum Stop der Abholzung großer Waldflächen – die beiden Hauptursachen für den seit 100 Jahren konstant steigenden CO_2-Gehalt der Atmosphäre.

Wechselnde Bewuchsdichte auf einem Kontinent durch Wüstenbildung oder Veränderung der gesamten Landfläche haben aber auch in den vergangenen Erdperioden zu Klima- und damit auch zu Meeresspiegelschwankungen geführt – denken wir nur an die nur 500 Menschengenerationen zurückliegende Eiszeit.

Das Vordringen der Küsten in das Festland, mit dem wir uns hier beschäftigen, hatte teilweise sicher klimatische Ursachen, denn im tieferen Perm waren in den Südkontinenten riesige Landflächen von Eis bedeckt. Der Meeresspiegel lag also generell eher tief. Gegen Ende des Perm schmolzen große Mengen davon ab, der Meeresspiegel konnte um 100 oder mehr Meter ansteigen. Zudem müssen wir mit schnelleren Schwankungen durch wechselnde Eismächtigkeit rechnen.

Waren das Waidbrucker Konglomerat und der Grödner Sandstein (zumindest der untere Teil) noch Ablagerungen auf dem Festland gewesen, überwältigte ab dem höchsten Perm das Meer unsere Region: Von Osten, wo der offene Ozean lag, drang es nach Westen vor. Gegen Ende des Perm hatte es die Linie Bozen – Trient erreicht, im Verlauf der nachfolgenden Jahrmillionen überspülte es fast gesamt Mittel- und Südeuropa (Abb. E6.1).

Was war geschehen? Der Zerfall Pangäas hatte damit begonnen, daß die kontinentale Erdkruste gedehnt wurde, so daß die Oberfläche absank. Der in die Breite zerfließende Kontinent engte die Meeresbecken ein.

Durch die Abtragung der Gebirge gelangte zudem viel Schutt in die Meeresbereiche und verdrängte Wasser: Während das Festland isostatisch absank, stieg in gleichem Maß der Meeresspiegel eustatisch an und führte zu einer ersten schnellen Transgression. In einer großen Bucht griff das Meer nach Westen vor. Hier lebte ein Meeresweichtier, dessen Gattungszugehörigkeit man noch gar nicht genau kennt: der Bellerophon (Abb. 8.5). Meist rechnet man ihn den Meeresschnecken zu, doch ist sein symmetrischer Aufbau absolut schneckenuntypisch. Nach ihm werden die basalen marinen oberpermischen Schichten der Südalpen benannt.

Exkursion 6.1: Seiser Alm und Schlern

Stop 1: Zur Seiser Klamm

1 Std.; streckenweise weglose Kletterei im Bachbett, nur bei Niedrigwasser ratsam. – Von Seis bis zum Schlerngipfel ist die gesamte Schichtfolge vom Perm bis zur Mitteltrias aufgeschlossen. Wir steigen vom Hotel Salegg auf dem mit „3b“ bezeichneten Pfad auf. Nach etwa 15 Minuten zweigt eine Wegspur nach rechts in Richtung Seiser Klamm (Weißbach) ab, wo wir auf die höheren Bellerophonschichten treffen. Es sind dies gut gebankte, dunkle Kalke und Dolomite mit welligen Schichtoberflächen, die sich im Bellerophonmeer etwa 25 km von der Küste entfernt abgelagert haben. Wir wissen das deshalb so genau, weil wir die Küste kennen: Sie lief von Trient über Tramin nach Bozen. In diesen Randbereichen mit flachen Lagunen und abgetrennten Becken dampfte das Meerwasser ein, und aus dem übersalzenen Wasser schieden sich Evaporite ab: Wechsellagerungen von dunklem Dolomit mit weißem Gips, dolomitische Rauhwacken oder reine Gipsgesteine finden sich dort (Fiammazza-Fazies).

In den küstenferneren Zonen gab es wenig Frischwasserzufuhr vom offenen Meer her, dafür war das Becken zu flach und auch zu klein; vielleicht verhinderten sogar Schwellen im Osten einen Wasseraustausch. Die Folge war eine Sauerstoffarmut am Boden, da der im Wasser vorhandene Sauerstoff durch Verwesen der abgestorbenen Meerestiere rasch verbraucht wurde. Die überschüssige organische Substanz verblieb im Kalk- und Dolomitschlamm, der sich dunkel färbte (Badiota-Fazies).

Sedimentäre Feinstrukturen sind wegen einer Durchwühlung durch am Meeresboden lebende Organismen

(Würmer, Schnecken, Krebse etc.) verlorengegangen. In den obersten dolomitischen Horizonten kommen eigenartig verzweigte Risse vor. Sie stehen etwa senkrecht zur Schichtung und sind wahrscheinlich Spuren eines durchwurzelten Meeresbodens, auf dem irgendwelche Pflanzen ansässig waren, von denen aber keine Abdrücke erhalten geblieben sind. Gleich darüber findet sich als Beleg dafür ein kleiner Kohlehorizont von einigen Zentimetern, der die Bellerophonschichten nach oben hin abschließt (Abb. E6.2).

Mit der metermächtigen, massigen Bank eines oolithischen Kalkes (Tesero-Oolith) beginnen die Werfener Schichten. Auf den ersten Blick scheint die Veränderung nicht so kraß, und doch markiert sie einen drastischen Wechsel in der Ablagerungsgeschichte des Raumes. Manche Paläontologen betrachten diese Grenze sogar als eine der bedeutendsten in der gesamten Erdgeschichte: Wir verlassen das Erdaltertum, das Paläozoikum, und treten in das Erdmittelalter, das Mesozoikum, ein. Viele Tierarten sterben aus, wie die Trilobiten, die kieferlosen Fische oder die altertümlichen Korallen; andere Tiergruppen erleben einen drastischen Niedergang, wie die Kopffüßler, die sich erst im Lauf der Trias langsam wieder erholen. Was genau geschehen war, weiß niemand so recht. Die Katastrophisten unter den Erdwissenschaftlern glauben an einen großen Asteroideneinschlag, der für Monate das Weltklima so drastisch verschlechtert hatte, daß viele Arten nicht überleben konnten, andere sehen weniger spektakuläre Ursachen. Hier – in unserem Profil jedenfalls – haben wir einen Wechsel von einem schlecht durchlüfteten, flachen Meeresbecken zu einem gut belüfteten, in dessen bewegtem Wasser sich die

Oolithe bilden und abscheiden konnten. Keine schlamm-wühlenden Organismen zerstören mehr die sedimentäre Feinschichtung, so daß wir im Oolith und auch in den darüber folgenden Mazzinschichten eine feine Bände-rung, vielfach auch eine durch den ungleichmäßigen Wellenschlag verursachte Rippel- und Kreuzschichtung sehen können.

Hier ist der Oolith nur einen Meter mächtig, doch finden sich in den darüberliegenden Kalken noch dünne Oolithbänke, die zerrissen sind. Nach Westen zu, wo bei Tramin die Küste lag, wird der Oolith 10 m mächtig. Die deutliche Rhythmik in den Mazzin-Kalken wird als Sturmschichtung gedeutet, wo bei starken Orkanen in kurzer Zeit sehr viel Sediment umgelagert wird und sich grobe Kalksteine absetzen; in Zeiten der Ruhe sedimen-tiert feiner Kalkschlamm. Durch die Stürme werden auch Muscheln vom Meeresgrund aufgewühlt, verfrachtet und deren Schalen zu Muschelschillagen zusammenge-schwemmt. Aber auch größere Zyklen kommen darin vor, wofür vielleicht periodische astronomische Ereig-nisse verantwortlich sind (wie es auch für die Eiszeiten diskutiert wird).

Stop 2: An der Typlokalität

³/₄ Std. – Wir müssen die 20 m hohe Steilstufe der Mazzin-Kalke auf der Nordseite des Baches über den um das Jahr 1200 abgegangenen Seiser Bergsturz umgehen und gelangen in höhere Mazzinschichten ähn-licher Ausbildung. Eine auffällig rot-grün-bunt gefärbte, nur wenige Meter mächtige Mergellage mit gelegentli-chen Gipseinschaltungen, der Andraz-Horizont, trennt die Mazzin-Kalke von den darauf folgenden Seiser Schichten. Er zeigt eine kurzfristige Regression des Meeres an, ein Zurückziehen, wodurch in Lagunen das Salzwasser bis zur Gipsausscheidung eingedampft wurde.

In den Seiser Schichten, die hier definiert wurden (Typlokalität), sind auffällig gebankte Kalklagen durch rote Mergellagen voneinander getrennt (Abb. E6.3). Auch hier mögen es zumeist Sturmereignisse gewesen sein, welche die Rhythmik erzeugten. Andererseits sehen verschiedene gradierte Kalklagen (mit grobem Material unten und feinem oben) eher nach Turbiditla-gen aus. Mehrere Kalklagen führen neben Ooiden auch Glaukonit, Foraminiferen und reichlich zusammenge-schwemmte winzige Schnecken (Gastropoden-Oolith), was typisch für die Seiser Schichten ist. Schnecken finden sich aber auch in Mergellagen zwischen den

Kalkbänken (Schneckenschlamm-Steine). Daneben kommen auch mit Muscheln (verschiedene Claraia-Arten wie die kleine *claraia wangi* oder die mehr als 5 cm groß werdende und radial fein gerippte *claraia claraie*) reich besetzte Flächen vor, und gelegentlich findet sich die halbzentimetergroße, bräunlich glänzen-de Chitinschale der *lingula*, eines Brachiopoden, der seit dem Kambrium bis heute fast unverändert existiert und eine der längstlebigen Arten der Erdgeschichte dar-stellt!

Stop 3: Campiller Schichten

³/₄ Std. – Auch die Steilstufe der Seiser Schichten über-winden wir über den Bergsturz, wodurch wir in deren höchste Lagen gelangen.

Mit dem Einsetzen von reichlich klastischem Mate-rial, insbesondere viel Glimmer auf den Schichtflächen und dem Verschwinden der Kalklagen, setzen die kräftig violettrot gefärbten Campiller Schichten ein. Rippelmar-ken jeder Dimension bis zu millimeterkleinen Mikrorip-peln finden sich auf den feinkörnigen roten Tonsteinen. Wir steigen aus dem Graben aus und kehren nach Seis zurück. Ab Bad Ratzes können wir auf dem berühmten Proßliner Steig unsere Wanderung fortsetzen.

Stop 4: Der Proßliner Steig

1 Std. – Von Seis fahren wir nach Bad Ratzes und folgen dem Weg, der jenseits des Frötschbaches (Schwarzgriß-bach) in südöstlicher Richtung nahe dem Bach hinauf-führt. Nach Verlassen der Werfener Schichten, die nord-seitig des Baches anstehen, treffen wir nach etwa 15 Minuten auf einen Seitenbach, der vom Burgstall herabfließt. Einige Zehnermeter steigen wir diesen hinauf, bis wir auf eine mehrere Meter mächtige rote Konglomeratbank treffen: das Richthofenkonglomerat, benannt nach dem großen Dolomitenforscher des vorigen Jahrhunderts. Es ist sehr weit verbreitet, man findet in dieser Position einen Geröllhorizont in den ge-samten Südalpen, in den Dinariden Jugoslawiens bis hin nach Griechenland. Es liegt über ganz unterschiedlichen Gliedern der Werfener Schichten, die nach Westen jünger werden. Die darunterliegenden Serien waren also bereits verkippt, und in einer Aufdomung im Gadertal transgrediert das Richthofen-Konglomerat sogar über Bellerophonschichten. Dies bedeutet, daß jüngere Schichten dort gehoben wurden und bereits vor Ablage-rung des Konglomerats wegerodiert worden sind.

Abb. E6.4: Die Beckensedimente der Cassianer Schichten an der Seiser Alm.

Wir stehen vor dem wichtigen Zeugen einer Erdkrustenbewegung, die sich während der unteren Trias abspielte und durch die in unserem Raum eine große Halbinsel im Meer entstand. Die groben, sehr schlecht sortierten Gerölle weisen auf schnell strömendes Wasser hin; an anderen Stellen, z. B. bei Agordo, haben sich enge, mit Konglomerat verfüllte Schluchten in den Untergrund eingeschnitten – alles Zeichen einer schnellen Hebung. Die festländischen Ablagerungen blieben noch eine Weile erhalten, doch wurden nur noch feinkörnige Partikel angeschwemmt: Die ziegelroten Peresschichten oberhalb des Richthofen-Konglomerats stellen verfestigten Tonschlamm dar, in denen sich häufig die Fußspuren von kleinen Sauriern eingeprägt haben (an dieser Stelle finden sie sich aber selten).

Die Steilstufe darüber wird aus Sarldolomit gebildet, dem ersten richtigen, weitflächig verbreiteten Trias-Riffgestein (im Marmoladagebiet weiter im Osten wird er Contrinkalk genannt). Wir kehren zum Weg zurück und passieren im weiteren Anstieg kurz vor der Abzweigung zur Schlernbodenhütte den Sarldolomit. Wegen der Dolomitisierung ist in dem etwas zuckerkörnig wirkenden Gestein manche Feinstruktur verlorengegangen, aber gelegentlich ist eine feine Laminierung, erzeugt durch Algenrasen, zu sehen. Auffälliger dagegen ist eine Brekziierung, wobei die Komponenten gleich wieder in dem Gestein eingebettet sind – es sind Spuren einer Zertrümmerung schon während der Sedimentation. Diese macht sich auch in zahlreichen offenen Klüften bemerkbar, die mit Calcitkristallen verheilt sind. Es war eine erneute Dehnungsphase, in der das Festland absank, was die rasche Überflutung auslöste. Die Risse sind teilweise auch mit einem schwarzen Bitumen ausgefüllt (Grenzbitumenhorizont).

147

Stop 5: Buchensteiner Schichten

20 Min. – Nach der Abzweigung folgen wir dem unteren Weg, dem Proßliner Steig. So treffen wir schon im nächsten Bach auf die grauen Buchensteiner Schichten. Es sind dies dünnplattige, gut gebankte Kalksteine mit typisch wellig-rauhen Schichtflächen und einem hohen Gehalt an Kieselsubstanz, die sich zu Knollen verdichtet hat. Vereinzelte grünliche, bis 20 cm mächtige Zwischenlager rühren von vulkanischen Aschen her. Es sind erste Anzeichen des in den folgenden Jahrmillionen so bedeutenden Vulkanismus.

Links vom Wasserfall ist an einer rezenten Abschiebung der talnahe Block um fast zwei Meter abgesunken, ein gutes Beispiel im Kleinen für Talzuschub, bei dem ganze Gebirgteile bei günstiger Schichtneigung talwärts kriechen und das Tal verengen, bzw. sich die Berge in einzelne Zacken auflösen, wie dies am Schlern ja mit der Ablösung von Santner- und Euringerspitze schön im Großen demonstriert wird.

Stop 6: Basalt

1/2 Std. – Der Steig quert nun auf die Nordostseite des Baches, wo wir etwa eine halbe Stunde durch vulkanische Trümmermassen aufsteigen, bis wir an einen Aufschluß mit eindrucksvollen Basaltsäulen gelangen, die schräg und leicht gekrümmt den Hang hochziehen. Die schwarzen, fünf- und sechskantigen Säulen entstanden bei der Schrumpfung des Magmenkörpers während der Abkühlung.

Stop 7: Zur Proßliner Schwaige

1/2 Std. – Der Basalt erstarrte nicht an der Oberfläche, sondern langsam unter einer schützenden Schicht von Gestein. Die Lava war nämlich als sogenannter Lagergang in die Buchensteiner Kalke eingedrungen, hatte diese entlang der Schichtfläche hochgehoben, was ihr leicht gelang, da Basaltlava eine höhere Dichte hat als die Kalksteine, die auf die Lava aufschwammen. Dies wird im nächsten Aufschluß 200 m weiter deutlich, wo zerrissene Buchensteiner Schichten dem Säulenbasalt auflagern und ihrerseits von Agglomerat bedeckt sind.

Der Rest des Weges verläuft weiter in vulkanischen Tuffen bzw. den groben Agglomeraten und ist schlecht aufgeschlossen bis zur Proßliner Schwaige (1739 m), wo wir verdiente Rast halten dürfen.

Stop 8: Cipitbach

20 Min. – Von der Schwaige geht es leicht abfallend in den Einschnitt des Cipitbaches und in diesem aufwärts. Große Blöcke von Schlern-Riffkalk liegen hier herum. Sie sind aber nicht erst in jüngerer Zeit abgestürzt, sondern bereits gleichzeitig mit dem Riffwachstum. Das Schlernriff war von Algen, Korallen, Seelilien, Seeigeln und anderen Tieren besiedelt und erhob sich über das Meeresbecken, in dem sich die vulkanischen Ablagerungen aufhäuften. Wellenschlag und Wind nagten an dem porösen Kalkkörper, es bildeten sich am Meeresboden Schuttkörper, und ab und zu stürzten große Blöcke von der Riffkante ab. Weil diese dann sehr schnell im Schlamm des Beckens begraben worden sind, fielen sie nicht der Dolomitisierung zum Opfer, durch die der Haupttriffkörper seine Feinstrukturen verlor. Deshalb wurden die sehr fossilreichen Sturzblöcke als Cipitkalkblöcke bekannt und wichtig für die Rekonstruktion der Lebewelt in dem Riff und natürlich auch begehrte Objekte für Fossiliensammler.

Nicht alle Blöcke sind gut erhalten – eine Reihe davon ist bereits dolomitisiert, denn es brachen Blöcke verschiedener Umwandlungsstadien in das Becken hinab. In den dolomitisierten Blöcken findet man dafür aber große Tafeln oder Kristalle von Coelestin, einem Strontiummineral. Strontium wird nämlich in die Aragonit-Skelette und -Schalen von Korallen und Muscheln eingebaut, nicht aber in Dolomit, so daß es bei der Umkristallisation von Aragonit zu Dolomit frei wird und als eigenes Mineral auftritt.

Stop 9: Schlern

3 Std. – Wir können von hier entweder zurückkehren, oder aber wir steigen über die Wengener und Cassianer Schichten mit ihrem bunten Gesteinsgemisch aus Mergeln, Tuffen, Dolomit und Sandsteinen (Abb. E6.4) und schließlich durch Schlerndolomit auf dem Touristensteig zu den Schlernhäusern (2457 m) auf (2 Std.). Wir tun dies nicht nur des kaum übertreffbaren Ausblicks vom Petz (2564 m) oder Burgstall (2515 m), sondern auch wegen der interessanten Raibler Schichten, die dem Schlernplateau aufliegen (Abb. E6.5). Rote Sandsteine, Mergel und Dolomite, vor allem aber konzentrisch-schalige Großooide bis zu Erbsengröße, die wohl mit Hilfe von Algen oder Bakterien in einem bewegten Flachwasser gewachsen sind. Zwischenzeitlich war das ganze Riff herausgehoben worden und trockengefallen, und es war zu Bodenbildung gekommen, sogar zu Verkarstung, und in die Spalten war rote Erde eingeschwemmt worden (Roterdspitze), oder es hatten sich kleine eisenhaltige Konkretionen gebildet, „Bohnerz", das verstreut immer wieder auftritt. Am Burgstall und einigen anderen Stellen sind noch Reste der einstigen Überlagerung zu erkennen: helle Dolomite von der Basis des Hauptdolomits. Auch Reste eines Lavabandes finden sich auf der Süd- und Westseite. Die Überlagerung mit vulkanischem Gestein hat offenbar die Organismen abgetötet und das Riffwachstum abrupt gestoppt.

Stop 10: Roßzähne

4 Std. – Anderntags kann man dem Grat nach Südosten Richtung Roterdspitze folgen und zum Seiser-Alm-Haus oder Molignonhaus absteigen, von wo man eine grandiose Aussicht auf die Südostwand der Roßzähne hat, in der sich die Riff- und Beckensedimente verzahnen. Isolierte Cipitkalkblöcke liegen zwischen z. T.

bereits umgelagerten Tuffen oder Tonsteinen (Marmolada-Konglomerat). Zum Teil sind die Blöcke in großen Massen gemeinsam abgeglitten und in das Becken gerutscht (evtl. durch Erschütterungen bei Vulkanausbrüchen losgebrochen), andere sind einzeln vom Riff abgestürzt. Da Korallen dorthin wachsen, wo das größte Nahrungsangebot herrscht, wächst das Riff häufig wie ein Pilz in Richtung auf das Meer zu. Aber die Korallen überblicken die Baustatik des Gesamtkörpers nicht, und so wird der Überhang von Zeit zu Zeit zu groß und bricht zusammen – genau das Resultat sehen wir in den Wänden nördlich der Roterdspitze (2655 m; Abb. E6.6 und E6.7).

Man kann Tage damit verbringen, in den Cipitkalken nach Fossilien und in den durch die Entgasung aufgeblähten Hohlräumen der Laven nach Mineralen zu suchen, die in diese hineingewachsen sind: Apophyllit, Analcim, Quarz, Calcit und diverse Zeolithe von hier füllen die Sammlungen der Welt. (Naturpark, genehmigungspflichtig!)

Exkursion 6.2: Von St. Ulrich auf die Seceda

Lohnende geologische Bergtour, ganztägig, mäßig schwierig. – Wer von Klausen nach St. Ulrich hinauffährt, gewinnt in Straßenaufschlüssen einen recht guten Einblick in den Unterbau der Dolomiten. Über grauen und eng gefalteten, z. T. Granat oder Graphit führenden Paragneisen des altkristallinen Grundgebirges liegt zunächst ein dunkelgraugrüner Porphyr mit wenig Quarz und viel dunklen Gemengteilen (dazitischer Ignimbrit, nördlich der Industriezone von St. Ulrich). Ihm folgen bald rote rhyolithische, d. h. quarz- und kalifeldspatreiche Ignimbrite (Kastelruther Porphyr).

Nördlich der Straße sieht man in einem aufgelassenen Bruch (heute Kletterwand) die charakteristische Fließstruktur (flach nach Osten einfallend) und die fast senkrechte Klüftung. Die Kluftflächen sind oft mit einer Striemung versehen, was bedeutet, daß sich an ihnen Bewegung abgespielt hat. Der Porphyr ist hier nur ca. 600 m mächtig und dünnt nach Norden und Osten noch weiter aus.

Ähnlich wie Kastelruth liegt St. Ulrich auf der Verebnungsfläche, welche die Oberseite des Quarzporphyrs markiert, weil die Feldspatsande, Silt- und Tonschichten des Grödner Sandsteins leichter verwittern. Nordöstlich von St. Ulrich erhebt sich steil die Westwand der Seceda,

in der einzigartig die Perm- bis Mitteltriasschichten entblößt liegen (Abb. E6.8).

Stop 1: Kukasattel

2 Std. – Von St. Ulrich gelangt man zu Fuß (Fahrmöglichkeit bis Café Martin) oder mit der Seceda-Seilbahn zu deren Mittelstation (1700 m). Von hier steigt man zum Kukasattel (2150 m) auf. Nach der letzten Kehre bei etwa 2000 m beginnen die Aufschlüsse in grauen Kalken und Mergeln der marinen Werfener Schichten (Seiser Schichtglied).

Ein Farbumschlag nach rotviolett verrät darüber einen erneuten festländischen Einfluß, und glimmerreiche Feinsand- und Siltlagen wechseln mit geringmächtigen rötlichen Kalken. Eine Brekzienlage mit bis über 10 cm großen Trümmern aufgearbeiteter Werfener Schichten verrät, daß wir uns im Horizont des Richthofen-Konglomerates (Unter-Anis) befinden, das hier unmittelbar den Seiser Schichten auflagert und in dem sich höhere Werfener als Gerölle finden.

Mit der Ablagerung des grauen Sarldolomits darüber herrschen kurz darauf wieder marine Verhältnisse. Der Dolomit ist in seinen basalen 2 Metern noch fein lami-

Abb. E6.5: Das Gipfelplateau des Schlern mit den Schlernplateau-Schichten.

niert, im Wechsel mit gröberen Lagen, in denen Kalkalgen und Bruchstücke aufgearbeiteter Kalkbänke vorkommen (Intraklasten-Horizonte). Rötliche Horizonte zeigen, daß vom nahen Festland roter Wüstenstaub angeblasen wurde.

Eine kleine Störungsfläche streicht in südöstlicher Richtung auf den Paß zu. Anhand der Striemung läßt sich ein linkshändiger Versatz ermitteln. Danach wird der Sarldolomit zuckerkörnig, weist viele offene Poren auf und enthält einige metergroße Karsthohlräume.

Die Buchensteiner Schichten (Formazione di Livinallongo) darüber zeigen die typisch kieseligen Knollenkalke im Wechsel mit bituminösen Kalk- und Schwarzschiefer-Lagen sowie Einschaltungen von grünen

Abb. E6.6: Die Verzahnung der Riff- und Beckensedimente an der Ostseite der Roßzähne über dem Molignonhaus der Seiser Alm. In schwarzen Tonschiefern und Tuffen liegen vom Riffkörper abgestürzte Cipitkalkblöcke, die für ihre gut erhaltenen Fossilien bekannt sind.

Abb. E6.7: Detail aus Abb. 6.6.

Abb. E6.8: Die steile Westwand der Seceda mit rotbunten Grödner Schichten und grauen Bellerophonschichten.

Tuffhorizonten (Pietra verde). Eine Besonderheit ist die mehrere Meter mächtige Brekzie an der Grenze zu den überlagernden Basalten. Der Beginn der vulkanischen Tätigkeit hat sich offenbar durch Hebung und Verkippung eines Teils des Meeresbodens angekündigt, wodurch eine untermeerische Mure abging, bei der die Komponenten in viel Schlamm eingebettet liegen.

Darüber ergoß sich Basaltmagma in der typischen Form der Kissenlava (Pillowlava), die alle untermeerischen Ergüsse kennzeichnet. Als die Lava über den Meeresboden floß, ist Kalkschlamm mit eingewickelt worden, der sich noch in den Zwickeln zwischen den Lavakissen findet und durch die Hitzeeinwirkung zu einem dichten, leicht kontaktmetamorphen Kalk umkristallisiert ist (Abb. E6.9). In dem Basalt selbst ist als einziges größeres Mineral schwarzer Augit erkennbar (Augitporphyr).

Stop 2: Panascharte

1 Std. – Vom Kukasattel geht es über die Mastlèhütte zur Panascharte, 2447 m, wobei man immer wieder Laven und Buchensteiner Schichten mit grünen Tuff-Horizonten quert, die verschiedentlich gefaltet oder auch an kleinen Störungen versetzt sind.

Nahe der Scharte wurden von einem Privatsammler in den Buchensteiner Schichten die Reste eines Fischsauriers (Ichthyosauriers) gefunden. Man genießt noch

Abb. E6.9: Basalte über den Buchensteiner Schichten haben Kalkschlamm zwischen die Lavakissen eingearbeitet (Kukasattel, Seceda).

ein letztes Mal den herrlichen Blick auf den Langkofel-stock und die Puezgruppe, bevor man sich ein Herz faßt und den steilen Abstieg durch die von einer Verwerfung vorgezeichnete Schuttrinne in Richtung Brogleshütte, 2045 m, wagt.

Stop 3: Broglessattel

1 ¹/₂ Std. – Von der Hütte gelangt man nach kurzem Aufstieg zum Broglessattel, 2155 m, an dem roter Grödner Sandstein ausstreicht. Man halte sich in südöstlicher Richtung und steige auf der Rippe gegenüber der Seceda-Westwand ab, von wo man einen faszinierenden Einblick in die Schichtstrukturen hat: Zuunterst die gebankten rot-violetten bis gelblichen Sand- und Siltsteine der Grödner Schichten, z. T. mit grünlichen Reduktionsflecken und bizarren Erosionsstrukturen.

Darüber folgen die dunkelgrauen Bellerophonschich-ten mit dünnen, weißen Gipslagen (Fiammazza-Fazies, ehemalige Lagune), während in den obersten 30 Metern mehr dunkle, feingeschichtete Kalke (Badiota-Fazies, marin, nicht mehr sehr küstennah) vorherrschen.

Eine ausgeprägte Bankung findet sich darüber in den gelblich-grauen Werfener Schichten. Die wieder rötliche Richthofen-Konglomeratschicht ist nur stellenweise sichtbar, auffällig ist dagegen der massige, hellgraue Sarldolomit, der kurz unter der Felsoberkante eine Steilstufe bildet. Die gut gebankten Gesteine darüber gehören der Buchensteiner Formation an, und selbst von den Basalten zuoberst kann man vereinzelt noch etwas erahnen. Hier steht man staunend und überblickt ungestört Schicht für Schicht 30 Millionen Jahre Erdgeschichte, sieht das Versinken des Kontinentes im Meer wie in einem Buch aufgezeichnet.

Durch schöne Zirbenbestände geht man zur Mittelstation zurück.

Exkursion 7: Tore zur Hölle – Predazzo, Monzoni

(Wir steigen tief in einen Vulkan hinein und besuchen dessen Magmenkammer, aus der sich einst die glutflüssigen Laven an die Oberfläche ergossen.)

Predazzo stand kopf. Für den 30. September 1822 hatte sich hoher Besuch angekündigt: der Gesandte des Königs und berühmte Naturforscher Alexander von Humboldt! Das Gasthaus Nave d'Oro wurde herausgeputzt, ein neues Gästebuch aufgelegt, in das der honorige Gast den ersten Eintrag vornehmen sollte. Viele Geologen würden später noch folgen.

Was wollte Humboldt hier? – Zu Beginn des vorigen Jahrhunderts noch gab es zwei konträre Lehrmeinungen über die Entstehung der Gesteine: Die Anhänger der „Neptunisten" um Abraham Werner aus Freiberg in Sachsen, der damaligen Hochburg der Geologie, glaubten, daß alle Gesteine sich aus einem großen Urozean gebildet hatten und daß nacheinander erst die Urgesteine, wie Schiefer, Gneis und Granit auskristallisierten, gefolgt von Dolomit, Kalk und anderen Sedimentgesteinen. Geologische Vorgänge, wie Faltung oder Intrusion, sollte es nicht geben, Faltung war durch ungleichmäßige Kristallisation als ein Relief im Urmeer gedeutet. Verständlich wird diese Ansicht erst, wenn man bedenkt, daß die biblische Schöpfungsgeschichte noch großen Einfluß hatte, nach der die Erde erst vor wenigen Jahrtausenden entstanden und vom Schöpfer der Menschheit fertig übergeben worden sein sollte.

Die zweite Schule, die der „Plutonisten" um den weitgereisten englischen Geognosten James Hutton, sah bereits das Wirken erdinnerer Kräfte. Für sie war Granit aus der Tiefe hochgedrungen und erstarrt. Es war eine Zeit heftiger Kontroversen zwischen den Schulen, in die eine Nachricht aus Predazzo hineingeplatzt war: Graf Giuseppe Marzari-Pencati hatte entdeckt, daß der Kalkstein bei Canzoccoli westlich von Predazzo von Granit überlagert wird. Die Neptunisten jubelten, sahen sie doch darin einen Beleg ihrer These der gemeinsamen Kristallisation aus dem Meer.

Humboldt war gekommen, um sich die Sache persönlich anzuschauen. Doch erst zwei Jahre später, 1824, erkannte Leopold von Buch, daß die Minerale, für die die Region inzwischen bekannt geworden war, nur im Kalk nahe der Grenze zu Granit und Monzonit zu finden waren, und deutete dies richtig als Wirkung der Hitze beim Eindringen der Plutone. Damit war erstmals belegt, daß Granit jünger sein konnte als Kalk, daß er heiß aus der Tiefe aufsteigt und das Nebengestein kontaktmetamorph verändern kann. Was uns selbstverständlich ist, war damals eine Revolution in der Wissenschaft und versetzte den neptunistischen Ideen den Todesstoß.

Wie sehen wir die Sache heute? Predazzo und Monzoni liegen im Zentrum des vulkanischen Komplexes der Dolomiten (Abb. E7.1). Hier aber finden sich Tiefengesteine: Gabbro, Monzonit und Granit. Bei Monzoni sind es vor allem Gabbro und Monzonit, die sich auf etwa vier Kilometern Länge und einen Kilometer mächtig zwischen Quarzporphyr und Marmoladakalk eingezwängt haben. Ähnliches ist uns schon am Proßliner Steig (Exkursion 5) begegnet: Magma hebt vielfach die überlagernden Gesteine einfach hoch und fließt in die Schichtfugen dazwischen. Aus solch einer Magmenkammer in der Erdkruste werden häufig Vulkane gespeist, die auch hier vom 800–1000 m tiefen Meeresboden noch einen oder mehrere Kilometer hoch über die Meeresoberfläche als vulkanische Inseln aufragten. Abwechselnd wurden Tuffe oder Laven gefördert; sie bauten sogenannte Schichtvulkane (wie Vesuv oder Stromboli) auf. Aber all das vulkanische Material, das gefördert wurde, fehlte im Untergrund. Bei Predazzo löste sich vom Dach einer Magmenkammer eine kegelförmige Gesteinsscholle und sackte in die Tiefe ab. In den entstehenden Spalt wurde Magma eingepreßt und formte eine im Kartenbild ringförmige Intrusion aus Monzonit und Granit. Solche Ring-Intrusionen findet man häufig im Unterbau von Vulkanen, deren zentraler Teil abgesackt ist und einen großen Einbruchskrater, eine Caldera, gebildet hat. Damit wird auch verständlich, daß die Intrusivgesteine von Predazzo – die unter dem isolierenden Mantel aus Vulkangesteinen langsam kristallisierten – etwas jünger als die Vulkanite sind.

Die Ursache des Magmatismus in den Dolomiten schien lange klar: Durch das Zerreißen Pangäas, das sich in der Trias vorankündigte, gab es nicht nur Absenkung, sodern auch Dehnung und tiefe Risse in der Kruste, an denen Magmen aufsteigen konnten. Durch Arbeiten ita-

Abb. E7.1: Dunkle Vulkanite und helle Kalke sind in den zentralen Dolomiten nahe beisammen (Langkofel von der Costabella).

lienischer Kollegen der Universitäten Ferrara und Bologna ist dieses Modell jedoch wieder in Zweifel gezogen worden. Sie erkennen in der Untertrias bereits Faltung und Überschiebungen, d. h. Einengung, und die chemische Charakteristik der Magmatite paßt auch nicht zu der Dehnungstektonik. Ob es sich nun, wie die Bearbeiter vermuten, um eine kurzfristige Subduktion während der Mitteltrias handelt, um eine größere Lateralverschiebung, wie andere glauben, oder ob die Daten doch im klassischen Sinne gedeutet werden können, ist derzeit noch nicht entscheidbar. Hier kann der Leser sich noch mitten in einem wissenschaftlichen Entscheidungsprozeß fühlen!

Mit einem Besuch im geologischen Museum von Predazzo beginnt man am besten seine Erkundung dieser Region. Hier sind nicht nur historische Dokumente aufbewahrt; auch die vielen schönen Minerale der Gegend, typische Gesteine, bergmännisches Gerät und eine Ton-

Dia-Schau (nur in italienischer Sprache) über die Entstehung der Dolomiten machen den Besuch lohnenswert.

Am Doss Capèl führt ein geologischer Lehrpfad durch die wichtigsten Gesteinseinheiten und magmatischen Phänomene (Abb. E7.2). Er beginnt an der Gipfelstation des Sessselliftes (zu Fuß von Predazzo sind es etwa 3 Std.). Da es keine Erläuterung in deutscher Sprache dazu gibt, seien hier die sichtbaren Phänomene kurz kommentiert (eine etwas ausführlichere Beschreibung ist in den „Itinerari naturalistici e geografici attraverso le montagne italiane" des CAI Nr. 15: Il sentiero geologico nelle Dolomiti, 1979, von E. Sommavilla, erschienen).

Da die Seilbahn von Predazzo derzeit außer Betrieb ist, fährt man viel günstiger von Tesero auf die M.ga Pampeago und erreicht von dort den Lehrpfad bei Stop 5 in einer knappen halben Stunde zu Fuß. In diesem Fall verzichtet man am besten auf die Stops 11 und 12.

Abb. E7.2: Wegeskizze des geologischen Lehrpfa-des am Doss Capèl, westlich von Predazzo.

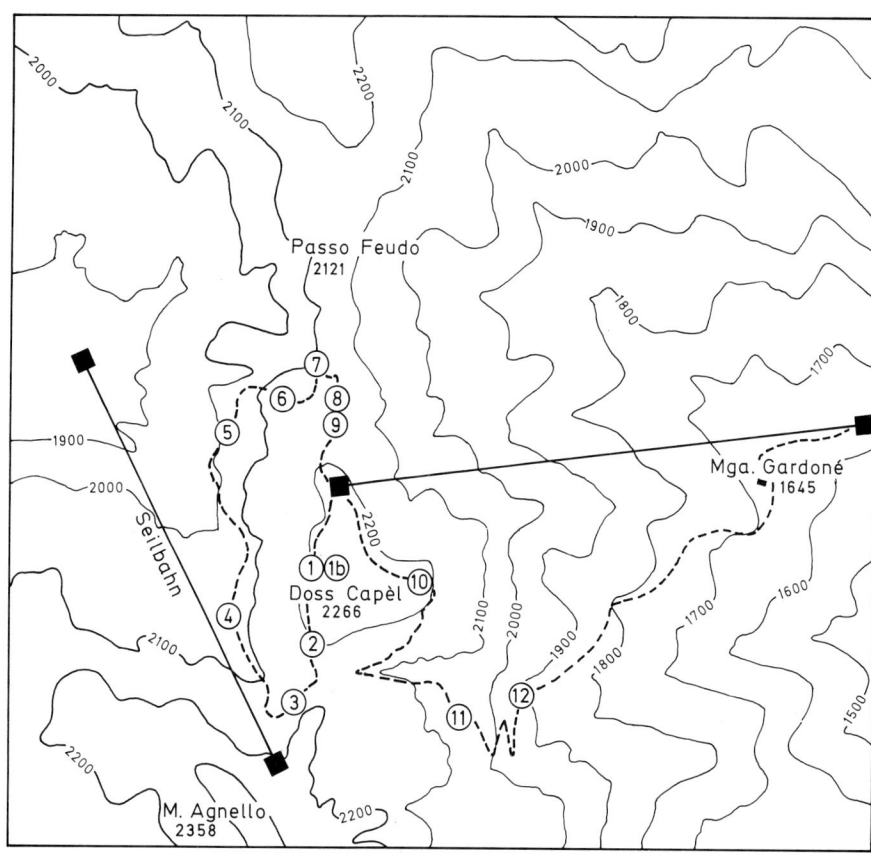

Abb. E7.3: Auswürflinge von Kalk in vulkani-schem Tuff. Stop 1 des Lehrpfades.

Stop 1: Der Initialausbruch

$^1/_4$ *Std.* – Von der Seilbahnstation geht es auf bezeichne-tem Weg etwa 200 m in Richtung Süden, wo man am Weg und in einem kleinen Steinbruch oberhalb auf ein brekziöses, grünliches Gestein trifft. Die Komponenten sind zum Teil so scharfkantig, daß sie nicht im Wasser transportiert worden sein können (Abb. E7.3). Zahl-reiche weiße Kalkkomponenten aus den wenige Meter tiefer anstehenden Schichten sind vertreten, die nach oben hin kleiner und prozentual weniger werden. Mit ihnen sind schwärzliche Brocken, z. T. auch Bomben von Lava, in einer feinkörnigen grünen Matrix aus vulkani-schen Aschen eingebettet. Eine gradierte und unregelmä-ßige Schichtung weist auf viele aufeinanderfolgende Er-eignisse hin, bei denen verschieden schwere Teilchen unterschiedlich schnell zu Boden fielen: typisch für vul-kanische Explosionen. Im geologischen Sprachgebrauch heißt solch eine vulkanische Explosionsbrekzie Agglo-merat.

Weil gleich darunter die normalen Triaskalke an-stehen, ist es ein Initialausbruch (Erstausbruch), bei dem Gas, Asche, Lavafetzen und vom Untergrund losgerisse-ne Kalkbrocken in die Luft geschleudert und hier sedi-mentiert wurden. Die Kalke darunter, die wir am Weiter-

155

Abb. E7.4: Ein dunkler Basalt- und ein rötlicher Syenitgang (rechts) durchschlagen weißen Ladinkalk. Stop 3 des Lehrpfades.

weg queren, sind reich an Algen und Korallen des Ladins (Mitteltrias); damit können wir den Vulkanismus auch altersmäßig einstufen.

Stop 2: Die Laven des Monte Agnello

10 Min. – Blick auf Monte Agnello und seine Lavaströme, die als parallele Schichten gut zu erkennen sind. Leicht erodierbare Tufflagen dazwischen dokumentieren relative Ruhephasen des Vulkans, wobei vorwiegend nur Aschen in kleineren Explosionen ausgeblasen wurden. Wir stehen an der Flanke eines Schichtvulkans, von dem hier nur noch wenig übriggeblieben ist, der aber einst über Predazzo hinaus noch Kilometer nach Osten reichte und sich vielleicht mehrere tausend Meter hoch erhob!

Wenn wir später am Wandfuß Handstücke aufsammeln, können wir kleine, weiße Leisten von Plagioklas und schwarze Kristalle von Augit erkennen, die in einer sehr feinen, graugrünen Grundmasse eingebettet sind. Man spricht von einem Augitporphyrit, in der chemischen Klassifizierung von einem Latit oder Latitbasalt. Diese Gesteine sind in ihrer Zusammensetzung dem Monzonit verwandt, der als Tiefengestein weiter unten ansteht, gleich alt ist und natürlich in ursächlichem Zusammenhang damit zu sehen ist.

Stop 3

In einer steilen Aufschlußwand erscheinen wieder die Kalke. Wie schon zuvor, sind sie relativ grobkristallin, zuckerkörnig. Dies rührt von einer Umkristallisation durch die thermischen Einflüsse der Vulkane her. Die Mächtigkeit der Kalke unter uns ist an die 1000 m. Sie werden von mehreren ziegelroten und schwarzen

Gängen durchschlagen (Abb. E7.4). In den roten ist die Färbung durch die Kalifeldspat-Einsprenglinge bedingt, sie gehören zur Familie der syenitischen Gesteine (noch genauer: Es handelt sich um Tinguait).

Die schwarzen Gänge haben Einsprenglinge (Phänokristalle) von einer an Alkalien reichen Hornblende (Kaersutit). Es sind basaltische Gänge (Camptonite).

Stop 4: Rundblick

¹/₄ Std. – Der Weg verläuft nun etwa 100 Höhenmeter parallel zum Skilift talwärts. Wir sehen drei geologische Phänomene:

a) Polierte Kalksteinrücken, U-förmiger Talquerschnitt, halbmondförmige Rücken aus einem sehr schlecht sortierten Lockergestein mit gekritzten Geschieben und fein zerriebener Grundmasse weisen alle auf die Überformung durch die eiszeitlichen Gletscher hin, die hier noch vor etwa 15 000 Jahren in großer Mächtigkeit darüberlagen. Die kleinen, noch sichtbaren Moränenwälle stammen aus der Nacheiszeit, wo es vor 10 000–8000 Jahren immer wieder kleine Gletschervorstöße gab, bevor sie endgültig von hier verschwanden.

b) Ein Pfeil auf der Anzeigetafel weist auf einen kleinen Bergrutsch hin, dessen sehr unregelmäßige Massen am Hangfuß bereits mit Bäumen bewachsen sind. Bei der langsamen Bodenbildung in dieser Höhe und dem dichten Bewuchs läßt sich auf ein Alter des Rutsches von einigen tausend Jahren schließen. Im Hang darüber ist dafür eine typische Hohlform, die sog. Ausbruchnische.

c) Im Rückblick zum Sattel erkennt man rechts der Liftstation eine scharfe, vertikale Grenze zwischen den Kalken und den Laven des Monte Agnello. Auf der einen Seite liegt die Grenze Agglomerate/Kalk auf 2200 m Höhe, auf der anderen auf 2000 m. Es ist somit eine Störung, an der der Teil, der heute den Monte Agnello bildet, um etwa 200 m abgesunken ist. Durch die Zerrüttung an diesem Bruch wurden die Gesteine leichter erodiert – deshalb bestehen die Einsattelung und das Tal.

Ein schmaler Pfad führt unter den steilen Kalkwänden des Doss Capèl entlang. Vom Regen ausgewaschene Rinnen, sog. Karren, erinnern an die leichte Löslichkeit des Kalkes im sauren Regenwasser.

Stop 5: Morphologie der Pala di Santa

¹/₄ Std. – Dieser Stop dient der Aussicht – nicht nur auf die schönen Zirben, sondern auch auf die Pala di Santa, 2488 m, gegenüber, deren Südseite sehr steil, die vom Würmgletscher glattgeschliffene Nordflanke dagegen flach einfällt. Dort stehen leicht erodierbare Grödner Sandsteine und gipshaltige Bellerophonschichten an (aufgeschlossen an der Auffahrt zum P.so Pampeago), während die rauhe Steilflanke in Ignimbriten des Bozner Quarzporphyrs liegt.

Die prägnante vertikale Klüftung prädestiniert steile Hänge, denn große Wandpartien können abbrechen und zu Tal stürzen, wo der Schutt leicht verwittert und abtransportiert werden kann. Auch läuft durch das Valle di Stava davor wieder eine Verwerfung, an der der Quarzporphyr um etwa 2000 m relativ angehoben ist.

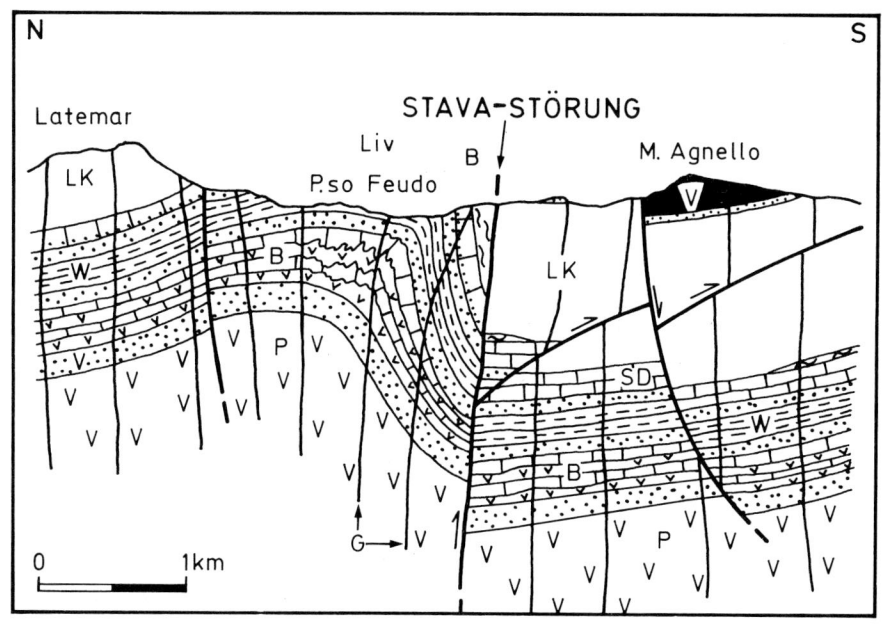

Abb. E7.5: Die geologischen Verhältnisse der Umgebung des P.so Feudo. Erläuterung: QP = permische Ignimbrite; GS = Grödner Sandstein; B = Bellerophonschichten; W = Werfener Schichten; SD = Sarldolomit bzw. Contrinkalk; B = Buchensteiner Schichten; LK = Latemarkalk (= äquivalent zu Schlerndolomit); G = Ladinische vulkanische Gänge; V = Ladinische Laven, Tuffite und Agglomerate. (In Anlehnung an Doglioni, 1988.)

Abb. E7.6: Gänge und Lagergänge durchschlagen in einem komplexen Netzwerk die basalen Triasserien – hier Werfener Schichten und Richthofen-Konglomerat. Stop 7 des Lehrpfades.

Abb. E7.7: Ausblick vom P.so Feudo, dem tiefsten Punkt einer weitspannigen Muldenstruktur, auf die Sellagruppe.

Abb. E7.8: Die Palagruppe, aufgenommen von Norden.

Abb. E7.9: Leukogabbro mit
schwarzen Schlieren von Pyroxenit,
Malinverno.

Stop 6: In der Schlucht

¹/₄ Std. – Dieser Haltepunkt liegt an einem Einschnitt zwischen Doss Capèl und Passo Feudo, in dem steilstehende Schichten in bunter Vielfalt anstehen, z. B. schwarze Kalke, die beim Anschlagen mit dem Hammer einen Geruch nach faulen Eiern verströmen (Stinkkalke, durch eingeschlossenen Schwefelwasserstoff), oder rötliche Kalke mit Rippelmarken auf den Schichtflächen, gebildet durch Wellenbewegung im Flachwasser. Die Serien sind fossilreich. Wir finden Algen, Korallen, Schnecken, Crinoiden und ganze Muschelpflaster.

Die steile Schichtlagerung ist durch eine Störung bedingt, die hier durchstreicht, und von der wir an verschiedenen Stellen glattgeschliffene und mit einer Striemung versehene Flächen (Störungsharnische) sehen. An die 1000 m ist der Versatzbetrag hier, denn die gut gebankten Schichten gehören in das Liegende des Ladinkalkes vom Doss Capèl und wurden so weit gehoben, daß sie jetzt auf gleicher Höhe sind (Abb. E7.5).

Inmitten der Rinne werden rote Serien von schwarzen Lavagesteinen durchschlagen, die beidseitig die Nebengesteine kontaktmetamorph verändert haben und im spitzen Winkel die Schichtflächen durchdringen. Einst waren es Basalt-Lagergänge, die zusammen mit den Sedimentgesteinen verfaltet wurden (Abb. E7.6).

Im weiteren Aufstieg treffen wir auf eine rote Konglomeratbank von einem Meter Mächtigkeit: das Richthofen-Konglomerat (siehe Exkursion 5), das auf eine kurze, in den gesamten Südalpen bemerkbare Bewegungsphase zurückgeht. Die Gerölle bestehen aus verschiedenen Schichtgliedern der Werfener Schichten, die weiter nordwestlich – wo sich das Zentrum der Heraushebung befand – aufgearbeitet wurden.

Stop 7: Rippeln und Striemungen

20 Min. – Dieser Stop am Rand der Schlucht erlaubt noch einmal einen guten Blick auf die Harnischflächen der Störung, und im Zentrum des Grabens zeigen sich Platten mit schönen Rippelmarken. Sie können selbst feststellen, wo oben und unten war, denn die Wellentäler sind breiter und flacher, die Kämme dagegen schmal. Bei Wellenrippeln ist die Steigung zu beiden Seiten gleich, bei Strömungsrippeln asymmetrisch mit der steilen Seite im Lee. (Versuchen Sie es, und analysieren Sie in einem Meeresbecken von vor über 220 Millionen Jahren die Strömungs- oder Wellenrichtung, gleichzeitig das Oben und Unten in senkrecht stehenden Schichten!)

Wir steigen zum Grat hinauf, wo im Schutt neben der Skipiste Stücke mit fossilen Muschelschalen, Oolithe oder Schnecken aufgesammelt werden können.

Stop 8: An der Grenze Anis/Ladin

10 Min. – In den Einschnitten der Skipiste sind gute Aufschlüsse geschaffen worden. Hier sind es wieder die schwarzen Stinkkalke, die von Stop 6 heraufziehen. Sie sind an der Grenze Anis/Ladin abgelagert worden, von der wir sonst den weißen Sarldolomit kennen, der auch gleich in der Nähe im Anstieg zum Monte Cavignon der Latemargruppe ansteht (in Höhe 2400–2450 m finden sich darin prächtige Diploporenreste). In unserer Position war gleichzeitig eine schlecht durchlüftete Untiefe zwischen den Riffen ohne Frischwasserzufuhr gewesen, in der Organismen nicht verwesen konnten.

Merkwürdig schwarze, speckig glänzende Lagen in der Schichtung können unseren Geologenhammer mit Leichtigkeit ritzen, was ein normaler Kalkstein nicht vermag. Diese Kiesellagen sind härter als Stahl – es ist Quarzsubstanz, die von mikroskopisch kleinen Radiolarien abgeschieden wurde (Hornstein bzw. Radiolarit). Ein basischer Gang durchschlägt das Gestein etwa wandparallel, so daß eine größere Mächtigkeit vorgetäuscht wird. Während die Kalkschichten verschiedentlich kleingefaltet sind, trifft dies nicht auf den Basalt zu. Man rechnet daher mit einer Faltungsphase während der Unteren Trias.

Stop 9: Buchensteiner Schichten

10 Min. – Am Grat stehen die sog. Livinallongo-Schichten (= Buchensteiner Schichten) des unteren Ladin an. Ähnlich den Serien davor sind es bitumenhaltige, gut gebankte Kalke mit Hornstein. Sie sind in dem gleichen, schlecht durchlüfteten Beckenmilieu abgelagert. Solche Bedingungen sind wirtschaftlich enorm wichtig, weil aus den unverwesten Organismen Erdöl gebildet wird, das hier unter den oberflächennahen Bedingungen aber längst abgedampft ist.

Wenig weiter, im Norden und Süden, wachsen gleichzeitig Algenkalke des Flachwassers – der Meeresboden hatte eine ausgeprägte Topographie mit Höhendifferenzen bis nahezu 1000 m! Auffallend sind grünliche Zwischenlagen, Pietra verde genannt. Es sind dies feine vulkanische Tuffe, z. T. mit erbsengroßen Auswürflingen, den Lapilli, die den Beginn der vulkanischen Tätigkeit einleiten.

Auf den gefalteten Schichtflächen sind schöne Ammonitenabdrücke herausgewittert. Es wird jedoch dringend gebeten, nicht zu „klopfen" – andere, die nach Ihnen kommen, wollen sich daran auch erfreuen! Man suche besser im Schutt oder anderswo. Nehmen Sie die geologische Karte und finden Sie einen passenden Fleck, an dem die Schicht Ihrer Wahl ausstreicht, und gehen Sie dorthin. Je abgelegener die von Ihnen gewählte Stelle ist, desto weniger Leute haben vermutlich vor Ihnen gesucht!

Stop 10: Panorama

20 Min. – Das gesamte Panorama des Ostrandes des Trentino liegt vor uns. In sanften Wellen sind die Schichten deformiert, formen Mulden (Sella, Costabella, Pala; Abb. E7.7 und E7.8), in denen die jüngsten Gesteine anstehen, die an der Boéspitze der Sella sogar bis in die Kreidezeit reichen. In den geologischen Sätteln dazwischen (Marmolada, Bocche, Lagorai, Cima d'Asta) treten dafür die ältesten Gesteine zutage. An der großen Aufwölbung der Cima d'Asta taucht sogar das variszische Grundgebirge mit Graniten auf, die in kambrische Schwarzschiefer und Quarzphyllite intrudiert sind. Diese Aufwölbung ist durch eine große Überschiebung verursacht, die Suganer Linie, an der die Dolomiten Richtung Süden transportiert wurden (vgl. Profil Abb. 11.3).

In geringerem Ausmaß trifft dies auch für die Marmolada zu. Viele Strukturgeologen sehen überhaupt enge Zusammenhänge zwischen horizontalen Abscherungen an schwachen Horizonten in der Tiefe, Aufschiebungen und Falten (siehe Abb. E7.1.).

Ein interessantes Beispiel für den Zusammenhang zwischen Faltung und Überschiebung bietet die Boéspitze der Sellagruppe, an deren Gipfel gefaltete Kreide-schichten von Hauptdolomit überschoben sind (siehe Exkursion 8). Am besten nehme man die geologische Karte (Blatt Marmolada) zur Hand und vergleiche diese in Ruhe mit der Natur.

Ist man von der Alpe Pampeago bei Stop 5 auf den Lehrpfad gestoßen, geht man von hier (oder bereits von Stop 9) an den Beginn des Pfades (Stop 1–4) und kann bequem nach Pampeago zurückkehren. Die Stops 11 und 12 entfallen dann.

Stop 11: Gänge im Kalk

20 Min. – Im Abstieg zur M.ga Gardonè queren wir bei Höhe 2050 m an einer Engstelle Ladinkalk, der von drei verschiedenen Gängen durchschlagen worden ist. Der älteste Gang ist am Weg meist unter Geröll verborgen, das durch die schnelle Abkühlung zermürbte Gestein ist nicht sehr verwitterungsresistent. Der zweite schwarze Gang paßt rechts und links des Weges nicht genau zusammen – eine kleine Verwerfung hat die beiden Teile etwas gegeneinander versetzt. Der jüngste Gang ist ein rosa Syenit, ein quarzarmes Gestein, das seine Farbe durch die eisenoxidführenden Kalifeldspäte erhält und sich von den Tiefengesteinen weiter unten im Tal abgespalten hat.

Stop 12: Der Monzonit

1/4 Std. – Der Weg quert im Abstieg Halden und Aufschlüsse in grauen bis rosagrauen Monzoniten, einem Tiefengestein mit etwa gleichviel Kalifeldspat und Plagioklas, dazu Hornblende oder Biotit und wenig Quarz. Der Monzonit entspricht etwa der durchschnittlichen Zusammensetzung der Erdkruste und wurde an der Ponte di Castellani zwischen Predazzo und Mezzavalle erstmals beschrieben, wo in einer Halde jenseits des Flusses typische Monzonitstücke liegen.

Weitere Exkursionsvorschläge

Canzoccoli

2 Std. – Empfehlenswert, aber nicht zum Lehrpfad gehörend, ist der Anstieg zu den Steinbrüchen von Canzoccoli westlich von Predazzo, die man nach etwa 1/2–3/4 Std. erreicht. Hier sind am Kontakt zum Monzonit Ladinkalke zu Marmor umkristallisiert. Die ehemalige Schichtung ist als Bänderung noch erkennbar. Als Besonderheit kommt hier neben Diopsid, Granat, Tremolit und Aragonit der weiß-seidenglänzende Brucit in sehr dünnen Tafeln vor.

Im Klettergarten

Etwa 1 km nördlich von Predazzo stehen an der Straße Richtung Moena linker Hand rosa Granite mit schwarzen

Abb. E7.11: Schichtparalleler Basalt-Lagergang zwischen Contrinkalk und dünnplattigen, steilstehenden Buchensteiner Schichten. Costabellagrat.

Abb. E7.12: Basaltgang durchschlägt Marmoladakalk, von dem eine Scholle in den durch die Magmen aufgeweiteten Raum gefallen ist – Modell im Kleinen für die Platznahme der Monzoni-Intrusion.

Turmalinsonnen in einem alten, zu einem Klettergarten umgerüsteten Bruch an. Diese Granite sind wie die Syenite und Monzonite Teil der Ringintrusion von Predazzo und von glatten, senkrecht stehenden Kluftflächen durchzogen.

Ponte di Castellani

Einen halben Kilometer vor Mezzavalle erreicht man die oben (Stop 12) erwähnte Brücke. Jenseits von ihr befindet sich die Typlokalität der Monzonite. In Blöcken der Halde 100 m nördlich der Brüche lassen sich die oft in Haufen zusammengeballten weißen Plagioklase unterscheiden. Gelegentlich erkennt man noch schwach eine magmatische Bänderung in dem grauen Monzonit.

Monzoni

Ganztägige, steile, weglose Bergtour. – Weitere Ausflüge zur Monzoni-Intrusion sind sehr lohnend, insbesondere für mineralogisch Interessierte (Abb. E7.9). Man kann von Fango aus das Valle Malinverno im Bach hochsteigen. Dort ist ein großer Sedimentkörper von den Intrusivmassen umflossen und somit besonders stark aufgeheizt worden (thermische Wirkung). Nacheinander durchsteigt man Grödner Sandstein, der hier durch die Frittung die rote Farbe verloren hat, dann die schwarzen Buchensteiner Schichten mit den weißen Gipsen. Hier hat sich viel

Abb. E7.13: Ein Schneeband markiert in der Marmolada-Westwand eine große Überschiebungszone, an der die Gipfelregion gegen Süden verschoben wurde. Eine zweite, tieferliegende Überschiebung wird durch die gefalteten Werfener Schichten am Wandfuß und im Vordergrund am P.so San Nicolò angedeutet.

Aragonit neu gebildet. In den vielgestaltigen Werfener Schichten kommen fast alle denkbaren kontaktmetamorphen Minerale der Erde vor, darunter hellbrauner Andradit-Granat, Fassait (ein nach dem Fassatal benannter grüner Pyroxen), grauer Monticellit und brauner, glänzender Vesuvian (oberhalb der verfallenen Hütte im Schutt in schönen Kristallen auswitternd).

Vom Gipfel aus überblickt man gut die Intrusivgesteine, die sich düster gegen die weißen Nebengesteine abheben. Sie sind dunkler als jene von Predazzo, basischer. Fast schwarze Gabbros und Monzogabbros herrschen vor, Granite fehlen ganz. Gelegentlich sind es

sogar reine Pyroxengesteine ohne Feldspat (Pyroxenite, Abb. E7.10).

Über die Scharte östlich des Gipfels kann man – etwas mühsam und nicht ganz ungefährlich – zum Rif. Taramelli absteigen, von wo aus man anderntags über den P.so delle Selle, 2529 m, wieder zurückkehren oder am Costabellagrat die schönen Gangbildungen im Marmoladakalk studieren kann (Abb. E7.11–E7.13).

Ein einfacher Weg existiert nicht. Man steigt über Militärwegfragmente oder weglos zurück zum P.so Pellegrino.

Exkursion 8: Der versunkene Tafelberg – die Trento-Plattform

(Wir erleben das Versinken einer flachen Insel und schauen in tiefe Spalten am Rande des Abgrundes.)

An ihrem Südrand verschwinden die Alpen sang- und klanglos unter der Poebene. Die Schichten tauchen einfach unter die Schotter und Sande der weiten Schwemmebene ein und bleiben ab da dem menschlichen Auge als Gebirge verborgen. Die Geophysiker können aber in den Untergrund hineinleuchten, indem sie über Sprengungen starke Schallwellen hineinschicken und mit empfindlichen Horchinstrumenten, den Geophonen, die zurückgestreuten Wellen empfangen und analysieren. (Die im Prinzip gleiche Technik wendet der Arzt beim Abklopfen des Brustkorbes an: Die Ausbreitung der Schallwellen ist in den durchlüfteten oder verschleimten Bereichen der Lunge verschieden, was vom Ohr erkannt werden kann.)

Was die Geophysiker dabei herausgearbeitet und inzwischen mit Hilfe von Erdölbohrungen auch bereits bestätigt haben, paßt aber gar nicht in das Bild des sanften Untertauchens. Falten und weite Überschiebungen, die eine bedeutende Krustenverkürzung belegen, sind tief im Untergrund verborgen (vgl. Abb. 11.3).

Detaillierte seismische Tiefenprofile quer über die Poebene hinweg bis in den Apennin und Berechnungen haben ergeben, daß es die Fernwirkung des Apennins ist, welche die Alpen nach unten drückt: Die jungtertiären Deckenüberschiebungen im Nordapennin drückten so schwer auf die Kruste, daß diese sich wie ein belastetes Sprungbrett nach unten elastisch durchbiegen mußte. Die Krümmung nimmt zwar mit der Entfernung von der Auflast ab, reicht aber noch weit in die Alpen hinein.

Die südalpinen Schichten sind unter der südlichen Poebene bei Bologna oder Parma bis über 6000 m tief nach unten gedrückt. Die Südalpen werden also bereits von den Decken des Apennin überfahren, doch können wir den Vorgang nicht sehen, weil er sich tief unter jungen Schottern abspielt. Die Häufigkeit der Erdbeben in Oberitalien zeigt jedoch, daß er noch nicht abgeschlossen ist.

Auch das flache Einfallen des schwäbisch-fränkischen Juras unter den Alpennordrand geht auf diesen Belastungseffekt zurück. Nur sind es dort die Decken der Nördlichen Kalkalpen, die belastend wirken.

Die Absenkung erlaubt uns, die höheren, also die jüngeren Schichten zu studieren, die in den Dolomiten schon meist Opfer der Erosion geworden sind. Auch sie erzählen eine Geschichte voller Dynamik.

Entlang von nord-süd-streichenden Bruchzonen zerfällt der Meeresboden im Jura in einzelne Schollen, die verschieden schnell in die Tiefe absinken. Im Westen ist es das Lombardische Becken und im Osten der Belluno-Trog, die als erste in die lichtlosen Meerestiefen geraten. Zwischen ihnen hält sich die 50–80 km breite und einige hundert Kilometer lange Trento-Plattform (Piattaforma veneta oder P. atesina) noch eine ganze Zeit im Flachwasserbereich – ähnlich den Kalkplateaus der Bahamas vor der Küste Floridas (Abb. E8.1).

Bis in die obere Trias ist die Schichtfolge derjenigen der Dolomiten ähnlich: Über paläozoischen Phylliten und basalen Konglomeraten folgen Tuffe, Melaphyre und die mächtigen Lagorai-Quarzporphyre. Über einigen Zehnermetern Grödner Sandstein sind die Bellerophonschichten in der küstennahen Lagunenfazies (Fiammazza-Fazies) ausgebildet: Sie enthalten neben oolithischem Kalk und Dolomit lagenweise viel Gips und eine schichtige Vererzung mit Bleiglanz, Zinkblende und Schwerspat (ein Bariumsulfat).

Werfener Schichten und Mitteltrias kommen im Süden nur mehr selten an die Oberfläche und sind jenen der Dolomiten ähnlich.

Erstes wichtiges Gestein ist der an die 1000 m mächtige, gut gebankte Hauptdolomit (Dolomia principale). Er formt die Basis der mächtigen Massive beiderseits des Etschtals zwischen Trient und Avio (Abb. 1.1).

Trotz seiner eintönigen Graufärbung zeigt er bei näherem Betrachten doch eine bemerkenswerte Vielfalt an Feinstrukturen. Er ist nämlich im sehr flachen Wasser abgelagert, einem Wattenmeer, das den Wirkungen der Gezeiten unterworfen war. Es gibt gegenwärtig keinen Vergleich auf der Erde, wo man ein so riesiges Wattenmeer studieren könnte. Vielleicht half die trichterförmige Geometrie der Tethysbucht, besonders hohe Gezeiten zu erzeugen und so ein weites Gebiet im Zwölfstundenrhythmus zu überfluten und wieder trockenzulegen.

Kleinere Schwankungen des Meeresspiegels legten einzelne Teile davon vorübergehend trocken, wodurch es zu Schrumpfungsrissen und Erosion der Oberfläche kam: Dolomitbrekzien bildeten sich, Rinnen wurden ausgewaschen, und Saurier wagten sich über die weiten Flächen – ihre Fußspuren sind im Hauptdolomit des Schweizer Nationalparkes jenseits des Ofenpasses in der Nähe von Livigno erhalten.

Intratidal (lat.: zwischen den Gezeiten), also im Bereich zwischen Ebbe und Flut, gediehen Algen, die entweder selbst Kalkskelette abscheiden konnten oder als Sedimentfallen wirkten, indem sie feine Kalk- oder Dolomitpartikel festhielten. Ein sehr feiner Lagenbau, eine Laminierung, zeichnet diese Bereiche aus, doch es finden sich auch Spuren von Austrocknung, wie Trockenrisse oder Vogelaugenstrukturen – das sind mit Dolomitspat gefüllte mandelförmige, kleine Hohlräume parallel zur Schichtung. Sie entstanden durch Hochwölbung der an der Sonne ausgetrockneten Krusten und spätere Füllung des darunterliegenden Hohlraumes mit Dolomitzement.

Im subtidalen (lat.: unter den Gezeiten) Bereich, der auch bei Ebbe nicht mehr trocken fällt, sedimentiert entweder feinster Dolomitschlamm (Mikrit) oder gröberes Material, das bei Stürmen episodisch eingeschwemmt wird. Hier kommen auch Reste von Muscheln, Turmschnecken oder stecknadelkopfgroßen Muschelkrebsen (Ostracoden) vor.

Geschah die Umkristallisation des Kalkschlammes zu Dolomit noch im weichen Sediment, blieben die Feinstrukturen gut erhalten (frühdiagenetische Dolomitisierung). Anders, wenn der Schlamm schon zu Kalkstein verfestigt war: Hier entstand ein grobspätiger, zuckerkörniger Dolomit mit vielen Porenhohlräumen (spätdiagenetische Dolomitisierung). Dies geschah meist im subtidalen Bereich. Beide Typen von Dolomit können benachbart oder abwechselnd vorkommen.

Nach oben hin verliert der Hauptdolomit seinen Magnesiumgehalt und geht so fast unmerklich in gut gebankte, graue Kalke des Lias über (Calcari grigi). Auch diese sind noch Flachwassergesteine, reine Kalke, denn der Bereich war inzwischen von Festland vollkommen isoliert, so daß keine Tontrübe von Flüssen eingeschwemmt wurde.

Der tiefere Teil wird noch durch Gezeitenzyklen geprägt, im mittleren Abschnitt überwiegen Kalksteine, in denen Ooide, Schalentrümmer, Peloide und aufgearbeitete, halbverfestigte Kalkpartikel wie Sand zusammengeschwemmt wurden (arenitische Kalke).

Wir finden Bänke, in denen Schalen von Muscheln oder Brachiopoden angereichert sind, millimeter- oder zentimeterkleine Vogelaugen-Hohlräume, die entweder mit klarem Kalkspat oder mit rotem und grünem Sediment gefüllt sind, dazu Ooidhorizonte und hellrosa fein laminierte Stromatolith-Horizonte. Dies alles sowie die gelegentliche Schrägschichtung und das Strömungsgefüge, deutet auf ein Strandmilieu hin, mit Sandbänken und Dünen aus schneeweißem Kalksand unter subtropischer Sonne und klarem Wasser. Der Eindruck einer flachen tropischen Insel mit Lagunen wird durch gelegentliche Einschaltungen eines grauschwarzen Mergels verstärkt, der Pflanzenreste führt.

Im obersten Abschnitt der Schichtfolge treten dazu Bänke oder flache Riffkörper (Bioherme) mit dickschaligen, großen Muscheln der Gattung Lithiotis auf: teils umgelagert, teils noch in Lebendstellung.

Insbesondere im Monte-Baldo-Gebiet findet sich darüber der mächtige, leicht gelbliche Oolithkalk von S. Vigilio (Calcare oolitico di S. Vigilio), der von 0 bis über 200 m mächtig werden kann und aus zahllosen Ooiden und Fossilbruchstücken besteht.

Vielleicht kommt die Vorstellung eines untermeerischen Dünenfeldes den damaligen Verhältnissen am nächsten, wo statt Wind eine wechselnde Strömung, Wellen und Dünung den Sand ständig hin und her verfrachtet haben und womit auch die sich rasch ändernden Mächtigkeiten erklärt werden können.

Der nächste Wechsel kommt ganz plötzlich. Alle Anzeichen von Flachwassersedimentation verschwinden von einem Zentimeter zum anderen in der Schichtfolge. Dafür zeigen sich massiv Spuren von Kalklösung: Rote, knollige Gesteine bleiben übrig, in denen die Gehäusereste von Ammoniten angereichert sind. Es ist das wohl bekannteste Gestein der Region – der rote Ammonitenstein (Ammonitico rosso veronese). Vergleiche mit gleichartigen Sedimenten im Atlantik und Abschätzungen über die Lage der Kalklösungstiefe deuten auf eine Meerestiefe von 1000–1500 m hin! Innerhalb kürzester Zeit muß unsere Trentiner Insel in die Tiefe gerutscht sein.

Etwa 30 Millionen Jahre dauerte der Zeitraum, von dem ganze 15–30 m Ammonitico rosso übrig geblieben sind, das sind ein halber bis ein Millimeter Sediment pro Jahrtausend! In den Zeiten davor ist das Hundert- bis Tausendfache sedimentiert worden. Die Gehäuse der Ammoniten waren wegen ihrer Größe nicht so einfach aufzulösen und reicherten sich über den langen Zeitraum entsprechend an, bzw. sie füllten sich mit dem roten

Schlamm des Meeresgrundes, so daß selbst nach der Auflösung des Gehäuses ihre Form noch mehr oder weniger deutlich erhalten geblieben ist. Zwischengeschaltete Lagen von rotem Hornstein belegen Zeiten noch weiter verstärkter Lösung, der nur noch die Kieselskelette von Radiolarien widerstehen konnten.

Darüber folgt ein fernab jeder Küste sedimentierter Tiefwasserkalk: die emaillefeine, fast weiße Maiolica (Untere Kreide, wegen ihrer weißen Farbe auch Biancone genannt). Erst die grauen und roten Mergel der Scaglia darüber zeigen wieder den Einfluß eines Festlandes während der Oberkreide und des Alttertiärs: Die Subduktion hat begonnen, der Penninische Ozean schließt sich, Inseln werden gehoben, und Basalte dringen auf.

Exkursion 8.1: Von Trient zu den Gardaseebergen

Sehen wir uns die Geschichte im Gelände an. Wir beginnen bei Trient, das auf einem Schwemmkegel liegt, der aus dem Fersental geschüttet wurde. Gegenüber, auf der Westseite der Etsch, sind die Schichten stärker als sonst gefaltet und fallen gegen den Doss Trento hin ein, wo im Kern der geologischen Muldenstruktur mit tertiären Nummulitenkalken die jüngsten Gesteine anstehen.

In den zugehörigen Sätteln nördlich und südlich davon tauchen Hauptdolomit, Schlerndolomit und südlich von Trient auch Werfener Schichten auf. Daß die Schichten gerade hier so eng gefaltet sind, liegt an der Suganer Linie, einer bedeutenden Überschiebung, an der die gesamte Porphyrplatte durchgebrochen und Richtung Süden geschoben wurde. Der Verwerfungsbetrag ist mindestens 5 km, wahrscheinlich aber wesentlich größer.

Permisch-untertriassische Gesteine treffen wir im südlichen Abschnitt unseres Gebietes nur noch östlich der Etsch in einer großen Aufwölbung um Recoaro und nördlich und östlich von Trient an, wo sie am Südrand der Bozner Porphyrplatte in einem komplexen Muster an Störungen gegeneinander abgegrenzt sind.

Stop 1: Ponte Alto

3 km von Trient (1 km). – Wir fahren die Landstraße nach Osten das Fersental aufwärts, wo wir an der Ponte Alto Gelegenheit haben, die ansonsten meist schlecht aufgeschlossenen Gesteine der Scaglia rossa in einer engen, fast senkrechten Schlucht zu besuchen (Abb. E8.2). Der Fersenbach hat sich hier 80 m tief eingefressen, weil zur Eiszeit das Haupttal vom Etschgletscher stark übertieft

Abb. E8.2: Eine tiefe Schlucht durchzieht die rote Scaglia bei Ponte Alto, östlich von Trient.

wurde und das Gefälle dorthin noch nicht harmonisch ausgeglichen werden konnte. Bachaufwärts gelangen wir, weil die Schichten zum Tal hin einfallen, in immer ältere Serien: durch Maiolica, Ammonitico rosso, graue Liaskalke (Calcare grigio) und schließlich sogar noch in einen schmalen Streifen Hauptdolomit. Alle Serien sind an der Straße recht gut aufgeschlossen, und sie können zum Teil noch entlang der alten Straßentrasse ohne Verkehr bequem gequert werden. An einer steilen Störungsfläche enden bei Civezzano die mesozoischen Schichten unvermittelt.

Stop 2: Das aufgelassene Barytbergwerk am Doss Le Grave

Halbtägig (2 Std.) – In Civezzano biegen wir nach Norden ab, fahren steil 300 Höhenmeter auf schmaler Straße durch Quarzporphyr hoch und erreichen Bosco, 750 m, wo noch rhythmisch geschichtete Kristalltuffe des Lagoraiporphyrs anstehen. 2 km nördlich davon gelangen wir zu Fuß zum Doss le Grave, wo wir auf zahlreiche Schürfe und verlassene Stollen treffen (Abb. E8.3). Auch wenn die Aufschlüsse und Halden im Zuwachsen begriffen sind, lassen sich doch noch schöne, typische Bellerophonschichten in evaporitischer Fazies finden. In den stark übersalzenen Lagunen des Zechsteins (höhere Permformation) sind neben Gips auch Schwerspat (Baryt), Zinkblende und Bleiglanz ausgefallen, die sich in den oolithischen Dolomitsedimenten angereichert haben. Gelegentlich findet sich auch etwas Malachit aus zersetztem Kupferkies.

Zurück gelangen wir über Pergine zum Lago di Caldonazzo, dem größten ganz auf Trentiner Gebiet gelegenen See, der seine Entstehung einem Schwemmkegel bei Susà verdankt, mit dem einst der Abfluß nach Norden verhindert wurde, so daß der See nun ins Brentatal entwässert. An seinem Ostufer stehen Lagorai-Porphyre an, am Westufer dagegen paläozoische Quarzphyllite, die an der Suganer Störung bis hierher hochgeschleppt wurden.

Nach Vattaro durchqueren wir am P.so della Fricca, 1110 m, eine von wüsten Schuttrinnen durchzogene Hauptdolomitlandschaft und haben gleichzeitig auf der östlichen Talseite einen hervorragenden Einblick in die gut gebankten grauen Liaskalke.

Stop 3: Lithiotis-Riff von Nosellari

Bei Carbonare geht es kurz abwärts die Straße Richtung Schio, die man aber in der ersten Kehre geradeaus wieder

verläßt. Eineinhalb Kilometer später (700 m östlich von Nosellari) durchschneidet die kleine Straße ein mächtiges Muschelriff innerhalb der grauen Liaskalke. Über handtellergroße Lithiotismuscheln sind hier zu Tausenden noch aufrecht oder schräg stehend in Lebensstellung erhalten. Teilweise sind die Hohlräume zwischen den beiden Klappen erst bei der Diagenese mit klaren Kalkspatkristallen unvollständig gefüllt worden, so daß deren Endflächen frei ausgebildet sind (Abb. E8.4).

Stop 4: Belvedere

Knapp 2 km weiter westlich gelangen wir beim Weiler Oseli, den Hinweisschildern folgend, zum ehemaligen Forte Belvedere, das bereits auf dem Maiolica-Kalk der Unterkreide errichtet ist. Diesr ist leicht an seiner dichten Struktur, hellen Farbe, guten Bankung und den Kieselknollen oder -lagen erkennbar.

Von hier hat man einen grandiosen Blick nach Osten, hinüber auf die Sette Comuni, jene sieben Gemeinden, in denen sich seit dem Mittelalter eine altbayerische Sprachinsel erhalten hat, deren Dialekt die zweite Lautverschiebung nicht mitgemacht hat. Den geologischen Grund dafür sieht man von hier: Geschützt durch die unzugänglichen Steilflanken aus Hauptdolomit, thronen die sieben Gemeinden auf der Verebnungsfläche über dem Liaskalk – mit gelegentlichen Resten von Ammonitico rosso (und im Südteil auch isoliert Maiolica) – im Kern einer weitgeschwungenen tektonischen Mulde über dem Val d'Astico.

Stop 5: Serrada

Über Folgaria und seine mächtigen eiszeitlichen Moränenablagerungen fahren wir in Richtung Rovereto weiter. Gleich nach Serrada ist ein schönes Straßenprofil durch den mittleren Jura aufgeschlossen: San-Vigilio-Oolith im Liegenden, darauf Ammonitico rosso mit Zwischenschaltungen von roten Radiolariten, durch die man den roten Knollenkalk in einen unteren und oberen gliedern kann (Ammonitico rosso inferiore und A. r. superiore). Nach oben hin wird die Serie von Biancone (Maiolica) begrenzt.

Stop 6: Das Diatrem

Bei der Abfahrt ins Val Terragno mit seinen schönen Einblicken in die Schichtstrukturen des Pasubiostockes queren wir kurz vor Valduga einen der hier zahlreichen

Gänge oder vulkanischen Durchschlagröhren (Diatrema). Explosionsartig hat sich hier während des Eozäns (Alttertiär) ein Vulkan Platz geschaffen und eine Basaltbrekzie hinterlassen. Sie muß in Zusammenhang mit den Vulkanfeldern der Colli Euganei weiter im Süden – und damit dem geodynamischen Geschehen bei der Subduktion des Penninischen Ozeans – gesehen werden. Wir stehen vor den Spuren des zugehörigen andesitischen Vulkanismus über der Subduktionsfläche.

Über Noriglio fahren wir in das Etschtal nach Rovereto hinab. Wem nach der Autotour nach etwas Bewegung ist, der kann noch einen Abstecher von Avio nach Madonna della Neve unternehmen (siehe Exkursion 8.2).

Stop 7: Castione

Von Rovereto geht es in westlicher Richtung in das Loppiotal, wo man bei Mori nach Süden in Richtung Brentonico und nach Castione (11 km ab Rovereto) abzweigt. Die steile Ostflanke des Monte Giovo, 645 m, besteht aus dem gelben Oolithkalk von San Vigilio, einem als „Giallo di Mori" bekannten Baustein. Er ist ein Sediment des flachen Meeresgrundes, wo im Takt der Wellen das Sediment am Boden hin und her bewegt oder bei Sturm aufgewühlt wurde. Um Schalenbruchstücke herum kristallisierte – aus einem tropischen, warmen und deshalb kalkübersättigten Wasser – in konzentrischen Lagen Schicht auf Schicht und formte die einzelnen Ooide (die sich zu dem Gestein Oolith zusammenschwemmten). Erreichten sie eine bestimmte kritische Größe, dann konnten sie nicht mehr hochgewirbelt werden, blieben liegen und wuchsen nicht mehr weiter. Auf diese Weise entstand ein sehr gleichkörniges Sediment.

Die ehemalige Oberfläche des Oolithkalkes – an der Grenze zu dem überlagernden Ammonitico rosso – weist eine dünne bräunliche Schicht auf, in der Eisen, Mangan, Kupfer und andere Schwermetalle angereichert sind. Solche Krusten können durch Trockenlegen der Fläche und Bodenbildung oder Verkarstung entstehen, aber auch in der Tiefsee, wenn die Sedimentation verhindert oder stark eingeschränkt wird (Mangankrusten oder -knollen).

Weil sich die Trento-Plattform nach dem Versinken im Meer, das im Mittleren Jura eingesetzt hat, noch als untermeerischer Tafelberg über den Tiefseeboden erhob, ist denkbar, daß dort eine dauernde erhöhte Strömung – vergleichbar dem Wind in den Bergen – über lange Zeit die Sedimentation verhindert hat.

Eingeschränkt kann das auch für die nachfolgende Einheit, den roten Ammonitenstein (*Ammonitico rosso veronese*) gelten, den man in mehreren Steinbrüchen um Castione ausgiebig studieren kann. Seine typische Rotfärbung und die knollig-wellige Struktur der Schichtflächen wird auf eine untermeerische Kalklösung zurückgeführt. Vielleicht hat aber auch nur eine permanente leichte Strömung die Sedimentation der winzigen Kalkpartikel verhindert, so daß die Gehäuse von Ammoniten und Belemniten eines langen Zeitraumes eng benachbart liegen. Ihre großen Gehäuse wurden nicht weggetragen, zeigen aber auch Spuren von Anlösung und sind meist schlecht erhalten. Erstaunlicherweise findet man aber gerade hier auch vereinzelt Exemplare, bei denen sogar die glänzende Perlmuttschicht aus Aragonit noch vorhanden ist: Sie sind aus irgendeinem Grund geschützt geblieben, etwa, weil sie in eine Spalte am Meeresgrund gefallen waren. Ganz genau geklärt ist die Entstehung dieses besonderen Gesteins jedenfalls noch nicht.

Stop 8: Monte Giovo

3/4 Std. – Wegen seiner Spaltenfüllungen ist der Monte Giovo den Geologen seit mehr als hundert Jahren bekannt: Der alte Maultierpfad von Besagno nach Brentonico quert nahe dem Bergrücken eine mehrere Meter breite ehemalige Spalte, die vollgefüllt ist mit den Schalen der *posidonia alpina*, einer im Lias und Dogger verbreiteten Muschel mit konzentrischer Berippung der Schale. Andere Spalten sind mit Brekzien oder auch mit Kalkschlamm, Radiolarien, Schwammnadeln, Seelilienstielgliedern, Aptychen, winzigen Muschelkrebsen (Ostracoden) und Kotpillen (Peloiden) von Würmern, Krebsen oder anderen am Meeresboden lebenden Tieren gefüllt.

Weil diese Spalten von Ammonitico rosso überdeckt und plombiert wurden, müssen sie aus der Zeit unmittelbar davor stammen: Während der Ablagerung der Sedimente hat sich der Meeresboden gedehnt, so daß offene Spalten aufrissen, in die am Meeresboden entlangkriechende Organismen zuhauf hineinfielen oder eingeschwemmt wurden. In der geschützten Spalte sind sie gut erhalten geblieben, während sie am übrigen Meeresboden umgelagert, zerbrochen und aufgelöst wurden. Wir sehen, welch ungewöhnliche Umstände manchmal geherrscht haben müssen, damit ein Fossil erhalten blieb. Der Normalfall ist die vollständige Zerstörung.

169

Abb. E8.3: Gipshaltige Bellerophonschichten sind am Doss Le Grave noch mit Baryt, Bleiglanz, Zinkblende und etwas Kupferkies vererzt.

Abb. E8.4: Lithiotismuscheln hatten im Jura teilweise Riffe erbaut und sind, wie hier bei Nosellari, teilweise noch in Lebendstellung eingebettet und versteinert worden.

Von Castione aus haben wir einen schönen Blick auf das Loppiotal, wo in einer geologischen Muldenstruktur im Tertiär der Ursarca verlief und durch das während der Eiszeiten ein Teil des Etschgletschers zum Gardagletscher abströmte (Exkursion 11).

Wir fahren zurück nach Mori und weiter nach Loppio mit seinen malerischen Ruinen von Castelbarco und dem traurigen Rest des einstigen Loppiosees, der 1958 trockengelegt wurde, als die unterirdische Zuleitung eines Teiles der Etsch in den Gardasee gebaut wurde, um dessen Wasserdefizit auszugleichen. Das Tal ist durch die technische Meisterleistung der venezianischen

Abb. E8.5: Schichteinfallen gegen den Gardasee. Im Hintergrund der Monte Stivo, ganz links der Monte Brione, der die jüngsten gefalteten Schichten der Region enthält.

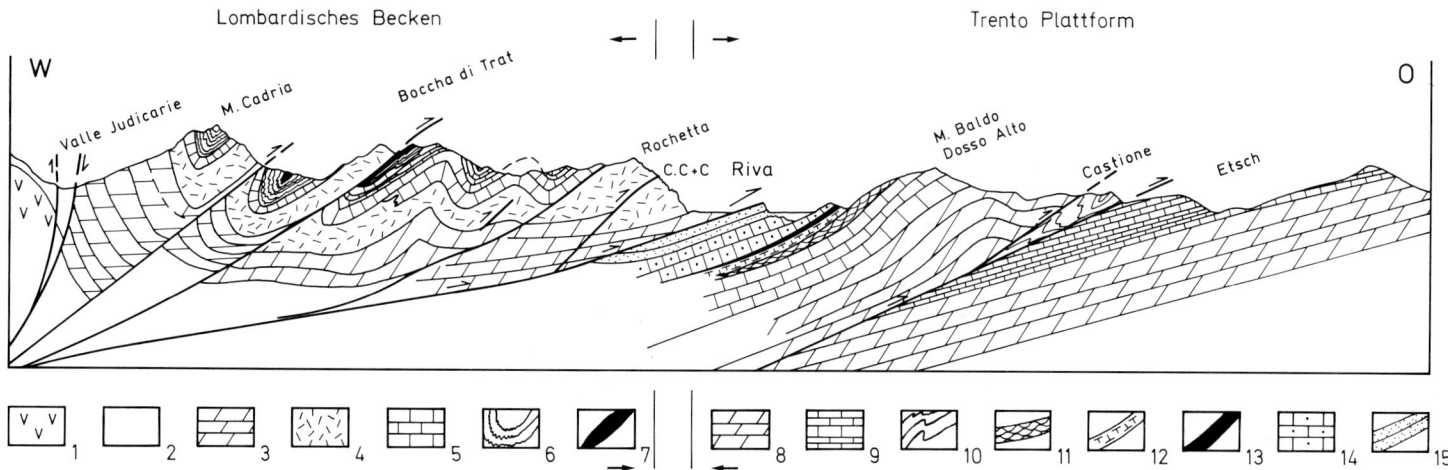

Abb. E.8.6: *Querprofil zwischen Valle Giudicarie und Etschtal.*
Legende: a) Schichtfolge des Lombardischen Beckens: 1 = Quarzporphyr und paläozoisches Grundgebirge; 2 = Gesteine der Mittel- und Untertrias; 3 = Hauptdolomit (Obertrias); 4 = kieseliger Dolomit („Corna", Unterer Lias); 5 = plattige, graue Kalke und Mergel, z. T. mit Oolithkalkbänken, im oberen Abschnitt submarine Rutschfaltung und Megabrekzien („Medolo", Lias); 6 = Kieselkalke mit Hornstein und Radiolariten, rote knollige Aptychenkalke (Mittel- und Oberjura) sowie helle, dichte Kalke (Maiolica, Unterkreide); 7 = graugrüne und rote Mergel und Tone (Scaglia, Oberkreide, Alttertiär).
b) Schichtfolge der Trento-Plattform: 8 = Hauptdolomit; 9 = grauer Liaskalk, Oolithkalk, Ammonitico rosso, Maiolica (Lias-Unterkreide); 10 = diverse stark verschuppte und gefaltete Kalke, Mergel, Tuffe und Laven (Malm bis Eozän); 11 = plattige Kalke, Kieselkalke, rote Knollenkalke (ammonitico rosso) und Oolithkalke (Mittel- und Oberjura); 12 = schuppige Mergel und mergelige Kalke (Oberkreide bis Mitteleozän) sowie Unterkreide-Kalke; 13 = Basalt (Alttertiär – Eozän); 14 = Bryozoenkalke von Nago (Alttertiär – Eozän-Oligozän); 15 = Sandsteine und Mergel des Monte Brione (Jungtertiär – Oligozän-Miozän).

Flotte bekannt geworden, die hier im Jahre 1440 ihre von 2000 Ochsen gezogenen Schiffe über den P.so San Giovanni in den Gardasee transportierte und damit die völlig überraschten Viscontiner aus Mailand in die Flucht schlug.

Stop 9: Zwischen Nago und Riva

Die Schichten fallen jetzt gleichmäßig nach Westen ein, ja sie scheinen geradezu in den Gardasee einzutauchen (Abb. E8.5 und E8.6). Und je mehr wir uns dem See nähern, desto jüngere Gesteine treffen wir an. Jura- und weiße Kreidekalke verschwinden in der Tiefe, ein Basalt des Eozäns (der aber kaum aufgeschlossen ist) kündigt schon die Erdneuzeit an. Bei den Marmitte dei Giganti unterhalb von Nago (Exkursion 11) sind es bereits tertiäre Kalke (Obereozän bis Unteroligozän), die aus dem Schutt von Moostierchen (Bryozooen), Korallen, Großforaminiferen und Kalkalgen im seichten Meer gebildet wurden.

Noch vor Riva queren wir den ziemlich unmotiviert aus der Schwemmebene von Riva und Torbole aufragenden Monte Brione, der wegen seiner Orchideen berühmt ist. Er trägt die mit 23 Ma jüngsten Schichten der Region. In seinen kalkigen und glaukonithaltigen Sandsteinen des Oligozäns und unteren Miozäns (Mittel- und Jungtertiär) finden sich zahlreiche Fossilien, die auf ein reiches Strandleben hinweisen: Muscheln (z. B. häufig Pecten, die „Shell"-Muschel), Korallen, Seeigel und gelegentlich auch lange, spitze Haifischzähne oder die schwarzen, glänzenden Pflasterzähne muschelknackender Fische. Gegenüber den reinen Kalken von Nago, die noch fern vom Festland abgelagert wurden, hat sich hier, etwa 15 Millionen Jahre später, die Küste bereits stark angenähert. Das Meer zog sich aus der Region zurück, die Hebung der Alpen begann bis hierher zu wirken.

Da sich das Einfallen nicht ändert, wären weiter westlich eigentlich noch jüngere Schichten zu erwarten. Statt dessen baut sich westlich von Riva eine mächtige steile Mauer aus Trias und Liaskalken auf. Eine große Bruchzone läuft somit unter Riva und dem unteren Sarcatal hindurch. Sie war sicher mit für die Anlage des Gardasees verantwortlich. Der Westteil der Störung mußte um mindestens 1000 m angehoben worden sein, wahrscheinlich im Zusammenhang mit einer bedeutenden Überschiebung nach Osten. Die Erdkruste ist nämlich hier nicht nur in Nord-Süd-Richtung, sondern danach auch noch in Ost-West-Richtung eingeengt worden.

Weil eine solche Überschiebung immer jünger sein muß als das jüngste Gestein darunter, kann man ihr Maximalalter leicht angeben: 22 Ma. Sie stammt aus einer Zeit, in der die eigentliche Alpenfaltung bereits beendet war. Aber Italien begann damals, sich Richtung Westen zu bewegen, und die Kruste staute sich im Apennin, im Westalpenbogen, an der Judikarienlinie und eben auch hier am Gardasee.

Weitere Tourenvorschläge

Von hier finden wir nun entweder Anschluß an die Exkursion 9 ins Valle di Concei, oder wir kehren durch das Sarcatal nach Norden Richtung Trient zurück, queren den Bergsturz bei Pietramurata (vgl. Exkursion 11) und haben die Möglichkeit, über den Monte Bondone mit dem Auto die beschriebenen Schichten noch einmal zu befahren oder zu Fuß von Monte Terlago auf die Paganella, 2124 m, zu steigen, dabei zwei Überschiebungen zu queren (die unter Schutt verborgen sind) und durch Hauptdolomit die gesamten grauen Kalke zu studieren. Vom Gipfel übersieht man nicht nur einen Großteil der Südalpen, sondern hat auch einen unvergeßlichen Blick auf den Weg des eiszeitlichen Sarcagletschers nach Süden.

Eine andere, sehr lohnende Variante ist, bei Vezzano Richtung Ciago abzuzweigen. Der Ort liegt auf der Störungsfläche, an der die grauen Kalke auf die in kleine Schüppchen zerfallenden Mergel der Scaglia aufgeschoben sind (Scaglia = Schuppe). Die Fläche selbst ist in einer kleinen, verwachsenen Stelle nahe der Brunnenfassung 300 m nordwestlich des Ortes aufgeschlossen.

Vor Lon steht an einer Straßenkurve gut aufgeschlossen ein Lithiotis-Riff an, von dem an einer Störung Ammonitico rosso und Oolithkalke und abgegrenzt sind.

Jenseits von Lon sind Maiolica und durch Zunahme verschiedenfarbiger Mergelbänke (Scaglia variegata) der allmähliche Übergang in die kräftig rote (S. rossa) und darüber die graue Scaglia (S. grigia) an der Straße hervorragend exponiert. In letzterer fallen einzelne, rauh anwitternde dunkelgraue, 20–40 cm mächtige Bänke auf, die aus gradierten Kalkbruchstücken bestehen, die sich aus Trübeströmen absetzten. Das sind untermeerische Wolken aus aufgewirbelten Sedimenten, die von Hochgebieten wie Staublawinen in tiefergelegene Meeresbecken abgleiten und aus denen sich grobes Material zuerst, feines zuletzt absetzt. Dadurch entsteht eine Gradierung, an der der Geologe leicht das Oben und Unten einer Schicht erkennen kann – was bei komplexen Lagerungsverhältnissen wichtig sein kann.

Bei der Weiterfahrt ist dem Geologen gar nicht wohl, denn allzu gewagt sind von den Straßenbauern die grauen Liaskalke unterschnitten worden, und drohend hängen große Felspartien an teils schon offenen Klüften über den Köpfen, so daß deren Absturz nur noch eine Frage der Zeit sein kann.

An der Abzweigung Richtung Margone beginnend, trifft man auf mehrere Lithiotis-Lumachellen- und Ooidkalkbänke der oberen grauen Kalke. Vom Ort führt eine geteerte Forststraße nach Norden, die man noch eine halbe Stunde entlang gehen kann, um immer wieder schöne Handstücke mit Ooiden, Crinoiden etc. zu finden. Man passiert einen hübschen Gletscherschliff mit Ammonitico rosso und findet bei der dritten Kehre eine mächtige Lithiotisbank, kurz darüber schräggeschüttete Crinoiden-Stielglieder als Zeichen sehr stark bewegten Wassers.

Der Rückweg über Lon zum Lago di S. Massenza führt auf schmaler Straße an einem hervorragenden Profil durch gefalteten Ammonitico rosso mit schönen Lösungsstrukturen und vielen Aptychen, Belemniten und Ammoniten im oberen Abschnitt vorbei.

Exkursion 8.2: Von Avio nach Madonna della Neve

Fußwanderung, 2 Std. (Parkplatz an der ersten Kurve der Monte-Baldo-Straße, 2 km westlich oberhalb von Avio.) – Im Valle Lagarina, so heißt das Etschtal unterhalb von Rovereto, wird die Basis der mächtigen Kalkklötze zu beiden Seiten des Tales von Hauptdolomit geformt, dem jüngere Gesteine bis in das Tertiär aufgelagert sind (vgl. Abb. 1.1).

Wir steigen am Osthang des Monte Baldo von Avio in Richtung Madonna della Neve, 1120 m, hinauf. Der Weg führt an einem Turbinenhaus vorbei steil aufwärts, bis man im Hauptdolomit bald auf Gänge von Basalt trifft, die bis zu 2 m Mächtigkeit in den Dolomit eingedrungen sind. Am Kontakt ist der brekziöse Dolomit etwa 1 cm weit rötlich eingefärbt: So weit nur reichen die thermische Wirkung und der Stoffaustausch zwischen den beiden verschiedenen Gesteinen. Im oberen Teil führt der poröse, zuckerkörnige Hauptdolomit einen Anflug rötlicher Sedimente auf Klüften oder Spalten und in Kavernen: Staub, der von den Wüsten der Umgebung bei Stürmen bis hierher vertragen wurde.

Noch vor dem ersten Madonnenstandbild steht eine 30 cm mächtige Lage eines Knollenkalkes über einer Schicht aus Ooiden an. Eine Schrägschichtung belegt bewegtes Flachwasser und die gezackten Nähte der Stylolithen den gewaltigen Stoffumsatz während und nach der Diagenese. Insgesamt zeigt der schnelle Wechsel unterschiedlicher Kalkgesteinstypen die ganze Dynamik des Ablagerungsraumes mit Stürmen, Ebbe und Flut, Erosion und Umlagerung auf, wie sie in tieferem Wasser niemals vorkommen.

In den gegenüberliegenden Steilwänden läßt sich sehr schön die Schichtung erkennen. Über einer zurückwitternden dünnbankigen Lage steht fast senkrecht eine massige Bank von Ooidkalk.

Der Weg wird beim Eintritt in die Klamm etwas flacher. Man gelangt zu einer zweiten Madonnenstatue (mit Brunnen). Die Schichtung in den grauen Kalken wird durch Stromatolithen, den feinlagigen Algenrasen, oder feine, graue Mergelzwischenlagen im Halbmeterabstand deutlich. Lumachellenbänke, in denen die Schalen von Muscheln, Meeresschnecken, Brachiopoden und Ooiden zusammengeschwemmt wurden, schalten sich dazwischen, und bald auch schon die erste Lithiotisbank mit ihren großen Schalenquerschnitten.

Die massige Bank kurz vor der Oberkante der Steilstufe besteht schon aus dem San-Vigilio-Oolith, der hier z. T. besonders große Ooide führt (bis über einen Zentimeter groß können diese werden!). Schön polierte Gerölle davon kann man übrigens aus dem Bach gewinnen. Die folgende Verebnung ist durch den leichter erodierbaren Ammonitico rosso und die darüber folgenden jüngeren Schichten verursacht.

Vom Rif. Madonna della Neve, 1120 m, geht man entweder zurück oder folgt einem der Wanderwege in südlicher oder nördlicher Richtung, wobei man (mit Übernachtung) bis an den Gardasee gelangen kann. Man quert dabei Ammonitico rosso, Maiolica, Scaglia und die hier recht mächtigen eozänen Basalt-Tuffe oder Laven mit regelmäßiger, säuliger Absonderung. Ihnen sind Nummulitenkalke vergesellschaftet (Abb. E8.7 und E8.8).

Exkursion 8.3: Vom Pordoijoch auf den Piz Boè

Ganztägige Bergwanderung mit zuletzt leichter Kletterei. – Durch den schüsselförmigen Großbau der Dolomiten blieben in deren Zentrum noch Reste von Jura- und Kreideschichten erhalten. Diese sind meist gefaltet und von Hauptdolomit (Dachsteindolomit) überschoben. Die lange Zeit rätselhaften Gipfelüberschiebungen sieht man heute als nach Nordwesten gerichtete Bewegungen, die im Zusammenhang mit einer frühen Faltungs- und Überschiebungsphase stehen. Sie sind die letzten Ausläufer der Dinarischen Gebirgsbildung in Jugoslawien. Lehrbuchmäßig ist die Geometrie dieser Überschiebungen in der Südwand des Gipfelaufbaus des Piz Boè zu sehen.

Die Tone der Cassianer Schichten am Pordoijoch, 2239 m, wurden von einer schrägen Übergußschichtung (Blöcke von Schlerndolomit) überschüttet. Das markante, von Schutt bedeckte Band in der Wandmitte (fossilreiche, dünnplattige Raibler Kalke und Mergel) liegt dagegen horizontal.

Die große Steilstufe ist durch den gut gebankten Hauptdolomit von etwa 300 m Mächtigkeit gebildet. Von der Bergstation der Pordoibahn, 2950 m, steigt man zunächst über die Hochfläche zur Pordoischarte, 2829 m, hinab, um jenseits davon wieder die Oberfläche des Hauptdolomits zu erreichen.

Der Gipfelaufbau beginnt mit hellen, dickbankigen Jurakalken, die an manchen Stellen in enge Falten gelegt sind. Gut zu sehen sind diese in den Wänden auf der Südseite. Es ist ein Faltentyp, der eng mit Überschiebungen verknüpft ist. Vom Gipfel aus können wir, wenn wir nach Osten hinabblicken, noch weitere Falten erkennen.

Wir steigen einen schmalen Pfad südwärts hinab bis kurz vor die Steilkante des Hauptdolomits, wo ein Klettersteig vom Kriegsdenkmal heraufführt. Auf den Schichtflächen des Hauptdolomits queren wir wieder nach Westen zum Pordoijoch zurück, wobei wir in der Südwand des Piz Boè eine Überschiebung innerhalb der Jurakalke sehen.

Von der Pordoischarte führt uns die Wanderung über einen Schuttkegel zum Joch zurück. Wir können dabei auch in den Raibler Schichten etwas abseits des Weges nach Fossilien suchen und weitere Falten beobachten.

173

Abb. E8.7: Muldenstruktur und Schichtstufen tertiärer Kalke und Vulkanite der Monte-Baldo-Hochfläche.

Abb. E8.8: Dunkle eozäne Laven und Tuffe werden am Monte Baldo von hellen Nummulitenkalken überlagert.

Exkursion 9: Der große Bruch – Valle di Concei

(Wir stehen auf Tiefseeboden zu Füßen des großen untermeerischen Tafelberges, von dem Orkane Sedimentlawinen auslösten und wo durch Erdbeben Bergstürze losgeschüttelt wurden.)

Anders als auf der Trento-Plattform beschleunigt sich in dem westlich daran anschließenden Lombardischen Becken die in der Trias begonnene Absenkung bereits zu Beginn des Jura. Es bildet sich eine Übergangszone zum Penninischen Ozean, der jetzt unmittelbar nördlich und westlich unserer Region aufreißt. (Abb. E9.1) Die Sedimentation kann mit der schnellen Absenkung nicht mehr Schritt halten, der Meeresboden wird tiefer und tiefer und taucht unter die photische (durchlichtete) Zone ab. Der Faden zum Licht reißt ab, Algen und Korallen können fortan nicht mehr existieren, und das reiche Leben der Flachmeere verschwindet unvermittelt. Es sedimentieren pelagische Kalke (gr. Pélagos = das offene Meer) aus unzähligen mikroskopisch kleinen Skeletten einzelliger Planktontierchen, die freischwebend nahe der Meeresoberfläche leben und nach dem Absterben wie winzig kleine Schneeflocken auf den tiefen Meeresgrund sinken. Dort häufen sie sich zu gut gebankten Kalksteinen an, die meist einen hohen Kieselgehalt aufweisen, denn die Radiolarien (Rädertierchen), ein Teil des Planktons, bauen ihre bizarren Skelette aus Quarz bauen.

Die Zerstückelung des Schelfmeerbodens erfolgt an steil einfallenden, nord-süd-streichenden Abschiebungen. Weil sich unter Wasser auch ein steiles Relief nicht wie auf dem Festland durch Erosion ausgleicht, entstehen untermeerische Kliffe von Hunderten von Metern Höhe. Von Zeit zu Zeit brechen deren Steilflanken zusammen und sammeln sich als Bergstürze am Rand des Beckens. Die Blöcke können auch verkippen, so daß Sedimentpakete ins Rutschen kommen und abgleiten (Abb. E9.2).

Abb. E9.1: Ost gerichtete Überschiebungen sind für die Region zwischen der Etsch und Chiese typisch.
Am Gardasee überschiebt Hauptdolomit tertiäre Scaglia mindestens 5 Kilometer weit und wird dabei verfaltet.

Bei heftigen Stürmen wird der Grund der flachen Schwellengebiete aufgewühlt, und die schwere Suspension aus Wasser und Sand stürzt als trübe Wolke (Trübestrom) in das Becken, wo sie sedimentiert. Auf diese Weise gelangen Flachwasserablagerungen und deren Fossilien in die Tiefsee.

Die Abbruchkante des Tafelberges verläuft etwa von Riva über den Tennosee nach Ballino („Ballinolinie") und durch die westliche Brentagruppe.

An den Spalten am Monte Giovo bei Rovereto haben wir bereits die Fernwirkung des Bruches zwischen der Plattform und dem Becken gesehen. Bei den folgenden Exkursionen tauchen wir nahe dem Bruch in das Lombardische Becken hinab.

Bei Riva (Anschluß an Exkursion 9) verläuft die Gardasee-Sarca-Überschiebung, die Trias- und Juragesteine auf tertiäre Schichten schiebt (Abb. E9.1). Sie ist zwar unter jungen Ablagerungen des Talbodens verborgen, läßt sich aber durch das gleichmäßige Abtauchen der Schichten am Monte Baldo und dem aus der Schwemm-ebene von Riva aufragenden Monte Brione nach Westen gut nachvollziehen. Die Störungsfläche selbst kommt erst bei Limone über den Seespiegel heraus und ist nahe Vesio aufgeschlossen, wo Hauptdolomit mindestens 5 km über Scaglia geschoben ist.

Auf enger und pittoresker Straße erklimmen wir die fast senkrechte Wand aus Jurakalken, fahren am Ledrosee vorbei (siehe auch Exkursion 11), der von Hauptdolomit umrahmt wird, und zweigen bei Pieve in das Valle di Concei ab.

Zwei durch eine Überschiebung getrennte Synklinalen streichen hier parallel zur Judikarienlinie durch, belegen die starke jungtertiäre Ost-West-Einengung der Südalpen und geben uns gleichzeitig die Möglichkeit, viele Schichtglieder auf relativ engem Raum zu erkunden (vgl. Abb. E8.6).

Nach dem Überwinden der eiszeitlichen Schotterterrassen über Bezzecca öffnet sich der Blick in den Talgrund und auf die nach Westen einfallenden Schichten im Kamm des Gaverdina (2047 m).

Exkursion 9.1: Von Lenzumo zur Malga Cadria

1 km hinter Lenzumo führt ein kleines Sträßchen nach Westen zu einem verfallenen Elektrizitätswerk hinauf (hier Parkmöglichkeit). 200 m hinter dem Kletterturm aus dickbankigem Hauptdolomit zweigen wir auf einem Steig rechts ab und queren den kleinen Bach (der im Sommer aber meist trocken fällt).

Stop 1: Vom E-Werk nach Westen

¹/₂ Std. – Wenig später geraten wir unvermittelt in helle, dichte, kieselige Maiolica-Kalke. Sie führen schwarze Hornsteinknollen, sind gut gebankt und lokal stark verfaltet. Hinter einer Ruine, die nach 300 m rechts des Weges sichtbar wird, hat sich in mergeligen Partien der oberen Maiolica-Kalke, die am Übergang zur Scaglia erscheinen, eine steilstehende Schieferung ausgebildet. Das ist ungewöhnlich für die Südalpen und weist auf die hier ganz besonders starke Einengung hin.

Etwa 100 m weiter markieren die zuerst grau-rotgrünlichen, dann auffällig roten Mergelkalke und kieseligen, in kleine Schüppchen zerfallenden Tonsteine der darüberliegenden Scaglia rossa und grigia aus der Zeit der Oberkreide und des Alttertiärs bereits den Kern der Concei-Synklinale. Im geologischen Sinne zeigen sie den Umschlag aus landfernen Tiefseebedingungen in eine durch festländischen Einfluß (Toneinschwemmung) geprägte Zeit. Nach erneuter Bachquerung und kurzem, steilem Anstieg auf schmierigem Tonboden wittern nach Erreichen des Hauptweges Sandsteine des Lombardischen Flysches als Lesesteine am Wegesrand heraus.

Der Wechsel der reinen, von keiner Tontrübe verunreinigten Maiolica-Kalke der Unterkreide über Mergel und Tone (Oberkreide) zu alttertiären Sandsteinen verrät uns, daß sich im Zeitraum von 100 bis 50 Ma in der Umgebung dramatische Vorgänge abgespielt haben: Irgendwo in der Nähe ist Festland aus dem weiten Meer aufgetaucht, von dem jetzt Verwitterungsmaterial in die Becken gelangt: Die Kollision Apuliens mit Europa hat eingesetzt und mit ihr die Heraushebung der Alpen. Den Anfang dieses Ereignisses müssen wir hier aus ein paar schäbigen Brocken Sandstein, die wir am Wegesrand aus der Erde ziehen, herauslesen. In den gelbgrauen Sandsteinen schimmern Glimmer – Indizien dafür, daß bereits metamorphes Grundgebirge oder Granite frei lagen, die nach der Kollision schnell hochgehoben wurden.

In dem kantigen Schutt, der im weiteren Anstieg gelegentlich angeschnitten ist, bemerken wir eine gewisse Verfestigung, wie sie in nacheiszeitlichen Schuttfächern nicht üblich ist. So schließen wir, daß es sich hier wahrscheinlich um Riß-Würm-Zwischeneiszeit-Bildungen handelt. Während beider Eiszeiten waren die Hochlagen des Tales vergletschert.

Stop 2: Malga Vies

3/4 Std. – Auf der Südseite des Baches stehen ab dem E-Werk zuckerkörnige Dolomite an, die gar nicht zu der bunten Schichtfolge, die wir soeben durchquert haben, passen. Durch das Tal verläuft nämlich eine Störung, an der die Gegenseite des Bruches um 2,2 km nach rechts versetzt ist (rechtshändige Seitenverschiebung).

Nach einer guten Stunde haben wir die M.ga Vies erreicht. Wer dann noch überschüssige Kräfte hat, kann die halbe Stunde zum Monte Vies auf der Südseite hinaufjoggen, um die Aussicht auf Adamellomassiv, den Ledrosee und die bizarren kleinen Dolomittürme der Umgebung zu genießen. Dabei kann er in den senkrechten Kieseldolomitwänden über den österreichischen Stellungen aus dem Ersten Weltkrieg sehen, wie eine quergreifende Dolomitisierung alte Schichtgefüge zerstört: Die Schichtstrukturen verschwinden einfach im Streichen, es resultiert ein massig grauer Dolomit. Im folgenden Einschnitt stehen gebankte Stinkkalke an. Vom Monte-Vies-Gipfel überblickt man nach Norden sehr schön die steil einfallenden Schichten der Conceimulde, und die Untergrenze der bizarren Dolomitlandschaft markiert gleichzeitig die Überschiebungsbahn der Cadriamulde darauf.

Stop 3: Richtung Cadria

1 Std. – Wir steigen Richtung M.ga Cadria nach Norden auf. Als erstes queren wir seltsam rotbunte Kieseldolomite, in denen scharfkantige rote, grüne oder gelbe Hornsteine schwimmen. Solche Gesteine finden sich nur hier und gehen auf Bewegungen des Meeresgrundes zurück: Wir stehen geologisch nahe dem Fuß der untermeerischen Steilwand des Ballino-Bruches.

Nach oben folgen bald graue Kalkbänke, in denen Lias-Ammoniten vorkommen und denen rauh anwitternde Kalkbänke zwischengeschaltet sind, in denen wir auf angewitterten Flächen viel feinen Fossilschutt erkennen: die glänzenden Calcit-Einkristalle der Seelilien-Stielglieder, Stacheln von Seeigeln oder Brachiopodenschalen.

Unmittelbar über der mächtigsten dieser Fossilschuttbänke ändert sich die Gesteinszusammensetzung: Grün-

liche, sehr dünnplattige Radiolarite und dazwischen wenige Zentimeter dicke kieselige Tonsteine stehen hier an. Spielend lassen sich mit ihnen tiefe Riefen in den Hammerstahl einkratzen, denn die Radiolarite gehören zu den härtesten Gesteinen überhaupt. Trotzdem sind sie für die Erosion kein sehr widerstandsfähiges Gestein, wie wir an dem Bewuchs und der sanften Morphologie sehen: Die extrem spröden Gesteine zerbrechen nämlich in kleine Stücke und werden deshalb leicht abgetragen. Die dickerbankigen Maiolica-Kalke formen, obwohl bedeutend weicher und auch leichter löslich, die steile Wandstufe darüber.

Es ist viel gerätselt worden, warum es im Jura im ganzen Mittelmeerraum zu der verbreiteten Bildung von Radiolariten kam. Es konnte durch ein generelles Absinken in große Meerestiefen geschehen sein oder durch kalte Meeresströmungen, die den Kalk lösten – in dieser Zeit öffnete sich nämlich der Nordatlantik, von dem jetzt erstmals polares Wasser herangeführt werden konnte. Gelöstes Kohlendioxid aus untermeerischen Vulkanen mag ebenso die Kalklösung verstärkt haben. Schließlich könnte sie auch eine biologische Ursache gehabt haben, etwa ein Absterben von Kalkplankton.

Welchen Anteil die einzelnen möglichen Faktoren daran hatten, ist unklar. Jedenfalls liegt unsere Region ab dem oberen Lias unter der Calcit-Kompensationstiefe, derjenigen Meerestiefe, unterhalb der die Kalkskelette des einzelligen Planktons aufgelöst werden, so daß sich kein Kalkstein mehr bilden kann. Übrig bleiben nur die weniger löslichen, feinen und bizarren Kieselskelette der Radiolarien. Sie sind aber nur zu einem kleinen Bruchteil am Plankton beteiligt, so daß sich nur wenige Millimeter Sediment pro Jahrtausend absetzen können. Mit einem Schritt können wir hier über eine Million Jahre hinwegsteigen.

Die wenige Zentimeter dünnen Radiolaritlagen sind durch feine kieselige Tonlagen getrennt. Zeitweise ist es sogar zur teilweisen Auflösung von Kieselsäure gekommen. Sind die Radiolarite (= Hornsteine) im unteren Teil noch durch zweiwertiges Eisen vorwiegend grünlich gefärbt, schlagen sie darüber nach rot um: Die Oxidations-Bedingungen haben sich geändert, das Meerwasser wurde reicher an Sauerstoff.

Der Übergang zu den Kalken im Hangenden erfolgt über rote Mergelsteine, in denen Belemniten und Aptychen angereichert sind: die roten Aptychenschichten, benannt nach den merkwürdigen Kauelementen von Ammoniten (Abb. E9.3). Sie bestehen aus Calcit, die Schalen der Ammoniten aber aus dem leichter löslichen

Aragonit – sie wurden aufgelöst, die calcitischen Apty-chen blieben übrig. Die Sedimentation geschah demzu-folge zwischen der Calcit- und der flacheren Aragonit-Lösungstiefe – ohne daß wir deren genaue Tiefe kennen (in heutigen vergleichbaren Meeren müßten unsere Ge-steine in etwa 4000 m Tiefe abgelagert worden sein; Abb. E9.4).

Weißer Maiolica-Kalk der Unterkreide folgt – ein ty-pischer Tiefseekalk mit Hornsteinknollen oder -lagen, der landfern abgelagert wurde. Feine gezackte Linien, die aussehen wie die Nähte von Schädelknochen, durch-ziehen ihn. Es sind Drucksuturen (Stylolithen), an denen ein Teil des Kalkes wieder aufgelöst worden ist. Die Schwingungsweite der Sutur ist ein Maß für die gelöste

Abb. E9.3: Das ausschließliche Vorkommen von Aptychen ohne die zugehörigen Ammonitengehäuse in bestimmten Schichten läßt auf eine große Wassertiefe im Meer schlie-ßen – die aragonitschaligen Ge-häuse sind aufgelöst worden, die kalkigen Aptychen nicht.

Abb. E9.4: Die Grenze zwischen Jura und Kreide ist mit einem Farbumschlag nach Weiß verbunden. Links der sehr feinkörnige Maiolicakalk der Unterkreide (M.ga Cadria).

Menge. Teilweise sind es mehr als 5 % des gesamten Gesteinsvolumens. Auch die Maiolica führt Radiolarien, Belemniten und Aptychen, aber fast nie Ammoniten. Viel Kalk ist auch hier schon am Meeresboden gelöst worden, doch nicht so vollständig wie bei den Radiolariten.

Im Vorbeigehen bemerken wir 20 m oberhalb des Kontaktes eine wilde Faltung, die aber auf einen einzigen Horizont beschränkt ist. Es ist eine der untermeerischen Rutschfalten im weichen Sediment, die einen unruhigen Meeresboden anzeigt. Nach oben hin, wo die Schichtung dünner wird, kommt es dagegen zu einer sehr regelmäßigen Faltung, die jetzt aber die gesamten Schichten erfaßt. In den steilen Südwänden des Cadria sehen wir das regelmäßige Muster der übereinanderge-

Abb. E9.5: Übereinander gestapelte Ziehharmonikafalten im Maiolicakalk unter dem Monte Cadria zeugen von einer Position im Kern der Cadria-Großmulde.

stapelten Falten im Kern der Cadria-Synklinale, der westlichen der beiden geologischen Mulden (Abb. E9.5).

Stop 4: Monte Cadria

2 Std. – Wer den höchsten Berg dieser Region besteigen will, benötigt noch eine gute Stunde auf den Gipfel des Monte Cadria, 2254 m, bleibt aber immer im Maiolica-Horizont. Es ist möglich, aber nur für äußerst trittsichere und erfahrene Bergsteiger ratsam, über verfallene Militärpfade zur Bocca di Tortavai und von dort zur Baita Sadri abzusteigen. (Als ich dies einst mit einer kleinen Gruppe von Geologiestudenten unternahm, fiel einer von ihnen in der folgenden Nacht wegen heftiger Angstträume zweimal aus dem Bett.)

Exkursion 9. 2: Fußwanderung vom Rifugio al Faggio zur Malga Cui

Vom Rifugio al Faggio, 965 m, dem idealen Standort für Touren in der Umgebung, lohnt sich ein kurzer Abstecher in das Valle Lumar. Gleich hinter dem Gebäude geht es über einen Schwemmkegel nach Nordwesten aufwärts, wobei man nach 300 m auf eine Forststraße trifft. Dort stehen Liaskalke an, die ziemlich häufig Ammoniten führen und denen dünne, grünliche Mergellagen zwischengeschaltet sind. Eine schwach ausgebildete Schieferung in den Mergeln fällt steiler als die Schichtung ein, was dem Geologen verrät, daß die Abfolge aufrecht und nicht überkippt ist. Wir queren oberhalb der einzigen Kehre lange, durchgehende Aufschlüsse von Liaskalken, in denen kleine Diskordanzen und Rutschfalten vorkommen, die häufiger werden, bis schließlich unter einer Steilstufe nahe dem Bach das Chaos vollkommen wird. Unregelmäßige Falten und Riesenblöcke aus Kalk geben ein verwirrendes Bild: Es ist ein untermeerischer Bergsturz – ausgelöst durch tektonische Bewegungen. Hier wird der Zerfall der Trento-Plattform sichtbar.

Darüber ändert sich die Sedimentation schlagartig: Fossilschuttbänke sind zwischen Kieselkalke mit Hornstein eingelagert, die das schnelle Absacken des Meeresbodens in die Tiefsee dokumentieren.

Im weiteren Aufstieg wird das Einfallen, das bisher nach Nordwesten war, immer flacher und kehrt sich schließlich nach Südosten um. Wir durchlaufen nämlich genau den Kern einer geologischen Muldenstruktur, der Concei-Synklinale.

Der Weg quert vorübergehend den Bach, denn diese Seite wird nun von mächtigen Moränenanrissen eingenommen. Ein Felsriegel im Bachbett trägt noch deutliche Gletscherschrammen der würmzeitlichen Vereisung.

Wo der Weg auf die Ostseite zurückkehrt, taucht die Fossilschuttbank wieder auf – diesmal am Nordflügel der Mulde und steil in Richtung Südosten einfallend.

Der Weiterweg führt durch Liaskalke und dunkelgraue Stinkkalke zur Grenze gegen Dolomit, der hier überschoben ist. Die Störung läuft über eine kleine Einsattelung, 1555 m, zur M.ga Cui, 1450 m, hinter der ein spiegelglatter Störungsharnisch aufgeschlossen ist, und streicht in die Bocca di Slavazi hinauf. Klar hebt sich die durch steile Türme und Felsnadeln gekennzeichnete Dolomitschicht von den stärker bewachsenen Kalkhorizonten ab. Unterhalb der Bocca erkennt man bei günstiger Beleuchtung recht gut noch Moränenreste aus der Spätwürmzeit. Von der Alm steigt man direkt zum Rifugio hinab, wobei man die Muldenstruktur erneut quert.

Exkursion 9.3: Zur Malga di Trat und kleine oder große Fußwanderung

Diese Tour ist für diejenigen, die sich einen schnellen Überblick verschaffen wollen, die geeignetste. Die M.ga di Trat ist aber auch Ausgangspunkt für die großartige ganztägige Höhenwanderung über den Corno di Pichea, 2158 m, und Dosso della Torta (nur für schwindelfreie und bergerfahrene Personen empfehlenswert; Abb. E9.6) oder eine botanische Exkursion Richtung Cima Pari.

Stop 1: Über Lenzumo

3 km. – Von Lenzumo führt eine teilweise geteerte Straße nach Osten zur M.ga di Trat, 1500 m, hinauf, der wir folgen. In mehreren Serpentinen erklimmt sie die Steilstufe aus Hauptdolomit, aus dem wir bei Höhe 1300 m unvermittelt herauskommen. Die Grenze ist durch eine

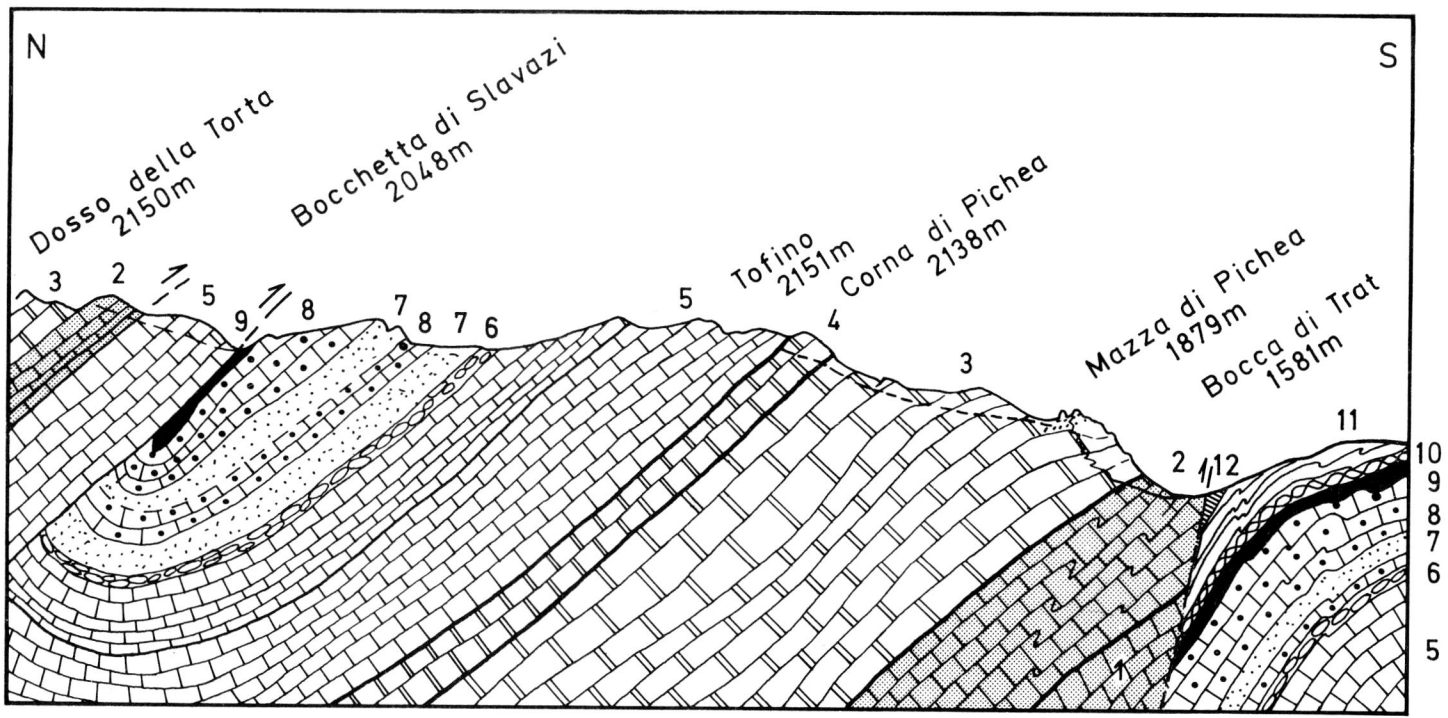

Abb. E9.6: Profil des Tofinokamms zwischen Dosso della Torta und Bocca di Trat.
1 = Hauptdolomit; 2 = dunkle, bituminöse Stinkkalke; 3 = Oberer Dolomit; 4 = kalkig-dolomitische Übergangszone; 5 = plattige Liaskalke
(Medolo) mit Oolithbänken; 6 = Horizont mit Megabrekzien; 7 = Kalkturbidite mit reichlich Fossilschutt; 8 = Kalk-Mergel-Hornsteinfolge;
9 = rote und grüne Radiolarite; 10 = rote Aptychenkalke und Knollenkalke; 11 = Maiolicakalk; 12 = Scaglia.

steile Bachrinne markiert, an der Bodenfarbe und Bewuchs wechseln: Auf dem schwarzen, mageren Gebirgsrendzina-Boden, der sich über Dolomit entwickelt, gedeihen recht und schlecht schüttere Kiefern mit einem dünnen Unterwuchs. Das Überangebot an Magnesium behagt nur wenigen Pflanzenarten. Kugelblumen, Primeln (Aurikeln) und Schneerosen kommen vor, wachsen aber auch auf Kalk.

Für eine Pflanze scheint Dolomit aber geradezu lebensnotwendig zu sein, jedenfalls habe ich sie noch auf keinem anderen Gestein wachsen sehen: die Monte-Baldo-Segge (*carex baldensis*), eine weißblühende Grasart mit charakteristischem Sporn (Abb. E9.8), die auf sonnigen Dolomithängen sehr verbreitet ist. Doch wie mit dem Lineal abgeschnitten verschwindet sie, wenn eine Kalkbank folgt.

Südlich der Rinne gedeihen auf Braunerde (Terra fusca) Buchen, Eschen, Fichten, Tannen und ein dichter Unterwuchs. Spätestens bei dem Aufschluß an der nächsten Biegung bemerken wir, daß der porzellandichte Maiolicakalk ansteht.

Aus einer Schichtfläche noch vor der Kurve ist in gut

2 m Höhe ein großer Aptychus mit leicht geschwungenen Rippen und feinen Poren (*lamellaptychus punctatus sp.*) herausgewittert (bitte nicht herausklopfen!), der das Unterkreidealter belegt. Die oben erwähnte Rinne markiert demnach eine Verwerfung, an der die Nordwestseite mit dem Dolomit um etwa einen Kilometer stärker herausgehoben wurde. 30 m weiter ist der Kontakt zu der roten Radiolarit-Hornstein-Formation des mittleren und höheren Jura einer näheren Betrachtung wert. Gegenüber dem Profil nördlich der M.ga Vies (Exkursion 9.1) fehlt der rote Aptychenkalk. Dafür zeigen Erosionsspuren und Bruchstücke von Hornstein im darüberliegenden Kalk, daß an dieser Grenze etwas Besonderes geschehen ist. Hier hat eine untermeerische Rutschung stattgefunden. Ein Teil der Gesteine ist tiefer ins Becken gerutscht, ein anderer Teil von oben hierher, weshalb auch die unteren Partien der Maiolica in chaotische Falten gelegt sind. Die dünnbankigen Hornsteine darunter sind stark gefaltet und streichen an der nächsten Schuttrinne direkt auf Maiolicakalk zu – wieder eine Störung. Diesmal ist es der Ostteil, der abgesenkt ist.

Abb. E9.7: Tulipa celsiana, eine der wenigen Wildtulpen in Europa, findet sich an der Cima Pari oberhalb des Ledrosees. In Refugien wie dem Ledrotal, die während der Eiszeiten unvergletschert blieben, konnten eine Vielzahl von Pflanzenarten überdauern.

Abb. E9.8: Carex baldensis, ein Seggengras, das nur auf dolomitischem Untergrund wächst, ist für den Monte Baldo und die Judikarischen Alpen typisch.

Abb. E9.9: Ein Kalkturbidit (Trübestrom) greift rinnenförmig in ältere Kalkschichten ein und führt als Partikel massenhaft Fossilbruchstücke mit (Tofinograt).

Abb. E9.10: Fossilreiche, gut gebankte Obertriaskalke (calcare di Zu) verzahnen sich mit massigem Dolomit (dolomia superiore, Lias; Dosso della Torta).

183

Stop 2: Falten

1/2 Std. – Jenseits der störungsbedingten Schuttrinne ist der Maiolicakalk in prächtige, enge Falten gelegt. Es lohnt sich, im Detail anzuschauen, wie solch mächtige Gesteinspakete gefaltet werden: Tausende von Brüchen mit kleinen Versatzbeträgen durchziehen die Kalkbänke, Lösung an Drucksuturen und Ausfällung in Spalten als klarer Calcit liegen eng nebeneinander, und tonige Horizonte zwischen den Kalkbänken fungierten als Gleitmittel und wurden in die Faltenkerne eingequetscht. All dies gab dem Gestein erst die notwendige Mobilität, die es für die Faltung brauchte.

Stop 3: Bergsturz im Jura

1/2 Std. – In der nächsten Kurve zweigt eine durch eine Schranke versperrte Forststraße nach unten ab, der wir einen halben Kilometer folgen und wo wir erneut auf die Radiolarit-Maiolica-Grenze stoßen. Obwohl vom vorigen Aufschluß nicht weit entfernt, sehen wir ein vollkommen anderes Bild: Eine 10 m mächtige Brekzie aus Maiolica und Radiolarit. Maiolica hatte z. T. noch als Schlamm vorgelegen und somit die Zwickel zwischen den eckigen Radiolaritbrocken ausgefüllt – ein anderes Stück unseres untermeerischen Bergrutsches!

Zur Abzweigung zurückgekehrt, passieren wir im weiteren Anstieg zur M.ga di Trat noch Scaglia, Maiolica, Radiolarit und als tiefste Einheit im Kern einer lokalen Antiklinale den Dogger-Kieselkalk mit Hornstein und Fossilschuttbänken. Nach der M.ga di Trat (1500 m, begrenzte Parkmöglichkeit) folgen wir dem verfallenen, schon zur Römerzeit benutzten Fahrweg zur Bocca di Trat, 1581 m.

Stop 4: Bocca di Trat

1/2 Std. – Durch die Bocca verläuft die vom Viessattel herüberstreichende rechtshändige Seitenverschiebung der Vies-Trat-Linie, die ab hier nach Norden umbiegt und damit gleichzeitig ihren Charakter ändern muß: Sie geht in die Margone-Überschiebung über, an der die gesamte Gebirgsgruppe auf der tertiären Unterlage der Scaglia um mehrere Kilometer in Richtung Osten geschoben wurde. Reste dieser roten Mergel finden sich noch am Weg unmittelbar südlich der Bocca.

An der Basis der überschiebenden, bizarr verwitternden Lias-Dolomitmassen des Mazza di Pichea (1879 m) ist noch ein Keil aus gut gebankten, stark gefalteten, dunklen Obertrias-Stinkkalken eingequetscht, die man im Hang gegenüber findet und die noch in einem schmalen Streifen zur Bocca herüberstreichen.

Stop 5: Höhenweg
zur Bocca di Saval und Cima Pari

Zur Bocca di Saval (1740 m) 1 Std. und auf die Cima Pari (1991 m) 2 Std. – Von der Bocca di Trat geht man auf fast ebenem Höhenweg nach Süden über das (nur im Hochsommer geöffnete) Rif. Pernici (1600 m) zur Bocca di Saval, wobei man von Scaglia rossa nahe der Bocca und Maiolica am Schutzhaus in immer ältere Serien gerät und schließlich in Liasgesteinen verbleibt. Außer den recht mächtigen Fossilschuttbänken und einigen „verrosteten Ammonitenbabies" im Lias mag der Weg geologisch vielleicht nicht so aufregend sein, dafür ist er im Frühsommer ein Fest für Blumenfreunde, und man kann sich gar nicht sattsehen an der Pracht von Anemonen, Narzissen, Traubenhyazinthen, Feuer- und Paradieslilien, Affodill, Türkenbund, Knabenkräutern, Waldrebe, Maiglöckchen, Salomonssiegel, Enzian etc.

Wer jedoch Ende Juni/Anfang Juli die legendären gelben Wildtulpen *(tulipa celsiana)* finden will, der muß noch zusätzlich eine Stunde zur Cima Pari hochsteigen (die ganze Gegend ist Schutzgebiet, nicht achtlos die Wege verlassen, nichts pflücken! Abb. E9.7 und E9.8).

Stop 6: Mazza di Pichea

3/4 Std. – Wer den Lockungen der Blumen widerstehen kann und sich zugunsten der Steine zunächst mit der kargeren Dolomitflora begnügt, der gehe den Höhenweg von der Bocca di Trat über Corno di Pichea, 2138 m, Tofino, 2151 m, Dosso della Torta, 2156 m, zur Bocca dell'Ussòl, 1876 m, und über die M.ga Gui, 1444 m, zum Rif. al Faggio zurück (6–8 Std.; nur bergerfahrenen und gut trainierten Leuten bei sicherem Wetter zu empfehlen, dann herrliche Tour. Man achte im Anstieg zum schroff zerfurchten Mazza di Pichea (3/4 Std.) auf die Dolomitvarietäten: mal ist er zuckerkörnig und porös (spätdiagenetisch), dann wieder feinkörnig feingeschichtet (laminiert und mit Gezeitenschichtung) oder Stromatolithen führend. Einzelne Bänke sind brekziös mit Intraklasten (eckige Dolomitbruchstücke in feiner Dolomitschlamm-Matrix) oder enthalten bis zu erbsengroße Onkoiden (konzentrisch angelagerte, etwa kugelige Algenkrusten) oder sind tektonisch zerbrochen, wobei die Bruchstücke mit hellem, spätigem Kalk oder Dolomit verheilt sind.

Vom Gipfel öffnet sich nach Osten der Blick auf das Gardasee-Nordende mit dem Monte-Baldo-Massiv, auf die schön geschwungenen Juraschichten des Monte Stivo, die dem Berg seine eigenartige Form geben, und auf der anderen Seite zu den Gipfeln des Adamello, dem Ziel unserer nächsten Exkursion.

Stop 7: Corno di Pichea

3/4 Std. – Wir steigen nahe dem Grat weiter und treffen noch unterhalb des Gipfelaufbaues des Corno di Pichea auf Einschaltungen von Korallenkalkbänken, durch die eine ungleichmäßige Dolomitisierung greift. Den folgenden dünnschichtigen Lias-Plattenkalken liegen nördlich des Cornogipfels die ersten, bis über einen Meter mächtigen Ooidkalkbänke auf, die grauen, mikritischen Kalken mit dünnen Mergellagen zwischengeschaltet sind. Die Bänke dürften großteils turbiditischer Natur sein, d. h. die Ooide sind von der Trento-Plattform her verfrachtet worden.

Stop 8: Fossilschutt

1 Std. – Einen Kilometer weiter nördlich (kurz nach P. 2109) treten mit den ersten mächtigen Fossilschuttbänken auch mehrere Horizonte mit spektakulären submarinen Rutschfalten und Megakonglomeraten auf. Man achte auf die Lagerung. Scheinbar unmotiviert ändert sich die Schichtung, wird chaotisch, und rundliche Kalkkörper von mehreren Metern Durchmesser liegen quer zur sonstigen Schichtung. Wir stehen wieder vor untermeerischen Bergrutschen und Bergstürzen, die von der Trentoplattform abgegangen sind.

Weil die nachfolgenden Schichten viel tieferes Wasser anzeigen, kann man schließen, daß ein schnelles Absinken des Untergrundes erfolgt ist, das von Erdbeben begleitet war. Diese wiederum haben die Bergrutsche ausgelöst.

Die Fossilschuttbänke ziehen als weithin sichtbare Härtlingsrippen zur Ponte Glera hinab. Sie lassen sich gut für die Orientierung verwenden (notfalls kann man hier die steilen Grashänge absteigen, wo man bei einer kleinen Hütte bei 1637 m auf den Weg ins Tal trifft).

Stop 9: Untermeerische Rinnen

1/4 Std. – Das Nebengestein wird jetzt stark kieselig und ist schon unter der Kalkkompensationstiefe abgelagert worden. Wie aber sind die Kalkbänke mit den Flach-

wasserfossilien dazwischen zu erklären? Die einzige vernünftige Deutung ist, daß sie eingeschwemmt worden sind. An einer Stelle sehen wir auch, daß dies ein schnelles, erosives Ereignis war, denn die Fossilbank hat sich eine Rinne in die unterlagernden Kalke herauserodiert (Abb. E9.9). Dies ist typisch für Trübewolken, welche die Abhänge des Meeresgrundes hinabsausen, dort Rinnen oder submarine Canyons einfräsen und sich dann in breiten Wolken auf dem flacheren Boden ausbreiten.

Wir können auch nachvollziehen, woher die Strömungen kamen. Erinnern wir uns: Weiter westlich, über der M.ga Vies, waren es wenige, geringmächtige Fossilbänke, die relativ feines Material enthielten. Hier sind es häufige, mächtige Bänke mit gröberem Muschel- bzw. Brachiopodenschill (die gerippte Rhynchonella und die glatte Terebratula sind die häufigsten), großen Seeigelstacheln und Crinoidenbruchstücken: Wir sind offenbar näher als die M.ga Vies am Liefergebiet. Dieses muß im Osten gelegen haben – die Trento-Plattform.

Bis zur Bocca di Slavazi (2048 m, Abstiegsmöglichkeit ins Valle di Concei) geht es durch Kieselkalke, und direkt an der Scharte stehen grünliche und rötliche Radiolarite an – untrügliche Anzeiger von Tiefseebedingungen.

Die Scharte ist durch eine Störungsfläche bedingt, an der die Gesteine stärker zerrüttet und deshalb ausgeräumt sind. Von der im Talgrund erkennbaren Mulde (vgl. Exkursion ins Valle Lumar) ist nur noch der Südostflügel und ein aus dem Untergrund hochgeschleppter Span stark gefalteter Liaskalke von 300 m Breite übriggeblieben. Darübergeschoben ist eine aufrechte Folge von Hauptdolomit, plattigen Kalken (Zu-Kalke, Calcare di Zu) und Dolomit der Trias/Liasgrenze (Dolomia superiore), wie wir ihn schon an der Mazza di Pichea kennengelernt haben.

Insbesondere die Zu-Kalke sind reich an schönen Sedimentstrukturen und Fossilien. Gut sieht man deren fazielle Verzahnung mit dem Dolomit in den Wänden der Gaverdina, 2046 m, wo die Schichtung im Streichen verschwindet und massigem Dolomit Platz macht (Abb. E9.10).

Wer noch nicht genug hat, kann über den Dosso della Torta, 2151 m, und Gaverdina, 2047 m, auf Militärpfaden und durch Schützengräben zur Bocca dell'Ussòl (1675 m) und von dort ins Tal zum Rif. al Faggio absteigen, um sich bei Gnocchi verdi oder anderen Köstlichkeiten der vorzüglichen Küche die wacklig gewordenen Knie für die nächste Exkursion zu festigen.

Exkursion 10: Blick in die Gesteinsküche –
die Intrusion des Adamello

(Wir erleben, wie sich Magma durch Zutaten an Sedimentgesteinen verändert und wie aus Sedimenten Metamorphite werden.)

Was geschieht mit all den Gesteinsmassen, die während der Subduktion einer ozeanischen Platte in die Tiefe gezogen werden?

Zum größten Teil bleiben sie fest und sinken weit in den Erdmantel zurück, bevor sich ihre Temperatur angleicht.

Bei Sedimenten oder Basalten, die von Meerwasser infiltriert waren, setzen das Wasser und die darin gelösten Elemente, wie Natrium, die Schmelztemperatur so weit herab, daß in 80–100 km Tiefe Magmen entstehen. Diese Tiefe erreicht die abtauchende Ozeanplatte etwa 100–150 km hinter der Subduktionsfront (z. B. dem Tiefsee-graben, in unserem Fall: südlich des Nordrandes der Alpen).

Andere Forscher glauben, daß nur das freigesetzte Wasser nach oben diffundiert und dabei Erdmantel und Unterkruste zum Schmelzen bringt. Der Unterschied ist für uns gleichgültig, in beiden Fällen bilden sich basische und saure Magmen. Diese haben ein größeres Volumen als das Ausgangsgestein, sind also leichter, steigen nach oben und durchdringen dabei zwangsläufig die über der Subduktionszone liegende Oberplatte – in den Alpen das Ost- und Südalpin.

Auf dem Weg nach oben, wo die Schmelze einige Zehnerkilometer Erdkruste durchdringen muß, gehen Teile verloren, andererseits kommen alle möglichen Zutaten hinzu. Ein Teil der Schmelze friert an den Aufstiegskanälen fest oder wird in das Nebengestein als

Abb. E10.1: Das Exkursionsgebiet am P.so Croce Domini. In Bildmitte die hellen kontaktmetamorphen Hauptdolomitfelsen, rechts im Hintergrund der Tonalitberg Cornone di Blumone (2842 m).

Gang eingequetscht. Früh abgeschiedene, größere Minerale können Engpässe nicht durchdringen und bleiben zurück („Filterpressung") oder sinken aufgrund ihrer Schwere nach unten.

Andererseits können vom Nebengestein freigesetztes Wasser und Gase eindringen oder Trümmer in die Schmelze fallen und dort aufgelöst werden. So ist das Erstarren eines Magmenkörpers eine hochkomplexe Angelegenheit. Manches läßt sich nur im Labor durch detaillierte chemische Untersuchungen oder mit Hilfe von Isotopen rekonstruieren, doch vieles sieht man auch noch ganz gut im Gelände. Das in dieser Hinsicht interessanteste Gebiet der Alpen ist zweifellos das südliche Adamellomassiv.

Der Presanella-Adamello-Pluton ist mit fast 700 km² der größte der tertiären Intrusivkörper der Alpen (Abb. E10.1). Er liegt genau in dem Zwickel zwischen Tonale- und Judikarienlinie. Auch die übrigen, vor 45 bis 30 Ma (Obereozän bis Unteroligozän) hochgedrungenen Plutone des Bergell, der Rensenspitze und der Rieserfernergruppe sowie einige kleinere Körper liegen nahe der Periadriatischen Naht (= das große Bruchsystem aus Pustertallinie, Judikarienlinie, Insubrischer Linie und Tonalelinie). Man nennt sie deshalb Periadriatische Plutone (vgl. Abb. 11.1).

Ein Zusammenhang liegt nahe, etwa, daß die Schmelzen entlang der Störungsflächen leichter als anderswo aufsteigen konnten. Aber die Störungen sind jünger als die Plutone, so daß es wahrscheinlicher ist, daß die Kruste entlang der durch die Intrusiva erweichten Zone durchgeschert wurde.

Während im Norden der Kontakt der Tonalite gegen Phyllite des Grundgebirges durch die Nähe zur Tonalelinie verschiefert ist, ist die Südgrenze, wo auch die älteren Intrusionen sitzen, ungestört. Nebengesteine sind Kalke und Dolomite der Trias, die mit dem Magma in vielfältiger Weise reagiert haben.

Hier ist der beste Platz, um ein wenig in der Gesteinsküche zu schnuppern und Mutter Erde in die Kochtöpfe zu schauen.

Exkursion

Vom Ledrotal geht es zunächst die enge Schlucht zwischen Steilwänden aus dickbankigem Hauptdolomit in die Valli Giudicarie hinab. Schnurgerade hat der Chiesefluß die Bruchzone herausgearbeitet, an der die Westseite um mindestens 3–4 km gegenüber der Ostseite herausgehoben wurde (Abb. E10.2).

Ab dem Idrosee erscheint auch auf der westlichen Talseite Hauptdolomit, der hier fast senkrecht steht: Die Haupt-Bruchzone ist nämlich aus dem Tal nach Westen abgebogen und setzt sich in der Val-Trompia-Störung fort.

Stop 1: Ponte Dazare

18 km vom Idrosee. – Wir zweigen vom Idrosee ins Val Caffaro ab, queren steilstehenden bis überkippten Hauptdolomit und geraten in immer tiefere Einheiten. Bei Bagolino streicht die Val-Trompia-Störung durch, so daß wir ab jetzt durch variszisches Grundgebirge fahren.

Die folgenden Kilometer führen durch geringmetamorphe Metapelite (Phyllite, Tonschiefer), z. T. mit schönen Sedimentgefügen, wie in den Steilwänden kurz vor der Ponte Dazare, nach der die Straße südlich des Fiume Caffaro weiterführt.

Gleich nach der Brücke sind dunkelgrüne, feine Sandsteine neben der Straße aufgeschlossen, die basisches Tuffmaterial, aber auch bereits erste größere Brocken von rotem Quarzporphyr führen. Sie entsprechen dem Waidbrucker Basiskonglomerat, sind also bereits permische Ablagerungen und nicht mehr metamorph.

Stop 2: Val Dorizzo

1,5 km. – Eineinhalb Kilometer weiter, wo das Valle Dorizzo einmündet, stoßen wir auf grobklastische rote Konglomerate des Lombardischen Verrucano. Weiße Gangquarze und Gneisgerölle dominieren in den deutlich geschichteten, aber schlecht sortierten grobklastischen Sedimenten. Feingebänderte, rote und graue Silt- und Feinsandsteine voller Wühlspuren lagern zwischen den Konglomeraten. Sie sind Zeugen kurzlebiger Seen in einem ansonsten trockenen Klimabereich.

Weil die Schichtung zur Intrusion hin einfällt, geraten wir bei der Weiterfahrt in immer jüngere Gesteine. In dem Steilstück oberhalb Gaver treffen wir bereits auf die ersten Eindampfungssedimente der Untertrias, auf mächtige gelbliche Rauhwacken (Corniola di Bovegno).

GESTEIN	MINERALE (IN ABNEHMENDER HÄUFIGKEIT)
Tiefengesteine:	
Wherlit	Klinopyroxen; wenig Olivin und Orthopyroxen
Hornblendit	Hornblende, schwarz, kurzprismatisch, idiomorph mit Einschlüssen von Olivin, Klinopyroxen und Orthopyroxen
Kumulusgabbro	mit einem charakteristischen hell-dunklen Lagenbau, der durch Sedimentation von Hornblende und Pyroxen in den dunklen Lagen und von Plagioklas in den hellen Lagen verursacht ist.
Leukogabbro	mit Vorherrschen des Plagioklases (Labradorit) und nur geringen Mengen an dunklen Gemengteilen.
Anorthosit	Plagioklas; kaum Pyroxen und Olivin
Gabbro	mit langen Hornblenden (bis 30 cm), Plagioklas und Pyroxen
Diorit	mittelkörnig, hell-dunkel; Gemengteile etwa gleich oder mit Überwiegen der hellen Hornblende, kaum Klinopyroxen, Plagioklas, aber kaum Kalifeldspat; mit Übergängen zu Leukodiorit (kaum dunkle Gemengteile) und Quarzdiorit (5–20% Quarz) oder Tonalit (mehr als 20 % Quarz).
Adamellit	Kalifeldspat, Plagioklas, Quarz, Biotit, Hornblende
Granodiorit	Biotit, Hornblende, Plagioklas, Quarz, Kalifeldspat
Ganggesteine:	
Lamprophyr	Hornblende, Plagioklas, Klinopyroxen
Porphyrit	Hornblende, Klinopyroxen, Plagioklas, ±Olivin
Aplit und Pegmatit	Biotit, Kalifeldspat, Quarz, ±Granat

Die Intrusivgesteine des Adamello

Stop 3: Zur Intrusion

Halbtägige Bergwanderung. – Einen knappen Kilometer nach der kleinen Paßhöhe des Goletto di Gaver (17 km von Bagolino) führt ein Weg nach Norden in das Valle di Cadino und zum Rif. Gabriele Rosa, dem wir folgen.

Er quert im Hangschutt unter den Hauptdolomitwänden des Monte Colombine vorbei. An Fallstücken hat die Anwitterung Sedimentgefüge besonders schön herauspräpariert. Feinlaminierte Algenrasen (Stromatolithen) wechseln mit brekziöser Sturmschichtung, wo durch heftige Wasserbewegung alte Lagen zerstört und umgelagert wurden.

Die weiche, unausgeglichene Topographie des Talgrundes mit den zahlreichen Rundhöckern und kleinen Seen, moorigen Flächen und Moränenresten ist ein Produkt der mächtigen eiszeitlichen Vergletscherung, über die sich nur die gezackten Grate und höchsten Gipfel erhoben hatten.

Zur blendend weißen Corna Bianca hin (3/4–1 Std. ab

Straße) werden basische und tonalitische Gänge immer häufiger. Durch Kontaktmetamorphose kristallisierte der Dolomit hier zu sehr gleichkörnigen Kristallen um, die wenig Zusammenhalt geben und leicht absanden. Nach Durchstapfen des Dolomitsandes stehen wir am Rand der Intrusion: In dem hellgrauen Tonalit erkennen wir schwarzglänzenden Biotit und stumpf-schwarze Hornblende, speckig-durchsichtigen Quarz und weißen Feldspat – hauptsächlich Plagioklas. In der kleinen Steilwand links über dem Weg ist eine helle Dolomitscholle von 1–2 m Durchmesser im Tonalit eingeschlossen. Beide Gesteine sind etwa auf 2–5 cm am Kontakt verändert – so weit reichte die Diffusion von Stoffen, bevor das System zu kalt wurde. Diopsid, Epidot, Brucit, Skapolith, Grossular, Vesuvian und noch viele andere sind in solchen Kontaktsäumen zu einem feinkörnigen Gefilz verwachsen. Für das Auge sind sie jedoch hier nicht auflösbar. Allgemein kann gelten: Bräunliche Farben werden durch Vesuvian, Andradit oder Titanit verursacht, grüne durch Eisenepidot, Diopsid, Chlorit, Serpentin oder Aktinolith, rosa ist durch Manganepidot, durch Manganklinozoisit oder Rhodonit bedingt und weiße Farben durch Dolomit, Calcit, Albit, Skapolith, Klinohumit, Brucit etc. Insgesamt kommen über fünfzig verschiedene Kontaktminerale vor.

In der näheren Umgebung finden wir ohne Mühe noch eine Reihe weiterer solcher Dolomit-Fremdkörper.

Im Anstieg zum P.so della Vacca, 2355 m, verläuft der Weg in Dioriten und Gabbros mit schwarzen, kurzprismatischen Hornblenden. Verschiedentlich sieht man dunkle Einschlüsse, die sich durch einen besonderen Reichtum an großen Hornblenden auszeichnen. Es sind Xenolithe von Dolomit, die mit dem Magma reagiert haben. Das Calcium und Magnesium des Dolomits veränderte die Zusammensetzung des Magmas und ließ Ca-Mg-Hornblenden sprossen. Die hohe Konzentration an dem dabei freigesetzten CO_2-Gas erlaubte ein besonderes Größenwachstum. Wahrscheinlich ist die Zusammensetzung des gesamten Magmenkörpers durch Aufnahme von Nebengestein verändert worden – ähnlich wie die von Tee bei Zugabe von Zucker.

Ab dem See (Lago della Vacca, 2357 m) erstreckt sich nach Norden einförmig nur noch grauer Tonalit, ein quarzreiches Tiefengestein ohne Kalifeldspat. Seine biotitreichen, dunklen Einschlüsse sind anderer Entstehung als oben skizziert. Sie sind weltweit charakteristisch für diesen Gesteinstyp und vermutlich Zusammenballungen frühabgeschiedener, dunkler Minerale (meist Biotit).

Statt zum P.so della Vacca hinauf kann man, was noch interessanter ist, von der Corna Bianca nach Nordwesten den Talboden überqueren (Diorite, Gabbros, Leukoquarzdiorite, verschiedene kontaktmetamorphe Kalke) und den Weg zum P.so di Val Fredda, 2338 m, hinaufsteigen. Am Fuß der Wände des Monte Frerone, 2673 m, haben sich die verschiedensten Gesteinstypen angesammelt, z. B. Quarzdiorite, Diorite und Gabbros, die zum Teil in Schlieren sehr langnadelige Hornblen-

Abb. E10.2: Harnischflächen an der Judikarienstörung bei Roncone. Durch die weiten Verschiebungen an der Störung haben sich die Gesteine gegenseitig spiegelglatt poliert.

189

Abb, E10.3: Die magmatische Bänderung ist auf eine Sedimentation früh abgeschiedener Kristalle zurückzuführen. Ähnlich wie in wassergesättigten Sandsteinen kann es dabei zu sackförmigen Belastungsstrukturen kommen, wie hier am P.so di Val Fredda.

Abb. E10.4: Durch ein besonders schnelles Wachstum haben viele Hornblenden Dolomitpartikel umschlossen (P.so della Vacca).

den führen, und feinkörnige oder porphyrische Ganggesteine. Von den kieseligen, gebänderten Angolokalken der Untertrias, die durch die Wand streichen, erhalten wir eine bunte Palette kontaktmetamorpher Gesteine: braune Andraditfelse mit kirschgroßen Granaten, Epidotfelse und gebänderte Vesuvian-Diopsid-Granatfelse.

Westlich des Passes treffen wir wenige Meter rechter Hand auf Gabbros mit primärmagmatischem Lagenbau, einer streifenweisen Anhäufung dunklen Pyroxens oder Hornblende und hellen Plagioklases (Abb. E10.3). Langstengelige Hornblenden sind in Nestern und Lagen gewachsen, wo wiederum Nebengestein assimiliert worden ist (Abb. E10.4). Ein vielfaches Intrusionsgeschehen ist an Einschlüssen älterer Magmatite in jüngeren kenntlich. Meist sind es dunklere Varietäten, die in viele Einzelteile zerfallen und rundgeschmolzen werden.

Wir folgen entweder dem Weg nach Süden Richtung P.so Croce Domini oder bleiben, was unschwer möglich ist, auf dem Grat bis zum Monte Cadino, 2420 m. In beiden Fällen – am Grat jedoch hautnah – passieren wir Diorite und Gabbros, in denen riesige Einschlüsse von Hauptdolomit schwimmen, der zu grobkörnigem, schneeweißem Marmor umkristallisiert ist (Abb. E10.5 und E10.6). An der Scharte nördlich des Monte Mattoni stehen sehr dunkle Hornblendegabbros an, die zusätzlich noch von grünlichen Porphyriten durchschlagen werden.

Von der Scharte kann man weglos nach Westen über die Dossi di Cadino wieder zum Goletto di Gaver zurück-

Abb. E10.5: Helle Schollen von Dolomit schwimmen als große Fremdkörper (Xenolithe) im Tonalit des Monte Cadino.

Abb. E10.6: Tonalit greift von rechts oben gangförmig in eine vom Magma umflossene Dolomitscholle ein (Monte Cadino).

gelangen, oder man folgt dem Weg das Val Fredda abwärts bis zur Straße und kehrt zurück über den P.so Croce Domini, 1892 m; dort Schutzhütte mit Übernachtungs- und Einkehrmöglichkeit.

Freilich kann man in der gesamten Region Tage mit der Suche nach schönen Gesteins- und Mineralhandstücken verbringen. Der botanisch Interessierte wird ebenfalls von der Gesteinsvielfalt profitieren, denn auf den unterschiedlichsten Böden gedeiht eine reichhaltige Flora (Naturschutzgebiet!), von der insbesondere die verschiedensten Anemonen-, Primel-, Enzian- und Veilchenarten hervorzuheben sind, die im Juni die Bergwiesen bedecken.

Ein Ausflug hinab ins Val Camonica und in den Nationalpark bei Capo di Ponte mit seinen herrlichen bronzezeitlichen Felszeichnungen auf Gletscherschliffen permischer Quarzite sollte zur Abrundung der Tour nicht fehlen.

Exkursion 11: Die Berge – eine Momentaufnahme

(In der letzten Exkursion lernen wir, die Spuren der Eiszeit zu deuten, und erfahren, wie die heutige Landoberfläche modelliert wurde.)

Die Eiszeiten

Das letzte große Ereignis in der Geschichte der Alpen war klimabedingt. Noch wissen wir nicht genau, warum sich die Erde in den vergangenen 2 Millionen Jahren mindestens viermal (wahrscheinlich doppelt so oft) großflächig in einen dicken Eispanzer hüllte. Der letzte Gletscherhochstand zur Würmeiszeit war vor etwa 25 000 Jahren. Vor etwa 15 000 Jahren zog sich das Eis stark zurück, doch dauerte es weitere 7000 Jahre, ehe es nach einem letzten größeren Vorstoß aus den großen Alpentälern verschwand.

Auch danach wirkten Klimaschwankungen weiter: Der Dreißigjährige Krieg fiel genau in eine Zeit kräftiger Gletschervorstöße. Bedingt durch schlechtes Wetter, war es in fast ganz Europa zu jahrelangen Mißernten gekommen. Die hatten zu Not und Aufständen von Bauern geführt, die nach wie vor an die Grundherren Nahrungsmittel abgeben mußten, als seien die Ernten gut.

Seit den letzten Gletschervorstößen während der „kleinen Eiszeit" in den Jahren 1850 bis 1890, welche die großen, gut erhaltenen Moränen der Hochalpen verursachten, gingen die Alpengletscher ständig zurück (mit einer kurzen Unterbrechung in den sechziger Jahren). Inzwischen kündigt sich eine Warmzeit an, die durch menschliche Aktivitäten vermutlich noch verstärkt wird. Bei der Verfeuerung fossiler Brennstoffe (Kohle, Erdgas und Öl) verbindet sich der freie Sauerstoff der Atmosphäre mit dem Kohlenstoff der Brennstoffe zu Kohlendioxid, dessen Anteil in der Atmosphäre jährlich meßbar ansteigt. Das gleiche geschieht, wenn auch langsamer und ohne Flamme – aber ebenfalls unter Wärmeentwicklung – beim Verwesen von Pflanzen. Die großflächige Rodung der Urwälder ist deshalb für den CO_2-Anstieg mit verantwortlich.

Das Kohlendioxid wirkt wie eine Glasscheibe rund um den Globus: Es läßt kurzwelliges Sonnenlicht herein, langwellige Wärmestrahlung aber nicht mehr hinaus: Wie in einem Treibhaus wird es wärmer.

Schwankungen im Kohlendioxidgehalt durch unterschiedliche Bewuchsdichte, starke Vulkanausbrüche etc. könnten auch für die Rhythmik der Eiszeiten verantwortlich gewesen sein.

Die Wirkungen der Eiszeit waren so gewaltig, daß wir sie uns kaum vorstellen können. Nur wenige Gipfel und Grate ragten aus einem schier endlosen Meer von Eis hervor. Über Bozen oder Meran lag die Eisoberfläche bei 2100 m, über Trient noch bei 1800 m. Und Eis hat eine besondere Eigenschaft: Es fließt wie zäher Sirup, füllt alle Lücken, kriecht in Seitentäler und über niedere Pässe, indem es sich wie eine Amöbe ausstülpt. Wie das Schlaraffenland im Grießbrei, erstickten die Alpen im Eis (Abb. E11.1 und E11.2).

Der Druck an der Unterseite der Gletscher war gewaltig. Auf jedem Quadratmeter des Untergrundes lasteten 100 Tonnen pro Kilometer Eismächtigkeit. Am Boden des Gletschers schürften Felsbrocken und Sand wie eine große Raspel über den Untergrund, feilten Kanten und Ecken rund und polierten die Oberfläche – Kilometer pro Jahr, Jahrzehntausende lang. An den Seiten und vor sich her schoben sie alles Gesteinsmaterial zu Moränen zusammen.

Für den Gletscher ist es ohne Bedeutung, ob von einer Bergflanke ein hausgroßer Block oder ein Sandkorn auf ihn herabfällt, beide werden mit genau der gleichen Geschwindigkeit forttransportiert. Das Material wird auch nicht nach Gewicht sortiert wie in einem Fluß, und es wird am Ende genauso ungeordnet liegengelassen, wie es daraufgefallen war, woran eine Moräne leicht zu erkennen ist.

Den Spuren der Eiszeit begegnen wir allerorten, wir müssen nur bewußt darauf achten. Deshalb wird vielfach darauf verzichtet, spezielle Lokalitäten anzugeben. Schauen sie sich einfach in Ihrer Umgebung um (Abb. E11.3 und E11.4).

In den Hochregionen zeigen uns die noch bestehenden Gletscher des Ortler, der Ötztaler, Stubaier und Zillertaler Alpen, der Marmolada sowie des Adamello-Presanella-Massivs die Vielfalt der Phänomene im Kleinen.

Hoch oben im Nährgebiet des Gletschers, wo mehr Schnee fällt als abtaut, akkumuliert Schnee so mächtig, daß seine tieferen Schichten zusammengepreßt werden

Abb. E11.1: Wie zäher Sirup fließt ein Gletscher mit einer Geschwindigkeit von einigen hundert Metern pro Jahr zu Tal. Die Biwakschachtel steht auf einer Moräne aus der Mitte des letzten Jahrhunderts – unter dem Hängegletscher des Hochferners.

Abb. E11.2: Die Südalpen während der Würmeiszeit. Nur die höchsten Gipfel und Grate ragten über das Meer aus Eis (nach v. Husen, 1987, mit freundlicher Genehmigung der Geologischen Bundesanstalt, Wien).

und zu Gletschereis umkristallisieren. In den Eiskristallen haben die Wasserstoff- und Sauerstoffatome relativ große Abstände, weshalb die Dichte fast 10 % geringer ist als die des Wassers. Die Folgen sind ein Schmelzen unter Druckerhöhung und eine leichte Deformierbarkeit. Deshalb fließen Gletscher unter ihrem eigenen Gewicht – je größer der Gletscher und das Gefälle, desto schneller. Wie ein Fluß hat er in der Mitte die höchste Strömungsgeschwindigkeit, am Rand und am Boden wird das Eis durch Reibung gebremst, an der Oberfläche ist es durch die fehlende Auflast spröde und starr: Spalten reißen gegen den Rand und über Felsstufen auf. Von steilen Wänden fallen die vom Frost abgesprengten Felstrümmer auf den Gletscher, deren Schutt die Obermoräne bildet. Fließen Gletscher zusammen, werden sie entlang ihrer Seitenmoränennaht miteinander verschweißt: Eine Mittelmoräne ist die Folge.

Beim Zurückschmelzen werden die von Sand und Steinen als Schleifmittel unter dem Eis polierten Felsen freigelegt. Die schnelle Druckentlastung läßt oft große Platten abplatzen oder sich aufwölben.

Die Hauptgletscher mit Mächtigkeiten von mehr als 2 km hatten durch ihr Gewicht und ihre Geschwindigkeit die höchste Erosionsleistung. Die kleinen und langsamer fließenden Gletscher der Seitentäler mündeten in größerer Höhe in den Hauptgletscher. Nach dem Eisabschmelzen mündeten sie als Hängetäler ins Leere. Ihre Bäche mußten in Schnellen oder Wasserfällen die Steilstufen überwinden und sägten manchmal tiefe Schluchten ein.

Alle vom Eis überflossenen Berge wurden zugerundet, am gleichmäßigsten die mit einheitlichen Gesteinen, wie Quarzphyllit oder Porphyr. Gab es dagegen Härtlinge, wie die Riffkalke der Dolomiten, wurden sie umflossen und so relativ geschont. Praktisch die gesamten

Berge Südtirols, mit Ausnahme der höchsten Gipfel und Grate, sind ein einziger Gletscherschliff (Abb. E11.6).

Nach dem Abschmelzen des Eises blieben die nackten, übersteilten Talflanken zurück. Die Druckentlastung lockerte von innen her das Gestein. Eindringendes Wasser und Spaltenfrost erweiterten dieses, und ganze Talflanken brachen zusammen. Tausende von Bergstürzen gingen in den Alpen nieder (vgl. Exkursion 1). Natürliche Stauseen entstanden talaufwärts oder auch innerhalb der Moränenwälle. Sie wurden aber meist sehr schnell mit Deltaablagerungen und von Schuttfächern zugefüllt. Die Erosion verlegte den Ausfluß immer tiefer, und die Seen vergingen fast so schnell, wie sie gekommen waren. Moore, wie das Sterzinger Moos, sind letzte Überreste, die aber längst künstlich trockengelegt sind.

Allmählich bedeckte der Alpenschutt wieder alle Talböden, Schwemmfächer aus den Seitentälern und Schuttkegel von den Talflanken drängten den Hauptfluß ab und zwangen ihn ständig, sein Bett zu verlegen. Zwischen

Abb. E11.3: Auch Boden kann fließen, wenn er genügend durchfeuchtet und der tiefere Untergrund noch gefroren ist, wie die Solifluktionsformen im Haupental belegen.

Abb. E11.4: Schwere Moränenblöcke schieben den Boden zu Tal (Bodenfließen, Solifluktion), wenn im Frühjahr zuerst nur die oberste Bodenschicht auftaut (Alpe Binasia, Rabbital).

Abb. E11.5: Ein klassisch geformtes Hängetal mit U-förmigem Querschnitt scheint über dem vom Gletscher stark übertieften Pfitschtal in die Luft auszustreichen. In Klammen oder Wasserfällen überwinden die Seitenbäche die Steilstufen. In der Bildmitte die Wilde Kreuzspitze, 3132 m.

Bozen und Auer ragt der Porphyrriegel des Mitterberges aus den Schottern des Etschtales auf, ein Relikt aus der Zeit, als Etsch und Eisack beiderseits von ihm noch in getrennten Betten flossen und erst bei Auer zusammenfanden.

Die Gletscher hielten sich nicht genau an das heutige Gewässernetz. Sie überquerten von Norden her Reschenpaß, Brenner und Pfitscher Joch und flossen problemlos über niedere Bergrücken hinweg. Wo nördlich von Trient der weite Schwemmfächer des Avisio die Etsch nahe an die Steilwand der Paganella drängt und das Tal eine leichte Linkskurve macht, sieht man darüber im Felsriegel des Dosso Rotondo das weite U des Gletschertales. Fast hat man den Eindruck, der Etschgletscher wäre wegen zu hoher Geschwindigkeit aus der Kurve getragen worden und deshalb geradeaus weitergeflossen. Denn in der Tat ist die Hauptmasse an Eis durch das Sarcatal in das Gardaseebecken abgeflossen. Doch der Riegel hatte sich kaum ausgewirkt, erhob sich das Eis doch noch gut 1000 m darüber!

Stop 1: Der Lehrpfad von Vezzano

13 km von Trient. – Eis schürft manche Gesteine bevorzugt aus und schürft in seinen Untergrund ein unausgeglichenes Relief. Dies kann, wie im Valle dei Laghi zwischen Tobliner See und Lago della Mar zu einer Kette von Seen führen, wenn mangels eines größeren Baches

nicht genügend Schutt angeliefert wird, um die Hohlformen zu füllen.

Östlich von Vezzano zweigt der kaum begangene Sentiero geologico A. Stoppani ab. Der nach einem Mailänder Geologen der Jahrhundertwende benannte Lehrpfad führt an Gletscherschliffen und einigen Gletschermühlen vorbei, die aus grauen Jurakalken ausgewaschen wurden.

Die Hauptstraße führt weiter durch gute Aufschlüsse in roten oder grauen Mergeln und Kalken der Scaglia (Oberkreide und Alttertiär). Die generell nach Westen einfallende Schichtlagerung ließe ein weiteres Jüngerwerden der Schichten nach Westen erwarten. Statt dessen erhebt sich jenseits des Tales eine Steilwand aus grauen Jurakalken: Eine Überschiebung hat die Talanlage vorgezeichnet. (Vgl. die Exkursionen 8 und 9.)

Stop 2: Der Bergsturz von Dro

16 km von Vezzano. – Bei Sarche mündet von Westen her der in Brenta und Adamello entspringende Sarca, der sich in einer eindrucksvollen Schlucht in die Jurakalke eingeschnitten hat. Sein Schwemmkegel hat das Tal oberhalb abgeschnürt und die noch um das Jahr 1800 zusammenhängenden Seen Lago di Toblino und Lago di Massenza aufgestaut. Während der Eiszeit vereinigte sich hier der Sarcagletscher mit dem vom Etschtal überquellenden Eis und formte entlang der Störung

Abb. E11.6: Die Bergflanken Südtirols sind ein einziger Gletscherschliff, alle niederen Höhen sind vom Eis überformt, wie hier die Umgebung von Bozen.

und der Schichtung zwei parallele Täler. Folgt man dem höheren, dem Valle di Cavedine, wird man mit einem schönen Blick auf die Steilwände des Monte Casale und Monte Brento belohnt. Aus diesen brachen zwei große nacheiszeitliche Bergstürze heraus und verschütteten das Sarcatal zwischen Dro und Pietramurata mit einem Chaos aus großen Gesteinsbrocken bis zu 20 m im Durchmesser, lokal Marocche genannt. Die Sturzmassen brandeten an der gegenüberliegenden Talflanke bis 300 m hoch, bildeten Hügel bis 390 m und bedeckten bei einem Volumen von 190 Millionen Kubikmetern eine Fläche von fast 15 Quadratkilometern (Abb. E11.7). Während die wasserreiche Sarca die Marocche längst wieder durchsägt hat, füllt der schöne und abgelegene Lago di Cavedine noch heute das abgesperrte Bett des Torrente Rimone.

Stop 3: Marmitte dei Giganti

Nach der Engstelle bei Arco mit den senkrechten Felswänden weitet sich das Tal unvermittelt zu der nacheiszeitlichen Schwemmebene von Riva. Wir fahren nach Nago, wo wir auf die von Rovereto durch das Loppiotal herführende Hauptstraße treffen. Gleich zu Beginn des Abfalles nach Torbole stehen in der engen Kurve unterhalb von Nago Hinweisschilder auf die Marmitte dei Giganti, die Riesentöpfe (Parkmöglichkeit rechter Hand; Abb. E11.8).

Durch das Loppiotal war ein weiterer Teil des Etschgletschers zum Sarcatal übergelaufen. Ein Gletscherbruch glich bei Nago das Gefälle aus, und durch den Untergrund waren stationäre Gletscherspalten vorgegeben.

Durch sie und in dem toten Winkel einer Felsrippe aus Bryozoenkalken (Alttertiär) und dem Eis stürzten die Schmelzwässer in Wirbeln in die Tiefe. Sand und Steine als Schleifmittel benützend, modellierten die Wässer aus Fels und Eis große Kavernen heraus. Jene im Fels sind fast unversehrt erhalten geblieben und über Wege und Leitern erschlossen. Größere Steine sind dabei rund wie Kanonenkugeln geschliffen worden und lagen einst am Grund der Mühlen, bevor sie irgendein Sammler fortschleppte.

Von hier hat man auch einen guten Überblick auf die Schwemmebene, sieht die Trübe, die der Sarca in den Gardasee entläßt, um ihn in den kommenden Jahrhunderttausenden geduldig vollzufüllen. Eine weite, fruchtbare Ebene wird sich dann bis nach Sirmione ausdehnen – sofern nicht eine weitere Eiszeit das Rad wieder zurückdreht.

Inmitten der Ebene wirkt der Monte Brione wie ein Fremdkörper, ein „Stein des Anstoßes", als der er schon bezeichnet wurde. Er hat im Lee des Felsriegels von Arco den Wirkungen des Gletschers erstaunlich gut widerstanden, und der Sarca floß mal westlich, mal östlich an ihm vorbei (Abb E11.9).

Stop 4: Der Gardasee

Lange Zeit waren sich die Wissenschaftler einig, daß der Gardasee ein vom Gletscher ausgeschürftes Flußtal sei, vorgezeichnet durch einen tektonischen Bruch. Die Gegend ist auch heute noch seismisch aktiv, das letzte Erdbeben war in Riva im Oktober 1976 zu spüren.

Neuere Forschungen haben ergeben, daß dies nur ein Teil der Wahrheit ist und ein wesentlicher Faktor unerkannt geblieben war – die Geschichte des Mittelmeeres, mit der die Bildung des Sees eng verbunden ist.

Der V-förmig nach unten spitz zulaufende Felsuntergrund des Gardasees liegt nahe seinem Südende auf etwa 1260 m unter dem Meeresspiegel, in der Mitte – zwischen Gargnano und Malcesine – noch 680 m darunter! Bei den anderen großen oberitalienischen Seen ist es ähnlich. Ein Gletscher kann zwar bis unter den Meeresspiegel erodieren, schürft aber keine V-förmigen Schluchten aus. Dies kann nur ein Fluß – der sich wiederum nur bis auf Meeresniveau einschneiden kann. Wie also war es zu der gewaltigen Übertiefung gekommen?

Würde man an der Straße von Gibraltar eine große Staumauer bauen (es gab solche Pläne bereits im vorigen Jahrhundert) und damit den Zustrom von über 5000 Kubikkilometern Wasser jährlich aus dem Atlantik stoppen, sänke der Spiegel des Mittelmeeres um etwa einen Meter pro Jahr. Trotz der Zufuhr von Wasser durch Niederschläge und Flüsse überwiegt nämlich die Verdunstung bei weitem. Innerhalb von nur ein paar tausend Jahren würde das Mittelmeer bis auf ein paar Salztümpel vor den großen Flußmündungen eindampfen.

Auf natürliche Weise ist dies vor fünf Millionen Jahren geschehen („Messinianisches Ereignis"): Die

Abb. E11.7: Nach Abschmelzen des eiszeitlichen Sarcagletschers brach die unterschliffene und ihrer Stütze beraubte Bergflanke des Monte Casale (links im Bild) zusammen, und ein gewaltiger Bergsturz verschüttete zwischen Dro und Pietramurata das Sarcatal. Von dem einst talfüllenden See ist heute nur noch der kleine, aber malerische Lago di Cavedine geblieben. (Blick vom Monte Stivo gegen die Brentaguppe im Hintergrund.) Ganz links hinten: Presanellagruppe.

Straße von Gibraltar schloß sich durch tektonische Ereignisse, und das Mittelmeer trocknete fast vollkommen aus, wurde ein tiefes, leeres Becken mit einer Salzwüste am Grund. Die mächtigen Salzlager sind durch Bohrungen und in seismischen Profilen nachgewiesen. Die Flüsse stürzten in gigantischen Wasserfällen und Stromschnellen in das bis über 2000 m tiefe Becken, wodurch ihre erosive Kraft enorm wuchs. V-förmige Schluchten, deren Böden weit unter dem heutigen Meeresspiegel liegen, sägten sich in die Alpen zurück. Die Steilwände im Etschtal und am Gardasee erinnern noch an diese Zeit. Es war eine Landschaft, die selbst den Grand Canyon in den Schatten stellen würde.

Der heutige Boden des Gardasees liegt nicht so tief (größte heutige Tiefe ist 348 m), denn als das Mittelmeer wieder Verbindung mit dem Atlantik bekam und wie eine Badewanne vollief, reichten Meeresarme in die Alpen hinein, die mit dem reichlich anfallenden Schutt zugefüllt wurden.

Durchflossen die eiszeitlichen Gletscher jene nur mit losen Schottern ausgefüllten Schluchten, hatten sie leichtes Spiel. Bis 281 m unter das heutige Meeresniveau schürfte der Gardaseegletscher die tiefste Hohlform auf dem italienischen Festland aus, und ein fast hundert Kilometer langer Kranz von Moränenwällen versperrte im Süden den Abfluß. Die Schmelzwässer am Ende der Eiszeit konnten die vorbereitete Wanne gleich füllen.

Abb. E11.8. Eine der „Marmitte dei giganti", der Gletschermühlen bei Nago, welche die eiszeitlichen Schmelzwässer aus eozänen Bryozoenkalken herausmodelliert haben.

Abb. E11.9: Das Gardasee-Nordende von der Cima delle Pozzette (Monte Baldo) aus gesehen. Hier flossen während der Eiszeit von Norden der Sarcagletscher, von Westen der Loppio- und von Osten der Tennogletscher zum Gardaseegletscher zusammen.

*Abb. E11.10: Die Region zwischen Trient und Riva und das Nord-
ende des Gardasees, fotografiert aus einer Höhe von 273 Kilometern vom sowjetischen Forschungssatelliten Sojus am 4. August 1986
um 11.41 MEZ. Die Wiedergabe erfolgt hier im Gegensatz zur Abbildung auf S. 2 in den Originalfarben.*
*Der Verlauf der Bergrücken ist hier deutlich durch das Einfallen der
Schichten und durch Brüche vorgezeichnet. Bei Riva flossen von
Nordwesten, Norden und Osten eiszeitliche Gletscher zusammen
und bildeten den mächtigen Gardaseegletscher.*

Stop 5: Varone

Ein Abstecher in Richtung Tenno führt kurz hinter Riva
an die Cascate di Varone, wo uns eindrucksvoll das
Ausmaß glazialer Erosion und Übertiefung vor Augen
geführt wird. Der kleine, vom Tennosee herkommende
Torrente Varone stürzt hier in das Gardatal hinab und hat
in 1500 Jahren eine 150 m hohe, aber nur wenige Meter
breite Schlucht in die sehr standfesten Jura-Kieselkalke
ausgewaschen (Abb. E11.10).

Stop 6: Pregasina

5,5 km von Riva. – Von Riva zieht sich eine enge, wun-
derschöne Straße (vgl. Exkursion 8) durch die fast senkrechten Jurakalkwände der Ponaleschlucht (deren einst
berühmter Wasserfall ein Opfer der Elektrizitätswirt-
schaft wurde) in das Hochtal des Ledrosees. In Moränenresten nahe der Abzweigung nach Pregasina fallen die
schönen, gleichmäßig schwarz-weiß gesprenkelten Tonalite auf, die vom Sarcagletscher aus dem Adamellogebiet hierhergebracht worden sind. Sie unterstreichen
die Bedeutung dieses Seitengletschers.

Auf der gegenüberliegenden Seite des Monte Baldo
fehlen Tonalite völlig, dort dominieren Porphyrgeschie-
be aus dem Etschtal. So helfen die Leitgeschiebe, die
Fließwege der Eisströme zu rekonstruieren.

Bei klarem Wetter lohnt sich ein Abstecher nach Pregasina. Von dort aus hat man die vielleicht schönste Aussicht der gesamten Region. Von der großen Madonnenstatue aus weißem Jurakalk überblickt man bis zur
Paganella zurück den Weg der Eismassen, die sich bei
Riva vereinigten. Mit viel Phantasie kann man sich in
diese unwirtliche Zeit zurückversetzen.

Am Monte Baldo, jenseits des Sees, sind die sanften
Falten in Dom- und Beckenstrukturen angeordnet, da sie
zweimal in ganz verschiedenen Richtungen gefaltet

Abb. E11.11. Der Monte Baldo mit seinen angenagten Schichtkämmen (Bügeleisenstrukturen). Blick von Tremosine nach Osten.

wurden. In den generell mit dem Hang zum See hin einfallenden Schichten haben sich sehr schöne „Bügeleisen-
Strukturen" herausgebildet, nach oben spitz zulaufende
Reste einst durchgehender Schichttafeln, die von Bächen
zerschnitten sind (Abb. E11.11).

Stop 7: Ledrosee

12 km von Riva. – Wir passieren Biacesa, wo die herrlich-
sten Forellen gezüchtet werden, und gelangen über Serpentinen nach Molina. Unterhalb des Ortes wird Kalk-
sinter gewonnen, der aus kalkübersättigten Wässern
ausgefällt wurde, die aus dem Ledrosee durch die
Moräne gesickert sind. Die Sinterbildung geht am
schnellsten vor sich, wenn sich das Wasser im Sommer
erwärmt und Algen oder Moose gelöstes Kohlendioxid
verbrauchen. Beide Vorgänge vermindern die Löslichkeit
des Kalkes, was ihn zur Abscheidung bringt.

An den Ufern des Ledrosees sehen wir Moränen-
aterial angeschnitten, das wieder Tonalitblöcke enthält.
Ein Seitenast des Gardaseegletschers war während der
Würmeiszeit in das hochgelegene Ledrotal eingedrungen und hatte den Abfluß versperrt. Auf der Westseite
des Tales verhinderte gleichermaßen der Chieseglet-
scher das Auslaufen, so daß das ganze Ledrotal von
einem großen See eingenommen wurde, dem Ampola-
see. Terrassen eines alten Deltas westlich von Bezzecca
zeigen noch sehr schön die Höhe des einstigen Seespie-
gels, der 75 m über dem Spiegel des Ledrosees lag,
einem der kleinen, übriggebliebenen Reste.

Das Ledrotal blieb während der Würmeiszeit weitgehend unvergletschert und war ein Refugium für Pflanzen und Tiere. Es geriet zu einem wahren Paradies,
einem natürlichen botanischen Garten, in dem viele
seltene und schöne Blumen gedeihen, die aufzuführen
den Rahmen des Buches sprengen würde. (Man kann

Abb. E11.12: Die Reste jungsteinzeitlicher Pfahlbauten bei Molina di Ledro. Durch Bodenfließen haben sich die Pfähle, einst Stützen eines kleinen Dorfes, seewärts geneigt. Schon während der Besiedlung vor etwa 3000 Jahren war ein Teil des Dorfes in die Tiefe abgeglitten.

entsprechende Literatur im Museum von Molina erhalten).

Menschen besiedeln das Tal mindestens seit 4000 Jahren. Im See wurden in den dreißiger Jahren, als der Spiegel für den Bau der Druckwasserleitung nach Riva abgesenkt werden mußte, Reste eines neolithischen bis bronzezeitlichen Pfahlbaudorfes ausgegraben, das auf etwa 10 000 Pfählen geruht hatte. Die dabei gefundenen Schätze an Töpfereien, Werkzeug, Schmuck, Knochen, Pflanzensamen etc. können im Museum in Molina – zusammen mit einer restaurierten Hütte aus der Zeit – besucht werden (Abb. E11.12).

Das Ledrotal, Vermittler zwischen Chiese- und Gardatal, scheint etwas unmotiviert die Bergketten der Judikarischen Alpen zu durchschneiden. Zusammen mit dem Loppiotal aber bildet es eine hochgelegene Querverbindung bis Rovereto. Es scheint sich hier um ein tertiäres Quertal gehandelt zu haben, in dem ein Ursarca aus dem Adamello in die Etsch floß. Dies ist insofern plausibel, als die Talanlage mit einer ost-west-streichenden geologischen Muldenstruktur zusammenfällt, die im Alttertiär angelegt wurde. Das damalige Flußnetz mußte sich danach orientieren. Als im Jungtertiär das Judikarische

Bruch- und Faltensystem entstand, dominierten plötzlich nord-süd-streichende Strukturen. Das Flußnetz mußte sich umorientieren, was natürlich durch das Messinianische Ereignis kräftig unterstützt wurde. Nur Reste sind von dem tertiären Ursarcatal geblieben.

Mit dem Erscheinen des Vormenschen in unserem letzten Aufschluß verlassen wir die Geologie des Gebietes. Ein neues Kapitel müßte aufgeschlagen werden, was nicht Ziel dieses Buches sein kann. Unser Exkursionsprogramm ist zu Ende, obwohl es noch unzählige lohnende Aufschlüsse gäbe. Durch diese Exkursionen ist jedoch sicher bereits soviel geologisches Verständnis entstanden, daß ab jetzt – unterstützt durch geologische Karten – eigene Routen zusammengestellt und mit Gewinn durchgeführt werden können.

III
Anhang

Gesetzliche Bestimmungen

Grundsätzlich ist das Sammeln von kleineren Gesteinsproben überall erlaubt, außer in den unten bezeichneten Schutzgebieten. Das Sammeln von lose herumliegenden Mineralen und Fossilien ist in Südtirol frei, im Trentino dagegen auf 5 kg beschränkt.

Nachfolgend ein Auszug aus den gesetzlichen Bestimmungen der Provinzen Bozen–Südtirol und Trient. Es handelt sich dabei um eine Übersetzung; rechtsverbindlich ist nur der italienische Originaltext.

LANDESGESETZ VOM 12. AUGUST 1977 – NR. 33
BESTIMMUNGEN ÜBER DEN ABBAU
VON MINERALIEN UND FOSSILIEN
(PROVINZ BOZEN–SÜDTIROL)

Art. 1

Um unter Beibehaltung der geltenden Bestimmungen auf dem Sachgebiet Bergbau, Steinbrüche, Gruben und Torfstiche im Gebiet der Provinz Bozen eine bestmögliche Wahrung der Werte von Natur und Landschaft zu gewährleisten, werden auf den Abbau von Mineralien und Fossilien – mit in einer Durchführungsverordnung zu bestimmenden Merkmalen – die in den nachfolgenden Artikeln vorgesehenen Bestimmungen angewandt.

Art. 2

Wenn vom Grundeigentümer nicht untersagt, ist der Abbau von Mineralien und Fossilien nur demjenigen erlaubt, der im Besitz einer eigenen Ermächtigung ist. Diese wird vom Landesassessor für Landschaftsschutz für eine Höchstdauer von 2 Jahren ausgestellt; zu diesem Zweck muß der Antragsteller eine Bestätigung über die Einschreibung bei einem dem Landesverband der Mineraliensammelvereine angeschlossenen Verein vorlegen. Der zuständige Landesassessor kann auch zum Abbau von Mineralien und Fossilien für wissenschaftliche und didaktische Zwecke ermächtigen. Mitglieder einer Vereinigung von Mineraliensammlern mit Sitz außerhalb des Landesgebietes können beim zuständigen Assessor über den Landesverband eine zeitweilige Ermächtigung beantragen.

Art. 4

Beim Abbau von Mineralien und Fossilien ist die Verwendung der gebräuchlichen Ausrüstung, bestehend aus Schlägeln oder Hämmern bis zu 5 kg, Meißeln bis zu 40 cm Länge, Schaufeln, Pickeln und anderen Geräten von einer Länge bis zu 1,60 m gestattet. Verboten ist der Einsatz von Bohrmaschinen, Sprengstoffen und hydraulischen Hebevorrichtungen, sofern keine besondere Ermächtigung vom zuständigen Assessor vorliegt.

Die Fundstelle muß vor dem Verlassen jedesmal in Ordnung gebracht werden: die Vegetationsdecke muß wiederhergestellt und das Gelände den besonderen Merkmalen der Gegend entsprechend gestaltet werden.

Wer bei der Übertretung von Bestimmungen dieses Gesetzes ertappt wird, unterliegt – außer der Beschlagnahme der abgebauten Mineralien und des unerlaubten Werkzeugs – folgenden Verwaltungsstrafen, die vom Leiter des Amtes für Landschaftsschutz von Fall zu Fall bestimmt werden:

a) wer ohne die im Art. 2 dieses Gesetzes vorgesehene Ermächtigung oder Erlaubnis Mineralien oder Fossilien abbaut, unterliegt der Zahlung einer Verwaltungsstrafe von 10.000 bis 50.000 Lire,

b) wer unter Verwendung von Werkzeug, das im Sinne dieses Gesetzes nicht zulässig ist, Mineralien oder Fossilien abbaut, unterliegt einer Verwaltungsstrafe von 50.000 bis 1.000.000 Lire,

c) wer beim Abbau von Mineralien oder Fossilien der Landschaft schweren Schaden zufügt oder die vom ersten Absatz dieses Artikels vorgesehene Wiederherstellung unterläßt, unterliegt einer Verwaltungsstrafe von 100.000 bis 1.000.000 Lire.

Wird die Übertretung von jemanden begangen, der der Amtsgewalt, Leitung oder Aufsicht einer anderen Person untersteht, so ist diese solidarisch mit dem Urheber der Übertretung zur Zahlung der Verwaltungsstrafe verpflichtet.

Bei Rückfall oder bei besonders schwerwiegender Übertretung kann der Landesassessor den Verfall der in Art. 2 vorgesehenen Ermächtigung erklären. Innerhalb von 30 Tagen nach Mitteilung der Maßnahme kann der Betroffene Rekurs an den Landesausschuß einbringen, der innerhalb von 60 Tagen nach Anhören des Landesverbandes der Mineraliensammlervereine entscheidet.

Mit Dekret des Landeshauptmannes von Südtirol vom 4. September 1979, Nr. 68, wurde der Abbau von Mineralien und Fossilien in „Montigl" im Gemeindegebiet Terlan und in der „Frommer Lahn" im Gemeindegebiet Kastelruth verboten.

Mit Dekret vom 3. September 1984, Nr. 156, wurde ferner der Abbau von Mineralien und Fossilien im Bereich der Faßnachspitze und des Gschirn im Gemeindegebiet von Vintl verboten.

Mit Dekret des Landeshauptmannes von Südtirol im 1. Februar 1985, Nr. 162, wurde das Mineralienvorkommen im „Gliedergang" des Unterbergtales in Pfitsch als Naturdenkmal unter Schutz gestellt.

Anträge um Ermächtigung im Sinne des oben angeführten Gesetzes sind zu richten an den Landesverband der Mineralien- und Fossiliensammler-Vereine Südtirols beim Landesverkehrsamt, Pfarrplatz 11, 39100 Bozen, Tel. (0471) 993809.

LANDESGESETZ VOM 31.10.1983 – NR. 37
SCHUTZ DES MINERALOGISCHEN, PALÄONTOLOGISCHEN
UND KARSTISCHEN GUTES
(PROVINZ TRIENT)

Art. 1
Zweck des Gesetzes

Das vorliegende Gesetz hat den Zweck, die Wahrung des mineralogischen, paläontologischen und karstischen Gutes im Gebiet der Autonomen Provinz Trient zu gewährleisten.

Art. 2
Mineralien und Fossilien

Unter „Mineralien" werden alle im Gestein vorhandenen homogenen Körper verstanden, die aus anorganischen Prozessen entstanden sind und bestimmte chemische, physikalische und kristallographische Eigenschaften haben.

Unter „Fossilien" versteht man alle Reste und Spuren tierischer und pflanzlicher Lebewesen, die vor der jetzigen Epoche gelebt haben und die im Gestein erhalten geblieben sind.

Art. 3
Abbau und das Sammeln von Mineralien und Fossilien

Vorbehaltlich der geltenden Bestimmungen auf dem Sachgebiet Bergbau, Gruben und Torfstiche wird Abbau und Sammeln von Mineralien und Fossilien, auch wenn sie lose herumliegen, nur demjenigen erlaubt, der im Besitze einer eigenen Ermächtigung ist, sofern keine anderen Verordnungen laut nachfolgendem Art. 10 vorliegen.

Grundsätzlich verboten ist der Abbau karstischer Konkretionen im natürlichen Höhlen.

Die Bestimmungen des ersten Absatzes werden in Übereinstimmung mit den geltenden Gesetzen des Bürgerlichen Gesetzbuches zum Schutz des Eigentums angewandt.

Art. 4
Vermarktungsverbot

Mit den im Gebiet der Provinz geschürften oder gesammelten Mineralien und Fossilien darf nicht gehandelt werden, sofern keine besondere Genehmigung des Landesausschusses für öffentliche Vereinigungen und Behörden zum Ankauf von Einzelstücken oder geschlossenen Sammlungen für eine didaktische, wissenschaftliche oder kulturelle Verwendung vorliegt.

Art. 6
Ermächtigungen

Die Ermächtigungen zum Schürfen und Sammeln von Mineralien und Fossilien werden zum alleinigen Zweck des Sammelns und des Studiums vom Leiter des Geologischen Dienstes der Provinz ausgestellt und gelten im gesamten Territorium der Provinz, außer in den Schutzgebieten laut vorhergehendem Art. 5. Zwecks Ausstellung der Ermächtigungen kann der Leiter des oben erwähnten Servizio Geologico beim Museo Trentino di Scienze Naturali di Trento Erkundigungen einziehen.

Die Ermächtigungen sind streng persönlich und gelten für das Kalenderjahr, in dem sie ausgestellt wurden.

Die Gesuche auf Stempelpapier sind an den Geologischen Dienst der Provinz zu richten und müssen folgende Angaben enthalten:

a) Personalien des Antragstellers;
b) Zweck des Antrags (für Privatsammlung oder Studium);
c) Gegenstand des Antrags (Mineralien oder Fossilien);
d) Etwaige Mitgliedschaft bei einem Mineralogischen Verein.

Die Verlängerung der Ermächtigungen kann nur auf Vorlage eines Berichtes über die ausgeführten Tätigkeiten durch den Antragsteller laut nachfolgendem Art. 13 ausgestellt werden. Bei der Verlängerung kann überprüft werden, ob der Antragsteller die geltenden Bestimmungen des vorliegenden Gesetzes eingehalten hat.

Art. 8
Ermächtigungen für nicht berufsmäßige Sammler

Der Leiter des Geologischen Dienstes der Provinz kann zeitlich beschränkte Ermächtigungen zum Schürfen und Sammeln von Mineralien und Fossilien für nicht in der Provinz Trient ansässige, nicht berufsmäßige Sammler ausstellen.

Diese Ermächtigungen nach den geltenden Bestimmungen laut vorhergehendem Art. 6 unterliegen keiner zahlenmäßigen Beschränkung. Sie werden auf den Namen des Antragstellers ausgestellt und legen Zeitdauer und Gebiet für die gestattete Sammel- und Schürftätigkeit fest.

Diese Ermächtigungen können für denselben Sammler nicht mehr als zweimal innerhalb von 12 Monaten ausgestellt werden und dürfen die Dauer von insgesamt dreißig Tagen nicht überschreiten.

Nach abgeschlossener Tätigkeit müssen die Inhaber solcher Ermächtigungen einen Bericht über das insgesamt gesammelte Material vorlegen.

Art. 9
Ausrüstung für das Schürfen von Mineralien und Fossilien

Pro Person ist täglich das Fördern von höchstens 10 Stücken an Mineralien und Fossilien gestattet, die zusammen jedoch ein Gesamtgewicht von 30 kg nicht überschreiten dürfen, sofern es sich nicht um ein Einzelstück mit höherem Gewicht handelt.

Zur Förderung der Mineralien und Fossilien – aus anstehendem Gestein wie auch aus Findlingen – ist ausschließlich der Gebrauch von Fäusteln und Hämmern mit einem Höchstgewicht von 3 kg zulässig, von Meißeln mit einer Höchstlänge von 30 cm und von Hilfswerkzeug mit einer Länge von nicht mehr als 1 m.

Grundsätzlich verboten ist der Gebrauch von Sprengstoff, mechanischen Mitteln mit Motor oder mit hydraulischem oder Preßluftantrieb, außer bei wissenschaftlichen Forschungen laut nachfolgendem Art. 14.

Art. 10
Sammeln von freiliegenden Mineralien und Fossilien

Das Sammeln von freiliegenden Mineralien und Fossilien ist auf dem gesamten Gebiet der Provinz Trient, außer in den Schutzgebieten laut Art. 5, bis zu einem Gewicht von 5 kg pro Person und Tag frei, sofern es sich nicht um ein Einzelstück mit höherem Gewicht handelt. Das Sammeln von Mengen, deren Gewicht 5 kg überschreitet, unterliegt den Bestimmungen laut vorhergehendem Art. 9.

Art. 11
Wiederherstellung

Das Schürfen und Suchen von Mineralien und Fossilien darf keine augenscheinlichen und bleibenden Veränderungen der Umwelt verursachen. Jeder Eingriff bringt für den Verursacher der Veränderung die Verpflichtung mit sich, wo es die Natur oder das Gelände erlaubt, den Urzustand wiederherzustellen, oder jedenfalls das geförderte Material so stabil zu deponieren, daß es für Personen, Tiere und Sachen keine Beeinträchtigung darstellt.

Art. 12
Stücke von besonderem wissenschaftlichen Wert

Die Inhaber von Ermächtigungen zum Schürfen und Sammeln von Mineralien und Fossilien auf dem Gebiet der Autonomen Provinz Trient sind verpflichtet, dem Servizio Geologico della Provincia einzigartige Stücke von besonderem wissenschaftlichen Wert zu melden, die sie während ihrer Tätigkeit gefunden haben.

Anträge um Ermächtigung im Sinn der oben angeführten Gesetze sind zu richten an:

Provincia Autonoma di Trento, Servizio Geologico, 38100 Trento.

Museen

STÄDTISCHES MUSEUM
Meran
Galileistraße 43
Öffnungszeiten; 10–12 Uhr, 15–18 Uhr; Samstag 10–12 Uhr; geschlossen Sonntag.

MUSEUM DE GARDENA
St. Ulrich
Reziastraße 83
Öffnungszeiten: Während der Weihnachtsfeiertage, Februar/März, Anfang September bis Anfang Oktober: 15–18 Uhr; Juli und August: 10–12 Uhr, 15–18 Uhr.

MUSEO TRENTINO DI SCIENZE NATURALI
Trient
Via Calepina, 14
Palazzo Sardagna
Öffnungszeiten: 9–12 Uhr und 15–17.30 Uhr; geschlossen Sonntag und Montag.

MUSEI CIVICI DI ROVERETO
Sezione di Archeologia, Storia e Scienze Naturali
Rovereto
Via Calcinari, 18
Öffnungszeiten: 9–12 Uhr, 14.30–17.30 Uhr; Samstag 9–12 Uhr; geschlossen Sonntag und Montag.

MUSEO CIVICO DI RIVA DEL GARDA
Riva del Garda
Piazza Battisti, 3
Öffnungszeiten: 10–12 Uhr, 14–16 Uhr; geschlossen Montag sowie Wintermonate. (Abteilung Geologie und Mineralogie nicht zugänglich; Wiedereröffnung für das Jahr 1991 vorgesehen.)

MUSEO DEL FOSSILE DEL MONTE BALDO
im Gebäude der Gemeindebibliothek (Bibliotèca Communale)
Verantwortlich: Osvaldo Giova Nazzi, Via Roma, 40
Öffnungszeiten: Di., Do., Sa. 9–12 Uhr, 14.30–17.30 Uhr; Di.–Fr. 14.30–17.30 Uhr.; Sonntag und Montag geschlossen.

MUSEO CIVICO DI PREDAZZO
c/o Azienda del Soggiorno
Öffnungszeiten: 10–12 Uhr, 17–19 Uhr; Juli–August, übrige Zeit Auskunft bei Dr. Elio Dell'Antonio unter Tel. 51382.

MUSEO PALEFFITTE
Molina di Ledro
Tel.: (0464) 508127

MUSEO DELLE FOSSILE, BOLCA
37030 Vestenanova-Bolca
Verantwortlich: Massimiliano Cerato, Via S. Giovanni Battista, 50

Namensverzeichnis

deutsch – italienisch

adriatisch - adriatico
Afens - Avenes
Ahrntal - Valle Aurina
Aiger Bach - Rio Aiger
Aldein - Aldeno
Altenberg - Monte Alto
Apennin - Appennino
Apuaner Alpen - Alpi Apuane
Arthur-Hartdegen-Weg - Alta via Arthur Hart-
	degen
Astenberg - Monte Laste
Atzwang - Campodazzo
Auer - Ora
Äußere Röttalalm - Malga di Valle Rossa di
	Fuori

Bachertal - Val del Rio
Bad Ratzes - Bagni di Razzes
Beilsteinalpe - Alpe Beilstein
Birnlücke - Forcella del Picco
Bletterbach - Rio Bletterbach
Blickenspitze - Cima della Vista
Boèspitze - Piz Boè
Bozen - Bolzano
Brenner - Brennero
Brennerpaß - Passo del Brennero
Brentagruppe - Gruppo del Brenta
Brixen - Bressanone
Brixner Hütte - Rifugio Bressanone
Brogleshütte - Rifugio Brogles
Broglessattel - Passo di Brogles
Bruneck - Brunico
Brunneralm - Malga di Riva
Brunnerhütte - Malga di Riva
Buchenstein - Livinallongo
Burg Reifenstein - Castel Tasso
Burg Sprechenstein - Castelpietra
Burgstall - Monte Castello
Burgum - Bargone di Vizze
Butterloch - Butterloch
Butzenspitze - Cima Pozzo

Campill - Longiarù
Castelfeder - Castelfeder
Chemnitzer Hütte - Rifugio Porro
Cipitbach - Rio Cepei

Deutschnofen - Nova Ponente
Dolomiten - Dolomiti
Dun - Dan

Edelrauthütte - Rifugio Ponte di Ghiaccio
Eggertal - Val di Dosso
Eisack - Isarco
Eisacktal - Val d'Isarco
Eisbruggjochhütte - Rifugio Ponte di Ghiaccio
Eisbruggsee - Lago Ponte di Ghiaccio
Elzenbaum - Pruno

Engadin - Engadino
Eppacher Alm - Malga Epago
Erdpyramiden - Piramidi di Terra
Etschtal - Val d'Adige
Eurasien - Eurasia
Euringerspitze - Punta Euringer
Eyrs - Oris

Falzeben - Falzeben
Fanealm - Malga Fana
Fassatal - Val di Fassa
Fassnacht - Monte Botte
Felbespitze - Cima Felbes a Levante
Fersental - Val Fersina
Flatschjoch - Passo Vallaccia
Flatschspitze - Cima Vallaccia
Frötschbach - Rio Freddo

Gadertal - Val Badia
Gaisspitze (Gaisjoch) - Cima della Capra
Gänsekragenspitze - Punta di Campo
Gardasee - Lago di Garda
Gartlspitze - Cima Corte
Geislerspitzen - Odle
Gilfenklamm - La Gola (Cascata del Gilfen)
Gliederferner - Ghiacciaio del Gran Pilastro
Gliedergang - Gliedergang
Gliederschartl - Forcella di Monte Stretto
Gliedertal - Gliedertal
Gomagoi - Gomagoi
Gorner Joch - Giogo del Corno
Grabspitze - Cima Grava
Granatkogel (Granatenkogel) - Monte dei
	Granati
Griesferner - Vedretta Griesferner
Griesscharte - Forcella di Gries
Gröden - Val Gardena
Großer Möseler - Mèsule
Grubenalm - Malga Fosse

Hafling - Avelengo
Heilig Geist - Santo Spirito
Hirzer - Punta Cervina
Hochfeiler - Gran Pilastro
Hochfeilerhütte - Rifugio Gran Pilastro
Hochferner - Cima Grava
Hochferner - Vedretta Hochferner
Hochgall - Collalto
Hochsteller - Monte Lavizza
Hochwilde - L'Altissima
Hohe Wandspitze - Croda Alta
Hohe Weiße - Cima Bianca Grande
Hornspitzen - Monte Corno
Hühnerspiel - Cima Gallina

Ifinger - Picco Ivigna
Ifingerhütte - Rifugio Ivigna
Ifingerscharte - Forcella Ivigna

Innere Pederspitze - Punta Peder di dentro

Johannesscharte - Forcella Giovanni
Judicariental - Valli Giudicarie
Judikarien - Giudicarie

Kalkwandstange - Cima della Stanga
Kaltenbrunn - Fontanefredde
Kaltern - Caldaro
Kasern - Casere
Kasseler Hütte - Rifugio Roma
Kastelruth - Castelrotto
Kellerbauerweg - Alta via Kellerbauer
Kematen - Caminata
Klobenstein - Collalbo
Königsspitze - Gran Zebru
Kreuzberg - Montecroce
Kronplatz - Plan de Corones
Kukasattel - Sella Cuca

Laas - Lasa
Labesaualm - Malghe di Labes
Labesebenalm - Capanne Pian di Labes
Lahneralm - Malga Lahneralm
Landshuter Hütte (Europahütte) - Rifugio Euro-
	pa (ex Venna)
Langkofel - Sassolungo
Langsee - Laghi del Passo
Lappach - Lappago
Lappacher Jöchl - Forcella di Lappago
Latemargruppe - Gruppo del Latemar
Lenkjöchlhütte - Rifugio Giogo Lungo
ligurisch - ligure
Ligurisches Meer - Mar Ligure
Lodner - Cima Fiammante
Lodnerhütte - Rifugio Cima Fiammante
Lombardisch - Lombardo

Madritschjoch - Passo Madriccio
Maiern - Masseria
Mals - Malles
Marchgraben - Marchgraben
Martell - Martello
Martelltal - Val Martello
Mastlèhütte - Rifugio Mastlè
Matsch - Mazia
Mauls - Mules
Meiern - Masseria
Meran - Merano
Meransen - Maranza
Mittelmeer - Mare Mediterraneo
Mitterberg - Monte di Mezzo
Molignonhaus - Rifugio Molignon
Montan - Montagna
Monte Stretto - Engberg
Mühlbach - Rio di Pusteria
Mühlen - Molini di Tures
Mühlwald - Selva dei Molini

Mühlwalder Bach - Rio Selva dei Molini

Naifgraben - Val di Nova
Naiftal - Val di Nova
Nassereithalm - Rifugio Nassereto
Neumarkt - Egna
Nevesjochhütte - Rifugio Giovanni Porro
Nevessee (Stausee) - Lago di Neves
Niedeck - Dosso Basso
Niedeckscharte - Niedeckscharte
Nonsberg - Val di Non

Ober-Radein - Redagno di Sopra
Oberbozen - Soprabolzano
oberes Ahrntal - alta Valle Aurina
Ochsensprung - Salto del Bove
Ortler - Ortles
Oswaldpromenade - Passeggiata S. Osvaldo
Ötztaler Alpen - Alpi Venoste

Palagruppe - Gruppo della Pala
Panascharte - Forcella Pana
Partschins - Parcines
Passeiertal - Val Passiria
Pedercharte - Forcella Peder
Penninischer Ozean - Oceano Penninico
Penser Alm - Malga Passo di Pennes
Penser Joch - Passo Pennes
Petz - Monte Pez
Pfelderer Tal - Valle di Plan
Pfelders - Plan
Pfitschbach - Rio di Vizze
Pfitscher Joch - Passo di Vizze
Pfitscher-Joch-Haus - Rifugio Passo di Vizze
Pfitschtal - Val di Vizze
Pfossental - Valle di Fosse
Pfunderer Berge - Monti di Fundres
Pfunderer Höhenweg - Alta Via di Fundres
Pfunderer Tal - Val di Fundres
Piavetal - Valle del Piave
Piffinger - Pivigna
Pisaner Berge - Monti Pisani
Piz Boè - Piz Boè
Plattspitze - Cima Piatta
Poebene - Pianura Padana
Pordoijoch - Passo Pordoi
Pordoischarte - Forcella Pordoi
Prad - Prato allo Stelvio
Presanellagruppe - Gruppo della Presanella
Prettau - Predoi
Proßliner Schwaige - Proßliner Schwaige
Puez - Puez
Pustertal - Val Pusteria

Rabenstein - Corvara
Radein - Redagno
Ratsachingsbach - Rio di Racines
Ratschings - Racines
Rein (Ried) - Riva
Rein - Riva di Tures
Reintal - Valle di Riva
Rensenspitze - Rensenspitze (P. 2473)
Reschenpaß - Passo Resia
Rieserfernergruppe - Vedrette di Ries (Vedrette Giganti)

Ringelstein - Sasso Tondo
Ritten - Renon
Roßzähne - Denti di Terrarossa
Rotbachlspitze - Croda Rossa
Röteck - Cima Rossa
Roterdspitze - Cima di Terrarossa
Rotes Beil - Punta Rossa
Röttal - Valle Rossa
Röttalalm - Malga di Valle Rossa (di Dentro)
Ruthnerhorn - Monte Nevoso

Sand in Taufers - Campo Tùres
Sandjöchl - Forcella della Rena
Santnerspitze - Punta Santner
Sarcatal - Val di Sarca
Sarlkofel - Monte Serla
Sarntal - Val Sarentina
Sarntaler Weißhorn - Corno Bianco
Schaubachhütte - Rifugio Città di Milano
Schlanders - Silandro
Schlern - Sciliar
Schlernbodenhütte - Rifugio Malghetta Sciliar
Schlernhäuser - Rifugio Bolzano
Schlernplateau - Altipiano dello Sciliar
Schlinig - Slinigia (Slinigo)
Schlinigtal - Val Sligia
Schloß Goyen - Castel Goiano
Schloß Runkelstein - Castel Roncolo
Schlüsseljoch - Col della Chiave
Schneeberg - Monteneve
Schneeberger Weißen - La Bianca
Schneebergscharte - Passo di San Martino Monteneve
Schneebiger Nock - Monte Nevoso
Schwarzhorn - La Rocca
Seceda - Seceda
Seefeldalm - Alpe Seefeld
Seis - Siusi
Seiser Alm - Alpe di Siusi
Seiser Klamm - Gola di Siusi
Seiser-Alm-Haus - Casa del TCI Sciliar
Sellagruppe - Gruppo Sella
Sengesjöchl - Sengesjöchl
Speikboden - Monte Spico
St. Anton - S. Antonio
St. Jakob - San Giacomo
St. Kassian - San Cassiano
St. Martin am Schneeberg - San Martino Monteneve
St. Sebastian - San Sebastiano
St. Ulrich - Ortisei
Stangenscharte - Col della Stanga
Stein - Sasso
Sterzing - Vipiteno
Sterzinger Hütte - Rifugio Picco della Croce
Sterzinger Moos - Sterzinger Moos
Stettiner Hütte - Rifugio Petrarca all'Altissima
Stilfser Joch - Passo dello Stelvio
Strimmbach - Rio Gadria
Stubaier Alpen - Alpi Breonie
Südalpen - Alpi Meridionali
Südtirol - Alto Adige
Sulden - Solda
Suldenbach - Rio di Solda
Suldental - Val di Solda

Tagusens - Tagusa
Tatschspitze - Montaccio (di Pennes)
Telfer Weißen - Cime Bianche di Telves
Terenten - Terento
Texelgruppe - Gruppo di Tessa
Theis (Teis) - Tiso
Timmelsjoch - Passo del Rombo
Toblach - Dobbiaco
Tobliner See - Lago di Toblino
Töllgraben - Gola del Rio Tel
Tonderhof - Maso Tonder
Törggele - Torcolo
Tramin - Termeno
Trens - Campo di Trens
Tribulaun - Tribulaun (di Fleres)
Trient - Trento
Tristenspitze - Cima dei Covoni
Trostburg - Castel Forte
Trostburg - Castelforte
Truden - Trodena
Tschigat - Cigot

Überseilspitze - Cima del Cavo
Überwasser - Transacqua
Ulten - Ultimo
Ultental - Val d'Ultimo
Unterbergtal - Valle di Sottomonte
Unterinn - Auna di sotto
Ursprungalm - Malga Ursprung
Ursprungbach - Rio delle Fonti
Ursprungtal - Valle della Fonte

Vals - Valles
Valser (Valler) Bach - Rio di Valles
Valser Joch (Valler Jöchl) - Passo di Valles
Valser Tal (Valler Tal) - Valle di Valles
Vicentinische Alpen - Alpi Vicentine
Vinschgau - Val Venosta

Waidbruck - Ponte Gardena
Walburgenbach - Rio di Valpurga
Weißkarferner - Vedretta della Quaira Bianca
Weiße Wand - Croda Bianca
Weißenbach - Rio Bianco
Weißhorn (Penser) - Corno Bianco (di Pennes)
Weißkar - Quàira Bianca
Weißspitze - Cima Bianca (Punta Bianca)
Weißzintscharte (Untere) - Forcella della Punta Bianca
Wengen - La Valle
Wiener Hütte - ex Rifugio Monza
Wiesen - Prati
Wilde Kreuzspitze - Picco della Croce
Wilder See - Lago Selvaggio
Wildseespitze - Punta del Lago Romito
Windtal - Valle del Vento
Wolfendorn - Spina del Lupo

Zaytal - Valle di Zai
Zebrù - Zebrù
Zentralatlantik - Atlantico Centrale
Zielbach - Rio di Tel (auch Töllbach)
Zillertaler Alpen - Alpi Aurine
Zinnsnock - Zinnsnock
Zösenalm - Malga Cesa (mehrere Lokalnamen)

italienisch – deutsch

adriatico - adriatisch
Aldeno - Aldein
Alpe Beilstein - Beilsteinalpe
Alpe di Siusi - Seiser Alm
Alpe Seefeld - Seefeldalm
Alpi Apuane - Apuaner Alpen
Alpi Aurine - Zillertaler Alpen
Alpi Breonie - Stubaier Alpen
Alpi Meridionali - Südalpen
Alpi Venoste - Ötztaler Alpen
Alpi Vicentine - Vicentinische Alpen
alta Valle Aurina - oberes Ahrntal
Alta via Arthur Hartdegen - Arthur-Hartdegen-
    Weg
Alta Via di Fundres - Pfunderer Höhenweg
Alta via Kellerbauer - Kellerbauerweg
Altipiano dello Sciliar - Schlernplateau
Alto Adige - Südtirol
Appennino - Apennin
Auna di sotto - Unterinn
Avelengo - Hafling
Avenes - Afens

Bagni di Razzes - Bad Ratzes
Bargone di Vizze- -Burgum
Bolzano - Bozen
Brennero - Brenner
Bressanone - Brixen
Brunico - Bruneck
Butterloch - Butterloch

Caldaro - Kaltern
Caminata - Kematen
Campo di Trens - Trens
Campo Tùres - Sand in Taufers
Campodazzo - Atzwang
Capanne Pian di Labes - Labesebenalm
Casa del TCI Sciliar - Seiser-Alm-Haus
Casere - Kasern
Castel Forte - Trostburg
Castel Goiano - Schloß Goyen
Castel Roncolo - Schloß Runkelstein
Castel Tasso - Burg Reifenstein
Castelfeder - Castelfeder
Castelforte - Trostburg
Castelpietra - Burg Sprechenstein
Castelrotto - Kastelruth
Cigot - Tschigat
Cima Bianca (Punta Bianca) - Weißspitze
Cima Bianca Grande - Hohe Weiße
Cima Corte - Gartlspitze
Cima dei Covoni - Tristenspitze
Cima del Cavo - Überseilspitze
Cima della Capra - Gaisspitze (Gaisjoch)
Cima della Stanga - Kalkwandstange
Cima della Vista - Blickenspitze
Cima di Terrarossa - Roterdspitze
Cima Felbes a Levante - Felbespitze
Cima Fiammante - Lodner
Cima Gallina - Hühnerspiel
Cima Grava (3059 m) - Grabspitze
Cima Grava - Hochferner

Cima Piatta - Plattspitze
Cima Pozzo - Butzenspitze
Cima Rossa - Röteck
Cima Vallaccia - Flatschspitze
Cime Bianche di Telves - Telfer Weißen
Col della Chiave - Schlüsseljoch
Col della Stanga - Stangenscharte
Collalbo - Klobenstein
Collalto - Hochgall
Corno Bianco (di Pennes) - Weißhorn (Penser)
Corno Bianco - Sarntaler Weißhorn
Corvara - Rabenstein
Croda Alta - Hohe Wandspitze
Croda Bianca - Weiße Wand
Croda Rossa - Rotbachlspitze

Dan - Dun
Denti di Terrarossa - Roßzähne
Dobbiaco - Toblach
Dolomiti - Dolomiten
Dosso Basso - Niedeck

Egna - Neumarkt
Engadino - Engadin
Engberg - Monte Stretto
Eurasia - Eurasien

Falzeben - Falzeben
Fontanefredde - Kaltenbrunn
Forcella del Picco - Birnlücke
Forcella della Punta Bianca - Weißzintscharte
    (Untere)
Forcella della Rena - Sandjöchl
Forcella di Gries - Griesscharte
Forcella di Lappago - Lappacher Jöchl
Forcella di Monte Stretto - Gliederschartl
Forcella Giovanni - Johannesscharte
Forcella Ivigna - Ifingerscharte
Forcella Pana - Panascharte
Forcella Peder - Pederscharte
Forcella Pordoi - Pordoischarte

Ghiacciaio del Gran Pilastro - Gliederferner
Giogo del Corno - Gorner Joch
Giudicarie - Judikarien
Gliedergang - Gliedergang
Gliedertal - Gliedertal
Gola del Rio Tel - Töllgraben
Gola di Siusi - Seiser Klamm
Gomagoi - Gomagoi
Gran Pilastro - Hochfeiler
Gran Zebru - Königsspitze
Gruppo del Brenta - Brentagruppe
Gruppo del Latemar - Latemargruppe
Gruppo della Pala - Palagruppe
Gruppo della Presanella - Presanellagruppe
Gruppo di Tessa - Texelgruppe
Gruppo Sella - Sellagruppe

Isarco - Eisack

L'Altissima - Hochwilde

La Bianca - Schneeberger Weissen
La Gola (Cascata del Gilfen) - Gilfenklamm
La Rocca - Schwarzhorn
La Valle - Wengen
Laghi del Passo - Langsee
Lago di Garda - Gardasee
Lago di Neves - Nevessee (Stausee)
Lago di Toblino - Tobliner See
Lago Ponte di Ghiaccio - Eisbruggsee
Lago Selvaggio - Wilder See
Lappago - Lappach
Lasa - Laas
ligure - ligurisch
Livinallongo - Buchenstein
Longiarù - Campill

Malga Cesa - Zösenalm
Malga di Riva - Brunneralm (Brunnerhütte)
Malga di Valle Rossa (di Dentro) - Röttalalm
Malga di Valle Rossa di Fuori - Äußere Röttal-
    alm
Malga Epago - Eppacher Alm
Malga Fana - Fanealm
Malga Fosse - Grubenalm
Malga Lahneralm - Lahneralm
Malga Passo di Pennes - Penser Alm
Malga Ursprung - Ursprungalm
Malghe di Labes - Labesaualm
Malles - Mals
Mar Ligure - Ligurisches Meer
Maranza - Meransen
Marchgraben - Marchgraben
Mare Mediterraneo - Mittelmeer
Martello - Martell
Maso Tonder - Tonderhof
Masseria - Maiern
Masseria - Meiern
Mazia - Matsch
Merano - Meran
Mèsule - Großer Möseler
Molini di Tures - Mühlen
Montaccio (di Pennes) - Tatschspitze
Montagna - Montan
Monte Alto - Altenberg
Monte Botte - Fassnacht
Monte Castello - Burgstall
Monte Corno - Hornspitzen
Monte dei Granati - Granatkogel (Granaten-
    kogel)
Monte di Mezzo - Mitterberg
Monte Laste - Astenberg
Monte Lavizza - Hochsteller
Monte Nevoso - Ruthnerhorn
Monte Nevoso - Schneebiger Nock
Monte Pez - Petz
Monte Scrla - Sarlkofel
Monte Spico - Speikboden
Montecroce - Kreuzberg
Monteneve - Schneeberg
Monti di Fundres - Pfunderer Berge
Monti Pisani - Pisaner Berge
Mules - Mauls

211

Literatur

Agnelli, V.: Der Stilfser Joch Nationalpark. – 146 S., Vallagarina Arte Grafiche R. Manfrini, Rovereto 1969.

Bernoulli, D. und H. C. Jenkyns: Alpine, Mediterranean, and Central Atlantic Mesozoic facies in relation to the early evolution of the Tethys. – Soc. Econ. Paleont. and Mineralogists, Spec. Publ. No. 19, 129–160, 1974.

Beineke, D., H. C. Berann, W. de Concini, G. Hell, D. Herm, H. Immel, U. Kleim, G. Neugebauer, K. Ringle; in: G. Neugebauer (Hrsg.): Brenta-Monographie. Grundlagenforschung auf dem Gebiet der Hochgebirgskartographie; Schriftenreihe Studiengang Vermessungswesen, Univ. d. Bundeswehr, H. 24. München 1987.

Bögel, H. und K. Schmidt: Kleine Geologie der Ostalpen, 231 S., Ott Verlag, Thun 1976.

Bosellini, Alfonso: La storia geologica delle Dolomiti. – 149 S. Edizioni Dolomiti, 1989.

Brack, P.: Geologie der Intrusiva und Rahmengesteine des Südwest-Adamello. – Diss. ETH-Zürich, 254 S., Zürich 1984.

Brandner, R.: Meeresspiegelschwankungen und Tektonik in der Trias der NW-Tethys.– Jb. Geol. B.-Anst. 126, H. 4, S. 435–475, Wien 1984.

Broglio Loriga, C., C. Neri und R. Posenato: The early macrofaunas of the Werfen formation and the Permian-Triassic boundary in the Dolomites (Southern Alps, Italy). – Studi Trentini di Science Naturali, Vol. 62, Acta Geologica, pp. 3–18, Trento 1986.

Carton, A. und E. de Luigi: S. Pellegrino – Monzoni – S. Nicolò. – Itinerari naturalistici e geografici attraverso le montagne Italiane No. 16, 141 S.; CAI-comitato scientifico, 1980.

Cassins, G., A. Montrasio, R. Potenza, J. von Raumer, R. Sacchi und A. Zanferrari: Tettonica Ercinica nelle Alpi.– Mem. Soc. Geol. Ital., Vol. XIII, 289–318, Pisa 1974.

Castellarin, A., A. M. Fesce, V. Picotti, G. A. Pini, G. Prosser, R. Sartori, L. Selli, L. Cantelli und R. Ricci: Structural and kinematic analysis of the Giudicarie deformation belt. Implications for compressional tectonics of Southern Alps. – Miner. Petrogr. Acta, Vol. 30, 287–310. 1986–1987.

Castellarin, A. und G. B. Vai (Hrsg.): Guida alla geologia del Sudalpino centro-orientale. – Società Geologica Italiana, Guide Geologiche Regionali, 386 S. Bologna 1982.

Colacicchi, R.: Le dislocazioni delle cime (Gipfelfaltungen) nelle Dolomiti. – Ricerche geo-paleontologiche nelle Dolomiti (CNR), 76 S., Padova 1960.

Coward, M. P., D. Dietrich und R. G. Park (Hrsg.): Alpine tectonics; Geological Society, Special Publication No. 45, 450 S., Blackwell, Oxford, 1989.

D'Amico, C.: Hercynian Plutonism in the Alps – a report 1973–74. – Mem. Soc. Geol. Ital., Vol. XIII, 29–180, Pisa 1974.

Doglioni, C.: Examples of strike-slip tectonics on platform-basin margins. – Tectonophysics, 156, S. 293–302; Amsterdam 1988.

Doglioni, C. und C. Lasen: Il sentiero geologico di Arabba. – Itinerari naturalistici e geografici attraverso le montagne Italiane No. 22, 78 S.; CAI-comitato scientifico, 1985.

Doglioni, C.: Tectonics of the Dolomites (Southern Alps, Northern Italy). – J. Structural Geol. 9, 181–193. 1987.

Drittenbass, W.: Sedimentologie und Geochemie von Eisen- Mangan führenden Knollen und Krusten im Jura der Trento-Zone. – Eclogae geol. Helv., 72: 313–345. Basel 1979.

Eigenfeld, R.: Exkursionsführer Predazzo – Monzoni. – Deutsche Mineralog. Ges., 19 S. München, 1966.

Exner, Ch.: Die geologische Position der Magmatite des periadriatischen Lineamentes. – Verh. Geol. B. A., 3–64. Wien 1976.

Fagnani, G. (Hrsg.): Geochonology in Italy: Results and problems. – Rendiconti della Società Italiana di Mineralogia e Petrologia, Vol. 40, Fasc. 1; S. 1–224, Milano 1985.

Flügel, H. W. und P. Faupl (Hrsg.): Geodynamics of the Eastern Alps. 418 S., F. Deuticke, Wien 1987.

Flügel, H. W.; F. P. Sassi und P. Grecula (Hrsg.): Pre-Variscan and Variscan events in the Alpine-Mediterranean mountain belts. – Mineralia-Slovaca-Monography, IGCP Project No. 5, S. 1–487; Alfa Publishers, Bratislava 1987.

Folie, K. (Hrsg): Die Mineralien Südtirols und des Trentino. Tappeiner Verlag, Lana 1984.

Folie, K. (Hrsg.): Silber, Kupfer, Blei... – Bode Verlag, Haltern 1987.

Frisch, W.: Ein Typ-Profil durch die Schieferhülle des Tauernfensters: Das Profil am Wolfendorn (westlicher Tuxer Hauptkamm, Tirol). – Verh. Geol. B. A. Wien, 1974, H. 2–3, S. 201–221.

Frisch, W.: Pre-Alpine terranes and tectonic zoning in the eastern Alps. – Geol. Soc. America, Spec. Paper 230. 1989.

Frisch, W. und J. Loeschke: Plattentektonik. – Erträge der Forschung, Bd. 236; S. 1–190; Wissenschafliche Buchgesellschaft, Darmstadt 1986.

Frizzo, P.: Pre-metamorphic paleozoic mineralisations in the Austroalpine and South-Alpine basements of the Eastern Alps. Relationships between paleogeodynamics, stratigraphy and metallogenesis. – Newsletter Vol. 5., S. 41–48, 1983

Geyer, O. F., D. Göhner und M. Krautter: Die obertriassische bis alttertiäre Schichtfolge der Trento-Schwelle (Südalpen) unter besonderer Berücksichtigung jurassischer Formationen. – Jber. Mitt. oberrhein. geol. Verein, N. F. 68, S. 129–176, Stuttgart 1986.

Giese, P., R. Nicolich und K.J. Reutter: Explosion seismic studies in the Alpine-Mediterranean region and their implications to tectonic processes. – In: Berckhemer, H. und K. Hsü (Hrsg.): Alpine-Mediterranean Geodynamics, Geodynamics Series Vol. 7. Inter Union Commission on Geodynamics, S. 39–74, Washington 1982.

Grundmann, G. und G. Morteani: The young uplift and the thermal history of the central-eastern Alps (Austria/Italy), Evidence from apatite fission track ages. – Jb. Geol. B.-A. Wien 128, 197–216. 1986.

Gwinner, M. P.: Geologie der Alpen. – 477 S., Stuttgart 1971.

Habbe, K. A.: Die würmeiszeitliche Vergletscherung des Gardasee-Gebietes. – Freiburger geogr. Arb. 3, 1–254, Freiburg 1969.

Hammerschmidt, K.: Die Obere Schieferhülle, die Matreier Zone und die Cima-Dura-Serie im oberen Buinlandtal (Ahrntal).– Der Schlern, 1977, S. 97–117. Bozen 1977.

Hammerschmidt, K.: Isotopengeologische Untersuchungen am Augengneis vom Typ Campo Tures bei Rain in Taufers, Südtirol. – Memorie di Scienze Geol., Vol. 34, 273–300. Padova 1981.

Hantke, R.: Eiszeitalter. – Band 3, S. 1–730, Ott Verlag, Thun 1983.

Heißl, W. und J. Ladurner: Geologie des Gebietes von Villnöß–Gröden–Schlern–Rosengarten. – Jb. Geol. B.-Anst. 86, H. 1–2, 1–63, Wien 1936

Heissel, W.: Südtiroler Dolomiten. – Sammlung Geologischer Führer Nr. 71, 172 S. Gebr. Bornträger, Stuttgart 1982.

Helbig, P. und K. Schmidt: Zur Tektonik und Petrogenese am W-Ende des Schneeberger Zuges (Ostalpen).– Jahrb. Geol. B.-A. 121, S. 177–217, Wien 1978

Hsü, K. J. (Hrsg.): Mountain building processes. – 263 S., Academic Press, London 1982.

Husen, van, D.: Die Ostalpen in den Eiszeiten.– Populärwissenschaftliche Veröffentlichungen der Geologischen Bundesanstalt, 24 S., 1 Karte, Wien 1987.

Klebelsberg, R. von: Geologie von Tirol. – 872 S., Bornträger, Berlin 1935.

Kraatz, R.: Die Dynamik der Erde. – Spektrum der Wissenschaft: Verständliche Forschung; 216 S., Heidelberg 1987

Krömmelbein, K.: Brinkmanns Abriß der Geologie, Bd. 2: Historische Geologie. – 400 S., Enke Verlag, Stuttgart 1984.

Lammerer, B., K. Schmidt und R. Stadler: Zur Stratigraphie und Genese der Penninischen Gesteine des südwestlichen Tauernfensters. – N. Jb. Geol. Paläont. Mh., 1981, H. 11, 678–696, Stuttgart 1981.

Lammerer, B.: Thrust regime and transpression regime tectonics in the Tauern Window (Eastern Alps). – Geol. Rundschau, 77 H. 1, 143–156, Stuttgart 1988.

Laner, J. B., R. Messner und J. Tappeiner: Dolomiten. Neue Perspektiven. 166 S., Tappeiner Verlag, Bozen 1987.

Laubscher, H. und D. Bernoulli: Mediterranean and Tethys. – In: Nairn, A. E. M. und W. Kanes (Hrsg.): The ocean basins and margins, Vol. 4 A, Int. Geol. Corr. Progr. Proj. 105, 1–22, Plenum Press, New York 1977.

Laubscher, H. P.: Décollement in the Alpine system: an overview. – Geol. Rundschau, 77 H. 1, 1–9, Stuttgart 1988.

Leonardi, P.: Le Dolomiti, geologia dei monti tra Isarco e Piave. – Vol. 1 e 2, 1019 S. Trento 1967.

Lorenzini, S., E. Zanett; in: Lorenzini: Gli geneiss sillimanitici nalla formazione scistoso-cristallina della zona Scena–Rio Masul–Picco d'Ivigna (Alto Adige). – Mem. Acad. Padavina, 78, 6–45. 1965.

Mager, D.: Geologische und petrographische Untersuchungen am Südrand des Rieserferner-Plutons (Südtirol) unter Berücksichtigung des Intrusionsmechanismus. – Diss. Universität Erlangen, 182 S., 1 Karte, Erlangen 1985.

Massari, F., M. A. Conti, D. Fontana, K. Helmold, N. Mariotti, C. Neri, U. Nicosia, G. G. Ori, M. Pasini und P. Pittau: The Val Gardena sandstone and Bellerophon formation in the Bletterbach Gorge (Alto Adige, Italy): biostratigraphy and sedimentology. Memorie di Scienze Geol., Vol. 40, 229–273. Padova 1988.

Matthes, S.: Mineralogie. – 417 S., Springer-Verlag, Berlin 1983.

Maucher, A. und H. Pichler: Führer zur Pfingstexkursion der Geol. Vereinigg. nach Südtirol zum Studium des permischen Vulkanismus. – 37 S., München 1959.

Miller, Ch.: Alpine high-pressure matamorphism in the Eastern Alps. – Schweiz. mineral. petrogr. Mitt. 66, 139–144. 1986.

Miyashiro A., K. Aki und C. Sengör: Orogenese. – 236 S., F. Deuticke, Wien 1985.

Mostler, H. (Hrsg.): Exkursionsführer (Jahrestagung d. Österr. Geol. Ges.) Seis am Schlern, 108 S., Innsbruck 1982.

Niedermayr, G.: Exkursionsführer Bletterbach.– Exkursion der Freunde des Naturhistorischen Museums in Wien, Serie Nr. 3., S. 19–27, Wien 1987.

Ortner, P. und Ch. Mayr: Naturführer Südalpen. – 270 S., Athesia, Bozen 1981.

Purtscheller, F. und F. P. Sassi: Some thoughts on the Pre-Alpine metamorphic history of the Austridic basement of the Eastern Alps. – Tscherm. Min. Petr. Mitt. 22, 175–199 (1975).

Purtscheller, F.: Ötztaler und Stubaier Alpen. – Sammlung Geologischer Führer Nr. 53, 136 S., Bornträger, Stuttgart 1978.

Richter, D.: Allgemeine Geologie. – Sammlung Göschen Bd. 2604, 366 S., de Gruyter, Berlin 1976

Roeder, D.: South-Alpine thrusting and trans-Alpine convergence.– In: Coward, M. P., D. Dietrich & R. G. Park (Hrsg.): Alpine Tectonics, Geological Society Special Publication No. 45, S. 211 ff.

Roeder, D.: Tectonics of South-Alpine crust and cover (Italy). – Inst. Français du Petrole, Conference „Petroleum tectonics of fold-thrust belts". 22 S. Bordeaux 1988.

Rossi, D.: La scogliera del Latemar. – Annali dell'Università di Ferrara, Sez. IX, Vol. II, N. 5, 213–241, Ferrara 1957

Rossi, D.: Geologia della parte meridionale del gruppo della Marmolada. – Memorie del Museo di Storia Naturale della Venezia Tridentina, 1962–63, Vol. XIV, 1–189, Trento 1957.

Rossi, D.: Gli aspetti morfologici delle cime Dolomitiche. – Boll. Soc. Geol. Ital., LXXVI, 3–23, Roma 1957.

Rossi, D.: La scogliera del Sassolungo. – Studi Trentini di Science Naturali, XXXVI, N. 1, 10–48, Trento 1959.

Rossi, D.: La Val di Fassa e le sue scogliere Triassiche. – L'universo, XLI, N. 6, 1044–1054, 1961.

Sassi, F. P.; R. Kalvacheva und A. Zanferrari: New data on the age of deposition of the South-Alpine phyllitic basement in the Eastern Alps.– N. Jb. Geol. Paläont. Mh., 1984, H. 12, S. 741–751, Stuttgart 1984

Schmid, S. M.; A. Zingg und M. Handy: The kinematics of movements along the Insubric Line and the emplacement of the Ivrea Zone.– Tectonophysics, 135, S. 47–66, 1987.

Schmid, S. M. und R. Haas: Transform from near-surface thrusting to intrabasement decollement, Schlinig Thrust, Eastern Alps. – Tectonics 8, Nr. 4, S. 694–718, 1989.

Schmidt, K.: Zum Bau der südlichen Ötztaler und Stubaier Alpen.– Verh. Geol. B.-A., Sonderh. G., S. 199–213, Wien 1965.

Schmidt, K.: Erdgeschichte. – Sammlung Göschen, Bd. 5001, 246 S., de Gruyter, Berlin 1972.

Schmincke, H.-U.: Vulkanismus. – Wiss. Buchges.; 164 S. Darmstadt 1986.

Schumann, W.: Mineralien und Gesteine. – BLV-Naturführer, 143 S., BLV-Verlagsgesellschaft, München 1979.

Selverstone, J.: Evidence for East-West crustal extension in the Eastern Alps: Implications for the unroofing history of the Tauern Window. – Tectonics, 7, 87–105. 1988.

Simpson, G.: Leben der Vorzeit. – 197 S., Enke Verlag, Stuttgart 1972.

Smith, A. G. und N. H. Woodcock: Tectonic synthesis of the Alpine-Mediterranean region: a review. – In: Berckhemer, H. und K. Hsü (Hrsg.): Alpine-Mediterranean Geodynamics, Geodynamics Series Vol. 7. Inter Union Commission on Geodynamics, S. 1538, Washington 1982.

Soffel, H.: The paleomagnetism of the age dated Tertiary Volcanics of the Monti Lessini (Northern Italy). – J. Geophys. 41, 385–400. 1975.

Sommavilla, E.: Il sentiero geologico nelle Dolomiti. – Itinerari naturalistici e geografici attraverso le montagne Italiane No. 15, 123 S.; CAI-comitato scientifico, 1979.

Squyres, C. H.: Geology of Italy. – Vol. 1, 402 S.; Vol. 2, 392 S., Castelfranco Veneto 1975.

Thöni, M.: Degree and evolution of the Alpine metamorphism in the Austroalpine unit W of the Hohe Tauern in the light of K/Ar and Rb/Sr age determinations on micas.– Jahrb. Geol. B.-A. 124, H. 1, S. 111–174, Wien 1981.

Trenner, G. B.: Scritti geografici e geologici, Vol. I, 315 S., Studi Trentini di Scienze Naturali 1.1957, Museo di Storia Naturale della Venezia Tridentina, Trento 1957.

Trenner, G. B.: Scritti geografici e geologici, Vol. I, 315 S., Studi Trentini di Scienze Naturali, 1.1957, Museo di Storia Naturale della Venezia Tridentina, Trento 1957.

Trümpy, R.: A possible Jurassic-Cretaceous transform system in the Alps and the Carpathians. – Geol. Soc. America, Spec. Paper 218. 1988.

Vossmerbäumer, H.: Allgemeine Geologie, ein Kompendium. – 277 S., Schweizerbart, Stuttgart 1976.

Wilhelm, F. (Hrsg.): Der Gang der Evolution – die Geschichte des Kosmos, der Erde und des Menschen. – 270 S., C. H. Beck, München 1987.

Wimmenauer, W.: Petrographie der magmatischen und metamorphen Gesteine. – 382 S., Enke Verlag, Stuttgart 1985.

Zeil, W.: Brinkmanns Abriß der Geologie, Bd. 1: Allgemeine Geologie. – 276 S., Enke Verlag, Stuttgart 1984.

Glossar

Abschiebung: Störungsfläche, an der das auflagernde Krustensegment abgerutscht ist. Sie zeigt Krustendehnung an.

absolutes Alter: in Millionen Jahren (Ma) angegebenes Alter, ermittelt durch isotopische Untersuchungen.

Adriatische Platte: → Apulia

Agglomerat: Anhäufung von vulkanischen Auswurfprodukten, im Gegensatz zu Tuffen mit viel groben Komponenten.

Alluvium: geologisch junge Anschwemmungsprodukte in Tälern, Niederungen und an Berghängen.

alpidisch: gleichzeitig mit der Bildung der Alpen (Perm bis Jungtertiär).

Altes Dach: Die präkambrischen oder altpaläozoischen Gesteine neben und über den Zentralgneisen des → Tauernfensters.

Altkristallin: bereits vor der Alpenbildung metamorph gewesene Gesteine.

Ammonitico rosso (roter Ammonitenstein): rötlicher Kalkstein mit knollig-welligen Schichtoberflächen und häufigem Vorkommen von meist schlecht erhaltenen Ammonitenabdrücken.

Anion: negativ geladenes Atom, meist größer als das positiv geladene → Kation.

Aptychen: Verschlußdeckel der Ammonitengehäuse, bestehend aus Calcit oder Hornsubstanz.

Apulia (Adriatische Platte): von Afrika losgelöster Kontinentsplitter, der während des Alttertiärs mit Europa kollidierte.

arid: wüstenhaftes Klima, Verdunstung ist höher als die Niederschläge.

Asthenosphäre: *griech.: Weichsphäre,* teilweise geschmolzene Schicht des Oberen Erdmantels.

Aufschiebung: Störungsfläche, an welcher der aufliegende Krustenblock hochgeschoben wurde. A. sind Einengungsstrukturen.

Aufschluß: Stelle, an welcher der Gesteinsuntergrund zutage tritt.

Augengneis: porphyrischer Magmatit mit großen Kalifeldspäten, der unter regionalmetamorphen Bedingungen zu einem Orthogneis umgeformt wurde. Die großen Kalifeldspäte werden dabei von der Schieferung augenförmig umflasert.

Auswürfling: bei einem Vulkanausbruch als Festkörper ausgeworfenes Material (erstarrte Lava oder Fremdgestein).

autoklastisch: während vulkanischer Eruptionen zertrümmert oder zerbrochen.

Bitumen: natürliche, brennbare organische Kohlenwasserstoffe im Gestein.

Bozner Quarzporphyr: → Quarzporphyr

Bündner Schiefer: Synonym für penninische Kalkglimmerschiefer und Kalkphyllite.

Calcit-Lösungstiefe (CCD): Meerestiefe, unterhalb der Calcit aufgelöst wird.

Cephalopoden (Kopffüßler): Tintenfisch-Verwandte mit den hauptsächlichen fossilen Vertretern der Orthoceren, Ammoniten und Belemniten.

Cipitkalk: Vom Riff abgebrochene und im tieferen Meeresbecken sedimentierte Kalkblöcke, in denen wegen der schnellen Einbettung die Fossilien häufig sehr gut erhalten geblieben sind.

Crinoiden (Seelilien): Die aus einem Calcit-Einkristall bestehenden Stielglieder der Seelilien sind gut öerhaltungsfähig und finden sich häufig als Partikel in Kalksteinen

Decke: großflächig und weit überschobener Gesteinskörper.

Deckengebirge: Gebirge, das durch Deckenbau geprägt ist.

Deckgebirge: über dem → Grundgebirge liegender Sedimentgesteinstapel.

Diagenese: Vorgänge (mechanische Verdichtung, Auspressen von Porenwasser, Umkristallisation, Lösung und Wiederausfällung von Substanzen), die aus einem Lockersediment ein Festgestein machen.

Diapir: Pilz- oder säulenförmiger Körper von Ton, Salz oder Magma, der aufgrund geringerer Dichte und leichter Beweglichkeit nach oben steigt und Dachgesteine durchstößt.

Differentiation: Trennung von Stoffen in einem Magma durch Kristallisation und Absinken oder Aufsteigen der Kristalle.

diaphtoritisch: von geringer gradiger Metamorphose überprägt, meist in Zusammenhang mit kräftiger Durchbewegung. Dadurch wachsen in hochmetamorphen Gesteinen Minerale geringerer Metamorphosestufe, meist Epidot, Chlorit oder Glimmer.

Diploporen: kalkabscheidende Algen

Diskordanz: Grenzfläche zwischen einem jüngeren Sedimentgestein und älteren, anders gelagerten oder gefalteten Gesteinen, bzw. über metamorphen oder magmatischen Gesteinen.

duktil: bruchlos deformierbar, ähnlich wie Knetmasse oder eine zähe Flüssigkeit.

Einfallen: Richtung senkrecht zum → Streichen, in der die Schicht die größte Neigung aufweist. Der Einfallswinkel wird von der Horizontalen nach unten auf die Schicht gemessen.

Einsprengling: größerer, meist idiomorpher Kristall in feinkörniger Grundmasse in Vulkaniten (→ Porphyr) oder Plutoniten.

Erdkruste: oberste der Erdschalen, über der → Mohorovičič-Diskontinuität gelegen.

Erdmantel: Unter der → Mohorovičič-Diskontinuität gelegene feste Erdschale aus Lherzolith, Peridotit, Harzburgit oder Eklogit bestehend. Im Bereich der → Asthenospäre leicht plastisch deformierbar oder sogar zu geringen Anteilen (1–2%) geschmolzen.

Erosion: Abtragung von Boden oder Gesteinsmaterial durch Wasser, Eis oder Wind.

Evaporit: Eindampfungsgestein (Gips, Anhydrit, Steinsalz); entsteht nur unter ariden (wüstenhaften) Klimabedingungen.

Fallen: → Einfallen

Fazies: Merkmale eines Ablagerungsraumes, die sich z. T. im Gestein dokumentieren.

Fenster: Durch Erosion geschaffener, isolierter Bereich einer Decke, in dem die Unterlage des Deckenkörpers aufgeschlossen ist.

Fließfalte: vorwiegend bei hohen Temperaturen erzeugte Falte in einem Gestein, das → duktil reagiert hat. Die Mächtigkeit der Gesteinsschichten wird dabei verändert.

Flysch: Sedimentfolge, die durch zahlreiche → Turbidite geprägt ist und im Zusammenhang mit einer Gebirgsbildung (häufig in einem Tiefseegraben) abgelagert wurde.

Formrelikt (Pseudomorphose): Kristall in Eigengestalt, dessen Substanz oder Kristallstruktur verändert, dessen äußere Form aber bewahrt wurde.

Fossil: Überreste von Tieren oder Pflanzen im Gestein als Substanz (Schalen, Knochen, Kohle), als Negativabdruck (Steinkern) oder in Spuren (Fährten).

Fumarole: Austritt vulkanischer Gase höherer Temperatur (200–800°C).

Geodynamik: Lehre vom dynamischen Geschehen, das durch erdinnere Kräfte gesteuert wird (Kontinentaldrift, Gebirgsbildung etc.).

Geschiebe: Gestein, das vom Gletscher transportiert wurde.

Gipfelfaltung, -überschiebung: In manchen Dolomitenbereichen (Sella, Civetta, Puez u.a.) nur im Gipfelbereich auftretende Faltung und Überschiebung. Es ist dies ein Rest von großregionaler Deformation in einem höheren Krustenstockwerk, das nur noch in den Hochgebieten erhalten ist.

Glimmerschiefer: glimmerreiches, in dünne Platten spaltendes metamorphes Gestein.

Gneis: feldspatreiches, in dicke Platten zerfallendes metamorphes Gestein.

Graben: ein von zwei → Abschiebungen begrenzter, abgesunkener Krustenabschnitt, als Folge krustaler Dehnung.

Gradierung: korngrößen-sortierte Sedimentation bei klastischen Sedimenten oder Tuffen. Bei Aschewolke und Trübeströmen sammeln sich grobe

Partikel zuunterst, zunehmend feinere Teilchen lagern sich darüber (Normalgradierung).

Greiner Schiefer: gefaltete metamorphe Gesteine des → Alten Daches der Zillertaler Alpen, die für ihren Gesteins- und Mineralreichtum bekannt sind.

Grundgebirge: metamorphe und gefaltete Unterlage des Sedimentstapels des → Deckgebirges.

Grundmasse (Matrix): feinkörniger oder -kristalliner Anteil eines Gesteins, das daneben noch größere Partikel oder Kristalle enthält.

Hangend: Bergmannsausdruck für Gesteine über einem Bezugshorizont (Ggs.: → Liegend).

Harnisch: Abschnitt einer Störungsfläche, der durch die Bewegung glattgeschliffen wurde und manchmal eine → Striemung aufweist.

Harzburgit: ultramafisches Gestein des Erdmantels, aus Olivin und Orthopyroxen zusammengesetzt.

Helvetikum: Bereich des südlichen Schelfrandes von Ureuropa.

Horizont: feine, dünne Schicht eines Gesteins.

Hornstein: aus Kieselsubstanz bestehendes hartes und sprödes Gestein.

Horst: Hochgebiet zwischen zwei tektonischen → Gräben.

Hyaloklastit: vulkanische Explosionsprodukte mit hohem Anteil vulkanischer Gläser.

hydrothermal: auf heiße, wässrige Lösungen (heiße Quellen) beruhende Vorgänge (z. B. Abscheidung von Mineralen oder Erzen auf Klüften).

idiomorph: Eigengestaltig, bei Kristallen die Ausbildung der natürlichen Kristallflächen.

Ignimbrit (lat: Feuerregen): Glutwolke aus über 550°C heißen vulkanischen Gasen und Asche oder Lavatröpfchen, die nach der Sedimentation miteinander zu einem massigen Vulkanit verschweißen.

Inselbogen: Bogen- oder girlandenförmige Anordnung von Inseln (hauptsächlich im Pazifik) in Zusammenhang mit Subduktionszonen.

Insubrische Linie: vom Tonalepaß ins Tessin verlaufende große Störungszone, welche die Südalpen von den Zentralalpen trennt. Teil des → Periadriatrischen Lineaments.

Intrusion: Eindringen oder Aufdringen von Magma.

Ion: durch Elektronenaufnahme oder -abgabe elektrisch geladenes Atom. Kation = positiv geladen, Anion = negativ geladen.

Isostasie: Schwimmgleichgewicht der Lithosphäre über der Asthenosphäre. Eine durch Sedimente, Eis oder Decken belastete Lithosphäre sinkt nach unten, entlastete (Erosion, Abschmelzen von Eis) steigt auf.

Isotop: sich durch die Neutronenzahl und damit in ihrem Atomgewicht unterscheidende Varietät einer Atomart.

Judikarienlinie: durch das Valle Giudicarie über Meran nach Sterzing verlaufende Störung, welche die Südalpen von den Zentralalpen trennt. Teil des → Periadriatrischen Lineaments.

Kaledonische Gebirgsbildung: Gebirgsbildung im Altpaläozoikum (600–400 Ma).

Kalifeldspat: Kalium-Aluminium-Silikat. Kann in der Hochtemperaturform des Sanidins, der Übergangsform des Orthoklases, der Tieftemperaturform des Mikroklins, oder auf Klüften als Adular auftreten.

Känozoikum: Erdneuzeit, 65 Ma bis heute, die Formationen Tertiär und Quartär umfassend.

kataklastisch: an/in Bewegungszonen zerbrochen.

Kation: positiv geladenes Atom (→ Ion).

Kees: vorwiegend in den Zillertaler Alpen gebräuchlicher Ausdruck für Gletscher.

Kissenlava: schlauch- oder kissenförmige Struktur von Lava. Entsteht bei deren langsamen Ausfließen unter Wasserbedeckung (meist untermeerisch). Synonym → Pillowlava.

klastisch: aus Gesteinsbruchstücken bestehend.

Kluft: Bruchfläche im Gestein ohne erkennbare Verschiebung.

Kollision: Zusammenstoß zweier kontinentaler Erdplatten unter Formung eines Gebiges.

Konkretion: Kugelig oder unregelmäßig knollig geformter Körper im Gestein. K. bilden sich aus zirkulierenden Lösungen um einen Kristallisationskeim.

Kontaktmetamorphose: Umkristalisation von Nebengestein unter niedrigem Druck aber hoher Temperatur in der Umgebung eines Magmenkörpers.

Kontinentale Kruste: über der → Mohorovičič-Diskontinuität liegender Abschnitt (meist die obersten 30–35 Kilometer) eines Kontinentes aus sedimentären, magmatischen und metamorphen Gesteinen etwa monzonitischer Durchschnittszusammensetzung.

Kontinentalschelf: von einem flachen Meer (weniger als 1000 m Wassertiefe) überspülter Randbereich eines Kontinentes mit meist ausgedünnter kontinentaler Kruste.

Kreuzschichtung: durch Wind oder Wasserströmung erzeugte, auf kurze Distanz in verschiedene Richtungen einfallende schräge Schichtung, meist in Sandsteinen.

Kristall: ein chemisch homogener Körper mit streng geometrisch geordneter Atomanordnung.

Kristallin: a) streng geometrisch geordnete Atomanordnung im Gegensatz zum glasartigen Zustand mit völlig ungeordnetem Atombau;
b) Bezeichnung für metamorph-magmatische Gesteinskomplexe, z. B. → Altkristallin.

Lagergang: gangförmige Intrusion parallel zur Schichtung.

Lagune: durch Wälle oder Riffe vom Meer abgetrenntes Wasserbecken.

laminiert: extrem fein geschichtet, in mm-dünnen Lagen.

Lava: bei Vulkanausbrüchen an die Oberfläche dringende Gesteinsschmelze hoher Temperatur (900–1300°C).

Lesestein: in oder auf dem Boden befindlicher loser Gesteinsbrocken, der Rückschlüsse auf das anstehende Gestein erlaubt.

Leukosom: heller, geschmolzener Anteil in einem → Migmatit.

Liegend: Bergmannsausdruck für Gesteine unter einem Bezugshorizont (Ggs.: → Hangend).

Lineation: linenhaftes Gefügemerkmal, erzeugt durch mechanische Kritzung (→ Striemung), Schnitt zweier Flächen (etwa Schichtung und Schieferung = Schnittlineation) oder Dehnung des Gesteinskörpers in einer Richtung (Streckungslineation).

linkshändig: die jeweilige Gegenseite einer Störung wurde nach links verschoben (linkshändige Seitenverschiebung).

Lithiotis: große, dickschalige, z. T. riffbildende Muschel.

Lithosphäre: die über der → Asthenosphäre liegende, mechanisch relativ starre obere Erdschale, bestehend aus Erdkruste und festem Oberen Mantel.

Lumachelle: Anhäufung von Muschel- und Brachiopodenschalen im Gestein (synonym: → Schill).

Ma: Abk. für Millionen Jahre.

Mächtigkeit: Dicke einer Schicht, gemessen senkrecht zur Schichtfläche (=wahre Mächtigkeit).

Magma: Gesteinsschmelze im Erdinneren.

Magmatite: aus → Magma kristallisierte Gesteine.

Maiolica: emailleartig dichtes, helles Kalkgestein der Kreidezeit.

marin: im Meer abgelagert.

massig: Sedimentgestein mit fehlender Schichtung, z. B. ein Riffkalk.

Matrix: → Grundmasse.

Megabrekzie, -konglomerat: untermeerischer Bergsturz mit z. T. riesenhaften Blöcken.

Melaphyr (Mandelstein): vulkanisches Gestein mit Hohlräumen, die später mit Kristallen ganz oder teilweise zugewachsen sind.

Mergel: Sedimentgestein aus etwa gleichviel Ton- und Kalkanteilen.

Mesozoikum: Erdmittelalter (235–65 Ma), die Formationen Trias, Jura und Kreide umfassend.

Messinianisches Ereignis: das Trockenfallen des gesamten Mittelmeeres vor 5 Millionen Jahren mit den dadurch verursachten gravierenden Umgestaltungen in Morphologie und Meeresfauna.

Meta-: Vorsilbe für Metamorphe Gesteine, bei denen man das Ausgangsgestein noch erkennen kann, z. B. Metabasalt, Metasediment etc.

Metamorphite: Gesteine, die im festen Zustand unter erhöhten Druck- und Temperaturbedingungen umkristallisiert sind.

Metamorphose: Gesteinsumwandlung unter erhöhtem Druck und Temperaturen zwischen 350–800°C.

Migmatit: (griech.: Mischgestein): teilweise aufgeschmolzenes Gestein, meist mit hellen Schmelzphasen aus Quarz und Feldspat (Leukosom) und dunklem, fest gebliebenen Anteil aus Biotit und Hornblende (Melanosom).

Mikrit: feinstkörniger Anteil (Grundmasse) eines Kalksteines.

Mikroklin: Tieftemperaturform des Kalifeldspates.

Mineral: natürlicher, homogener, fester, kristalliner Körper. Aus M. setzen sich die Gesteine zusammen.

Mischkristall: Kristall, in dem zwei unterschiedliche Atomarten beliebig oder begrenzt gegenseitig austauschbar sind.

Moho: Kurzbezeichnung für → Mohorovičić-Diskontinuität.

Mohorovičić-Diskontinuität: Grenze zwischen Oberem Mantel und Erdkruste, unter Kontinenten in etwa 30 km Tiefe gelegen, unter Gebirgen tiefer (bis 70 km), unter Ozeanen flacher (5–10 km).

Moräne: vom Gletscher transportiertes und an seiner Front (Endmoräne), Seite (Seitenmoräne) oder Unterseite (Grundmoräne) abgelagert. Kennzeichen: unsortiertes Gesteinsmaterial.

Mylonit: an einer Bewegungsfläche unter metamorphen Bedingungen stark beanspruchtes und feinkörnig rekristallisiertes Gestein.

Nebengestein: Gestein in der Nachbarschaft eines Magmatites oder Erzkörpers.

Obere-: bei Formations- oder Altersangaben auf die jüngeren Schichtglieder bezogen, welche über den älteren Schichten abgelagert sind (z. B. Schichten der Oberen Kreide sind jünger als die der Unteren Kreide).

Oberer Mantel: die sich von etwa 30–650 Kilometer Tiefe erstreckende Erdschale aus eisen- und magnesiumreichen Silikaten. Im Bereich der → Asthenosphäre ist der Erdmantel erweicht oder teilgeschmolzen, ansonsten fest.

Oberplatte: die bei einem Subduktions- oder Kollisionsvorgang oben verbleibende Erdplatte.

Ooid: kleines, konzentrisch-schaliges etwa kugeliges Gebilde, meist aus Calcit bestehend, das in einem bewegten Flachwasser, gelegentlich auch in heißen Quellen entsteht.

Oolith: Gestein mit dem Hauptbestandteil von Ooiden als Partikel.

Ophiolith: Gesteinsfolge der Ozeanischen Lithosphäre, bestehend aus (von unten nach oben): Peridotit oder andere → ultramafische Gesteine (häufig serpentinisiert), geschichteter Gabbro, massiger Gabbro, Zone häufiger Balsaltgänge (sheeted dyke complex), und Pillowbasalten. Ophiolithe werden von landfernen pelagischen Ablagerungen (Radiolarite oder pelagische Kalke) überdeckt. Häufig ist im Mittelmeerraum die Abfolge nicht vollständig.

Orbikulit: meist etwa faustgroßes kugeliges, konzentrisches kristallines Gebilde in einem Tiefengestein, entstanden durch Unmischbarkeiten im Magma (etwa wie Öltröpfchen im Wasser).

Orthogneis: metamorpher Magmatit mit gneisigem Parallelgefüge.

Ostalpin: Überbegriff für Deckenkörper, die von Süden oder Südosten her die Penninischen und Helvetischen Einheiten überschoben haben (z. B. Ötztalmasse, Ortlerdecke, Nördliche Kalkalpen).

Ozeanische Kruste: 5–10 Kilometer mächtige Gesteinsschicht unter Ozeanen, bestehend aus Basalt und einer relativ dünnen Auflage von Meeressedimenten.

Ozeanischer Rücken: Jüngster Bereich des Ozeanbodens mit geringer Wassertiefe (ca. 2500 m), an dem durch Aufdringen von Basaltschmelze aus der Asthenosphäre ozeanische Kruste neu entsteht. Das weltmeerumspannende System der O. R. hat eine Gesamtlänge von über 60 000 Kilometern und ragt etwa 2500 m über die Tiefsee-Ebenen hinaus.

Paläozoikum: Erdaltertum (600–235 Millionen Jahre), die Formationen Kambrium, Ordovizium, Silur, Devon, Karbon und Perm umfassend.

Panafrikanisch: weltweit, bes. aber in Afrika verbreitetes Gebirgssystem am Ende des Präkambriums und zu Beginn des Paläozoikums.

Pangäa: „All-Erde", von A. Wegener geprägter Begriff für die große, alle Kontinente umfassende, um den Südpol gruppierte Landmasse zur Zeit des Perm.

Paragneis: Gneis mit Sedimentgesteinen als Ausgangsmaterial.

Partikel: Teilchen, in der Nomenklatur der Carbonatgesteine: Teilchen aus Ooiden, Peloiden, Klasten oder Schalenbruchstücken, die in eine feinkörnige → Matrix eingebettet und mit → Zement verfüllt und verbunden sind.

pelagisch: im offenen Meer, landfern abgelagert.

Penninikum: Bereich ozeanischer Ablagerungen des heutigen Alpenraumes, paläogeographisch während Jura und Kreide zwischen Helvetikum und Ostalpin gelegen. Die penninischen Decken wurden über Helvetikum geschoben. In den Westalpen in Nord-, Mittel- und Südpenninikum aufgegliedert.

Periadriatische Linie: größtes Störungssystem der Alpen, bestehend aus Insubrischer-, Judikarien- und Pustertalstörung. Der Bereich nördlich der P. L. wurde um viele Kilometer gehoben und nach rechts (Osten) verschoben.

Periadriatische Plutone: in der Umgebung der → *Periadriatischen Linie* während des Alttertiärs aufgedrungene Tiefengesteine (Granite, Granodiorite, Tonalite).

Peridotit: Erdmantel- oder Tiefengestein ohne Feldspat, bestehend aus Olivin und Pyroxen, dazu Spinell oder Granat.

Pillowlava: röhren-, schlauch- oder kissenförmige Lavastrukturen, die beim langsamen Ausfließen von Lava meist basaltischer Zusammensetzung unter Wasser entstehen.

Plagioklas: Mischkristall aus Natronfeldspat (Albit) und Calciumfeldspat (Anorthit).

plastisch → duktil

Platte: selbständiges Lithosphärenfragment, das durch Subduktionszonen, Ozeanische Rücken und/oder Transformstörungen von anderen Platten begrenzt wird. Die meisten Platten umfassen zugleich ozeanische und kontinentale Kruste. So reicht die Eurasische Platte bis zum Mittelatlantischen Rücken.

plattig: dünn geschichtet, mit ausgeprägter Bankung.

Plutonit: magmatisches Tiefengestein.

Porphyr: magmatisches Gestein mit größeren Kristallen in einer deutlich feiner körnigen Grundmasse.

Porphyrit: Vulkan- oder Ganggestein dazitisch-andesitischer Zusammensetzung.

Porphyroblast: während der metamorphen Überprägung gewachsener, größerer Kristall.

Präkambrium: Erdurzeit, von der Zeit der Erdentstehung vor ca. 4500 Ma bis 600 Ma.

Prospektion: systematische Suche nach Bodenschätzen.

Pseudomorphose → Formrelikt

Pseudotachylith: Gesteinsglas, während Erdbeben durch Reibungshitze entstanden.

Quarzmobilisat: meist bei niedriggradiger Metamorphose mobil gewordener Quarz, der in Druckschattenbereichen in Linsen, Knollen, Lagen oder Kluftfüllungen wieder abgeschieden wurde.

Quarzphyllit: metamorphes Tongestein mit reichlich → Quarzmobilisaten.

Quarzporphyr: Vulkanit mit Quarz als Einsprengling in feiner Grundmasse.

Randmeer: kleines Meer mit ozeanischer Kruste zwischen Inselbogen und Festland (z. B. Japansee).

Rauhwacke: grobzelliges Kalk- oder Dolomit-Gestein, aus dem einst vorhandener Gips oder Anhydrit ausgelaugt wurde.

rechtshändig: die jeweilige Gegenseite einer Störung wurde nach rechts verschoben (rechtshändige Seitenverschiebung).

Regionalmetamorphose: regional ausgedehntes Vorkommen metamorpher Gesteine, meist im Zentrum von Gebirgen.

relatives Alter: nur durch die Lagerungsbeziehungen der Gesteine angebbares Alter (z. B. ein Ganggestein ist älter als das Nebengestein).

Rippelmarken: durch Wind, Wellen oder Strömungen erzeugte waschbrettartige Oberfläche in Sanden oder Silten. Sie erlaubt Rückschlüsse auf die Transportrichtung. Wellenkämme sind dabei spitz, Wellenfurchen breit muldenförmig.

Rutschfalte: Falte im weichen Sediment, durch Verrutschen eines oder mehrerer Sedimentlagen auf schwach geneigtem Untergrund erfolgt.

Scaglia: vorwiegend aus Silt- und Tonsteinen bestehendes, häufig kräftig gefärbtes Kreide- oder Alttertiär-Sediment der Südalpen.

Schelf → Kontinentalschelf

Schichtung: etwa horizontal angelegte flächenhafte Gliederung von Sedimentgesteinen, entstanden durch Unregelmäßigkeiten in der Sedimentation.

Schichtvulkan: aus wechselnden Lagen von Laven und Tuffen aufgebauter Vulkan.

Schieferhülle (Untere S.; Obere S.): Gesteine in der Umrahmung der Zentralgneise im Tauernfenster. Die Untere Schieferhülle umfaßt die Gesteine des Alten Daches (Greiner Schiefer) und die mesozoischen Sedimente in helvetischer Fazies. Die Obere Schieferhülle umfaßt die Penninischen Decken. Die Abgrenzungen werden aber je nach Autor verschieden gefaßt, so daß die Bezeichnung im Buche nicht verwendet wurde.

Schieferung: engständige, mit Glimmern besetzte Flächen in metamorphen Gesteinen. S. entsteht während der Durchbewegung (Faltung) unter metamorphen Bedingungen und ist normalerweise etwa parallel zur Achsenfläche der Falte orientiert.

Schill: massenhafte Ansammlung fossiler Schalenreste von Muscheln, Schnecken, Brachiopoden etc. im Gestein.

Schließungstemperatur: Temperatur, unterhalb der das Kristallgitter die Spaltprodukte aus dem radioaktiven Zerfall festhält und so der Messung des Abkühlungsalters zugänglich macht.

Schneeberger Kristallisation: altalpidische Metamorphose (100–80 Ma) des Altkristallins und insbesondere des Schneeberger Zugs.

Schrägschichtung → Kreuzschichtung

Schürfling: bei der Deckenüberschiebung über die Bewegungsbahn verteilte und linsenartig überformte Fragmente von Gesteinen oder Gesteinsfolgen.

Sediment: durch Wasser, Eis oder Wind transportierte und abgelagerte Gesteinspartikel.

Sedimentgesteine: durch → Diagenese verfestigte Sedimente.

Seitenverschiebung: Störung mit horizontalem Bewegungssinn.

Serizit: sehr feinkörniger Hellglimmer in Phylliten.

Siderit: Eisencarbonat (Mineral)

Silt: Sediment mit der Korngröße zwischen Ton und Sand (0,06–0,002 mm).

Störung: Bruchfläche in der Erdkruste mit Verschiebung.

Streichen: Richtung einer horizontalen Linie auf einer Gesteinsfläche (entspricht dem Verlauf der Schicht bei einem horizontalen Anschnitt).

Striemung: Riefung durch Bewegung an einer Störungsfläche.

Stromatolith: durch kalkabscheidende Bakterien oder Algen im Flachwasserbereich erzeugte feinlagige oder laminierte, meist polsterartige Strukturen in carbonatischen Gesteinen.

Struktur: räumliche Anordnug von Strukturelementen (Minerale, Gerölle etc.) im Gestein.

Strukturgeologie: Lehre von den Strukturen und dem Deformationsverhalten der Gesteine unter verschiedenen Druck- und Temperaturbedingungen. Der Strukturgeologe beschreibt die Art, Orientierung und Intensität der Gesteinsverformung und schließt dadurch auf den Bewegungsablauf (kinematische Analyse) und auf das erzeugende Kräftefeld (dynamische Analyse).

Stylolithen: durch Drucklösung erzeugte, gezackte, im Anschnitt wie eine Schädelknochen-Naht aussehende Fläche im Gestein (auch Drucksutur genannt).

subaerisch: an der Erdoberfläche („unter der Luft").

submarin: untermeerisch

Subduktion: Verschluckung, das Abtauchen erkalteter ozeanischer Lithosphäre in den Erdmantel.

Südalpen: der Alpenraum südlich der → Periadriatischen Linie.

Südalpin: die geologische Baueinheit der Südalpen, im Gegensatz zu Ostalpin, Penninikum oder Helvetikum.

Suganer Linie: nach Süden gerichtete Überschiebung der Dolomiten im Bereich der Valsugana.

Sutur: Naht; der Begriff wird auch für die Grenzfläche zwischen kollidierten Platten verwendet.

Tauernfenster: Region zwischen Brenner und Katschberg mit penninischen und helvetischen Gesteinen an der Oberfläche

Tektonik: Lehre vom Baustil (der Archi*tekt*ur) der Erdkruste und den Bewegungen, die dazu geführt haben; insb. der mit Plattenbewegungen zusammenhängenden Vorgänge (Plattentektonik).

Tethys: Ozean zwischen Urafrika und Ureuropa

Tetraeder: regelmäßige Pyramide aus vier gleichseitigen Dreiecken. Zugleich die stabile Form von SiO_4^{4+}.

Transformstörung: große Seitenverschiebung zwischen Lithosphärenplatten oder Segmenten Ozeanischer Rücken.

Trübestrom: eine den Kontinentalabhang in die Tiefsee hinabrasende Wolke aufgewirbelten Sedimentes („untermeerische Staublawine"), aus der je nach Schwere die Partikel verschieden schnell zu Boden sinken und eine gradierte Schichtung ergeben (→ Gradierung, → Turbidit).

Tuff: vulkanische Lockerprodukte. Das Vorherrschen von Tuffen bei vulkanischen Ablagerungen deutet auf explosive vulkanische Tätigkeiten hin.

Tuffit: mit Sediment vermischtes Tuffmaterial.

Turbidit: durch → Trübeströme verursachte Ablagerung am Meeresgrund.

Übergußschichtung: schräg geschichteter Riffschutt am Rande von Riffkörpern, der über die eigentlichen Beckensedimente hinweggreift.

Überschiebung: flachliegende Störungsfläche, auf der Gesteinsmassen übereinander geschoben werden (→ Decke).

Ultramafische Gesteine (Ultramafitite): magmatische Gesteine ohne Feldspat, nur aus dunklen Mineralen bestehend (Olivin, Pyroxen, Hornblende).

Untere-: im Schichtverband tiefer liegende, ältere Schicht, der ältere Abschnitt einer Formation (z. B. „Untere Kreide").

Unterplatte: die beim Subduktionsvorgang oder der Kontinent-Kontinent-Kollision nach unten abtauchende Platte.

Variszisch: in den Zeitraum der Variszischen Gebirgsbildung fallend (350–250 Millionen Jahre).

Verrucano: Schuttbildungen des Variszischen Gebirges an der Basis des alpidischen Sedimentationszyklus.

Verwerfung → Störung

Verwitterung: mechanische, chemische oder biogene Zerkleinerung, Veränderung oder Lösung von Gestein.

Vulkanite: magmatische Gesteine, die an oder nahe der Erdoberfläche erstarrt sind.

Wärmestrom: die aus dem Erdinneren nach außen dringende Wärmemenge.

Zement: in der Beschreibung der Carbonatgesteine die aus der Porenlösung ausgeschiedenen Calcit- oder Dolomitkristalle, die Hohlräume zuwachsen lassen und zu einem Verfestigen des Kalkschlammes geführt haben.

Zentralatlantik: der zentrale und zugleich älteste Teil des Atlantiks zwischen Nordafrika und Nordamerika. Nur der Z. war im Jura schon existent.

Zentralgneise: etwa 300 Ma alte Granite und Tonalite in den Zillertaler Alpen, die in alpidischer Zeit (vor 40Ma) metamorph und zu Orthogneisen umgeprägt wurden.

Zeolith („Siedesteine"): Gruppe von Mineralen mit sehr offener, von Kanälen durchzogener Kristallstruktur, in denen Wasser oder andere Stoffe gespeichert und beim Erhitzen wieder ausgetrieben werden können. In der modernen Chemie wichtige Molekülsiebe und Reaktionshelfer, etwa bei der Benzingewinnung.

Zerrkluft: Bruchfläche im Gestein, bei der die Kluftwände auseinander gewichen sind.

zerschert: durch scherende Bewegung beansprucht.

Zwischeneiszeit: Periode wärmeren Klimas zwischen den Hochzeiten der Vereisung. Die Zwischeneiszeiten dauerten meist länger als die eigentlichen Eiszeiten und das Klima war z. T. wärmer als heute.

Register

Vorsatzblatt: Daonella.
Hintersatzblatt: Diplopora annulata.

Bildnachweis
Rolf-Jürgen Behm, München: Abb. 3.1;
Werner Beikircher, Sand in Taufers: E3.14;
Freunde der Bayerischen Staatssammlung für Paläontologie und
 historische Geologie München e. V.: 8.1;
Geologische Bundesanstalt, Wien: E11.2;
Museo dell'Istituto die Geologia e Paleontologia dell'Università
 di Padova: E4.2;
Karl-Heinz Rochlitz, Eichstätt: E2.2, E3.10;
Sojus: Seite 2, E11.10;
Tappeiner AG, Lana–Bozen–Bruneck: 3.5–3.12, 7.3, 8.2–8.9,
 E2.11, E3.1, E3.3, E3.4, E3.10, E3.11, E3.13, E4.1, E5.1, E6.1,
 E6.4, E8.1, E11.6, Titelbild, Vorsatz, Hintersatz.

Alle übrigen Aufnahmen: B. Lammerer, Weilheim.

Alle Luftaufnahmen dieses Bandes stammen von Jakob Tappeiner.
Sie haben folgende Genehmigungsnummern:
SMA 258, 349, 413, 423, 507 und 1103.

Autor und Verlag danken dem Servizio Geologico d'Italia, Rom, für
die Überlassung der Abdruckrechte der beiliegenden geologischen
Karten sowie dem Amt für Landesraumordnungsplanung der Auto-
nomen Provinz Bozen–Südtirol, das die Filme für die beiliegenden
Orthokarten zur Verfügung gestellt hat.

Verlag J. Berg
in der Südwest Verlag GmbH & Co. KG
2., durchgesehene und korrigierte Auflage
München 1991
Lizenzausgabe und Alleinauslieferung für Deutschland,
 Österreich und die Schweiz

© Tappeiner Verlag GmbH
Bozen 1990
Alle Rechte vorbehalten
Redaktion, Fotosatz und Gestaltung: Helmut Krämer
Lithografie: Lana Repro OHG, Lana/BZ (Abbildungen),
 und Fotolito Longo AG, Frangart/BZ (Karten)
Druck: Athesiadruck, Bozen
Printed in Italy
ISBN 3-7634-1018-X

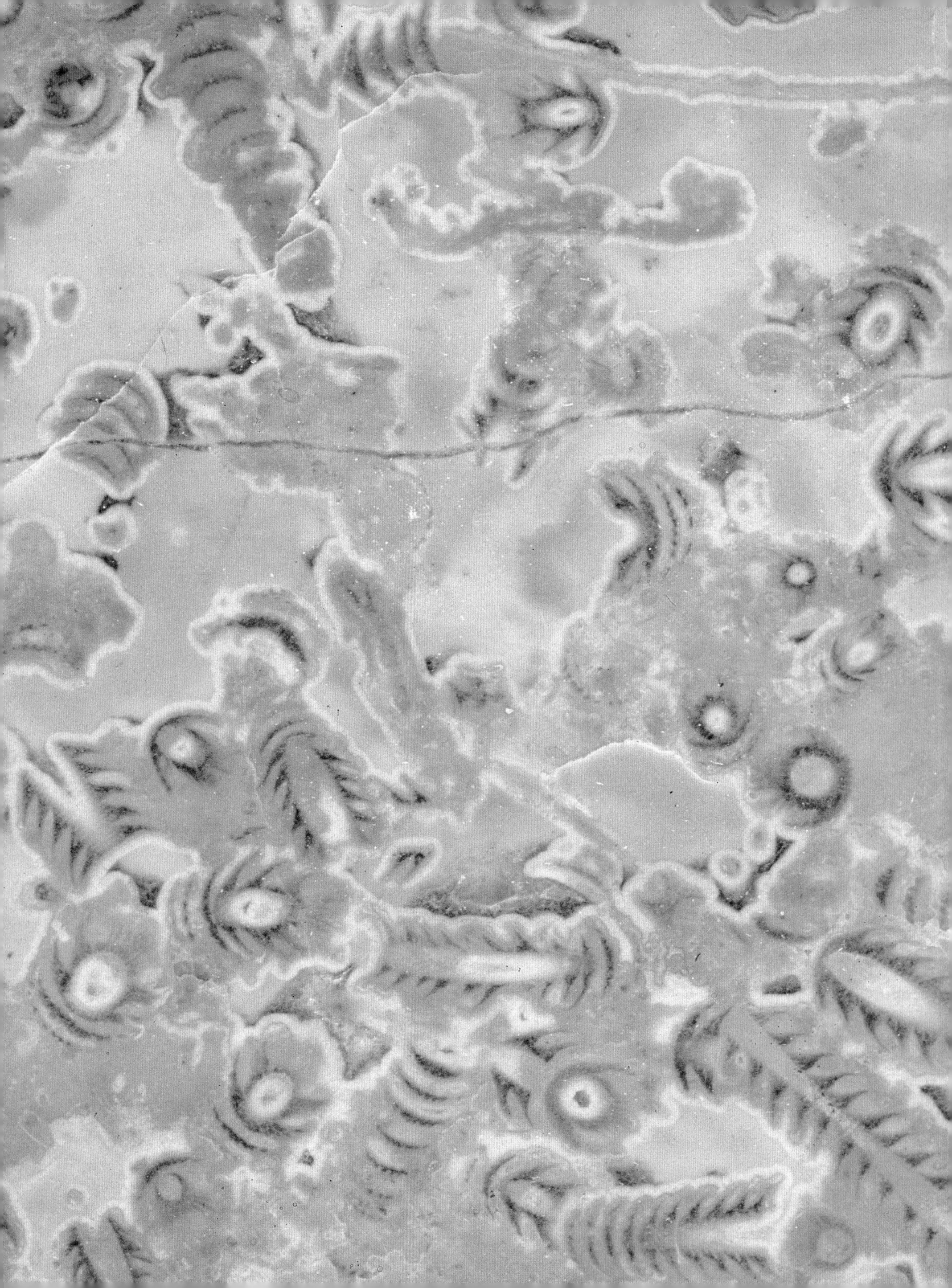